尽善尽美   弗求弗迪

数字化战略落地

迈向卓越企业的必经之路

胡荣丰 著

电子工业出版社
Publishing House of Electronics Industry
北京·BEIJING

内 容 简 介

当今新一轮科技革命和产业变革正处在实现重大突破的历史关口，数字化转型在世界范围内不断加速，数字技术已越来越成为科技创新过程中的关键要素。

本书包括理念认知、转型评估、战略框架、方法模型、操作实践、支撑平台、总结提炼七篇共23章内容，深入浅出地阐述了系统的企业数字化转型方法论。书中有华为、美的等标杆企业多年实施数字化转型的案例及理论提炼，以及世界其他领先企业堪称国际标准的实践和方法总结，旨在让读者更好地理解数字化转型的底层逻辑，系统地掌握分析和解决数字化转型问题的思路，进而成功地探索出所在企业的数字化转型路径。

未经许可，不得以任何方式复制或抄袭本书之部分或全部内容。
版权所有，侵权必究。

图书在版编目（CIP）数据

数字化战略落地：迈向卓越企业的必经之路 / 胡荣丰著 . -- 北京：电子工业出版社, 2025. 1. -- ISBN 978-7-121-49002-6
Ⅰ . F272.7
中国国家版本馆 CIP 数据核字第 2024JT3376 号

责任编辑：黄益聪
印　　刷：三河市兴达印务有限公司
装　　订：三河市兴达印务有限公司
出版发行：电子工业出版社
　　　　　北京市海淀区万寿路 173 信箱　邮编：100036
开　　本：720×1000　1/16　印张：29　字数：489 千字
版　　次：2025 年 1 月第 1 版
印　　次：2025 年 1 月第 1 次印刷
定　　价：129.00 元

凡所购买电子工业出版社图书有缺损问题，请向购买书店调换。若书店售缺，请与本社发行部联系，联系及邮购电话：（010）88254888，88258888。

质量投诉请发邮件至 zlts@phei.com.cn，盗版侵权举报请发邮件至 dbqq@phei.com.cn。
本书咨询联系方式：（010）57565890，meidipub@phei.com.cn。

推荐序

在数字化时代中，人类生产生活的常态被新思想和新技术重塑。史无前例的新冠疫情发生之后，世界形势日趋复杂，经济形势充满不稳定性、不确定性，零售业面临着高成本、高竞争、低回报、难扩张等难题，企业回报越来越低，成本却越来越高。社会中普遍的感觉是，"生意"越来越难做了。在这样一个 VUCA（Volatility, Uncertainty, Complexity, Ambiguity，易变性、不确定性、复杂性和模糊性）时代中，美宜佳应如何继续保持稳健发展？无数企业生生死死的生命周期规律告诉我们，在未来复杂的数字化世界中，能存活下来的企业，不一定是最强或最大的，但一定是最能适应变化并进化迭代的。

零售业是少数几个非常传统、古老的行业之一。1997年，伴随着改革开放的深化及市场经济的蓬勃发展，美宜佳作为传统零售企业，从东莞起步，一步步走出广东、走向全国。26年来，在集团正确的领导下，美宜佳通过全体干部和员工的奋斗，已经在国内零售业初步奠定了自己的竞争地位和优势。

然而，随之而来的就是组织臃肿、活力减弱、客户服务意识和业务导向时有偏离，这些"熵增"现象都让我和管理层感到非常担忧。居安思危，惶者才能生存，人无远虑，必有近忧。多年来，我形成了一种直觉：感觉最良好的时候，就是最危险的时候。在充满不确定性的经营环境中，如何确保美宜佳在新竞争形势和数字化时代背景下，能够持续健康成长？

通过不断地创新、试错，美宜佳最终确立了"美宜佳十万店"的战略构想，这就对美宜佳的组织和能力提出了升级的要求。鸡蛋被外力打破是死亡，从内往外破壳则是涅槃重生。变革和创新成为必答题，这是美宜佳进一步发展壮大的必然选择。同时，基于变革的迫切希望，核心管理层通过学习交流、培训研讨、项目试错等一系列实践，逐步形成了"变革必须借助外脑实现"的共识。

很有幸，也很有机缘，在偶然的机会下，美宜佳与胡荣丰老师及德石羿团队结缘。在共同愿景和使命的牵引下，双方以美宜佳"好物"品牌定位为牵引，以"八大战略举措"为依托，以"门店经营智能化、集成供应数据化、客户经营精准化和经营决策可视化"为目标，正式开启了美宜佳数字化转型之旅。在近两年的时间里，双方通过多期变革项目，初步为美宜佳确定了战略规划与落地方法，提高了战略执行力，实施了企业组织变革及重点业务与流程优化，逐渐理清了未来商业和数字化转型的总体蓝图。

美宜佳和德石羿团队达成共识，管理体系及变革的长期目标是建设以项目制为核心的流程型组织，以实现"活得久，活得好"的经营宗旨，打造美宜佳百年品牌。在愿景和价值观的牵引下，双方进一步提炼出数字化转型的五大项目群：以"战略到执行"为牵引，以"项目管理体系"与"组织和人才"为支撑，通过"集成供应链"提升业务能力，通过"流程与IPD（Integrated Product Development，集成产品开发）"保证质量，助力美宜佳实现"十万门店、千亿营收"的战略目标。

学习和转型的过程，虽然总体上是正面、积极的，但同时也要经历阵痛。我经常同核心干部和骨干讲，管理咨询的本质是"花钱买难受"，就是请顾问老师来帮美宜佳找问题、找差距、想办法。古人说"闻过则喜"，只有不断地发现美宜佳在经营和管理上的问题，并解决问题，美宜佳才能持续为客户创造价值，并获得客户的信任。

在管理变革和转型过程中，我有一个感受：美宜佳和德石羿团队，真正做到了双向奔赴。德石羿团队为美宜佳提供贴身辅导和教练服务，美宜佳为德石羿团队提供实践和落地的机会。双方秉承同一个变革目标，相得益彰，形成了正向、正确的工作作风，在欢声笑语和争辩吵闹中，真正形成了"混凝土组织"。通过德石羿团队驻场辅导，美宜佳逐步克服了组织和经营上的固有惯性，逐步导入了 SDBE（Strategic planning, Decoding, Business planning, Execution，战略规划、战略解码、经营计划、执行管理）领先模型，学习和借鉴华为人务实、积极、奋斗的工作作风。同时，美宜佳结合自身的业务实践，将标杆管理、差距分析、战略规划、战略解码、经营计划、执行管理等管理方法论在一线作战单位层面进行了落地应用，提升了美宜佳的组织和运作能力。

听闻胡荣丰老师即将出版《数字化战略落地：迈向卓越企业的必经之路》，并受他邀请为此书作序，我感到特别荣幸。经历近两年的数字化转型实践后，再阅读本书时我感触良多。我感到胡荣丰老师及其团队的理论和实践水平有了新的升华。相较于前著《华为闭环战略管理：从战略到执行的 SDBE 领先模型》的提纲挈领，本书从数字经济与企业数字化转型的核心要点出发，介绍了数字化评估工具和数字化转型模型的方法论及实践案例。同时，本书进一步强调了在数字化转型过程中的客户导向、价值导向和业务导向，能够切实指导企业及管理者进行相关实践，实操性强，美宜佳也曾因此受益良多。因此，这是一本理论性与实践性兼具、价值巨大的著作。

零售业从以物易物，到各类小店，再到便利店、大商超、电子商务、即时零售等，一步步发展到了今天。在各种零售新业态的背后，是一条不变的逻辑：客户永远愿意以更低的价格、更好的体验买到更优质的商品。唯有不断变革，唯有借助数字化转型，才能让企业系统地实现熵减，才能继续为客户提供更美好便利的生活。

感谢胡荣丰老师在美宜佳数字化转型过程中发挥的作用，也期待胡荣丰老师和德石羿团队继续为众多中国企业的数字化转型作出新的重要贡献。

我非常乐意向大家推荐本书，并希望它能够为您创造价值。

美宜佳控股有限公司董事长　张国衡

作者自序

  这个时代,是最好也是最坏的时代。自人类有史记载五千多年来,人类的生产和生活,在最近这短短几十年间,发生了巨大的变化。当今新一轮科技革命和产业变革正处在实现重大突破的历史关口,数字化转型在世界范围内不断加速,数字技术已成为科技创新过程中的关键要素。

  当前,数字化、智能化的浪潮席卷一切,正以前所未有的深度和广度,快速改变、塑造着人类的面貌。虽然已经成为过去,但所有人都不会轻易忘记,反而记忆尤深的是,2020年元旦刚过,一场百年难遇的流行病骤然来袭,新冠疫情让所有人猝不及防。这场全球性的公共卫生危机,不仅改变了个人的生活方式和习惯,对全球的政治格局也产生了深远的影响,同时也为全球数字化的进程按下了加速键。

  "数字化"并不是一个新兴词汇,企业的"数字化转型"也并非刚刚出现的新趋势,而是过去几十年技术创新的延续。数据显示,大多数企业高管表示会在未来一至两年内增加数字化方面的投入,由此可见,数字化正成为越来越多企业的"必选项"。如果说在新冠疫情前的企业看来,"数字化"是一种趋势,是一种可以顺其自然、循序渐进的温和改良,那么在经历了三年的新冠疫情冲击之后,相信在大多数企业的眼里,"数字化"已然成为企业的必答之题、必革之命!因为它不仅仅关乎企业效率的高低,更关系到企业的生死存亡!

  我们可以看到,在新冠疫情结束后的现在,各行各业马不停蹄地开始加速数字化转型,如火如荼。然而有些企业在没有弄明白转型本质和关键要点的前提下就贸然开展了数字化转型工作，还有很多企业家受各种因素影响，认为数字化转型就是购买数字化的IT系统和工具，需要加大投资。林林总总的不太正确的理念和路径，很容易使企业及企业掌舵人陷入"转型泥潭"，不仅转型之路会越走越迷茫，还可能直接导致数字化转型夭折，并最终导致企业经营失败。

很多企业反馈，数字化转型投资巨大而收效甚微，性价严重不对等。统计数据显示，只有不到20%的企业通过数字化转型提升了经营效率，而且即使是精通数字技术的企业，数字化转型的成功率也不超过26%。很多企业家纷纷提出这样的问题："企业的数字化转型该如何进行战略规划？该从哪里入手？应该坚持什么原则和导向？具体该如何进行落地实践？"

为了避免陷入"转型泥潭"，更好地应对企业数字化转型中普遍存在的问题，企业需要重新思考和评估数字化转型，从全面、系统的角度对企业的数字化转型工作进行分析和思考，以转型的目标和企业存在的问题及痛点作为方向引领，在转型工作中拿出差异化和创新的举措，持续、动态地推进转型工作。

笔者经常和企业家开玩笑，不进行数字化转型，企业发展会渐渐失速，是等死；企业不掌握数字化转型的方法和路径，病急乱投医，是找死。数字化转型本质上是一场以数字化为名的"复杂变革"，数字化是必答题，回避不了。如果既不想"等死"，又不想"找死"，那就需要坚持正确方向、使用正确方法、支付合理成本，朝着价值增大的方向努力，有序有效地展开数字化转型和管理变革。

基于这样的需求，企业家和管理变革的高管们需要使用一套系统的企业数字化转型方法论对其企业的数字化转型进行有效的指导。然而，笔者遍观市面上已有的数字化转型相关书籍后，发现并没有合适的转型理念和方法论等内容来指导企业的数字化变革。很多图书的内容不是碎片化的公开知识的汇总，就是部分企业转型实践案例的总结；不是过于专注技术问题，就是过于浅显，无法有效指导转型；不是局部性地探讨转型问题，就是直接切入技术层面来探讨转型的话题……当然，这些书本身也不错，但如果缺乏整体认识的话，就很容易陷入"只见树木，不见森林"的误区，从而导致企业对数字化的理解比较片面。

为了回应这样的需求，笔者根据自身在华为多年的数字化实践和理论提炼，以及在各大领先企业培训中使用的课件和咨询案例，编写了这本《数字化战略落地：迈向卓越企业的必经之路》。本书从理念认知、转型评估、战略框架、方法模型、操作实践、支撑平台、总结提炼七个篇章展开，深入浅出地阐述了各类型企业开展数字化转型的路径与方法。

书中所提的数字化转型方法论，大多来自西方领先的咨询企业和成熟企业的实践，有些更是有着国际标准；还有很多来自华为、美的等国内企业，包括德石羿团队自身的实践总结。同时，笔者结合了具体的咨询实施案例，旨在让读者更好地理解数字化转型的底层逻辑，进而探索出所在企业的数字化转型路径。

本书内容通过七个篇章（共23章）进行系统阐述。

第1篇：介绍数字经济与企业数字化转型的本质和核心要点。本篇观点主要来自华为、IBM、阿里巴巴、字节跳动等巨头企业对于未来的认知和预测。

第2篇：介绍企业数字化成熟度评估方法，帮助企业准确定位自身的数字化水平。其中主要介绍各类数字化巨头企业或咨询企业的评估方法和实践，主要的依据是华为及德石羿团队经常使用的数字化成熟度模型。

第3篇：介绍数字化转型管理框架，为企业提供战略和落地的方法论和实践。本篇内容主要来自德石羿团队的"SDBE六力模型"和"1234"数字化转型框架，以及华为近十年来近万亿元的B2B和B2C各类业务数字化的工作总结。

第4篇：介绍数字化顶层方法与模型，为企业数字化转型战略的实施和落地提供指导。本篇内容主要基于相关国际标准和顶级咨询企业的方法和实践，包括数字化转型的蓝图绘制方法、企业架构设计、转型规划方法和转型路径设计等。

第5篇：介绍数字化转型落地与升级实践，帮助企业深入理解数字化。本篇内容主要根据华为自身、华为客户和德石羿团队客户的实践得来，主要围绕数字化重构的三大着手点、四类典型作业场景归纳及Y模型等，以华为研发数字化转型为例来进行分析。

第6篇：讲述数字化数据底座的构建、云化数字化平台的打造及变革治理体系的搭建与运作。本篇内容主要来自华为及业界顶级企业的观点和实践。

第7篇：总结数字化变革及关键经验，为其他准备或正在开展数字化变革的企业提供借鉴与参考，包括数字化转型的思想文化准备、数字化变革"船模型"及关键经验教训。本篇内容主要来自华为及德石羿团队的实践总结和观点提炼。

笔者深知，一本企业数字化转型图书的作用不在于向读者介绍或罗列多少公开的概念或知识点，而在于能否引领读者系统地掌握分析和解决数字化转型问题的思路。管理是"知行合一"的学问，数字化转型更是方兴未艾，一切才刚刚开始，人类的数字化、智能化转型之路将是漫长而曲折的，需要各企业、咨询顾问等共同参与和实践。

最后，笔者非常感谢团队的同事们、客户和出版社，没有他们不辞辛劳的付出，包括收集资料、提供案例和对接出版，本书也无法如此顺利地呈现在大家面前。限于学识和经验，书中难免会有一些错误和遗漏之处，请亲爱的读者们不吝批评、赐教或指正，笔者感激不尽。

胡荣丰

第1篇 理念认知篇：管理变革与数字化趋势

第1章 数字化是延缓熵增的变革 2

1.1 熵增定律：宇宙和社会的普遍发展规律 2
1.2 系统熵减：持续变革，长期生存与发展 8
1.3 数字化转型：数字化时代，持续有效的熵减 15

第2章 数字经济下企业的必然战略 21

2.1 数字经济，已是经济增长的主要引擎 21
2.2 数字化，引发"光明和黑暗"两极分流 29

第3章 数字化的价值导向和演进方向 38

3.1 企业数字化转型和阶段共识 38
3.2 数字化转型对企业的核心价值 46
3.3 企业数字化的价值衡量框架 52
3.4 华为数字化转型理念及实践 57

第2篇 转型评估篇：企业数字化成熟度评估

第4章 数字化成熟度评估，知己知彼 66

4.1 数字化能力框架和发展评估维度 66
4.2 数字化成熟度评估常见误区和错误 73
4.3 选择合适的数字化成熟度评估模型 74

第 5 章　数字化成熟度评估的实践应用　78

5.1　CMM 类数字化成熟度评估模型　78

5.2　普华永道的数字化成熟度评估模型　81

5.3　华为 ODMM 简介和实践　83

第 6 章　数字化转型下的战略和领导力评估　90

6.1　"战略、业务、能力与保障"整体转型框架　90

6.2　领导力：数字化转型关键而核心的因素　93

6.3　全面提升领导力，加速企业数字化转型　97

第 3 篇　战略框架篇：SDBE 框架与六力模型

第 7 章　数字化转型管理框架：SDBE 领先模型　104

7.1　SDBE：打造战略至执行的闭环　104

7.2　SDBE 领先模型亦可指导数字化转型　111

第 8 章　SDBE 管理的六力支撑数字化转型　118

8.1　数字化转型 SDBE 六力模型　118

8.2　SDBE 领先模型下的数字化转型理念和内容　132

第 9 章　SDBE 数字化"1234"转型框架　137

9.1　坚定"1"个核心战略：业务导向的转型战略　137

9.2　创造"2"个保障条件：组织机制和文化氛围　141

9.3　贯彻"3"大核心原则，保证行驶在正确轨道上　145

9.4　推进"4"个关键举措，控制关键的转型过程　153

第 4 篇　方法模型篇：数字化顶层方法与模型

第 10 章　确立数字化转型愿景　163

10.1　业务战略是本质，是数字化转型的龙头　163

10.2 切实执行"五看",审视企业现状与差距　169

10.3 描绘清晰而富有激励性的数字化转型愿景　181

第 11 章　数字化转型架构蓝图设计　188

11.1 企业架构就是架构蓝图,也是落地抓手　188

11.2 企业架构设计的一般原则和具体方法　194

11.3 数字化转型架构蓝图及实践案例　207

第 12 章　数字化转型实施路径规划　212

12.1 做好路径规划,确保转型蓝图高效高质实现　212

12.2 对准价值和转型愿景,识别并确定关键举措　218

12.3 承接关键举措,对变革项目进行总体规划　222

12.4 评定变革项目优先级,有计划分步骤进行　226

第 13 章　转型蓝图需要项目化的变革来落地　232

13.1 数字化转型"三阶十二步"法　232

13.2 用项目管理思维推进数字化转型　234

13.3 做好数字化转型的四大关键工作　241

第 14 章　数字化产品迭代,保障运营融合　249

14.1 数字化转型下 IT 系统的业务新价值　249

14.2 用产品思维,系统化管理企业 IT 系统　251

14.3 企业数字化 IT 系统的全生命周期管理　253

第 5 篇　操作实践篇:数字化转型落地与升级

第 15 章　业务数字化是数字化转型的核心　260

15.1 数字化的业务、体验和运营的三大重构　260

15.2 业务数字化的对象:业务对象、业务过程和业务规则　265

15.3 用 Y 模型指导业务,即流程架构的重组　270

15.4 "三高法"定位主要矛盾，有序实施数字化 279
15.5 根据工作复杂性和数据复杂性，重构作业的四大思路 281
15.6 四类典型作业场景的数字化实践及总结 284

第16章 数字化转型落地效果评估与持续改进 299

16.1 数字化转型落地效果评估 299
16.2 数字化转型的迭代与演进 302

第17章 华为研发数字化转型实践 307

17.1 华为研发创新：从追赶到领先 307
17.2 华为的研发创新管理体系 315
17.3 华为研发数字化转型历程 320

第6篇 支撑平台篇：数字化支撑及平台体系

第18章 建设安全统一的数据底座 332

18.1 数据平台的建设和治理是数字化的前提 332
18.2 数据底座建设的总体构架和管理逻辑 340
18.3 建设统一底座，实现数据汇聚与连接 348

第19章 打造云化演进的数字化平台 357

19.1 数字化平台是转型的强大支撑 357
19.2 灵活弹性、服务化、按需的数字化平台打造 361
19.3 数字化平台，促进物理与数字世界深度融合 367

第20章 支撑数字化转型的变革治理体系 375

20.1 变革管理、项目管理与数字化变革 375
20.2 变革三部曲：解冻、变革与再冻结 378
20.3 变革治理体系是数字化的重要保障 380

第 7 篇　总结提炼篇：数字化变革及关键经验

第 21 章　数字化变革的思想引领　390
21.1　数字化变革的文化和思想引领　390
21.2　数字化变革项目的常见失败原因　393
21.3　把握节奏，严守风险底线，稳妥变革　395

第 22 章　华为数字化变革"船模型"　402
22.1　"船模型"让持续变革成为企业的基因　402
22.2　船头：领导层的支持能力　406
22.3　船芯：利益干系人分析与变革准备度评估　410
22.4　船帮：沟通、教育及培训　416
22.5　船舷：变革工作日常运作　421

第 23 章　数字化转型成功的关键经验　432
23.1　总原则：方向大致正确，组织充满活力　432
23.2　变革的八大步骤，科学推进数字化变革　437
23.3　影响企业数字化转型成功的八大关键点　442

后记　446

参考文献　447

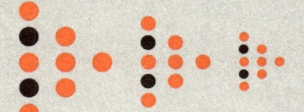 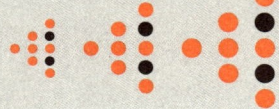

第1篇
理念认知篇：管理变革与数字化趋势

在 VUCA 时代，各式各样的新技术、新业态、新产品、新服务层出不穷。为了适应时代的变化和数字化趋势，确保企业实现可持续发展，企业管理变革势在必行。越来越多的企业家正在引入最新的数字技术与数字化能力，来驱动组织的调整、商业模式的优化及企业价值链的重构，以确保组织始终具有强大的活力，从而在激烈的市场竞争中持续活下去。

第1章　数字化是延缓熵增的变革

现代管理学之父彼得·德鲁克曾说过："管理要做的只有一件事情，就是对抗熵增。"

企业只有系统地对抗熵增，不停地释放活力，尽可能维持青春期和盛年期，才能尽可能获得持续的、旺盛的生命力，而不是默默走向死亡。

在数字经济发展的大环境下，越来越多的企业开始利用数字化变革来延缓熵增。

1.1　熵增定律：宇宙和社会的普遍发展规律

宇宙和社会的发展规律告诉我们：所有事物都必然走向衰亡。坚硬的岩石会风化，肥沃的土地会沙化，江河湖泊会干涸，生命会死亡，朝代会更迭，民族会衰败，就连文明也终有一天会消亡。学者们把这一自然规律和现象称为"熵增定律"。

1.1.1　熵增定律是生命与非生命的终极定律

熵增，是指从有序到无序的一种现象，既是物理学现象，也是一种社会学现象。大到宇宙，小到任何一个生命体，最终都会因为熵增而走向衰亡。

【管理研究】熵增定律的起源

1865年，德国物理学家鲁道夫·克劳修斯首次引入熵的概念以定量表述热力学第二定律。该定律表明：热量总是自发地从高温热源流向低温热源，而不能自发地从低温热源流向高温热源。后来，克劳修斯把热力学第二定律推广到了整个宇宙。

1877年，奥地利物理学家玻尔兹曼提出用熵来度量一个系统中分子热运动的无序程度，并且派生出一个新的重要概念"负熵"，并用带负号的熵值（负熵）

来度量系统内部的有序程度。

1943年，薛定谔所著的《生命是什么》一书从熵变的观点分析生命有机体的生长与死亡，并提出"生命以负熵为生"的论断。此后，熵理论被各国学者广泛应用，并逐渐渗透拓展到信息科学、生命科学、工程科学乃至社会科学和人文科学领域。

英国化学家阿特金斯曾将熵增定律列为"推动宇宙的四大定律"之一，因为宇宙作为一个封闭的系统，最终也会慢慢达到熵的最大值，从而出现物理学上的热寂，变得像沙漠一样。因此，熵增定律也被认为是有史以来最令人绝望的物理定律。

简言之，熵增定律是指在一个孤立的系统里，实际发生的过程总是向着熵值增大的方向进行，从有序走向无序，如果没有外界向其输入能量的话，那么这一自发过程是不可逆的，并且会最终达到熵的最大状态，系统就此陷入混沌无序，即热力学中提到的"熵死"。

熵增定律包括所有生命与非生命的演化规律，生命里又包含个体和群体。对于非生命体而言，物质总是向着熵增演化的。例如，耳机线放在包里就会乱作一团；电脑如果不清理垃圾文件，其运行速度就会越来越慢。

对于人类个体而言，随着年岁的增长，人的身体组织细胞功能会逐渐衰退，思维也会逐渐固化。例如，多数人年少时充满活力、热情奔放、对未知事物积极探求，到了中年却变得大腹便便、观念僵化，到了老年则脑力、体力都变得越来越差。

对于群体而言也不例外。例如，随着企业规模的不断扩大，组织架构会逐渐变得臃肿，人浮于事，整体工作效率和创新意识都会降低；一个国家如果总是活在自我强大的幻想中，一心崇尚内斗平衡，而不懂得开放和变革，就会加速混乱、走向灭亡，清朝正是因为闭关锁国而积贫积弱，最终走向衰败的。

总的来说，熵增定律是生命与非生命的终极定律。正如著名物理学家爱丁顿所说："熵增原则是自然界所有定律中至高无上的。如果有人指出你的宇宙理论与麦克斯韦方程组不符，那么麦克斯韦方程组可能不对；如果你的宇宙理论与观测相矛盾，那么观测的人有时也可能把事情搞错；但是如果你的理论违背了热力学第二定律，我就敢说你没有指望了，你的理论只会丢尽脸、垮台。"

1.1.2 企业是人类组织，因熵增也必然走向衰亡

熵理论被广泛应用于各个科学领域，除了天文学、物理学、生物学、环境学等自然科学，如今还包括人文科学和社会科学，如在企业管理中的应用。

1998年，四川大学教授任佩瑜将熵理论引入管理科学，提出了管理熵和管理效率递减的规律。他认为："任何一个组织系统的组织、制度、政策、方法、文化等方面，在孤立的组织运动过程中，总呈现出做功的有效能量逐渐减少，而无效能量不断增多的趋向。"因而其管理效率必然不断降低，组织系统也将从有序向无序演变，最终趋向衰亡。

2011年，任正非将熵理论应用于企业经营管理中并公开阐述认为，企业发展的自然法则也是熵由低到高，逐步走向混乱并失去发展动力。

生命系统、组织系统的混沌程度增加，导致生命机能、组织功能减弱，这是"熵增"的本质。因此，笔者在授课中经常总结："国家熵增，导致王朝兴衰更替；企业熵增，导致百年老店不常有；家庭熵增，导致富不过三代。"根据美国《财富》杂志的报道，世界500强企业平均寿命为40～42年。在美国的企业中，大约有62%的企业寿命不超过五年，中小企业的寿命不到七年，仅仅有约2%的企业存活达到50年。在1961年《财富》500强中排名前25位的企业，如今只剩六家。而我国企业的状况更加惨不忍睹，新创业的企业只有不到两年的寿命，一大半的企业活不过五年，十几、二十几年的民营企业更是屈指可数。而导致这些企业衰亡的主要原因便是熵增。

当新一代皇帝取代旧主时，成本是比较低的，因为前朝的皇子、皇孙形成的庞大的食利家族，已把国家拖得民不聊生。但新的皇帝又生了几十个儿子、女儿，每个子女都有一个王府，每个王府都需要供养。他们的子女又在继续繁衍，经过几十代以后，这个庞大的食利家族大到一个国家都不能承受了。人民不甘忍受，就又推翻了它，它又重复了前朝的命运。

——引自任正非《关于人力资源管理变革的指导意见》（2005）

绝大多数企业的黄金发展期只有几年或十几年，之后其竞争力会越来越差。

企业就是一个小宇宙，熵增定律是很难被打破的，企业家能做的是尽最大努力来对抗熵增。为此，企业家需要对企业熵增的表现有足够的了解，如表1-1所示。

表1-1　企业熵增的表现

层面	具体表现
企业层面	企业熵增体现在不同阶段的各个方面： ·小企业因人才、产品、技术跟不上市场需要，抗风险能力差而死亡 ·中型企业因行业空间、创始人格局、管理能力的局限性，导致企业无法突破瓶颈，慢慢消亡 ·大企业由于企业经营规模扩大，管理复杂度提高，边际效益递减，出现组织懈怠、流程僵化、技术创新乏力、决策效率低下、协同困难等各种问题，导致组织活力和创造力不断下降，难以适应外部市场变化而出现危机，逐步消亡
个人层面	·贪婪懒惰、安逸享乐 ·缺乏使命感、责任感 ·压力与动力不足，不愿持续艰苦奋斗

除此之外，企业像任何有机体一样，是有生命周期的。在不同的生命阶段，它的熵也会逐渐变化。根据企业生命周期理论，企业的发展通常可以分为初创、成长、成熟和衰退四个阶段，如图1-1所示。企业处于不同生命阶段的决定因素在于企业是逐渐走向有序还是逐渐走向混乱，而描述物质有序度的"熵"能合适地表达企业生命的特征。

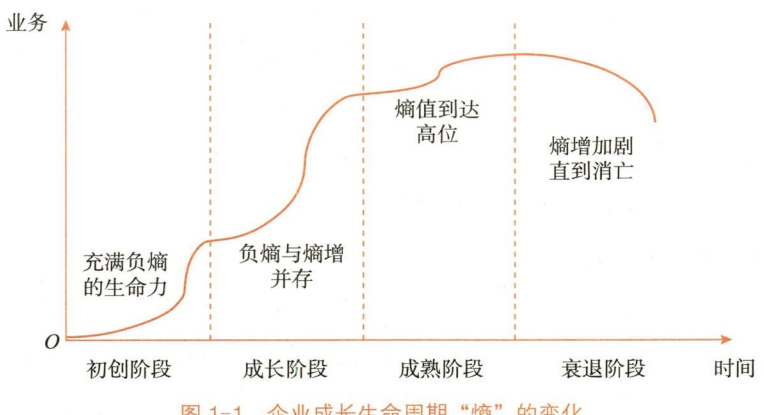

图1-1　企业成长生命周期"熵"的变化

第一阶段：初创阶段

企业在初创阶段的主要任务是寻找与探索生存的机会。这个阶段通常是老板带着一群志同道合的人充满理想和干劲，老板能叫得出每个员工的名字，跟每个员工称兄道弟，大家有着共同的目标，齐心协力。这个时候的企业是开放的，能够倾听各种声音并迅速作出改变，让企业能够获得生存的机会。所以初创阶段的企业熵增很小，甚至是负熵，就像婴幼儿，充满生命活力。

第二阶段：成长阶段

在企业创业成功之后，接下来会进入快速成长阶段。企业通过快速扩张，在内部形成一股强势的上升势头，人员和业绩也随之进入上升通道。此时，企业面临的最大挑战是因组织快速扩张、人员数量快速增加导致的企业成本越来越高，管理越来越复杂，内耗加大。一旦市场环境恶化，高增长无法持续，企业很可能会在一两年之内陷入经营困境。这个阶段的企业是负熵与熵增并存，是对抗熵增的关键期。一旦企业建立了对抗熵增的机制，便可以延缓进入成熟期和衰退期。

第三阶段：成熟阶段

企业在成熟阶段是发展最平衡、最充分的，客户规模大、组织效率高、产品优势明显、市场能力强，企业的运营模式和盈利模式都走向成熟和稳定。此时，企业内部规章制度固化、工作分工细致，领导层容易躺在过去的功劳簿上而思维固化，看不到风险或者不愿面对风险；员工习惯拿着还不错的收入，做着熟悉的工作而不愿意作出改变。这个时候的企业趋于平衡态，熵值也到达高位，活力减退，对抗熵增的难度也加大，再进一步将会陷入衰退。

当然，如果成熟期的企业能够进行突破性的变革，引入足够的负熵，也可能使得企业焕然一新，重新进入成长阶段。

第四阶段：衰退阶段

当企业在成熟期无法变革成功、无法重新注入组织活力时，就会不可避免地进入衰退阶段。此时，企业由于把战略眼光从外部转移到了内部，把关注的重点从一线员工转移到了企业高层，忽略了企业的二次成长。这个阶段的企业业绩下滑，市场份额丢失，组织内部活力丧失，企业熵增加剧，并最终会消亡。

熵增定律是宇宙中不可逆的定律。企业的管理政策、制度、文化等因素在运营过程中，都会随着有效功能逐渐减少、无效功能逐渐增加的情况而逐步变得混乱，企业逐渐向无效、无序的方向运行。企业要想延长寿命，只能尽力延缓熵增。

1.1.3　人性的保守堕落，是导致企业熵增衰亡的主要原因

在企业经营中，总是有很多企业倾向于保守，企业为什么保守？主要是因为人倾向于保守。世人大多喜欢"钱多事少离家近，位高权重责任轻"。企业要想不断自我变革，打破舒适圈，进入新的挑战区，开辟第二增长曲线，是非常困难的。人性深处的消极堕怠倾向，可能会造成集体无意识地加速组织的僵化和保守。

保守封闭的企业，往往是因为管理者过分强调只做熟悉和擅长的事，没有用开放的精神去拥抱市场变化和创新，从而束缚了企业的发展，导致企业走向衰亡。

【案例】柯达公司患上"变革无力症"，走向没落

1886 年，柯达公司的创始人乔治·伊斯曼研制出第一台自动照相机，并给它取名为"柯达"，柯达公司从此诞生，之后迅速占据了行业 75% 的市场份额，获取了 90% 的行业利润。但从 1997 年开始，整个产业发生了翻天覆地的变化，而柯达公司始终认为传统胶卷的荣光还没结束，在数码影像转型上一直逡巡不前，导致后来柯达公司的市值一路下滑，蒸发了 90% 以上。2011 年，柯达公司对外宣布预计出售的 10% 专利总值超过了 20 亿美元，而这个时候柯达公司的市值仅仅为 7.5 亿美元。2012 年，柯达公司不得已破产重组。

柯达公司一直迷失在传统胶卷行业带来的巨大利润中，没有对传统业务下滑作出准确预期。2000 年时，胶片市场迅速萎缩，柯达公司已经逐步陷入亏损，但由于既有的利益格局，加上组织人事繁杂，导致变革无力，这些成功大企业的通病使得柯达公司最终彻底没落。

柯达公司失败的根本原因是患上了"变革无力症"，丧失了自我批判能力。柯达公司的工程师在 1975 年就发明了全世界第一台数码相机，而当工程师把原型机拿给公司高管看时，高管小声给了他一个建议："这是个有趣的发明，但还是把它藏起来吧，别告诉其他人。"柯达公司的管理层大多数出身于传统行业，知识技能陈旧，对战略转型缺乏决断，对数字技术能够带来的变化缺乏远见，

反而大量重复投资传统的胶片技术和产业链，忽视了对数字技术市场的投资。柯达公司高层对数码相机一直表现出的态度是："精明的商人认为不应急着转型，因为投入1美元在胶片上就能产生70美分的利润，而投入1美元在数码影像上则最多产生5美分的利润。"

当柯达公司因为内部的封闭、僵化等因素难以转型时，数码相机技术飞速发展，当时很多数码相机企业如富士、索尼、佳能、尼康等纷纷崛起，数字技术日新月异，行业竞争激烈。而数字技术却并未出现在柯达公司的文件中，因此柯达公司与这些企业的差距越来越大，很快就被全面反超，最终造成了柯达公司传统行业颓丧、数码业务低迷的双输境况。

为什么历史上往往是创新小企业能够把传统大企业打败呢？就是因为对于新业务的转型，大企业内部有各种阻碍因素，而创新小企业里面几乎没有。大企业有规模，还能后发制人，如果愿意主动、及时地拥抱变化，就不用担心新企业的挑战。但成功大企业往往将过往的成功固化为一种庞大的保守惯性，为了捍卫既有利益，阻挠了自身的变革之路，从而最终走向衰败。

越成功的组织越倾向于保守，这是企业熵增衰亡的主要原因。成功大企业患上"变革无力症"，往往是因为过往的成功固化为庞大的既有利益格局和保守惯性势能，管理者为了捍卫既有利益和习惯，会阻挠来自活跃分子的革新，使企业因熵增逐渐向无效、无序的方向运行，并逐渐失去活力，走向衰亡。

1.2　系统熵减：持续变革，长期生存与发展

为了延缓或者解决熵增给企业带来的问题与危害，企业唯有引入负熵，建立耗散结构，通过创新与变革，持续构建并升级管理体系，不断从外界汲取能量，才能让企业拥有强大的生存与发展能力。

任正非说过："失败这一天是一定会到来的，大家要准备好迎接它，这是我从不动摇的看法，这是历史规律。"他还说："死亡是会到来的，这是历史规律，而我们的责任是不断延长我们的生命。"

"历史上多少大企业是在非常成功之后走向大衰败的。"任正非在谈到华为的主业时说道，"日本在模拟电子技术上很成功，但在数字转型的时候保守了，

让美国超越了。摩托罗拉是蜂窝移动通信商用系统的发明者,模拟时代太成功了,就在数字化时代退出了市场。"所以,华为也可能因为强大和成功而垮掉。

因此,熵具备正面和负面的价值。熵,和企业的生命及活力息息相关。它就像两支时间之矢,一支是熵增,拖拽着企业进入无穷的黑暗;一支是熵减,牵引着企业走向永恒的光明。

任正非认为,华为99%以上的管理体系和工具都是外来的。如果华为对业界有一点贡献,那一定是企业对熵的管理哲学。他经常说,热力学里讲到不开放就要死亡。真正的人力资源策略都是反人性、反惰怠的。企业要想生存就要逆向做功。有能量一定要把它耗散掉,通过耗散,使自己获得新生。

1.2.1　引入负熵,延缓熵增

物理学家薛定谔在《生命是什么》一书中说:"一个生命有机体在不断地产生熵,或者可以说是在增加正熵,并逐渐趋近于熵的最大状态,即死亡。要摆脱死亡,要活着,唯一的办法就是从环境里不断地汲取负熵……有机体是靠负熵为生的。"

熵增的过程,就是系统趋向于平衡状态和稳定结构的过程,引入负熵可以打破这种平衡和稳定,促成系统实现熵减。负熵一般包括物质负熵、信息负熵、心理负熵三种形式,如表1-2所示。

表1-2　负熵的三种形式

形式	具体表现	结果
物质负熵	吃、喝、呼吸、休眠和运动等,与外界进行物质或能量交换	延缓熵增
信息负熵	学习、交流、思考、总结等,与外界进行信息交换或思想碰撞	
心理负熵	通过各种有效方式或措施,对实体内的物质和信息进行整合或协调	

需要注意的是,引入的负熵要适量并且高品质,并不是越多越好。比如,现在的欧洲充斥着宗教文化冲击、恐怖袭击等各种问题,社会矛盾变得更加复杂,是什么导致的呢?欧洲早期移民的引入主要是为了缓解欧洲劳动力不足的状况,现在已经不存在这个问题了。可是,欧洲却还在不断接收一些没有技能又不愿意奋斗的移民。引入低质量的移民不仅产生不了熵减,反而产生了熵增。

可见，一个生命既可以衰老，也可以焕发新生，其选择主要取决于物质、信息、心理等方面负熵的引入，而且它们的质量决定了是熵增还是熵减。

华为创始人任正非认为，华为只要存在一天，就必须对抗熵增。华为的活力引擎构建了一个远离平衡的开放系统，它反封闭、反无序，并引入负熵，以对抗熵增，实现熵减。

原华为大学所著的《熵减：华为活力之源》一书于2019年出版，其中在总结任正非管理思想和企业管理实践的基础之上，提出了华为活力引擎模型，如图1-2所示。

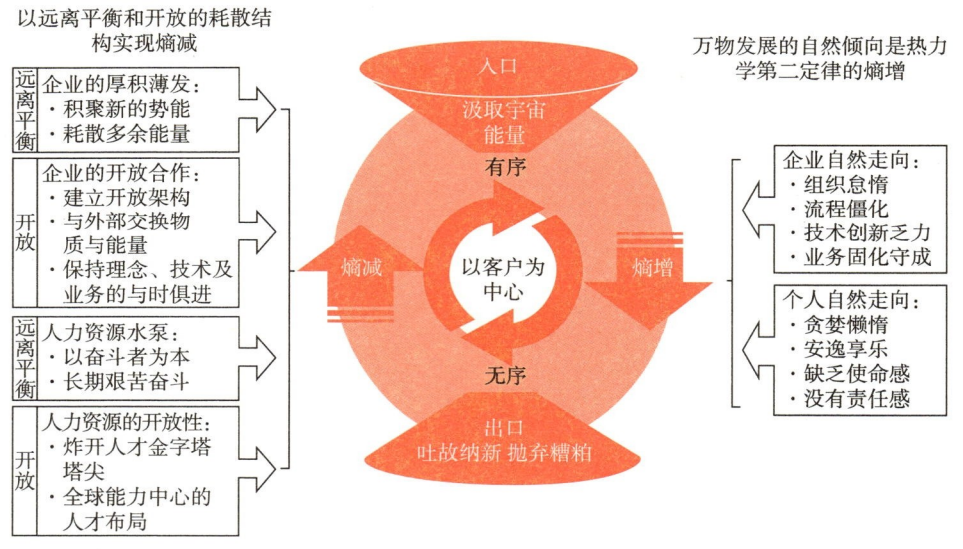

图 1-2　华为活力引擎模型

华为活力引擎模型的核心是以客户为中心，上方是入口，代表企业从外界汲取宇宙能量；下方则是出口，用以吐故纳新、抛弃糟粕；右边表示的是企业和个人发展的自然走向，遵从热力学第二定律的熵增，会让企业失去发展动力；左边表示的是企业通过建立远离平衡和开放的耗散结构，引入负熵，逆向做功，从而实现熵减。

综合来看，要通过内外部能量的交换，汲取有用的资源与能量，舍弃糟粕与垃圾，拓宽企业的作战空间和生存空间；同时，要对内激发组织和个人活力，促进企业发展势能的提升和积累，进而使其由内到外长期保持生命活力，对抗自然熵增，延迟或避免企业熵死。

华为活力引擎模型是一个涵盖企业宏观与微观、循环往复的系统，主要通过企业宏观和个人微观两个层面来促进企业熵减。

1. 企业宏观层面

一个企业系统在发展过程中会逐渐出现组织惰怠、流程僵化、技术创新乏力、业务固化守成等熵增问题，因此在宏观层面上要把华为视为一个生命整体，从企业整体运作的战略高度进行熵减。华为活力引擎模型主要从如下两个维度采取措施。

（1）企业的厚积薄发

一方面，华为把物质财富密集投入到科技研发领域中，用"范弗里特弹药量"进攻，即大规模、密集型、压强式地进攻。根据2022年财报，过去10年华为累计投入研发费用超过9773亿元。物质财富的投资转化，不仅为华为的发展积聚了新的势能，强化了内生动力，还帮助华为避免了因过度的财富积累而失去危机感，变得惰怠，进而失去发展动力。

另一方面，华为的变革从未停止过。从1997年开始，华为不断引进IBM、埃森哲（Accenture）、合益集团（Hay Group）、波士顿咨询公司（BCG）等企业的管理经验，持续推动内部IPD、IFS（集成财经服务）等多方面的变革，如图1-3所示，使华为的管理创新、组织结构创新、流程变革不断进步。

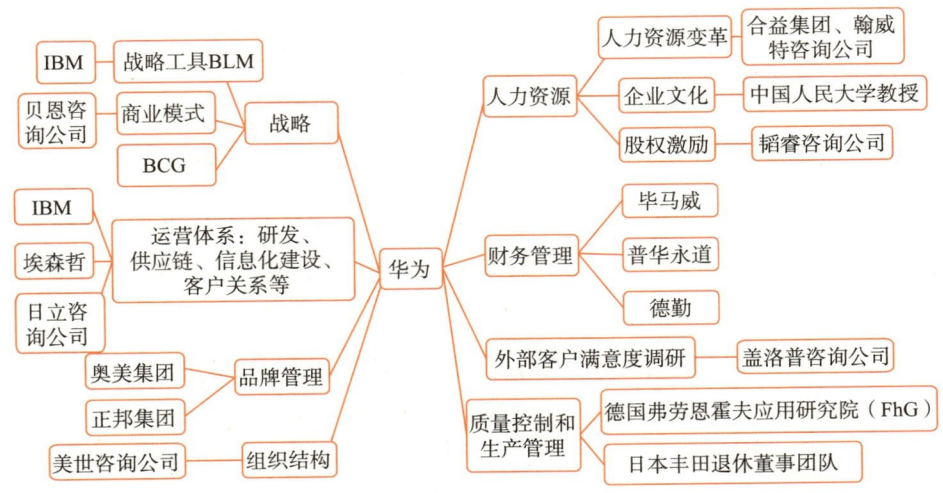

图1-3 与华为合作过的世界级咨询企业

（2）企业的开放合作

华为从战略到企业文化建设，都遵从开放合作的理念，建立开放架构，与外部交换物质与能量，从而保持理念、技术及业务的与时俱进。

文化是企业生生不息的土壤。开放的文化会孕育开放的思想，开放的思想会孕育多样性和更多的选择权。企业的选择权只有在开放、非平衡的环境中才能诞生。"一杯咖啡吸收宇宙能量"已成为华为开放文化的思维符号，华为提倡通过咖啡这一媒介，与外界进行思想和智慧的碰撞，从而汲取外部的正能量，消除懈怠，保持工作的热情，促进新陈代谢，保持力量，让华为在面临未来的不确定性和"黑天鹅"事件时拥有充分的选择权，实现企业的长久发展。

在企业战略方面，华为积极开展与业界的合作，构建日益高效的产业链和繁荣的生态系统，不断做大产业规模。任正非为大管道战略定义了开放的属性："我们把主航道修得宽到你难以想象，主航道里面走的是各种各样的船。要开放合作，才可能实现这个目标。"在科技研发的势能积累上，华为不鼓励自主创新，而是更愿意在具有可选择性的领域，采用合作伙伴的解决方案，并对其持续采用优胜劣汰、吐故纳新的方针，从而长期保持与业界最优秀的伙伴进行合作。

2. 个人微观层面

组织由若干个体组成，如何激发个体生命的活力，解决员工的贪婪懒惰、安逸享乐、缺乏使命感、没有责任感等问题至关重要。因此，活力引擎模型在个人微观层面上着重从人力资源管理的角度来探讨如何激发员工活力，促进个体熵减。

（1）人力资源水泵

任正非认为："企业的活力除了来自目标的牵引、来自机会的牵引，在很大程度上是受利益驱动的。企业的经营机制，说到底就是一种利益的驱动机制。价值分配系统必须合理，使那些真正为企业作出贡献的人才得到合理的回报，企业才能具有持续的活力。"因此，华为引入了"人力资源水泵"来激活员工活力。

人力资源水泵的工作原理即用价值分配撬动价值创造。华为将获取分享制作为企业价值分配的基本理念，把最佳时间、最佳角色、最佳贡献匹配起来，激发奋斗活力。

获取分享制是指任何组织与个人的物质回报都来自其创造的价值和业绩，

作战部门根据经营结果获取利益，后台支撑部门通过为作战部门提供服务分享利益。 获取分享制强调两个核心：

其一，奖金是挣来的，不是必然的。奖金由企业的经营情况、组织绩效和个人绩效共同决定。

其二，奖金是变动的，不是固定的。根据企业的经营状况，不同的组织绩效对应的奖金会有差距；在同样的企业经营状况和组织绩效下，不同的个人绩效对应的个人奖金也会不同。

华为采用获取分享制的价值分配方式，打破平衡，拉开分配差距，激励员工创造更大的价值，从而促进企业与各业务组织的多赢，达到了减人、增效、人人多分钱的目的，避免了因利益沉淀而引起的熵死。

（2）人力资源的开放性

华为人力资源的开放性体现在炸开人才金字塔塔尖，形成开放的人才系统和组织架构。任正非曾评价华为的人才结构"是一个封闭的人才金字塔结构，而金字塔本身也是封闭的系统，限制了组织模型并造成了薪酬天花板"。在工业时代，人才金字塔结构有秩序、有层级、分工明确、效率高，但是放在知识、数据、信息日新月异的数字化时代，它的封闭性、严密性就不利于企业的创新性发展了。

"金字塔塔尖那么小，只能站下少数人，容不下更多人才。"因此，华为炸开金字塔塔尖，无限扩大平台，在全球能力中心进行人才布局，吸纳国内外的优秀人才，让华为内部的领军人物能够与外部的各领域专家、科学家、国际组织、标准组织、产业组织进行广泛交流。同时，在人才组织结构上，华为加强跨部门人员流动，并且实行末位淘汰制，吐故纳新，通过设立战略预备队培养未来领袖，打开各类人才的上升通道，引导华为的未来发展。

最后也是最重要的，就是不能忽视了该活力引擎模型的核心是"以客户为中心"。为客户服务是华为存在的唯一理由，也是华为生存下去的唯一基础。因此，是否以客户为中心、专为客户创造价值是判断华为有序还是无序、熵增还是熵减的标准与方向。

想要维持美好的状态是需要能量的，企业如果想要活得好、活得久，实现可持续性的长远发展，只有引入各种负熵，逆着"熵增"去做功，用"熵减"来对冲。华为活力引擎模型是一个兼具理论和实践意义的确定性模型，能够有效地对抗企业熵增，促进企业更长久、更有质量地活着。

1.2.2 通过创新与变革，建立耗散结构对抗熵增

一般而言，当一个企业的成长变得迟缓，内部不良问题频出，无法对外部环境变化作出良好响应的时候，企业有必要对内部层级、工作流程及企业文化进行调整与改善，推动企业创新与变革。

创新与变革是企业对抗熵增最有效的方法，伟大卓越的企业，会系统地通过创新和变革，建立耗散结构对抗熵增，实现熵减，促进内生动力的循环往复。

1967年，比利时物理学家、诺贝尔奖得主普里戈金（Ilya Prigogine）提出了耗散结构理论。他认为，"耗散结构是指开放系统在远离平衡态的条件下，在与外界环境交换物质和能量的过程中，通过能量耗散过程和系统非线性动力学机制，使能量达到一定程度时，通过熵减所能形成的新的有序结构"。他的理论并不违背热力学第二定律，因此其耗散结构理论被广泛应用于社会学、政治学、经济学、管理学等社会科学研究中，因为社会系统、政治系统、经济系统及管理系统等都可被看作远离平衡态的开放系统。

在2011年华为市场大会上，任正非也提到了耗散结构，并对其进行了解释："什么是耗散结构？你每天去跑步锻炼身体，就是耗散结构。为什么呢？你身体的能量多了，把它耗散了，就变成肌肉，变成有力的血液循环了。能量消耗掉，不会有糖尿病，也不会肥胖，身体苗条，人变漂亮了，这就是最简单的耗散结构。那我们为什么需要耗散结构呢？

大家说，我们非常忠诚于这家企业，其实就是企业付的钱太多了，但这不一定能持续。因此，我们把这种对企业的热爱耗散掉，用奋斗者和流程优化来巩固。奋斗者是先付出后得到，这与先得到再忠诚有一定的区别，这样就进步了一点。我们要通过把潜在的能量耗散掉，从而形成新的势能。……你们吃了太多牛肉，不去跑步，你们就成了美国大胖子。你们吃了很多牛肉，去跑步，你们就成了刘翔。都是吃了牛肉，耗散和不耗散是有区别的。"

耗散结构强调的是一个开放的系统，在这个系统中，无论是物理学的、化

学的、生物学的还是社会学的系统，通过与环境的物质和能量交换，就能保持动态平衡，避免消亡。这是任正非和华为所推崇的理想组织结构。

可见，耗散结构是企业对抗熵增的重要解决方案。企业通过建立耗散结构，对内激发活力，对外开放，与外部交换物质和能量，将新理念、新思想、新人才、新技术等有利于增强负熵的若干因素引入企业管理系统中，不断提升企业发展势能，拓展业务发展的作战空间，并根据发展需要对企业进行管理变革、流程再造及管理创新，让企业从混乱无序的状态回归有序发展的状态，持续地激活企业的活力。

总之，企业通过创新与变革，建立耗散结构，引入负熵流，才能够远离平衡态，产生张力，进而再次激发活力。正如任正非所说："企业只有长期推行耗散结构，保持开放，才能与外部进行能量交换，吐故纳新，持续地保持企业的活力。"

1.3 数字化转型：数字化时代，持续有效的熵减

任何一个理念和制度，都有着时代特点，都会受社会物质生产水平和具体生产条件的制约。

笔者经常讲，数字化转型，本质上也是一种在数字化时代条件下的管理变革。数字化转型，就是通过利用数字技术，为企业构建耗散结构，引进数字化治理思想，升级数字化人才，驱动商业模式创新，数字化赋能企业经营和管理，最终使得企业在数字化时代达到系统化、结构化熵减的过程。

1.3.1 数字化转型的内涵与特点

数字化转型是一个大命题，根据全球知名调研机构 IDC（国际数据公司）的定义，数字化转型指的是利用数字技术〔如云计算、大数据、AI、物联网（Internet of Things，IoT）、区块链等〕和能力来驱动企业商业模式创新和商业生态系统重构。数字化转型的目的是实现企业业务的转型、创新、增长。如今，数字技术正被融入产品、服务和流程中，用来转变客户的业务成果和商业与公共服务的交付方式。

数字化转型建立在数字化转换、数字化升级的基础上，进一步触及企业核心业务，是以新建一种商业模式为目标的高层次转型，如图1-4所示。

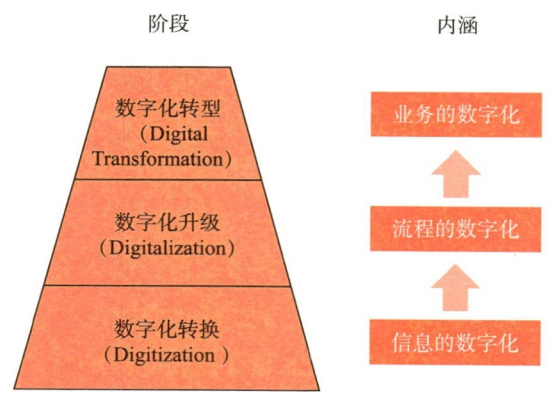

图1-4　数字化转型的概述图

高德纳咨询公司（Gartner，简称高德纳）认为，数字化转换反映的是"信息的数字化"，指的是从模拟形态到数字形态的转换过程，如从模拟电视到数字电视，从胶卷相机到数码相机，从物理打字机到Word软件，其变革的本质都是将信息以"0和1"的二进制数字化形式进行读写、存储和传递。

数字化升级强调的是"流程的数字化"，运用数字技术改造商业模式产生新的收益和价值创造机会，如企业资源计划（ERP）系统、客户关系管理（CRM）系统、供应链管理（SCM）系统等都是将工作流程进行数字化，从而倍增了工作协同效率、资源利用效率，为企业创造了信息化价值。

数字化转型的定义是开发数字技术及支持能力以新建一个富有活力的数字化商业模式。数字化转型完全超越了信息的数字化和流程的数字化，着力于实现"业务的数字化"，使企业在一个新型的数字化商业环境中发展出新的商业模式和新的核心竞争力。

数字化转型可以说是近年来各行各业最流行的词汇，从IT界到咨询圈，甚至政府各界人士都在讨论数字化转型，然而不同的角色主体对数字化转型有着不同的理解和侧重。

在IT界，诸如微软、IDC、华为，它们认为数字化转型的关键词是"技术"，是要通过数字化转型实现技术、平台、数据治理的能力；在咨询圈，无论是埃森哲、麦肯锡、德勤还是高德纳，它们认为数字化转型的关键词是"战略"，一定要从战略层面落实转型；在政府的观念里，数字化转型的关键词是"经济"，更多是从宏观的层面强调企业向数字经济的迁移。

企业大多是从所在行业甚至是本企业的业务特点或信息化发展现状出发来定义数字化转型的，从某种角度上来看，这些定义都是对的。很多知名企业对数字化转型有着不同的理解，如图1-5所示。

Microsoft	数字化转型	·转型产品服务 ·密切客户沟通 ·赋能员工 ·优化运营
McKinsey & Company	数字化转型	·战略与创新 ·客户决策流程 ·流程自动化 ·组织变革 ·技术发展 ·数据与分析
Google	数字化转型	·利用现代化数字技术（包括所有类型的公有云、私有云和混合云平台）来创建或调整业务流程、文化和客户体验，以适应不断变化的业务和市场需求
IBM	数字化转型	·数字化 ·数字化转型 ·数字化重塑 内部人员与流程 面向客户的业务 产品服务与用户 流程 体验创新
HUAWEI	数字化转型	·通过对新一代数字技术的深入运用，构建一个全感知、全连接、全场景、全智能的数字世界，进而优化再造物理世界的业务，对传统管理模式、业务模式、商业模式进行创新和重塑，实现业务的成功

图1-5　不同企业对数字化转型的定义

微软在谈到数字化转型时，主要提出了四个核心方向，即转型产品服务、密切客户沟通、赋能员工、优化运营，以实现差异化能力，洞察新的商机。

麦肯锡将数字化转型分为六大方面，即战略与创新、客户决策流程、流程自动化、组织变革、技术发展、数据与分析。

谷歌认为，数字化转型的定义是利用现代化数字技术（包括所有类型的公有云、私有云和混合云平台）来创建或调整业务流程、文化和客户体验，以适应不断变化的业务和市场需求。

IBM则讲数字化转型、数字化重塑。IBM认为数字化就是通过整合数字和物理要素，进行整体战略规划，实现业务模式转型，并为整个行业确定新的方向。根据IBM研究分析，转型的战略途径主要有三种：其一，注重客户价值主张；其二，注重运营模式转型；其三，从整体和整合的角度，将前两种途径结合起来，同时转型客户价值主张和组织交付运作方式。

华为对数字化转型的定义是，通过对新一代数字技术的深入运用，构建一个全感知、全连接、全场景、全智能的数字世界，进而优化再造物理世界的业务，对传统管理模式、业务模式、商业模式进行创新和重塑，实现业务的成功。

华为提出数字化转型的真正目标应该是业务的成功，而业务的成功体现在物理世界的业务中，即充分利用新一代的数字技术来对传统的管理模式、业务模式、商业模式进行创新，进而建立一个跟物理世界相对称或者相映射的数字世界。这个数字世界体现了四个全面，第一个是全面管制，第二个是全面廉洁，第三个是全面场景，第四个是全面实现智能化。要在这样的环境下改造物理世界的业务，从而实现业务的成功。

尽管不同企业对数字化转型的定义不尽相同，但数字化转型对企业来说有着四个共同的特点：

（1）引入数字技术。数字化转型本身就是一场技术革命，必须引入先进的数字技术。

（2）优化流程或创建新的业务模式。数字化转型要么是优化企业当前的业务流程，要么是创造一个新的机会或者商业模式。

（3）改善客户体验。数字化转型是体验驱动的，过去更多强调的是功能，而数字化转型特别强调客户的体验，客户的体验是第一生产力。企业应通过数字技术的深入应用，为客户提供智慧化的产品与服务，改善客户的体验。

（4）提升企业的运营效率和组织绩效。数字化转型强调的是客户界面和内部流程，目的是改善运营的效率和组织绩效。

如今，数字化转型已成为大多数企业的共识。驱动企业数字化转型的不仅仅是企业的降本增效、业务增长、商业创新、获取竞争优势等内驱力，更多的是一种历史的必然趋势。就如同从农业时代过渡到工业时代，从工业时代走向信息化时代，从信息化迈向数字化的时代已然到来！

1.3.2 数字化转型是对抗熵增的有效手段

企业盛极而衰，主要的原因就是没有耗散既有的"成功"，墨守成规，于是走向了失败和死亡。企业只有通过不断创新和变革，抓住战略机会，打造"第二曲线"，才能对抗熵增，实现持续增长。

成功的数字化转型可以成为企业对抗熵增，实现可持续发展的有效手段。

【案例】宝洁通过数字化转型，实现可持续发展

宝洁成立于 1837 年，是全球最大的快速消费品企业之一。宝洁在全球有 70 多个品牌，涵盖十大品类，在全球 180 多个国家和地区都有销售。

宝洁起源于美国，1988 年进入中国市场。自启动数字化转型以来，宝洁在中国做了非常多的改变。例如，在广州专门成立了数字化创新中心，支持企业数字化转型。

宝洁在中国的数字化转型愿景是"做中国领先的数字化变革和大数据实体企业"，希望通过对业务流程、商业模式、企业文化的变革，来推动宝洁在中国的品牌建设和业务增长。

（1）业务流程变革

宝洁的业务流程变革分为三步：流程数字化、流程优化及流程自动化。

第一步是流程数字化，将企业那些不在系统或者与系统割裂的线下流程都进行线上化，实现系统的整合和业务的数字化打通。

第二步是流程优化，优化已有的数字化流程，以及用 AI 来优化流程的决策。

第三步是流程自动化，随着 AI 技术变得越来越成熟，可以布局上线机器人自动决策系统。

（2）商业模式变革

宝洁的商业模式变革着重聚焦三个方面：新产品和新服务、新触点和新渠道及新供应链。

第一个方面是新产品和新服务，宝洁摒弃了以往一对一的客户调查模式，通过运用大数据分析，精准定位客户需求，进而设计满足客户多样化需求的新产品。例如，欧乐-B 推出的内置智能工具的 iO 电动牙刷，可以通过实时辅导和刷牙计时器等功能满足客户监测和控制口腔健康的需求。

第二个方面是新触点和新渠道，宝洁投入大量的时间和成本在媒体、产品、货架等触点上与客户建立互动，并通过招募会员等方式建立长期的连接。

第三个方面是新供应链，宝洁运用数字技术，建立了高效绿色供应链（To C 供应链）。传统模式下的电商供应链需要经历"工厂→宝洁中国分销中心→经销商仓库→电商中心仓库→分销分仓→客户"的漫长环节，To C 供应链能有效减少中间环节，节省大量的中间成本，提升供应链效率，为客户提供更好的服务。

（3）企业文化变革

只有人才可以真正地把技术落地并创造价值。宝洁认为，未来企业中每一位员工的DQ（数商）将与IQ、EQ同等重要。因此，企业文化的变革是决定企业数字化变革能不能成功的重要一环。企业要让员工们都能够真正地拥抱数字化变革，并且提升他们的数字化技能。

宝洁在企业文化的数字化变革上，通过采用数字科技节等方式进行传播，并邀请众多数字化领域的大咖分享最前沿的应用；也通过创新之旅等活动，带领员工们去不同的创新中心直观地学习数字化变革的具体应用。

近年来，宝洁的数字化转型在业界受到了跨行业的认可。通过持续多年的数字化转型，宝洁在和同业、异业之间的竞争中更具有突出的优势，带来了非常多的商业价值和商业成长，实现了业务的持续增长。

根据宝洁发布的2023年财报，宝洁2023财年的净销售额达到了820亿美元，约合人民币5871.2亿元，同比增长2%，这是宝洁继过去十年保持持续增长后，再一次创历史新高，首次突破5800亿元。在2021年、2022年国际局势动荡，新冠疫情持续反复的艰难大背景下，宝洁仍然能够保持稳步前进，获得超预期的增长，这离不开宝洁数字化转型的成功实施。

数字化工具和手段能打破区域阻碍、空间隔阂、组织界限和行业边界，改变封闭系统熵增的规律。而数字化转型是通过利用数字化工具和手段，帮助企业建立耗散结构，引进数字化治理思想，升级数字化人才，驱动商业模式创新，赋能企业经营和管理，对抗熵增，最终使企业做到熵减的过程。

在全球数字经济的大浪潮下，开展数字化转型，已成为企业适应数字经济，对抗企业熵增，谋求生存发展的必然选择。

第 2 章 数字经济下企业的必然战略

数字经济时代是一个充满智慧的时代，也是一个需要转型发展的时代。对企业来说，这是最坏的时代，也是最好的时代。

拥抱数字经济、推动数字化转型已经成为企业提升综合竞争力、实现高质量发展的战略选择。

2.1 数字经济，已是经济增长的主要引擎

从 PC 互联网到移动互联网、智能物联网，再到元宇宙，数字经济的发展速度之快、辐射范围之广、影响程度之深前所未有。

《数字中国发展报告（2022 年）》指出，我国数字经济规模在 2022 年达到 50.2 万亿元，占 GDP 的比重为 41.5%，稳居世界第二，且继续保持 15% 以上的高位增长速度。由此表明，数字经济已成为世界和我国推动经济增长的主要引擎。

一种时代趋势，是社会生产和生活发展到一定阶段时，由无数人共同参与和营造出来的，卓越人士也好，平凡人士也好，识别、认识并利用这种趋势，挺立潮头，站在风口，是最佳选择。保底的做法，也至少是要跟上数字化潮流，不要被时代和同行抛弃。

2.1.1 数字经济，引领并牵引第四次产业革命

人类社会的经济形态是随着技术进步而不断演变的。农耕技术开启了农业经济时代，产业革命实现了农业经济向工业经济的演变，如今数字技术革命，推动了人类生产和生活的数字化变革，孕育出一种新的经济形态——数字经济。人们对数字经济的认识是一个不断深化的过程。

数字经济最早在 1995 年由唐·塔普斯科特（Don Tapscott）提出，早期这

一概念常被认为是互联网经济或信息经济的代名词，而随着技术的不断发展，数字经济的内涵不断扩大。2016年，G20杭州峰会发布的《二十国集团数字经济发展与合作倡议》中将"数字经济"定义为：以使用数字化的知识和信息作为关键生产要素、以现代信息网络作为重要载体、以信息通信技术的有效使用作为效率提升和经济结构优化的重要推动力的一系列经济活动。

根据中国信息通信研究院（简称中国信通院）最新发布的《中国数字经济发展报告（2022年）》，其将"数字经济"定义为：以数字化的知识和信息为关键生产要素，以数字技术为核心驱动力量，以现代信息网络为重要载体，通过将数字技术与实体经济深度融合，不断提高经济社会的数字化、网络化、智能化水平，加速重构经济发展与治理模式的新型经济形态。**数字经济可以划分为数字产业化、产业数字化、数字治理化及数据价值化四大部分**，如图2-1所示。

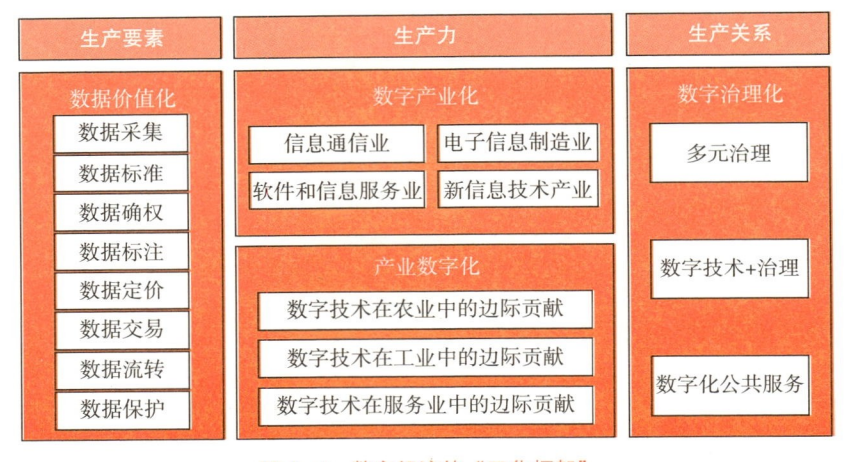

生产要素	生产力	生产关系
数据价值化 数据采集 数据标准 数据确权 数据标注 数据定价 数据交易 数据流转 数据保护	**数字产业化** 信息通信业　电子信息制造业 软件和信息服务业　新信息技术产业 **产业数字化** 数字技术在农业中的边际贡献 数字技术在工业中的边际贡献 数字技术在服务业中的边际贡献	**数字治理化** 多元治理 数字技术+治理 数字化公共服务

图2-1　数字经济的"四化框架"

（1）数字产业化：数字产业化是数字经济的基础部分，是数字经济发展的技术支撑，包括信息通信业、电子信息制造业、软件和信息服务业及新信息技术产业等领域。

（2）产业数字化：产业数字化是数字与经济融合的部分，是数字技术在经济领域的应用，主要表现在传统产业应用数字技术所带来的产出增加和效率提升，包括工业互联网、智能制造、车联网、平台经济等融合型新产业、新模式、新业态。

（3）数字治理化：包括多元治理，以数字经济+治理为典型特征的技管结合，以及数字化公共服务等。

（4）数字价值化：包括数据采集、数据标准、数据确权、数据标注、数据定价、数据交易、数据流转、数据保护等。

随着数字产业不断成熟，新的业态和生产模式逐渐形成，传统产业也受益于数字产业的成果，开始产业升级，进入产业联合和产业融合的阶段，最终凭借数字产业化和产业数字化重塑生产力。同时，数字治理化引领生产关系深刻变革，数据价值化重构生产要素体系和数字经济生态。

数字经济已经从概念变成现实，并日益塑造人类经济和生活的新常态，小到送餐机器人、数字电视，大到 IoT、AI，数字经济已然渗透到我们生活的方方面面。而新的高端、前沿、具有影响力的数字经济成果还在不断迭代更新，正在成为经济增长的新动力、新引擎。

回顾历次产业革命，我们发现每次产业革命都由核心技术引领，通过赋能千行百业"破圈"发展，形成新产业和新的经济增长点。由此可见，数字经济正在引领第四次产业革命，如图 2-2 所示。

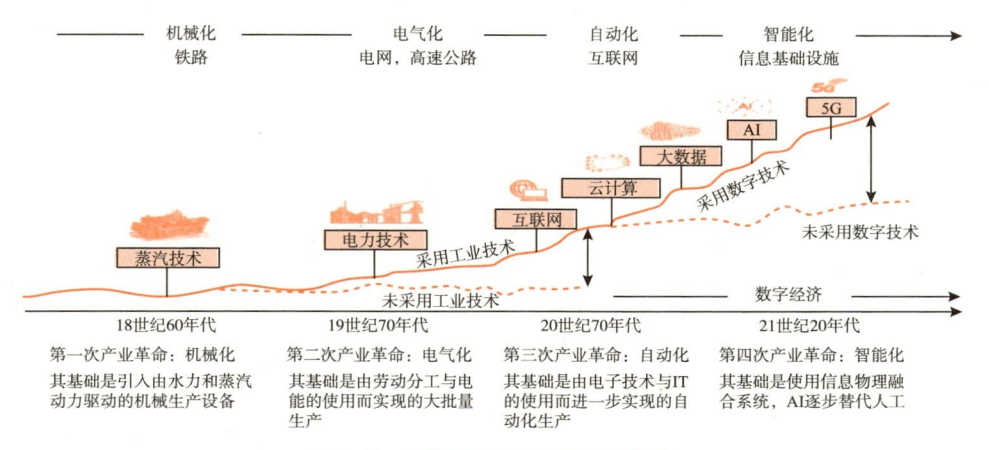

图 2-2　人类历史上的四次产业革命

第一次产业革命，是从发明、改进和使用机器开始的。随着蒸汽机作为动力机被广泛使用，大机器生产开始取代工场手工业，钢铁工业、棉纺织工业、交通运输业等新型产业相继出现。通过使用蒸汽机技术提升生产力，人类自此进入"机械化时代"。

第二次产业革命，科学技术的发展与突飞猛进推动了工业生产的高速发展,其标志是电力的广泛使用。发电机、电动机、电话的相继发明,内燃机和新交通工具的创制与使用,远距离输电技术的出现,让电气工业迅速发展起来,电力、内燃机等技术改变了人类的出行和沟通方式,世界也从"机械化时代"进入"电气化时代"。

第三次产业革命,原子能、电子计算机、微电子技术、航天技术、分子生物学和遗传工程等领域取得了重大技术突破,这一次的科技革命更多地运用在了第三产业中,深刻影响了人类的生活方式和思维方式,开辟了世界信息化时代。

第四次产业革命,信息技术、数字技术、智能制造、虚拟现实、基因技术、清洁能源及生物技术等新技术相继取得重大突破,信息通信产业、工业互联网、智能制造等新型产业也相继出现,人类正加速迈入数字化社会。

如果问数字化对产业的意义是什么,那便是既有新的挑战,又有新的可能。数字化转型不是系统,不是单纯的各种新技术的叠加,而是开发数据生产要素,产生更高价值的方法体系。按照经济学家约瑟夫·熊彼特的定义:"数字资源将渗透产业中的任何一个环节,会带来拥有无限可能的、新的产业组合。这种新的产业组合跟以往完全不一样,机会只多不少。"

2019年8月,华为发布面向2025年通信能源十大趋势,认为数字化智能世界正在加速而来。

(1)全球14%的家庭将拥有自己的机器人管家。随着5G、AI、IoT等信息技术的发展,在教育、家政、健康等服务行业,将出现护理、管家、社交等机器人,给人类带来新的生活方式。

(2)采用VR(Virtual Reality,虚拟现实)/AR(Augmented Reality,增强现实)技术的企业占企业总数的比率将增长到10%。以5G、VR/AR、机器学习等新技术使能的超级视野,将赋予人类新的能力,帮助我们突破空间、表象、时间的局限。

(3)智能个人终端助理将覆盖90%的人口。受益于AI及IoT技术,过去你找信息,未来信息主动找你,智能世界将简化搜索行为和搜索按钮,带来更加便捷的生活体验。

(4)C-V2X(Cellular Vehicle-to-Everything,蜂窝车联网)技术将嵌入全球15%的车辆。智能交通系统可以将行人、驾驶员、车辆和道路互联互通,有效地规划道路资源，实现零拥堵和紧急规划虚拟应急车道。

（5）机器从事"三高"工作，每万名制造业员工将与100多个机器人共同工作。可以让人工智能机器人处理高危险、高重复性和高精度的工作。机器人无须休息，几乎不会犯错，有利于提高生产力和安全性。

（6）97%的大企业将采用AI。AI、云计算等技术的融合应用，将大幅度促进创新型社会的发展。

（7）企业的数据利用率将达86%。随着AI、大数据的应用与发展，企业与客户之间的跨语种、跨地域沟通将更为便捷高效。

（8）全球所有企业都将使用云技术，而基于云技术的应用使用率将达到85%。未来，数字技术将逐渐以平台模式被世界各行各业广泛应用，企业与企业之间将开放合作，共享全球资源。

（9）全球将部署650万个5G基站，服务于28亿名客户，58%的人口将享有5G服务。大带宽、低时延、广连接的需求正在驱动5G快速商用，5G将渗透各行各业。

（10）全球年存储数据量将高达180 ZB。通过建立统一的数据标准、数据使用原则和第三方数据监管机构，全球年存储数据量将大幅度上升。

数字化、智能化是第四次产业革命的本质特征。第四次产业革命将带来人类生产与生活方式的巨变，它的深度与广度将会超过之前的产业革命，将释放前所未有的动能，推动生产力发展跃上新的台阶。

2.1.2 数字产业化与产业数字化，双轮驱动产业发展

数字技术将人类社会带到了前所未有的高速发展阶段。从"数字产业化"到"产业数字化"，数字经济已成为经济增长的发动机、全球竞争取胜的战略制高点。各国都在蓄力加速推进数字经济的发展进程，力求抢先打造出万物感知、万物互联、万物智能的数字智能社会，赢得全球数字经济市场和全球治理的未来话语权。

2021年6月，中国国家统计局发布了《数字经济及其核心产业统计分类（2021）》（以下简称《分类》），《分类》中详细界定了数字经济分为数字产品制造业、数字产品服务业、数字技术应用业、数字要素驱动业和数字化效率提升

业五大类。其中前四类是数字产业化部分，第五类隶属产业数字化，重点体现数字经济与实体经济的融合。

2021年12月，国务院印发《"十四五"数字经济发展规划》。从八个方面对"十四五"时期我国数字经济发展作出部署：①优化升级数字基础设施；②充分发挥数据要素作用；③大力推进产业数字化转型；④加快推动数字产业化；⑤持续提升公共服务数字化水平；⑥健全完善数字经济治理体系；⑦着力强化数字经济安全体系；⑧有效拓展数字经济国际合作。

在过去10年的时间里，我国数字经济规模持续高速增长，带动了我国整个经济的转型和升级。根据中国信通院发布的《中国数字经济发展研究报告（2023年）》，2022年我国数字经济规模首次突破50万亿元，同比名义增长10.3%，连续11年高于同期GDP名义增速，数字经济占GDP的比重为41.5%，如图2-3所示。相关专家预计，到2025年，数字经济占GDP的比重将会超过50%，成为中国未来经济发展的新突破口。

图 2-3　2017—2022年中国数字经济发展情况

从结构上来看，数字经济包括数字产业化和产业数字化两大部分，如图2-4所示。2022年产业数字化规模达41万亿元，占数字经济比重达81.7%，占GDP比重为33.9%，为数字经济持续健康发展提供了强劲动力。

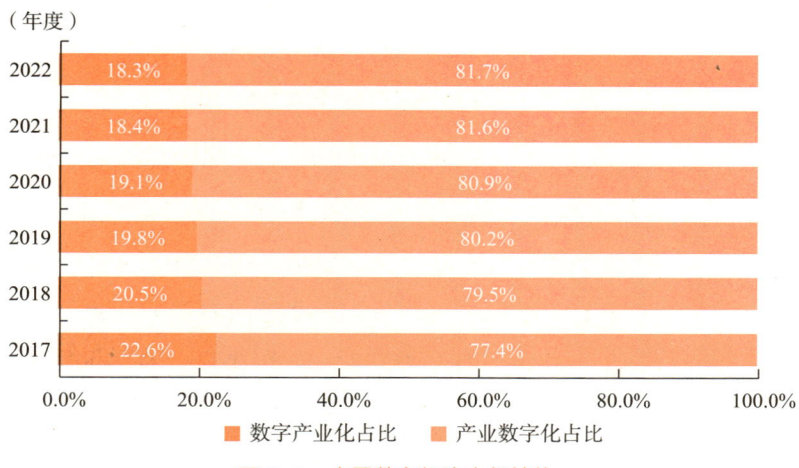

年度	数字产业化占比	产业数字化占比
2022	18.3%	81.7%
2021	18.4%	81.6%
2020	19.1%	80.9%
2019	19.8%	80.2%
2018	20.5%	79.5%
2017	22.6%	77.4%

图 2-4　中国数字经济内部结构

华为原企业 BG（Business Group，业务集团）总裁丁耘表示，和发达国家相比，我国数字产业化 GDP 占比基本一致，但是对于产业数字化部分，也就是我们常说的 ICT（信息通信技术）与传统产业相结合部分的 GDP 占比，中国为 31.2%，发达国家为 46.9%，差距很明显。所以我国产业数字化还有很大的增长空间。

产业数字化将继续成为数字经济发展的主引擎，是未来一段时间发展数字经济关注的重点。如今，产业数字化已经不是"要不要做"的问题，而是"该如何做"的问题。产业数字化转型升级主要应从四个方面出发：

（1）替代驱动，即通过信息技术对生产管理工序的人工环节的替代实现效率提升，如企业信息化系统的广泛应用。

（2）连接驱动，即随着信息化终端客户的增加，客户红利驱动大连接，如互联网、移动互联网、IoT 的发展。

（3）数据驱动，即大连接沉淀大数据，联网终端之间的信息沉淀在数据中心，经过数据清洗、加工、处理、分析，成为新生产要素。

（4）智能驱动，即大数据驱动大智能，新一代 AI 通过自适应、自组织、自学习的算法，挖掘数据资源，产生机器智能，赋能产业，如智能制造、智能网联汽车、智能家居等。

数字产业化和产业数字化是驱动数字经济发展的双轮，将推动我国产业真正实现高质量发展，突破现有分工格局，向着产业价值链高端迈进，从而实现健康发展的数字经济形态。

2.1.3 数字化趋势：第一、第二、第三产业的渗透与融合

数字经济发展一方面表现为数字产业化发展，另一方面表现为数字技术向其他产业渗透。其中，数字技术渗透率反映的是产业的数字化水平。

近年来我国产业数字化发展不断提速，数字经济在第一、第二和第三产业中的渗透率均不断提升，呈现出"三二一"产业逆向渗透的趋势。根据《中国数字经济发展研究报告（2023年）》，2022年，我国第三、第二和第一产业的数字经济渗透率分别为44.7%、24.0%和10.5%，同比分别提升1.6个、1.2个和0.4个百分点，第二产业渗透率增幅与第三产业渗透率增幅差距进一步缩小，形成服务业和工业数字化共同驱动发展的格局。而发达国家的第三、第二和第一产业数字经济占比在2020年分别为51.6%、31.2%和14.0%，由此可见，我国产业数字化转型仍然有巨大的提升空间。

数字经济日趋实体化，将推动产业数字化进入从量变到质变的阶段。面对数字经济时代的新机遇，华为希望成为一个积极的发起者、推动者，和伙伴更加紧密地凝聚在一起，通过全面云化的产品和解决方案，为客户开启通往数字世界的大门。

【案例】华为成立煤矿军团，推动煤矿产业数字化转型

随着新基建加速布局，矿山智能化成为必然发展趋势，智慧煤矿是5G技术的重要应用场景之一。中国煤炭工业协会发布的《2021年煤炭行业发展年度报告》显示，截至2021年年底，全国煤矿数量控制在4500座以内，年产120万吨以上的大型煤矿产量占全国的85%左右，但全行业智能化采掘工作面仅建成800多个。根据安永咨询公司测算，平均一座煤矿的改造费用约为2.06亿元，预计到2025年，我国煤矿智能化的市场空间将高达3100亿元。

2021年2月，华为成立了煤矿军团，希望通过持续投入、创新，构建以鸿蒙矿山操作系统、工业承载网、云基础设施、数字化平台和智能应用为核心的工业互联网架构智能矿山，推动煤矿产业数字化转型。

2021年9月，华为将鸿蒙开发套件开源，联合万泰、联力科技等30多个伙伴，在短短的三个月时间内，共同开发出了矿山领域的首个IoT操作系统：

鸿蒙矿山操作系统。通过制定行业接口、协议标准，有效推动了行业设备的数字化适配，解决了在煤矿作业环境下各式各样的设备联通问题，加快了煤矿行业数字化与智能化进程。

在2022年华为伙伴暨开发者大会上，华为云CEO张平安宣布华为发布15大新的云服务能力，其中包括煤矿aPaaS。煤矿aPaaS是华为云为智能矿山打造的"盘古矿山大模型"，该模型可以对海量矿山数据进行预训练。在实际应用时，伙伴和开发者不需要从零开始训练模型，只需要输入小样本的数据进行调优，即可快速生成不同矿山场景下的AI服务。

如今，华为煤矿军团已服务于中国各大煤炭集团、金属和非金属矿业集团，并取得了部分成效。在2022年两会期间，华为煤矿军团的成果得到了国家发展改革委的认可，被认为是国家"新基建"的一大重要成果案例。国家发展改革委副主任林念修指出："我国发布了全球首套煤矿专用高可靠5G网络，改造后的煤矿大量采用无人操作系统，高危岗位人员数量减少一半以上，对保障人民财产和生命安全非常有利。"

随着5G和工业互联网等新型基础设施从搭建试点走向融合应用，2023年数字经济向第二和第一产业的渗透率或将加速提升。我国产业数字化、数字产业化也必将迈出新的、更大的步伐，加快构建现代化产业体系，助推经济实现高质量发展。

2.2 数字化，引发"光明和黑暗"两极分流

中国信通院政策与经济研究室所长鲁春丛指出："各行业数字经济发展差异较大，呈现'三二一'产业逆向渗透的趋势。同时数字经济发展有三个效应，即涟漪效应、马太效应和生态效应。"

其中，涟漪效应指的是技术进步与经济社会融合产生巨大贡献，以及贡献持续保持的过程。可见，数字化是新一轮企业大分流的开始。

笔者经常听到很多人（包括很多学者）高谈阔论，说中国最近百年的落后，是信仰、文化或政治制度导致的。其实这种论调是本末倒置的，落后的根本原因是我们完全缺席了第一次、第二次产业革命，在第三次产业革命中，我们只是借助改革开放抓住了一点尾巴。本质上，生活方式是由生产方式决定的，社

会的生活水平是由生产水平决定的。

以数字化和智能化为代表的第四次产业革命，我们中国企业界必须迎头赶上，因为当今全球的竞争，主要形式就是企业间的你争我夺。数字化危中存机，找到了方法，形成了竞争力，企业就能抓住机会，就能持续强大；抓不住机会，其必然像昔日的清朝，看似强大，但必然会衰败，乃至死亡。

2.2.1 在数字智能时代，企业要跟上数字化潮流

随着半导体、通信、云计算、AI 的普及和发展，ICT 已成为全球经济增长的核心驱动力。数字化加剧了企业间的竞争与挑战，使得竞争者随时都可能以某种意想不到的方式出现。在高度不确定性的市场环境中，如果企业仍然基于确定性的思维模式、运营模式和组织行为惯性，不能紧跟数字化潮流，终将被时代无情抛弃。

进入数字智能时代，企业管理变成了系统化工程，企业的生产力和生产关系都将被重新定义。在新时代的各种挑战下，如技术转型不断、客户需求多元化、组织变革方向模糊等，为了保持营收和利润增长，企业进行数字化转型势在必行。

（1）时代的变化：在 VUCA 时代，国内外形势呈现的易变性、不确定性、复杂性和模糊性，给企业带来了巨大的挑战。企业需要不断进行技术创新、管理创新和模式创新，以激活组织与个体的创造力，满足客户需求。数字技术可以帮助企业重构自身的价值，获得组织效能的提升。

（2）技术的演进：新兴技术的创新应用，必将带来生产力和生产关系的重塑，进而促使生产方式、生活方式开始转变，引发管理模式、商业模式、经济形态的转型升级。

（3）客户体验的升级：客户需求愈发多元化，需要更加聚焦客户体验，丰富接触体验。数字技术正在改变商业游戏规则，例如，今天想找饭馆吃饭，很多时候已经不是单纯由自己决定了，而是根据美团、大众点评等各类 App 来做决定，这就是数字化给生活方式带来的一种改变。众多客户已经率先数字化，倒逼企业加快数字化转型。

（4）企业管理的窘境：企业面临诸多管理问题，如组织庞大、上下环节冗长、复杂的单体大系统等，持续发展下去必然导致某一天管理成本大于收益。

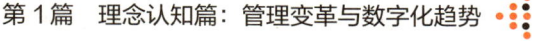

组织要解决如何取得外部和内部整体效率最大化的问题。

【案例】美的数字化转型的动因

数字经济时代的来临，对传统制造行业造成了极大的冲击和影响。2017年，美的正式执行数字化发展战略，进入"工业互联网"和"数智驱动"转型时代。美的开展数字化转型的主要动因源自多个方面。

（1）顺应数字经济时代的发展

随着数字经济的迅猛发展，家电行业的生产、营销、支付、融资等系统发生了重大变化，传统经济模式已经不利于匹配现代企业发展的方向。美的集团顺应数字经济时代潮流的发展，在数字化转型道路上布局良久，希望通过更为高级和深入的转型，实现数字化发展的成功跃迁。

（2）满足多样化的客户需求

随着社会的发展和经济的进步，人们的生活水平在不断提升，消费需求也变得更加多样化。数字技术能够帮助美的实现迎合客户多样化的消费需求的目标，如利用数字技术对产品批次进行标号，使得客户可以方便快捷地查询家电产品的真假和优劣，为客户提供强有力的售后服务保障。

（3）提升企业的核心竞争力

数字化提供的高效快捷产销模式，使得传统家电企业的生产和销售逐渐成为末流之态，发展举步维艰。数字化转型是企业提升核心竞争力的重中之重，美的希望通过数字化转型，推动商业模式的重构，将实体制造与网络数据连接，打造全新的商业模式，提升企业的核心竞争力。

（4）实现企业的降本增效

一方面，传统家电企业容易生产出大量投入大、耗时长的产品，同时也容易因为积压库存而产生大量的仓储成本，导致收益率低。另一方面，传统家电企业因没有掌握先进技术和生产方式，使得生产过程中次品概率偏高，致使企业成本偏高。美的一直在降低管理成本和提高运营效率方面寻求方法进行变革，从而推动企业流程的数字化转型，这是降低企业成本、提高企业发展效率和效能的可行之举。

如今，科技的发展可谓日新月异。只要有一部手机，我们就能解决众多问

题。在这样的时代大背景下，数字化转型毫无疑问是大势所趋。我们的生活是如此，企业也是如此。面对残酷的竞争，企业唯有紧跟数字化潮流，顺应时代发展，才能走得更远。

2.2.2 筑牢数字基础设施和能力，加速数字化转型

数字基础设施是以数据创新为驱动，以通信网络为基础，以数据算力设施为核心的基础设施体系。 数字基础设施主要涉及云计算、大数据、IoT、AI、5G 等新一代信息通信技术，以及基于此类技术形成的各类数字化平台，其服务于人们工作和生活的方方面面。

1. 云计算

云计算通过互联网按需提供 IT 资源，并且采用按使用量付费的定价方式。云计算本身的虚拟化、整合一体化、可靠性高等特点将助力其在 5G 时代持续推动企业进行数字化转型，成为数字化时代最重要的基础设施，为数字经济提供计算和存储能力。从基础设施到应用层面，云计算产业链包含了数据通信、半导体、服务器、交换机、光模块、IDC、IaaS（基础设施即服务）、PaaS（平台即服务）、SaaS（软件即服务）等核心环节。

2. 大数据

相比信息时代，大数据不但是革命性的技术，更是核心生产要素。最早提出大数据时代到来的是全球知名咨询公司麦肯锡，麦肯锡称："数据已经渗透到当今每一个行业和业务职能领域，成为重要的生产因素。人们对于海量数据的挖掘和运用，预示着新一波生产率增长和客户盈余浪潮的到来。"随着大数据技术的飞速发展，大数据产业正快速发展成新一代信息技术和服务业态。通过对数量巨大、来源分散、格式多样的数据进行采集、存储和关联分析，人们可以从中发现新知识、创造新价值、提升新能力。

3. IoT

IoT 是一个基于互联网、传统电信网等信息承载体，让所有能够被独立寻址的普通物理对象实现互联互通的网络。IoT 是数字世界的神经末梢，感知、复制物理世界并执行边缘计算，统一的 IoT 云基础设计是建设数字世界的关键。在城市各项精细化管理中，IoT 有众多丰富的应用方式，包括利用大数据分析提高交通运行效率，基于 AI 的人脸识别技术提升城市安防水平，以及利用云计

算技术提升政府行政效率等。

4. AI

AI 是现在数字基础设施不可缺少的一部分，且在整个数字基础设施体系中扮演着"最强大脑"的角色。AI 渗透了我们生活的方方面面，AI 的应用场景随处可见。

在工业领域，AI 可以帮助企业进行工业缺陷检测，提高生产效率，降低生产成本；在安保领域，人脸识别技术可以提供快速便捷的基于生物识别的身份认证信息；在艺术领域，AI 写作、AI 绘画盛行，AI 已经变成画作、音频、文本等信息的"创造力辅助工具"。AI 作为人类最重要的通用技术，将极大地提升数字社会的生产效率和生活体验。

5. 5G

5G 的全称是"第五代移动通信技术"，是具有高速率、低时延和大连接特点的新一代宽带移动通信技术。相比之前的通信技术，5G 最重要的一个进步就是能实现"人机物互联"。5G 等高质量网络加持智能新世界，催生着新基建、新产业、新业态。

5G 技术不仅能应用于我们的生活，还能在工业生产、大型项目建设中发挥重要作用。比如，宁波舟山港梅山港区依托 5G 技术，进行了智慧化升级改造。在这里，许多大型设备都已经实现了远程化、智能化操控；在青岛海尔 5G 智慧工厂，检测人员通过佩戴 5G+AR 眼镜扫描生产线上的产品，就能将所有要检测的数据直接上传到后台数据中心，同时进行分析计算，检测既高效、又准确；河南尉氏县沈家村有了智慧型的农田 5G 基站，可以每天对空气含水量、降雨量、土壤温度和湿度，以及风向、日照等参数进行精准分析，村民通过手机就可以实时监测、查看自家农田的情况。

2020 年，中国启动"新基建"，加速数字基础设施建设，促进经济实现可持续发展。2020 年 3 月 23 日，中国电子信息产业发展研究院发布业内首份《"新基建"发展白皮书》，预计到 2025 年，5G 基建、特高压、城际高速铁路和城市轨道交通、新能源汽车充电桩、大数据中心、AI、工业互联网七大领域"新基建"的直接投资将达 10 万亿元左右，投资累计将超过 17 万亿元。

（1）在 5G 方面，公开数据显示，到 2025 年，将建成基本覆盖全国的 5G

网络，预计需要 5G 基站 500 万～550 万个，以每个基站平均 50 万元计，直接拉动基站投资约 2.5 万亿元。5G 基站基建将带动多类型终端及 AI、VR、高清视频等行业应用市场规模快速上升。预计到 2025 年，5G 全产业链相关投资累计将超过 5 万亿元。

（2）在 AI 方面，根据国家相关规划，预计到 2025 年，AI 基础设施建设新增投资约为 2200 亿元。AI 基础设施建设将带动计算机视觉、自然语言处理等技术快速进步，促进智慧医疗、智慧交通、智慧金融等产业快速发展。预计到 2025 年，AI 核心产业规模将超过 4000 亿元。

（3）在工业互联网方面，预计到 2025 年，将形成 3～5 家具有国际竞争力的工业互联网平台，实现百万个工业 App 培育及百万家企业上云。根据工信部《工业互联网发展行动计划》和《工业互联网专项工作组 2018 年工作计划》，到 2025 年，将基本建成覆盖各地区、各行业的工业互联网网络基础设施。预计到 2025 年，新增投资规模将超过 6500 亿元。

（4）在特高压方面，到 2025 年，预计总投资规模将超过 5000 亿元，其将带动装备制造、技术服务、建设安装等领域的业绩增长，推动电力互联网、配电网等智能网络快速发展。预计到 2025 年，相关投资累计将超过 1.2 万亿元。

（5）在高铁、轨道交通方面，预计到 2025 年，投资规模约为 4.5 万亿元，并将带动轨道、道路建设、电工电网、装备制造、轨交车辆及零部件等行业高速发展，推动城市群旅游等经济发展。预计到 2025 年，相关投资累计将超过 5.7 万亿元。

（6）在新能源汽车充电桩方面，预计到 2025 年，将建成超过 3.6 万座充换电站，全国车桩比将达到 1:1，预计投资规模将达到 900 亿元，带动充电桩和充电站零部件快速发展，充电运营更趋合理化，新能源汽车保有量不断增加。预计到 2025 年，相关投资累计将超过 2700 亿元。

华为认为，数字基础设施是数字化的转型基石，数字化发展要靠数字技术。数字技术的生命力在于持续创新，不断创造价值。云、AI、网络等是关键的数字技术，对经济增长有积极的影响。从 5G、AI、IoT 等新兴技术的角度看，它们未来也将创造数十万亿美元的经济价值，如图 2-5 所示。

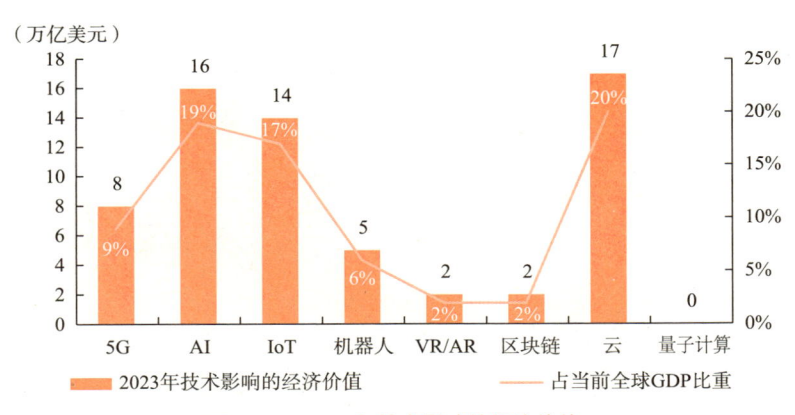

图 2-5 2023 年技术影响的经济价值

根深才能叶茂，土沃才能花繁。数字基础设施作为数字经济时代的加速器，决定着数字化转型的速度和厚度，为产业格局打开、经济发展、社会生态发展提供了坚实的保障。

2.2.3 持续管理变革及数字化，构筑数字化时代的核心竞争能力

在数字化的冲击下，企业要想获得持续增长，就需要打造数字化时代的核心竞争能力：一是能快速应对市场变化的数字化生存能力；二是能快速捕捉机会点，拉开竞争差距的数字化发展能力。

华为通过持续的管理变革和数字化，逐步构筑了数字化时代的核心竞争能力。任正非曾说：“只有持续管理变革，才能真正构筑端到端的流程，才能真正职业化、国际化，才能达到最佳业界运作水平，才能实现低运作成本。”在过去的 20 多年中，华为先后开展了一系列流程、组织及 IT 等方面的数字化变革，如图 2-6 所示。

1998 年：华为启动了与 IBM 合作的"IT 策略与规划"（IT S&P）项目。华为在 IBM 顾问的帮助下定义了企业竞争定位、业务构想和变革愿景，并规划了华为未来三到五年需要开展的业务变革和 IT 项目，主要包括 IPD、ISC（Integrated Supply Chain，集成供应链）、IT 系统重整及财务四统一等相关项目。

1999—2003 年：集成产品开发项目。IPD 就是指产品从有概念开始直到面市，全程强调以客户需求为导向，将产品开发作为一项投资来管理，重组产品开发流程和管理体系，以加快市场反应速度，并提升产品质量和竞争力，是一种先进、卓越

的产品开发模式。

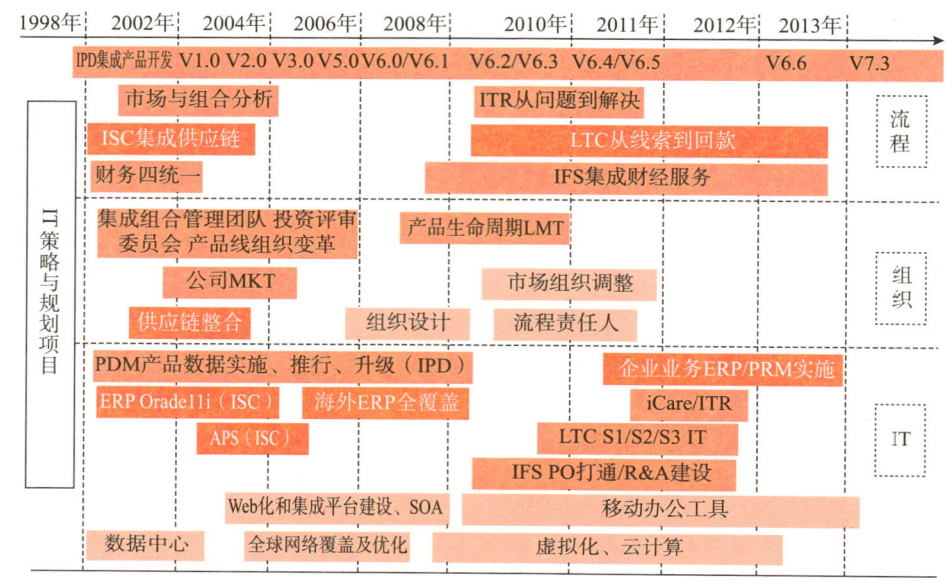

图 2-6 华为在流程、组织及 IT 上的数字化变革

注：APS 即高级计划与排程。

1999—2004 年：集成供应链项目。通过 ISC 变革，华为用一个统一的系统替代了原来零散的体系，并以客户需求为导向，建立了集成的全球供应链网络。从各自为政的供应链功能型组织转变为"以客户为中心"的"集成供应链"体系，通过供应的灵活性和快速响应能力形成竞争优势，不仅提高了供应链的质量，节约了企业成本，更为企业全球业务的发展提供了全方位的支撑。

2006—2014 年：集成财经服务变革项目。IFS 变革总共 20 个项目，包括从线索到回款、从采购到付款、项目核算、总账、共享服务、业务控制与内部审计、报告与分析、资金、成本与存货等。华为通过两个阶段的变革，系统性地提升了全球财务能力，实现了损益可视、风险可控、准确确认收入和现金流入加速，有效改善了企业的管理效益。通过 IFS 变革，华为财经得以一步步成长为世界级的财经组织。

2007—2016 年：客户关系管理项目群建立了从线索到回款（LTC）、从问题到解决（ITR）等流程，规范了全球销售业务，将合同质量标准构筑在流程中。

2016 年至今：2016 年，华为通过了数字化转型变革规划，规划明确要用五年时间完成业务数字化转型，一系列的变革项目由变革指导委员会完成立项。华为公司董事、CIO（首席信息官）陶景文提出了"实现全连接的智能华为，成为行业标杆"的数字化转型目标。

华为的业务发展和管理变革背后其实就是持续的数字化变革，这些数字化变革支撑了华为的高速发展。任正非在总结华为数字化转型成果时说："华为20年的持续努力，基本建立了一个集中统一的管理平台和较完整的管理流程，支撑华为进入了全球领先企业行列。"

在数字化转型浪潮中，优秀的企业往往能够抢占先机，通过自身在管理变革和数字化转型方面的探索和能力沉淀，创造新的产品、服务和商业模式，建立自身在数字化时代的核心竞争能力，找到新的增长空间。

到底是艰苦蜕变，通过变革走向光明，还是孤芳自赏或自甘沉沦，抗拒改变走向黑暗？那些不能及时完成变革和转型去适应数字化时代变化的企业，与竞争对手的差距肯定会越来越大，并最终被时代淘汰。

思考与感悟

第 3 章　数字化的价值导向和演进方向

当前，数字化浪潮已势不可挡，数字化正推动经济社会产生巨变。以色列历史学家尤瓦尔·赫拉利认为，"数据主义"将是人类历史的下一个落脚点。

现在，业界已经达成共识：未来，每一个企业都要成为数字化企业。企业要抓住数字化这一重大机遇，开展数字化转型，推动企业的价值实现突破。

到底应该如何开展数字化转型？数字化的演进方向和推进原则是什么？本章主要介绍华为等领先企业是如何开展数字化转型的，以及这些企业在开展数字化转型的过程中所坚持的核心导向。

3.1　企业数字化转型和阶段共识

明者因时而变，"智"者随事而制。在数字化新时代，进行数字化转型已经成为各行各业的共识。2020 年，国家发展改革委官网发布"数字化转型伙伴行动"倡议，提出社会各界联合共同构建"政府引导—平台赋能—龙头引领—机构支撑—多元服务"的联合推进机制，加快打造数字化企业，构建数字化产业链，培育数字化生态，支撑经济高质量发展。

3.1.1　数字化转型必须解决的痛点或障碍

2020 年 2 月 11 日，世界卫生组织的一则官方通告预示了"黑天鹅"事件正在席卷全世界。

"黑天鹅"事件通常是指看似不太可能发生，但突然发生了的重大事件。其由来是在 18 世纪，西方人只知道天鹅是白色的，直到抵达澳大利亚之后才发现也有黑色的天鹅存在，由此引申而来的"黑天鹅"理论，就拥有了代表超出人们预期的事件突然发生的意思。"黑天鹅"这一术语是美国经济学家纳西姆·尼古拉斯·塔勒布在 2001 年创造的。

而"灰犀牛"事件则更为形象。作为陆地上体型仅次于大象的凶猛动物，灰犀牛平时看起来很安静。人们虽然知道靠近它可能有危险，但仍会在视线范围内观看甚至慢慢地靠近它，可一旦灰犀牛暴怒并冲过来时，人们往往就措手不及了。"灰犀牛"事件也就得以指代早有预期的潜在、巨大的危险突然暴发。

2020年的新冠疫情就属于"黑天鹅"事件。它的暴发，让社会停下了发展的脚步，企业生产活动被迫发生改变，人们的生活空间被限制在住宅和小区附近。更多的居家办公、远程协作和视频会议成为新常态。

《哈佛商业评论》杂志（2022年2月期）介绍了美国的部分企业宣布员工可以永久远程办公或者灵活安排工作时间，依托于Zoom、E-mail和智能手机等软件或设备工作。企业也将开展更加灵活多样的KPI考核，用以考察员工的工作效率和效果。这样做的企业中，不乏IBM、普华永道等知名企业。

新的生产方式与近年来在商业世界里被高度关注的数字化转型极为契合。我国正处在数字化转型的浪潮中。2022年，埃森哲发布的《2022企业数字化转型指数》显示，面对更为复杂的技术和商业变化，中国企业的数字化投入和转型策略更为务实，有近六成（59%）的受访企业高管表示在未来一至两年内会增加数字化方面的投入，其中计划大幅度增加投入（增加15%以上的投入）的企业占比为33%。

数字化转型需要对企业的组织架构、文化、人力资源及领导力进行重构，这意味着企业数字化转型必然会遇到障碍。《哈佛商业评论》杂志的调查结果显示，企业在数字化转型时会面临十大主要障碍，如表3-1所示。

表3-1 数字化转型十大障碍

序号	障碍
1	无法快速实践（53%）
2	遗留系统（52%）
3	信息/数据孤岛（51%）
4	IT与业务线之间的合作不足（49%）
5	风险厌恶文化（47%）
6	变革管理能力不足（46%）

续表

序号	障碍
7	缺乏数字化的企业愿景（39%）
8	缺乏人才/技能（38%）
9	预算不足（37%）
10	网络安全不足（34%）

虽然障碍重重，但数字化转型已经成为每个企业打造核心竞争力的必答题。各领先企业纷纷把握技术红利和创新机遇，积极推进组织变革、业务创新和流程再造，推动研发、生产、管理、服务等关键环节的数字化转型，实现生态化的价值网络、弹性的组织边界、个性的产品服务、开放的研发体系、智能的生产方式等。新的企业形态，日益体现出构建以数字技术为核心、以开放平台为支撑的数据驱动业务的特征。

2023年6月14日，知名的数据、洞察与咨询公司凯度集团发布了最新的2023年全球最具价值企业排行榜，如表3-2所示，这些成功的企业都已经或者正在进行数字化转型。其中，苹果公司（简称苹果）依旧是无可争议的霸主，其品牌价值高达8804.55亿美元。苹果一直走在数字化转型的前沿，其不断探索新的技术和商业模式，以提高产品的客户体验和市场竞争力。国内标杆企业腾讯近年来也在加快数字化转型升级，其品牌价值跻身全球第七，为1410亿美元，位居中国第一。

表3-2　2023年全球最具价值企业

排名	企业	品牌价值
1	苹果	8804.55亿美元
2	谷歌	5776.83亿美元
3	微软	5018.56亿美元
4	亚马逊	4687.37亿美元
5	麦当劳	1911.09亿美元
6	VISA	1690.92亿美元
7	腾讯	1410.20亿美元
8	路易威登	1248.22亿美元
9	万事达卡	1106.31亿美元
10	可口可乐	1061.09亿美元

【案例】腾讯加快数字化转型升级，成为各行各业的"连接器"和"工具箱"

2018年以来，腾讯不断加大投入产业互联网生态建设。企业通过"930"变革，将原有的七大事业群重组整合，新设立了"云与智慧产业事业群"（CSIG），并明确提出"扎根客户互联网，拥抱产业互联网"。腾讯董事会主席兼首席执行官马化腾在2018年中国"互联网+"数字经济峰会上，发表了题为《互联网+助力数字中国建设》的演讲。马化腾用"一三五七"四个数字，分享了他对"互联网+"的进一步思考，即一个目标，三个角色，五个领域，七种工具。

"一个目标"是指腾讯要成为各行各业的"数字化助手"，助力各行各业实现数字化转型升级。

"三个角色"是指腾讯专注做三件事：做连接、做工具和做生态。第一是连接器，为各行各业进入"数字世界"提供接口；第二是工具箱，提供最完备的工具箱；第三是生态共建，以开放、协作的理念，提供新型基础设施，与各行各业合作伙伴一起共建数字生态共同体，激励每个参与者进行数字创新。

"五个领域"是指过去两年内，数字中国在五个领域的扩展和推进，包括民生政务、生活消费、生产服务、生命健康和生态环保，腾讯希望助力这"五生"的数字化转型升级。

"七种工具"则主要包括公众号、小程序、移动支付、社交广告、企业微信、云计算、大数据与AI，以及安全能力等数字化工具。

腾讯希望成为各行各业的"连接器"和"工具箱"，助力其数字化转型，努力与产业伙伴一起建设"开放、健康、安全的数字生态"。

数字化转型是一场以科技驱动的变革，可以对企业重新赋能，推动企业向高质量发展。华为副董事长、轮值董事长孟晚舟曾代表华为说："无论是在当下，还是在长远的未来，'数字化'的旋律一旦奏响，便将穿透企业的边界，连点成线、聚线成面，共同创造产业互联的时代。"

可见，数字化转型已经成为企业长期活下去的必答题，如果没有答好这一题，不能解决数字化时代下传统战略、组织、业务和运营的痛点，任何企业都终将被数字化时代无情抛弃。

3.1.2 企业数字化转型的三个阶段

数字化转型是一项复杂且系统的大工程。笔者综合华为及业界人士的观点和文献资料，大体可以将企业的数字化转型分为三个阶段：信息化阶段、数字化阶段和智能化阶段，如图 3-1 所示。

第一阶段：信息化阶段
- 在信息化阶段，企业数字化转型的重点集中在硬件建设和数据能力方面，在新兴技术的帮助下集成不同的业务系统，优化和改造既有系统，引入新型架构

第二阶段：数字化阶段
- 在数字化阶段，企业的重点在于业务、产品和服务优化及协同共享，可通过集成、共享、分析不同类型的数据产生洞察，为业务决策提供支撑，应用数据产生价值

第三阶段：智能化阶段
- 在智能化阶段，企业强调的是打造持续创新能力，依托AI、机器学习、混合现实等技术带来创新的应用

图 3-1 企业数字化转型的三个阶段

第一阶段：信息化阶段

信息化阶段大体与 PC、互联网的普及同步，其时间跨度大概是 20 世纪 90 年代至 2010 年。在这个阶段，企业员工的办公设备是 PC，应用的主要网络是宽带、Wi-Fi，互联网、IT 只能在有限的场景里连接人与人。企业采集数据大多依靠人力，数据呈现出即时性差、数据类型单一、准确度低、连通性差的特点，企业内部的数据孤岛现象较为普遍。

在此阶段，企业数字化转型的重点集中在硬件建设和数据能力建设方面。其中，在硬件建设方面，大量应用软件系统成为众多企业的标配，业务流程和客户管理的线上化成为企业的工作重点，极大地推动了企业的信息化进程；在数据能力建设方面，内容主要包括数据的标准化、规范化，以及数据的打通和整合。

第二阶段：数字化阶段

数字化阶段涵盖了移动互联网、产业互联网、IoT 的崛起，时间跨度大概是 2011 年至今。在该阶段，企业的 IT 架构大多在云端，企业使用的软件多为 SaaS 模式。企业员工的办公设备是 PC 及移动终端（智能手机、平板电脑、智能穿戴设备），应用的网络主要是宽带、Wi-Fi 及 4G，几乎实现了人与人、人与物的全场景互联，而智能手机和其他智能移动终端成为人体器官的延伸。

移动终端通过传感器自动采集、传输数据。数据呈现出类型丰富、维度多

样、数据量大、连通性好等特点，数据量也暴增，且能够实现内部打通，人类开始进入大数据时代。

处于数字化阶段的企业，重点在于业务、产品和服务优化及协同共享。同时，数据价值在企业管理决策、客户洞察提升、运营效率改善等诸多方面也会发挥重要作用。因此，企业希望通过数字化转型提升效率，重塑价值链的多个环节，甚至改变企业的商业模式。

第三阶段：智能化阶段

智能化阶段由 AI、IoT 等的兴起所驱动，时间跨度大概是从 2016 年至今。在该阶段，企业的 IT 架构部署在混合云、公有云和私有云中。企业员工的办公设备是 PC 及移动终端，应用的网络主要是 Wi-Fi、4G 及 5G，传感器遍布世界，实现了万物互联。数据类型进一步丰富，数据量进一步大涨，数据连通性极好。

企业在智能化阶段，强调的是打造持续创新能力，包括产品与服务创新、商业和管理模式创新，从根本上打破烟囱式的业务和组织架构，构建横向、纵向体系，探索新赛道，逐渐向平台与生态化发展。另外，除了信息化、数字化阶段的目的，企业还希望在企业运营上实现各系统之间相互对接，依靠算法做智能决策，以降低对个体经验的依赖，提高决策效率，扩大判断维度。

信息化、数字化、智能化三个阶段并不是独立的，而是相互依赖的，是一个迭代循环、不断向前推进的过程。企业通过明确自身所处的数字化转型阶段，能更好地了解企业接下来可能面临的困难和挑战，进一步完善企业信息化建设，提高现有业务流程和客户界面的数字化程度，提升整个价值链的数字化水平。

3.1.3 传统企业与数字化企业的差别

传统企业与数字化企业的差别，是传统企业认识自身商业模式局限性的基础，也是指导企业数字化转型工作的基础。

笔者曾经讲过，对传统企业甚至是信息化企业来说，数字化不是简单的升级。与传统时代相比，在数字化时代的运作逻辑下，在组织结构、管理模式、工作模式等方面，传统企业与数字化企业都存在着巨大的差异，如表 3-3 所示。

表 3-3 传统企业与数字化企业的差异

维度	传统企业	数字化企业
组织结构	金字塔型或类职能型组织结构	协作型平台组织结构，是平等型、组合型、战略型的平台结构，而非自上而下的组织结构
决策模式	权威决策、领导决策、专家决策模式	集体智慧决策、数据智能决策模式
业务中心	属于制造业经济，业务中心是产品	属于客户经济，业务中心是客户
发展动能	注重惯性的价值创造（资金和技术）	注重创新性的价值创造，将数字化人才资源视为打造企业持久竞争力的重要因素
工作模式	领地思维，孤岛管理模式，部门与部门之间是隔离的	工作环境都是数字化的，自动化、远程化（如远程销售、远程数据分析、远程控制、远程监控、自由办公）、终端化、数据化等新工作形态成为常态
工作关系	员工有明显的等级关系，听从上级领导的安排是工作的重心	网络上和线上的沟通和工作模式，习惯平等型的工作关系

数字化转型改变了企业的生产力和生产关系，是一场真正的对战略、组织、业务、流程和运营的全面、复杂变革。

华为企业架构委员会主任、变革项目管理办主任、企业架构与变革管理部部长熊康曾非常细致地分析了数字化转型。他表示数字化转型不是信息化的简单升级，与传统企业信息化相比有以下四点非常大的差异。

（1）功能优先与体验优先

信息化很大程度上是为了提升企业的管理水平，比如上一个 ERP 系统，是为了让企业的业务活动可记录、可管理，能够出准确的财报，能够有序地运营。可见，信息化更多强调的是功能的完备性。而数字化转型强调的是体验驱动，是由外而内的，是"以客户为中心"的直接体现，关注的是如何给客户创造更多的价值，带来更好的体验。

（2）IT 固化流程与技术驱动创新

在信息化建设中，流程是业务最佳实践的总结，IT 则用于固化业务流程。流程跟着业务跑，IT 跟着流程跑，因此 IT 永远赶不上业务的变化。数字化转型除了固化最佳实践，更重要的是技术驱动和数据驱动。华为先有海量数据，再反过来思考这些数据对客户和企业的运营管理能发挥什么价值。技术一方面承接业务的诉求，另一方面又在反向驱动业务创新。

（3）烟囱式数据割裂与云化数据底座

在华为30多年的发展历史中，有3000多个系统模块，每个系统模块都可以割裂形成一个数据的烟囱。当某部门想围绕客户做一个画像或围绕产品做一个分析时，却发现拿不到数据，因为数据全在各个系统里分散着，而这些系统背后可能是各个业务部门。进入数字化时代后，华为希望应用是服务化的，平台是云化的，更重要的是，企业应有统一的数据底座来承载所有的数据，并将数据变成企业的战略资产。

（4）层层汇报与"察打一体"

华为基层的项目组大概要经过七层的汇报关系，才能将信息传达到最高决策机构。再加上每个部门使用的系统不同，层层汇报所需要的数据经常要靠众人在各个系统里查询和汇总。数字化可以让不同层级、不同部门的负责人在同一时间看到同样的数据，这样一来，原来的层层汇报、加工传递就不需要了，组织可以扁平化，让指挥与作战之间只有一跳，实现对问题的实时感知和"察打一体"。

【案例】未来的数字化企业将走向"平台+服务"模式，共同成就面向未来的竞争力

华为董事、CIO陶景文在"华为伙伴暨开发者大会2022"上发表了《跨边界协同，共建企业数字生态》的主题演讲。陶景文表示，未来的企业将走向"平台+服务"的模式。企业要做好数字化转型，不仅需要一个强大的数字化平台，还需要技术及行业合作伙伴的大力支持，唯有突破边界创新，才能共同成就企业面向未来的高质量竞争力。

想让企业成功走向"平台+服务"的模式，要做好以下三点。

一是要做好数字化转型，需要一个强大的数字化平台，同时还需要技术和行业合作伙伴的大力支持，才能形成千行百业的百花齐放。在整个过程中，要对整个数字基础设施进行全面的升级。总体上讲，就是要构建产业互联网的能力，构建云技术能力，同时要有全面连接和管理的IoT，以充分使用云技术，升级智能装备。

二是要打造现代化应用，沉淀通用能力，构建轻量化、可复用、可组合的IT SaaS来支撑业务的成功。

三是要集众智、聚众力。供给侧要提供相应的技术，行业侧要沉淀相应的能力，共同跨越行业和技术之间的裂谷，最终成就企业面向未来的高质量竞争力。

正因为相比传统企业，数字化企业有诸多优势，所以企业进行数字化转型需要不断创新，以适应数字化企业的发展需求。

3.2　数字化转型对企业的核心价值

数字化转型对企业的核心价值主要表现为：让企业的工作流程更加高效敏捷，提升企业内部效率；使能组织和业务平台，实现高端化与平台化；适应并推动产业变革等。当然，还有很多权威咨询机构或企业给出了更多的答案，但主要就是这几条。

3.2.1　让企业的工作流程更加高效敏捷

在数字化时代，开展数字化转型对企业来说是一项极其重要的战略举措。做好数字化转型，不仅能让企业获得更低的成本和更好的客户体验等多种优势，还能让自身的工作流程更加高效敏捷，从而在市场竞争中脱颖而出。高德纳统计结果显示，2019年至2022年，全球云SaaS市场增速分别达到2.6%、17.2%、18.5%，增速显著加快。

具体来说，主动开展数字化转型的企业通常能获得以下五方面的优势：

（1）对市场需求反应更敏捷。企业能更快地了解市场需求，并迅速推出相应的产品与服务。

（2）更快地响应客户需求。当客户需求发生变化时，企业能更快地作出反应，并调整产品与服务策略，以更好地满足客户需求。

（3）使企业生产与交易的成本更低。企业可通过优化生产流程、缩短产品研发周期等方式，降低产品的生产及交易成本。

（4）给客户带来更好的体验。企业通过使用数字技术可以提高客户对产品和服务的体验，从而进一步提升客户对企业的信任度与忠诚度。

（5）更强的创新能力。企业可以通过数字技术不断推陈出新，开发出更具创新性和市场竞争力的产品与服务。

【案例】京东推行数智化供应链体系，使库存周转天数降低至33.3天

对于零售业来说，库存周转天数是一个衡量企业运作效率的重要指标。所谓"库存周转天数"，是指企业从产品入库环节开始，一直到消耗掉或销售完库存为止所需要的总天数。一般来说，企业的库存周转天数越少，意味着其变现速度越快，资金占用周期越短。

2021年3月公布的京东第四季度财报显示，京东的库存周转天数降至33.3天，比全球零售巨头亚马逊的库存周转天数要短一个星期。而京东之所以能实现库存周转天数的极致追求，恰恰在于其非常重视流程运作能力的提升，常年深耕自建物流体系建设，近年更是成功推行了数智化供应链体系。

2020年10月，京东首次对外阐释了其数智化社会供应链的推行。"用数智化技术，来连接和优化社会生产、流通、服务的各个环节"，将相关流程数据提供给上一层级系统使用或业务方直接使用，进而辅助销售、服务等方面的业务决策优化与程序性推进。京东的数智化供应链体系极大地提高了零售平台的流程运作效率和经营效能。在2020年的"双十一"期间，京东智能供应链与超过55%的品牌方实现了深度协同，帮助500万种商品进行销售预测，每天给出超30万条智能供应链决策，获得了来自品牌方的深度认可。

数智化供应链体系以数字智能化技术手段实现信息共享与开放，从而推进流程的高效运作。随着流程系统的持续演进与开放程度加深，京东、零售行业乃至各行各业将迎来更多的发展可能。

【案例】海底捞无人餐厅与流程智能系统

海底捞餐厅斥资1.5亿元打造出了"无人餐厅"，并于2019年12月宣布在北京开始正式营业，昔日那些服务热情周到的客户服务人员被智能机器人取代。

在海底捞"无人餐厅"里，智能机器人会把所有与食材加工相关的环节都统一前置到外包供应商和中央厨房环节进行处理。所有菜品都是从自动控温的超洁净的智能仓库中取出的，然后通过0～4℃冷链保鲜物流货车进行全程运输，直达各门店。

客户通过iPad点完单后，点餐的数据信息会自动传输到后端厨房的菜品仓库中。这时，就轮到机器臂出场了——它高度灵活，最高可触至两米多高的货

架顶层，轻松地取下所需要的菜品，再将菜品放置于传送带上，将其送至传菜口。对于这个过程，人工配菜员至少需要花费 10 分钟，而若使用机器臂，那么仅需两分钟就能完成配菜工序。当机器臂配好菜后，站在一旁待命的机器人会得到一条送菜指令，它将准确无误地将菜品送到客户桌子前。这样一来，客户的等餐时间会大幅度缩短。

在海底捞"无人餐厅"酒水区，设有一个高达三米的自动取用酒水柜。这个酒水柜如同一个"大脑"，可以容纳 1100 个抽屉。而且，该系统会根据点餐的具体信息，将酒水自动送至最适合的出口处。此时，客户可以自己去取用，也可以呼叫工作人员送来。

在过去，人性化等位区一直是海底捞的服务招牌。客户可在这里享受美甲、擦鞋、坐按摩椅等服务；而在如今的"无人餐厅"里，海底捞设置了一个超级等餐区，几排座椅所面对的是一个宽 13 米、高三米的影院级巨幕投影屏。这个屏幕如同一个联机游戏的界面，客户通过手机扫码即可和其他等位的客户一起进行游戏竞技。

海底捞这家"无人餐厅"是与松下电器公司、阿里巴巴集团合力建造的。在店内的监测大屏上，员工不仅能够看到每部机器在每个环节中的运作情况，还能实时且准确地监测菜品的剩余数量，以及是否存在已经超过 48 小时保质期的菜品……

海底捞创始人、董事长张勇表示："当我们的厨房实现自动化时，我们可以把现场管理的风险降到很低。当厨房里的人进得很少的时候，老鼠也自然进得很少。而这种'滴水不漏'的智能化管理，不仅实现了后厨自动化生产，而且用科技保障了食品安全！"

总之，不论是京东的"数智化供应链体系"，还是海底捞的"无人餐厅"，都是企业将数字技术融入业务流程运作而实施的创新性开发，能推进企业流程的高效运作，并助力企业实现深层效率的提升。

3.2.2 使能组织和业务平台，实现高端化与平台化

从生产经营到运营管理，数字化转型涉及企业的方方面面。云计算、大数据、AI、区块链、3D 打印等新技术，每一种新技术跟业务相结合，都可能产生

不同的价值。企业数字化转型，通过这些新技术可以打造一个以智能为核心的平台，实现数据资产、客户资产的连通共享，使能组织实现高端化、平台化、全球化，让企业构建起核心竞争优势。

平台模式是指企业以平台整合卖方和买方的资源，为买卖双方提供服务，促成资源交易，从中盈利的一种模式。随着 AI、大数据分析、区块链等数字技术工具在经济领域的运用，依托云、网、端等网络基础设施，新的数字化平台被孵育了出来。数字化平台挣脱了地域、时间、交易规模、信息传递、售后服务等方面的约束，优化了销售全流程。

而平台经济是数字经济呈现的一种形态，在全球经济中的重要性愈加凸显。2019 年，全球超过百亿美元市值或估值的平台企业共有 69 家，2020 年增加到 76 家，2021 年上升到 85 家。这 85 家平台企业中，中国和美国（全球平台经济发展最活跃的两大经济体）最多，均为 31 家。我国的平台企业主要分布在电子商务、数字媒体、金融科技、社交网络、搜索引擎、交通出行等领域，代表企业有淘宝、京东、微博、百度、美团、携程旅行等。

【案例】共建企业数字化平台，多云多租异构多模，快速响应业务诉求

从 2016 年开始，华为打造了一个数字化服务平台——鸿源云道，即围绕企业的标准场景构建了业务数字化的使能平台。强大的平台化服务，可以提高企业运作效率，快速响应企业业务需求。

鸿源云道主要包含四组核心能力：①业务的使能能力。如业务的构建、持续集成和持续部署（CICD）、运行环境的能力等。②资源和连接的服务能力。如如何形成一个企业的 IoT、产业互联网，如何利用外面的多种云服务资源的能力等。③构建企业安全可信的能力。④智能运营的能力。

鸿源云道采用开放、异构、可插拔的技术架构和 BBP（Buy, Build, Partner）建设策略，针对华为标准的 68 个业务场景形成了场景化的服务模板，包括连接了 600 多万台的生产办公装备，接入了全球七个不同的公有云的 200 多种云服务，调用、整合了 300 多种商业软件和 1800 多种开源组件，形成了 15 大产品，为企业数字化转型提供了有效支撑。

鸿源云道通过开租使华为实现了多样性的颗粒业务，包括对行业公司、区域分公司等提供数字化服务。目前，华为已经对八个不同的颗粒业务实现了开租服务，有三万多名开发者共同为华为提供相应的服务，让所有华为相关企业继承并传承了华为过去30多年的经验和实践。

在ICT领域，华为有充实的制造技术、信息处理和数字化转型的实践经验，形成了一套以数字技术实现业务运行的有效模式，目前正在以技术优势寻求与开发者、企业伙伴及各个领域的跨界合作，共同创建智能化的平台与服务，推进千行百业的数字化。

可见，数字化的价值在于它能够帮助企业实现整个生态链的乘法，而不是简单地加总。企业通过数字化转型，构建数字化运营平台，不仅能实现数据同源和实时可视，还能通过平台赋能，将客户、员工、供应商、经销商等利益相关者转化为增量价值的创造者。

3.2.3　适应并推动产业变革

数字化转型是利用最新的数字技术和能力来驱动组织的商业模式创新和商业生态系统重构，从而实现企业业务的转型、创新和增长的。而企业的数字化转型是一场以科技驱动的变革，利用5G、云计算、大数据等新兴信息化技术对企业进行赋能，全面适应数字经济时代的要求。

【案例】华为自制工厂：松山湖南方工厂的智能制造[①]

松山湖基地的南方工厂占地150万平方米，投资约100亿元，负责华为终端手机的新产品导入、验证测试及部分高端手机的生产和测试。

在华为终端手机生产车间内，设有40多条自动化生产线，配备了美国原装进口的超精准双轨全自动锡膏印刷机（MPM）、世界领先的精密点胶机（Camalot Dispenser）、全自动机械臂控制的整机组装测试线，还有全自动的无人驾驶运货车。此外，华为还拥有全球领先的生产工艺和质量控制体系，平均每20秒就能生产出一部高档手机。

从来料质量控制（IQC）到自动化物流中心，再到生产车间；从使用表面贴装技术（SMT）的印刷电路板组装（PCBA）贴片，到后段整机组装、测试和包装，都完全是一条龙的自动化作业流程。对比过去那种靠几百个工人手工

---

① 辛童. 华为供应链管理[M]. 杭州：浙江大学出版社，2020.

组装的生产线，现在华为的自动化生产线，只靠不到 30 个人就可以完成一部手机的生产、组装和测试。

华为的自动化生产线集成了制造执行系统（MES）、全球唯一识别号（GUID）的生产定制系统、自动导引运输车（AGV）等先进管理系统及方式……并且，自动化生产线上的很多管理和测试系统是华为自己开发的，比如主物料管理、辅料管理、老化测试和功能测试等系统。

华为手机生产线上使用的是可以精确定位的工业机器人、机械臂，与此同时，可以对制造中的工具、半成品、原材料和人员进行实时定位和互联互通，实现工具预置管理、生产进度控制、成品质量管理、原材料物流控制、作业人员调度管理等，极大地提升了生产效率和产品质量。

华为严格执行六西格玛质量管理标准，将生产线上的不良率控制在百万分之三以下，防水、点胶等关键工艺通过高精密的设备在线完成；老化、跌落、电磁安规等测试必须在老化室 50℃的环境下严格进行八小时，通过后才能继续后面的流程，再包装出货。

在华为的智能生产车间内，设有一个可视化的智能指挥系统，整个生产状态是公开可视的，生产管理人员可以通过大屏幕实时调取华为的所有产能数据及全球关键供应商、外包工厂和合作伙伴的信息数据，智能指挥系统还具有预警功能。

信息网络技术与制造业深度融合，先进的传感技术、数字化设计制造、机器人与智能控制系统正在改变原有的流程管理、研发设计、企业管理乃至客户关系。

数字技术目前是创新最为活跃、带动性最强的领域。随着 5G 技术的到来，互联网进入泛在化的时代，很多新技术、新模式、新业态开始涌现。华为作为世界领先的通信技术巨头，一直以来在 5G 领域保持着技术引领地位。

【案例】华为 5G 技术赋能超高清

突如其来的新冠疫情，使体育馆、剧院等线下场馆受到巨大冲击。为了帮助场馆尽快恢复运营，华为将超高清视频与 5G、云、AI 等加速融合，彼此互为应用场景，互为能力补充，促进内容创新与繁荣，给客户提供最佳观看体验。

5G 赋能超高清产业，主要体现在三个方面：新连接、新架构、新服务。

（1）新连接让生产更高效。5G 应用于超高清视频回传，将传统光纤与微波的部署时间节省了 80%，并实现了自由、便捷的第一人称视角拍摄功能。同时，超过 350 Mbps 的上行带宽能进一步满足超高清拍摄的回传需求，超过 1 Gbps 的下行带宽，能让客户即使在机场、车站、体育馆等拥挤的区域，也能获得良好的上网体验。

（2）新架构让体验更丰富。通过边缘计算和切片管理等 5G 全新架构，超高清视频处理、渲染和制作的时延有望降低至 10 ms 以内。同时，切片技术将能够大大满足专业媒体对于超高清视频传送的品质和安全需求。

（3）新服务让业务更精彩。通过 5G 与云计算结合，提供 AI+ 云 + 超高清、AI 超高清 Vlog、2D 转 3D 及 AI 虚拟偶像等全新服务，可大幅度降低超高清视频的制作门槛和服务成本，让各类超高清业务的生成更容易，种类更加丰富。

高速率、低延迟的 5G 网络能够保障超高清视频业务的优异体验，而超高清视频业务又能让客户充分感受 5G 网络的高品质。两者相互协同、相互成就，共同推动超高清视频产业链的发展。

数字化转型已然成为企业提升竞争力的必要手段，是数字经济时代发展的大势所趋。企业通过数字化转型能够不断创新和优化自身的业务模式、组织架构、流程和文化，适应并推动产业变革，加快推进产业数字化、数字化产业。

3.3　企业数字化的价值衡量框架

走向全面网络化、数字化和智能化，是数字化转型浪潮下各类企业组织变革的共同趋向，企业在数字化转型过程中明确数字化转型给企业带来的价值效益是非常重要的。

3.3.1　从八大关键方向衡量企业数字化转型的具体价值

数字化转型将为企业带来生产力提升、业务价值提升、客户体验提升等各方面的价值。企业可从以下八大关键方向来衡量数字化转型带来的具体价值，如表 3-4 所示。

表 3-4 衡量企业数字化转型价值的八大关键方向

关键方向	具体说明
移动业务	提供安全、优化的随时随地可以获得的移动应用
客户体验	通过数据收集和分析来理解客户需求，满足客户的体验
数据驱动业务	通过数据可用性和可见性更好地管理业务表现的能力
员工生产力	通过移动、数据访问和辅助流程等工具来提高员工的生产率
流程自动化	对业务和流程进行数字化优化，提高流程自动化程度
收入来源	开发新的数字业务和收入来源
产品创新	通过数字化产品升级，或开发新的产品或服务实现营收增长
供应链优化	全球数据和信息的流动，使商品、服务、人员的流动成为可能

企业通过数字化转型将数字技术整合到企业的各个领域中，让数字技术发挥最大的价值。 华为正在通过多样化的终端、云服务，聚焦智慧办公、运动健康、智能家居、智慧出行、影音娱乐等场景，联合合作伙伴进行个性化定制，为客户打造更丰富的个人体验，创造更高的价值。

【案例】"方小锅"数字人项目

2022 年 1 月，湖南多豆乐漫娱传媒与华为正式启动"方小锅"数字人项目。根据方小锅原画形象，华为云 MetaStudio 帮助多豆乐完成了从 3D 建模到贴图、纹理、材质、灯光、渲染、动画的全部制作，并于 3 月开始运营上线。在上线不到一个月的时间内，"方小锅"就成为国内首个拥有千万名粉丝的元宇宙 AI 数字人。从项目启动、制作到运营，华为仅用了 4 个月的时间，就联合多豆乐完成了"方小锅"IP 的升维发展。

方小锅应用于两大场景。一是直播业务，华为云的强大云上存储和云算力的能力，为多豆乐提供了在云上实时渲染的直播解决方案。单目摄像头的视觉驱动，让动作捕捉准确率高达 90% 以上，节省了昂贵的动捕设备费用。同时，主播侧还可以通过端侧 App 或云侧界面进行直播业务的管理，灵活调整数字人直播背景等业务参数。也可以通过直播业务，将方小锅推流到虎牙、斗鱼、抖音、微信视频号等各大直播平台。

二是短视频业务，华为云 MetaStudio 通过对方小锅数字人的 5 种语音基库、

40个标准动作基库、600多个表情基库的建立和对知识图谱的深度学习，凭借语音驱动实现了一站式配置，只要输入文本即可生成多样化的动态视频，节省了专业编导制片团队的制作时间和人力成本。而且方小锅数字人表情自然，基本可以达到真人的效果。

数字化转型带来的价值使得其被众多企业青睐。然而转型愿景虽美好，现实却很残酷。麦肯锡的研究结果显示，只有不到30%的企业的数字化转型能够取得成功。国家信息中心通过大数据的抓取发现，平台、竞争力、人才、成本、困难等词伴随着数字化转型一词高频出现。

可见，企业在数字化转型过程中面临诸多困境。根据埃森哲对30多家企业高管的深度访谈，大致可以总结出企业在数字化转型中面临如下三大困境。

（1）迷失方向，缺少战略支撑

部分企业没有找到适合自身企业转型的着眼点，没有明确的方向与路径图；部分企业的数字化战略与业务发展是"两条线，两层皮"，企业的发展战略对数字化的部署没有指导作用。

（2）能力难建，推行阻力大

企业原有的系统、制度和流程无法支撑数字化转型的推进，在原有的基础上调整可能会出现难以兼容的状况，打破重建则成本较高，损失难以预估；企业缺少数字化转型人才，无人引领推动。

（3）技术脱离业务，价值难以实现

企业在推进数字化转型过程中仅考虑到技术的应用，没有与业务紧密相连。最典型的现象是，技术团队与业务团队独立经营，技术部门不懂业务部门，升级的技术脱离业务主体，对业务没有应用价值。

数字化转型是一场全新的变革。企业要想成功进行数字化转型，需要在意识、组织、文化、方法和模式等各方面进行创新与改变，以确保数字化转型给企业带来的价值效益最大化。

3.3.2　推进数字化转型，释放数字生产力

数字经济与实体经济深度融合，已经成为促进全球经济稳定和持续发展的重要因素。华为轮值董事长胡厚崑在2022年华为全连接大会上表示，中国完善

的数字基础设施、千行百业数字化的迫切需求和丰富的ICT人才储备，正推动行业数字化进入快车道。

当前在中国，数字化转型处在非常好的时间点上。从数字技术和人才供给来看，数字化转型的基础条件已经具备。

在连接方面，我们有全球规模最大、质量最好的宽带网络。同时，中国近几年在云计算、AI计算中心、超算中心上的大力投资，使我国的算力网络规模也达到了全球第二。

除了数字基础设施，我们也看到云计算、大数据及AI等数字技术在中国的普及率已经大幅度提升，过半的企业在使用云服务，AI的使用率也接近50%。

更重要的是人才的供给。中国每年有超过300万名理工科高校毕业生，为数字技术的创新和应用提供了丰富的人才保障。

有技术，又有能力，这一切正推动中国进入数字化转型的深水区，释放数字生产力可谓恰逢其时。

另一方面，我们可以看到，各行各业已经开始积极地进行数字化的尝试。

在金融行业中，银行可以基于大数据和AI技术，把小额贷款的审批时间从一周缩短到数秒。这不仅大幅度提升了金融服务的效率，也让中小企业贷款享受到普惠金融服务，用技术的手段帮助银行使其金融资源更好地服务于实体经济，既有商业价值，又有社会意义。

在煤炭行业中，通过利用5G实现远程操控，煤矿工人可以从井下走到井上，并在办公室里实现远程采煤作业，这大大改善了工作环境，也提高了整个煤矿的安全生产水平。

在农业中，通过使用5G使能的无人机巡田，以及大数据和AI分析，农民可以大幅度减少农药使用量，让农作物更环保、更安全。

以上只是千行百业数字化的一些缩影，我们相信，星星之火，可以燎原。这些成功的应用一定可以在各行各业得到迅速复制，形成千行百业拥抱数字化的明确趋势。

华为一直希望能持续与伙伴一起打造满足客户需求且能解决问题的解决方案，最终实现各行业的数字化和智能化，让我国各行业的智能化水平走在世界前列。

过去30多年中，华为聚焦通信，持续投资研发和创新，与中国运营商一道，建成了全球最领先的移动网络和家庭宽带网络。

从2012年开始，华为全力投资云计算，使今天的华为云有能力成为数字化世界的底座和使能器。同时华为希望合作伙伴们也能将能力沉淀到华为云上，与更多的客户进行连接与共享。因此，华为云新合作伙伴体系正式闪亮登场，如图3-2所示。新体系以能力为核心，具体包含一个身份、八种角色、两个合作框架，全面加速伙伴成长。

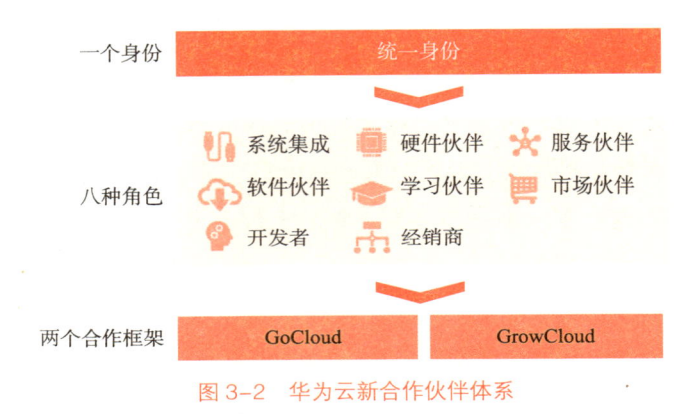

图3-2 华为云新合作伙伴体系

一个身份：伙伴注册成为华为云合作伙伴之后，将获得一个统一身份，今后伙伴可使用此身份与华为云开展所有的业务合作。

八种角色：华为云依据伙伴能力设计了八种角色，分别是系统集成、硬件伙伴、服务伙伴、软件伙伴、学习伙伴、市场伙伴、开发者、经销商。每种角色对应不同的发展路径，伙伴可根据自身业务发展方向，选择不同的角色进入合作框架，以实现长远发展的目标。

两个合作框架：在统一身份下，华为云根据合作场景，确定选择GoCloud和GrowCloud框架。GoCloud鼓励伙伴基于华为云构建丰富的解决方案与服务，培育与发展伙伴能力；GrowCloud鼓励伙伴扩大华为云销售规模，扩大市场空间，加速增长，实现共赢。

如今，数字化大潮风起云涌，数字化转型能为企业带来进入新赛道或弯道超车的机会。同时，推进千行百业的数字化转型，可以释放数字生产力，进而为经济发展和社会进步提供源源不断的动力。

3.4 华为数字化转型理念及实践

数字化转型的目的是提升企业的竞争力。经过 30 多年的风风雨雨，华为成为中国最早一批成功实现数字化转型的典范。华为希望结合自身数字化转型的实践经验，为众多企业的发展注入强大的数字动力，助力千行百业共同完成企业的数字化转型，获取未来的竞争优势。

在本节，笔者将尝试解读华为从 2016 年正式开始启动的数字化变革实践和过程，希望能给相关企业一些借鉴。

3.4.1 华为数字化转型的背景与挑战

2016 年，华为在变革规划中明确提出把数字化转型作为企业变革的唯一主题，拉开了数字化转型的序幕。当时的华为基本完成了企业的流程管理体系和信息化建设，正面临着越来越厚重的流程问题和一个个 IT 系统所形成的数据孤岛问题：IT 系统中的数据语言不统一，不同 IT 系统之间数据不贯通，同样的数据需在不同的 IT 系统中重复录入，不同系统中的同一个数据不一致等。这些问题限制了企业运营效率的提升和效益的提高，于是华为便开启了自身的数字化转型，以期通过数字化转型来改变这种状况。

在华为看来，数字化转型其实是两个词。其中，数字化是手段，转型才是目的。而数字化转型影响的不仅仅是 IT 组织，更会给企业的运营模式、责任体系、权力体系等带来全面的影响。由此，华为在数字化转型的过程中也面临诸多挑战。

（1）数据治理困难

华为是一家"非数字原生企业"，大多数业务都是在线下完成的。以往的很多东西要么没有数据，要么数据可信度存疑，这都是华为面临的挑战。例如，华为投入了非常多的资金，最后发现就连合同信息都有很多东西还没有被数字化。因此，需要通过艰难的数据治理来提升数据质量。

（2）变革意愿不强

华为在进行数字化变革时，最痛苦的是需要转变销售领域和研发领域人员的变革意识。作为华为最成功的两个领域，销售领域的人员认为他们是华为的核心竞争力，一开始是非常不愿意变革的。此外，研发领域的人员自身技术水平极高，一开始也不愿意接受这些技术变革，认为这些比不上自己的开发工作。

（3）服务对象复杂

华为的服务对象包括供应商、渠道合作伙伴、企业客户、个人消费者、员工五类，如何及时响应五类客户的需求，也是华为数字化转型中面临的巨大挑战。

（4）业务协同困难

华为作为全球信息与通信技术行业的领导者，业务遍及全球170多个国家和地区，如何调动全球近20万名员工协同作战，也是一个很大的难题。

（5）应用系统复杂

华为在全球有多个数据中心，包含了1000多个应用。如何对这些庞大的数据和应用进行整合也是一个非常大的挑战。

企业在数字化转型过程中会不可避免地遇到各种机遇和挑战。为了提升企业数字化转型的成功率，需要激发组织从上到下的变革意愿，由企业一把手来主导，同时配套好的方法和机制，以支撑数字化转型的有效开展。

3.4.2 华为数字化转型历程

随着华为不断发展壮大，面对的市场竞争越来越激烈，作为支撑企业发展的重要基石，华为的信息化系统面对的挑战也越来越多。华为每年会投入销售收入的约2%用于信息化系统的建设与完善。如今，华为已经从信息化阶段进入数字化阶段，如图3-3所示。

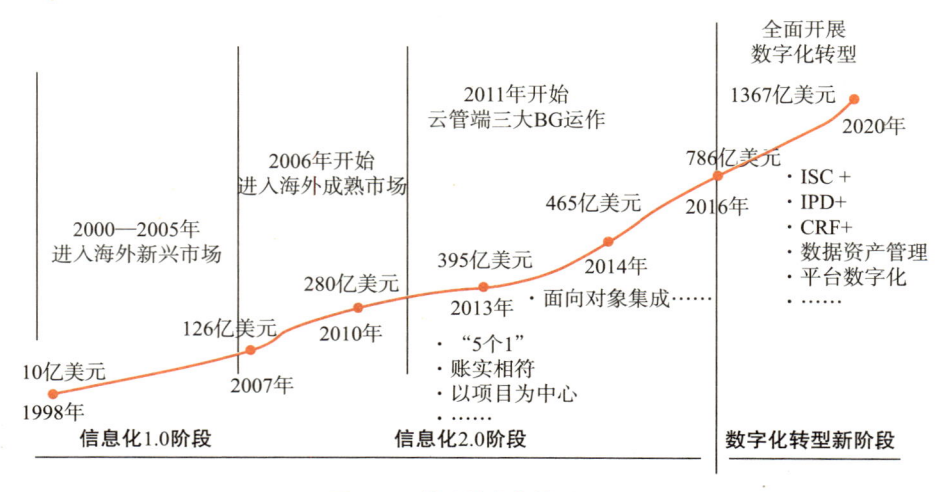

图 3-3 华为数字化转型历程

（1）信息化 1.0 阶段

华为的信息化 1.0 建设经历了三个阶段的发展。

华为成立后的第一个 10 年是华为信息化 1.0 建设的第一个阶段。在该阶段，华为于 1993 年成立了管理工程部。此时，华为主要靠 E-mail 和 MRPII（物料生产计划管理）来支撑企业业务的发展。

从 1998 年到 2003 年，信息化 1.0 进入了第二个阶段。在该阶段初期，由于企业发展迅速，很多管理问题暴露了出来：前后端脱节，生产销售脱节，产品无法满足客户需求。所以在这个阶段，华为开始推进流程变革，并通过前往硅谷考察和寻求 IBM 的帮助，制定了第一个 IT 战略五年规划。

其后，华为开始进行 IPD 变革和 ISC 变革，并开展了大规模办公自动化（OA）系统建设及 IT 基础设施建设整合。信息化从分散走向集中，以更好地支撑业务运作，降低成本，提高管理效率。

从 2004 年开始，信息化 1.0 进入第三个阶段，即全球化阶段，其中以全球上线 ERP 系统为主要任务。以华为的巴西代表处为例，ERP 系统在这里直到第四次尝试才最终成功上线。其中一个重要的原因是巴西的税制和财务系统很复杂，甚至不同的州就有不同的税种与通行货票。经过近 10 年的努力，华为终于在全球 100 多个国家建立起了一张 IT 大网。

通过建设全球信息化，华为每年能节省 30%的差旅费用。2007 年，华为海外销售收入已经连续三年超过国内，真正实现了全球化战略的重要转型。

（2）信息化 2.0 阶段

华为庞大而复杂的 IT 系统，既要支撑内部企业运营，又要支持对外的业务创新，渐渐跟不上时代发展的脚步了。为了完善 IT 系统，提升运营效率，2012 年，邓飚在出任华为 CIO 后，提出了华为 IT 2.0，这标志着华为进入了信息化 2.0 阶段。IT 2.0 推行的目标是拉通相关业务流程与 IT 流程，要求是"5 个 1"（订单处理只要 1 天、从订单下达到发货只要 1 周、从订单确定到客户指定地点只要 1 个月、软件中从客户订单确定到下载只要 1 分钟、站点交付验收只要 1 个月）。

在华为信息化进入 IT 2.0 时，华为提出，企业未来 3～5 年 IT 变革的主要目标有两点：第一，要建立面向全球的联合作战系统；第二，构建数字化作战平台，提升运营效率。IT 2.0 应该说是华为由信息化建设向数字化转型的一个过渡阶段。

（3）数字化转型新阶段

在数字化转型前，华为 ERP 的库存账实相符率只有 78.6%，利润率不到 10%，很可能给企业带来较大的经营风险。再加上在不同发展阶段，为了业务发展需要，华为建立了较多的 IT 应用，相互之间形成了壁垒，从而导致内部存在不少的信息孤岛。因此，华为于 2016 年提出了数字化转型。2017 年，华为正式将"数字化转型"确立为集团层面最重要的战略变革目标，内部变革全面围绕数字化转型展开。

2019 年，美国商务部工业与安全局（BIS）将华为列入"实体清单"，禁止华为在未经特别批准的情况下购买重要的美国技术，华为进入"战时状态"。华为的数字化变革重点工作转向打造自主可控的工业软件及数字化使能平台支撑体系，全力保障企业的业务连续性运营。华为将十几年潜心研究的海思芯片"一夜转正"，还推出了自己的鸿蒙操作系统。根据华为 2021 年财报，截至 2021 年年底，搭载鸿蒙操作系统的华为设备超过 2.2 亿台。

2021 年，美国对中国的"根技术"出口限制越来越多，华为深刻认识到仅凭一己之力无法解决工业软件与平台被"卡脖子"的问题，因此，华为参与组建了中国数字化工业软件联盟（DISC），并将自身在产品数字化变革中形成的数字化使能平台转换为华为工业云中的核心组件，希望联合国内工业软件生态伙伴，构建中国自主可控的数字化工业软件与平台"根技术"体系，彻底打破华为乃至中国工业企业受制于人的被动局面。从 2021 年开始，华为还相继成立了 20 大军团，聚焦特定行业，积极探索行业数字化转型创新。华为希望通过军团组织的形式，缩短内部管理链条，快速响应客户数字化转型需求。

数字化转型是企业内生的变革，涵盖企业的各个方面，是一个系统性工程，不可能一蹴而就。华为通过在数字化转型的实践中不断完善和发展，从而提升了企业的管理运营能力，构筑了核心竞争力。华为数字化转型的实践经验可以用一句话总结：一套方法、四类场景、三大平台，如图 3-4 所示。

华为数字化转型框架

一套方法	愿景驱动	变革的方法	产品思维管理IT
四类场景	数字化作业	数字化交易	数字化运营	数字化办公
三大平台	统一的数据底座	云数字化平台	变革治理体系

图 3-4 华为数字化转型框架

（1）用"一套方法"贯穿转型全过程

用愿景驱动规划。规划作为数字化转型工作的起点，应由愿景驱动，需要对准企业长期发展战略，站在未来的视角，明确商业模式、市场定位和核心竞争力。只有对准业务发展战略，明确客户需求，才能准确识别数字技术给企业带来的发展前景，进而按优先级规划变革项目。

用变革的方法确保规划落地。变革过程中人的能力和意愿是变革的核心。华为通过推动一把手主导、消除利益干系人阻力、组建变革项目组等方式，辅以沟通、教育、培训等手段提升组织变革能力及意愿度。

视IT为投资，用产品思维管理IT。IT产品需要持续承接业务变革，优化运营的诉求，主动进行产品规划；组建业务和IT一体化团队（华为军团组织），让业务人员懂IT，IT人员懂业务，用产品化的思维进行数字化运作。

（2）从"四类场景"重构业务运作模式

数字化作业场景。通过数字技术，连接作业过程中的全要素，让业务过程和结果线上化，业务规则数字化；优化或重构业务流程，提高流程运作效率。

数字化交易场景。从客户角度出发，对交易流进行数字化改造，使交易双方实现在线智能对接，简化交易链条，提高交易效率。

数字化运营场景。借助数字技术优化组织运作模式，打破组织边界，实现跨部门横向协同。同时，借助大数据技术辅助管理层科学决策。

数字化办公场景。打造WeLink数字化办公平台，提升员工体验，提高组织办公效率。

（3）构建"三大平台"为转型提供保障与支撑

夯实统一的数据底座。支撑数据入湖，建立数据连接，将数据加工成信息，通过服务机制确保数据在安全合规的前提下共享。

构建云数字化平台。依托华为云，沉淀通用的业务能力，让租户体验安全、敏捷、弹性的数据资源。

搭建变革治理体系。成立变革指导委员会，构建数字化领导力，承担变革投资、审批、指导、评估等职责。另外，在集团统一领导下，数字化转型必须由各领域内的业务一把手主导。

"自己的降落伞自己先跳。"华为作为解决方案的提供者和先行者，在数字化转型问题上不断摸索、积累实践经验，最终的目标是想要将自己的数字化转型做成整个行业的标杆，赋能整个行业，推动行业的数字化转型。

3.4.3　华为数字化转型的价值

数字化转型已成为企业提高数字化运营水平、实现业务增长的有效手段。华为是数字化转型的领跑者，数字化转型为其带来的核心价值主要体现在以下三个方面，如图 3-5 所示。

体验提升	· 理解客户，丰富客户接触点 优化客户作业流程 满足客户自助需求 · 营收增长 优化客户交易、处理流程	关注客户满意度 和营收增长
效率提高	· 提高运营效率 研发、生产、销售自动化 · 提高决策效率和质量 多维度精准数据	关注核心 运营能力
模式创新	· 新的商业模式 形成数字化产品与服务 · 新的运营模式 提升认知水平、构建生态	关注开放、 创新生态

图 3-5　数字化转型的三大价值

（1）体验提升

数字化转型让企业更加理解客户，不断丰富与客户的连接，帮助客户进行再次的价值创造，进而实现企业的营收增长。如通过精准的数据分析，优化客户作业流程；利用数字化平台，提供工具，满足客户自助需求，提高客户满意度。

过去华为强调产品的质量、性能，但现在强调客户体验。一个产品通过数字化可以极大地提升客户体验，而客户体验将是企业和企业之间差异化竞争的关键。

【案例】华为智慧加油站解决方案

智慧加油站通过华为数字化平台，在已有设备的基础上，进行算力化改造，化繁为简，集成联动加油机、液位仪、支付平台、视频监控等业务子系统，实现加油、卸油、营销的智能化、无人化、精准化，同时也支持云化和 SaaS 化，实现各加油站之间数据共享，减少重复操作。

智慧加油站主要有以下三大核心价值。

（1）系统预集成：对客户现有的发票系统、会员系统、管控系统、油机系统等进行预集成，无须定制，可快速完成部署。

（2）无感支付：基于华为 Atlas 500+ 无感支付 AI 算法实现"车牌识别—锁定会员—枪车绑定—自动支付—加油完成"流程，无须等待，车辆即刻驶离，提高车辆通过率，增强客户体验。

（3）安全卸油：实现加油站视频存储、转发、AI 识别，对卸油作业中引车到位、工衣识别、外人入侵、消防器材、抽烟、动火、打电话等场景进行识别预警。

例如，原来在加油结束后，车主还需要去服务站台结账开票，大大增加了每一台车辆的等位时间。而在智慧加油站中，对于已注册的会员车辆，智慧大屏中会显示该会员的基本信息和加油习惯，自动分配可用油枪。在加油员忙碌的情况下，车主可自助加油，无须等待。加油结束后，系统将根据加油金额自动扣费、开票，极大缩短了每台车辆的加油和等待时间。

（2）效率提高

先进的数字技术可以提高企业在研发、生产、销售等环节的自动化水平，提高运营效率；多维度、更精确的数据能帮助企业缩短决策链条，提高决策效率和质量。

华为每年要交付几十万个站点的通信设备。华为通过数字化实现了远程勘察、AI 质量检查、自动生成文档，提升了运营效率，在过去几年降低了几个百分点的交付成本率，为企业大大节约了成本。由此可见，通过数字技术，能提升海量、高成本环节的效率，能为企业带来很大的价值。

【案例】帆软 Data Arts 的集成应用

帆软的商业分析软件与华为云数据治理生产线 Data Arts 深度集成后，应用到了信义玻璃项目中。

帆软通过华为云数据治理生产线，集成了各类 IT 系统数据及超过数十万点位的生产设备和生产工艺数据，并进行了高效处理，建立了企业级数据目录，减少了人工填报的操作。在制表过程中，通过简单的拖拉拽分析，使经营报表生成时间从过去的一周缩减到一小时。同时通过能耗和工艺数据的可视化和分析，促进了生产线数据的横向对比、纵向巡游，使生产线能耗大幅度改善。这个项目在降低能耗上，每年就能节省数千万元。

（3）模式创新

随着业务和技术的融合，将会产生新的商业模式和运营模式。商业模式帮助企业形成数字化产品与服务，找到新的业务增长机会；运营模式帮助企业提升认知水平、构建生态，让企业更敏捷、更准确地应对未来的变化。

云服务就是数字化带来的一种创新的业务模式，云服务不仅可以使企业专注于主业务，提高企业的运作效率，还开辟了新的市场增长点，为企业带来了丰厚的利润。

例如，华为 Cloud Campus 云管理园区解决方案就是华为一个新的业务模式，它利用云管理技术实现了集中化和多租户的管理，使得一人监管多个网络成为现实。同时，由于兼具大数据分析的功能，它可以对商场的客流进行统计分析，进而指导商场的营销活动；也可以对酒店入住客户的喜好进行分析，从而满足客户的个性化需求。

根据华为财报，2021 年华为云服务了 600 多个政务云，帮助了超过 35 个城市政务云升级；服务了超过 30 家汽车制造企业、超过 15 家家电头部企业；帮助了 1.7 万家制造企业进行数字化转型。2021 年，华为首次公布云业务收入，华为云实现销售收入 201 亿元，同比增长 34%，其中国市场地位仅次于阿里云，排名第二，在全球 IaaS 市场排名中上升至前五。

华为数字化转型成功的关键在于将强大的 ICT 与业务融合，实现端到端的物联解决方案，全面升级业务运作模式和运营能力，从根本上改变了传统的商业模式，为企业创造了更大的价值。华为数字化转型是值得思考借鉴的标杆实践。

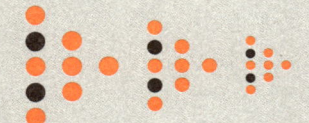

第 2 篇

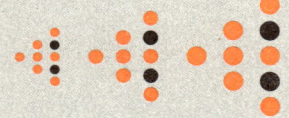

转型评估篇：企业数字化成熟度评估

对于一家企业来说，数字化就好比一次大考。通过数字化转型大考，企业可以更好地适应市场变化，强化自身的战斗力，站稳脚跟，实现可持续发展。

然而，对于大多数企业而言，数字化转型都是"摸着石头过河"。每个企业的基因和所在行业不一样，自身资源和能力禀赋也不一样。所以即使数字化方向和路径正确，也不一定能够采用一样的节奏和强度。

为此，企业在进行数字化转型前，需开展数字化成熟度评估，准确定位自身数字化水平，并且结合自己的能力和资源，助力企业清晰规划未来数字化路径。

第 4 章 数字化成熟度评估，知己知彼

知己知彼，百战不殆。数字化转型亦是如此。

通过进行数字化成熟度评估，企业不仅能明确自身已经具备的数字化能力和所处阶段，还能摸清楚自身与同类标杆企业的差距，做到知己知彼，进而为企业确立数字化转型愿景、架构数字化转型蓝图等提供依据。

4.1 数字化能力框架和发展评估维度

不同的企业的禀赋、数字化基础是不一样的，企业进行数字化转型时需要做的事情也是不一样的。数字化成熟度评估，能帮助企业判断当前自身数字化处于什么阶段，厘清其进行数字化转型有哪些优势和不足、需要做哪些改进等，以指导未来的数字化转型决策。

4.1.1 数字化转型需要知己知彼：数字化能力等级

数字化是有成长周期的，而且是没有尽头的，是一个从萌芽到不断生长，进而不断成熟的过程。而数字化成熟度是根据一定的标准对企业数字化转型过程进行等级划分，并描述每个等级相应的特征和状态，其不仅可用于评估企业当前的数字技术水平，还能确定企业目前实施数字技术在开展业务和创造竞争优势方面的范围、深度和有效性。

在全国信息技术标准化技术委员会大数据标准工作组、中国电子技术标准化研究院联合出品的《企业数字化转型白皮书（2021版）》中，依据企业数字化的关键能力，企业的数字化成熟度被划分为五个等级，如表4-1所示。

表 4-1 企业数字化成熟度等级划分

等级	说明
L1级：认知级	企业数字化处于起步阶段，数据仅应用于个人或者部门，企业数字化程度低
L2级：初始级	企业数字化处于初始阶段，出现数字化迹象，数据应用主要服务于领导决策，但没有形成整体数字化战略
L3级：发展级	企业数字化处于发展阶段，多个部门开始数字化，技术部门支持业务部门开展数据应用，并取得了一些数字化实践经验，但数据的使用并未进入核心业务
L4级：先进级	企业数字化处于先进阶段，清晰地认识到数字化的益处及带来的竞争力，数字化已应用于企业级别的业务运营，但仍有一些领域需要提升数字化水平
L5级：领先级	企业数字化处于领先阶段，数字化程度高，具备成熟的系统及业务战略，业务活动中的数字化水平高，通过数字技术和商业模式创新成了市场的领导者

（1）L1级：认知级

L1级为认知级，指企业数字化处于起步阶段。此时，企业对数据价值有了初步的认知，并开始零散应用数据，但数据的应用处于个人或者部门级别，企业各部门人员和管理层能零散使用数据分析，企业的业务部门会选用一些常用工具进行数据存储和分析，使用人数并不多，数据应用深度不足，使用频率较低，无法支撑企业级的数据体系。

（2）L2级：初始级

L2级为初始级，指企业数字化处于初始阶段。此时，企业的技术中心的主要作用是辅助企业领导决策，数据应用已从个人上升至部门或者企业级别。企业一般会采用商业智能（BI）分析工具进行数据分析，辅助领导决策。但是这些分析工具的主要使用者和维护者是技术部门，不能真正覆盖企业全方位的日常管理和业务发展需求。

（3）L3级：发展级

L3级为发展级，指企业数字化处于发展阶段。此时，企业的技术中心处于系统化运营水平。在这一阶段，企业以技术支持为中心，通过搭建系统化的数据运营体系，实现了对业务发展的支撑。企业的技术团队是数据价值产生的主体，业务部门的需求则由技术团队来实现，即企业需要配备专业的技术团队和数据分析团队，提出需求、建立模型并检验整个过程。业务人员在此过程中只是提出数据分析需求，实施过程需要技术人员投入大量的时间和精力。

处于该阶段的企业，数据的使用并未进入核心业务，数据使用深度不足。同时，由于这类企业的数据运营成本高，无法实现全员数字化运营。

（4）L4级：先进级

L4级为先进级，指企业数字化处于先进阶段。此时，企业的数据应用处于业务中心数据化运营水平。在这一阶段，企业形成了以业务为中心的数据化运营体系，各部门使用数据均以赋能业务为出发点；企业已形成数据的良性循环，形成了数据资产，达到了数据赋能业务的目的。在实现方式上，企业可以通过搭建数据中台，给前台应用赋予数据能力，使业务人员可以便捷、轻松地使用数据，而不依赖于技术和数据分析人员。

（5）L5级：领先级

L5级为领先级，指企业数字化处于领先阶段。此时，企业已经形成了数据竞争力，能够通过数据引领业务、赋能业务创新和变革。处于该阶段的企业实现了数据的良性循环，可以沉淀出核心数据竞争力和数据资产，并能够基于数据开创出新的商业模式。企业内外部数据打通，形成了数据生态，真正做到了数据驱动发展，并持续推进企业数字化转型进程螺旋式上升。

企业处于数字化成熟度的不同阶段时，都会有其独特的挑战和机遇，需要采取不同的策略，提出针对性的解决方案。准确、深入地了解企业的数字化成熟度是促使企业取得数字化转型成功的关键。

4.1.2 企业数字化成熟度评估维度及评价指标

数字化转型是一个场景从简单到复杂，应用从局部到广泛的过程。在充分考虑国内外企业数字化的先进水平和最佳实践的基础上，全国信息技术标准化技术委员会大数据标准工作组、中国电子技术标准化研究院提出了战略与发展、组织与人才、技术与平台、数据与应用、业务与流程五类数字化成熟度评估维度，并结合企业组织、文化、客户、资产、业务、安全、治理、运营等因素，确定了21个评价指标，如表4-2所示。

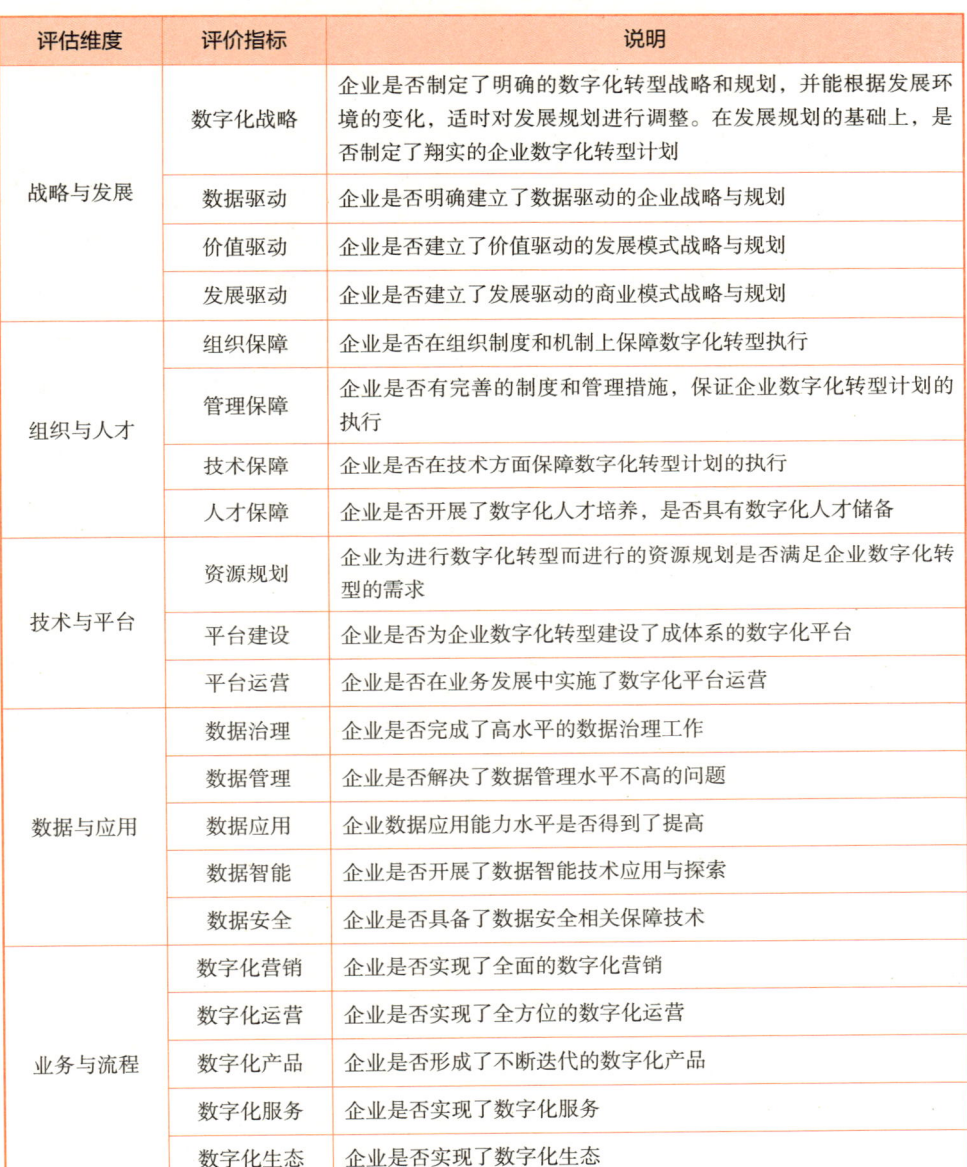

表 4-2　企业数字化成熟度评估维度及评价指标

评估维度	评价指标	说明
战略与发展	数字化战略	企业是否制定了明确的数字化转型战略和规划，并能根据发展环境的变化，适时对发展规划进行调整。在发展规划的基础上，是否制定了翔实的企业数字化转型计划
	数据驱动	企业是否明确建立了数据驱动的企业战略与规划
	价值驱动	企业是否建立了价值驱动的发展模式战略与规划
	发展驱动	企业是否建立了发展驱动的商业模式战略与规划
组织与人才	组织保障	企业是否在组织制度和机制上保障数字化转型执行
	管理保障	企业是否有完善的制度和管理措施，保证企业数字化转型计划的执行
	技术保障	企业是否在技术方面保障数字化转型计划的执行
	人才保障	企业是否开展了数字化人才培养，是否具有数字化人才储备
技术与平台	资源规划	企业为进行数字化转型而进行的资源规划是否满足企业数字化转型的需求
	平台建设	企业是否为企业数字化转型建设了成体系的数字化平台
	平台运营	企业是否在业务发展中实施了数字化平台运营
数据与应用	数据治理	企业是否完成了高水平的数据治理工作
	数据管理	企业是否解决了数据管理水平不高的问题
	数据应用	企业数据应用能力水平是否得到了提高
	数据智能	企业是否开展了数据智能技术应用与探索
	数据安全	企业是否具备了数据安全相关保障技术
业务与流程	数字化营销	企业是否实现了全面的数字化营销
	数字化运营	企业是否实现了全方位的数字化运营
	数字化产品	企业是否形成了不断迭代的数字化产品
	数字化服务	企业是否实现了数字化服务
	数字化生态	企业是否实现了数字化生态

（1）战略与发展

生存是企业的首要问题，企业数字化转型要以不断创造客户价值、更好地为客户服务为目标。因此，制定企业数字化发展战略和规划，是企业数字化转型的基础和发展方向。在战略与发展方面，设置了数字化战略、数据驱动、价值驱动、发展驱动四大评价指标。

（2）组织与人才

数字化转型工作的开展必须依赖数字化人才，以数字化人才为核心，构建高质量的、可持续发展的招募聘用、团队构建、目标设定、流程规范、资源配给、绩效评价、激励与淘汰等机制，以保证数字化转型各项工作的顺利开展。同时，要以人为本，从组织文化层面建立对探索和创新的鼓励，在未来的组织中凝聚充满创新思维和热情的生力军，形成组织级的体系化创新能力，让创新成为组织核心能力和工作新常态。因此，在组织与人才方面，设置了组织保障、管理保障、技术保障、人才保障四大评价指标。

（3）技术与平台

技术与平台的建设和应用是企业数字化的重要基础。云计算、大数据、AI、IoT、边缘计算、移动应用、区块链等技术，为数字化转型提供了强有力的技术工具。而数字技术企业提供了大量的数字化平台产品。技术与平台的运用应以成熟可靠、支持业务可持续稳定运行为基本要求，以实现客户满意为最终目标。企业必须以业务需要为主要因素考虑新技术的引入，避免对新技术的片面追求和过度超前采用。同时注重成功技术在业务领域的复用，实现技术的"一处成功，多处开花"的效果。

此外，应为可预期的未来业务发展保留空间，可以在技术先进性上提前考虑，但应以风险可控和安全可靠为原则，形成合理的采用和退出机制。在验证测试严谨完整和应急准备充分有效的前提下适度采用新技术，同时强化运行监控和效果评估并适时调整，从而确保新技术采用的可靠性和有效性。因此，在技术与平台方面，设置了资源规划、平台建设、平台运营三大评价指标。

（4）数据与应用

目前，数据已成为数字经济时代的新型生产要素，数据资源已经成为"智慧地球"的重要的生产要素。如何让数据发挥它应有的价值，帮助人们获得知识，形成正确的决策，是数据与应用的核心诉求。在实践中，数据产生价值有不同的方式和途径，包括数据的客户定义价值、具体应用场景下的发挥价值、经过分析和加工释放的价值等。因此，在数据与应用方面，设置了数据治理、数据管理、数据应用、数据智能、数据安全五大评价指标。

（5）业务与流程

在业务与流程方面，企业应从业务场景的源头开展策划，逐步构建技术平台、业务系统和管理机制有机融合的安全的管理体系，使得企业员工和外部客户在享受数字化转型带来的方便快捷的同时，能够得到无干扰、充分、适度、妥善的安全防护。因此，在业务与流程方面，设置了数字化营销、数字化运营、数字化产品、数字化服务、数字化生态五大评价指标。

阿里巴巴联合毕马威也曾在《2020 消费品生态全链路数智化转型白皮书》中提出了基础设施云化、触点数字化、业务在线化、运营数据化、决策智能化五项数字化成熟度评估维度，其中包括 25 个核心评价指标，用以帮助企业评估数字化成熟度和指明未来建设方向，如表 4-3 所示。

表 4-3 企业数字化成熟度评估维度

五项一级能力	二级能力/指标				
基础设施云化	集成与存储	网络与计算	安全与风险	持续集成与敏捷交付	业务连续性
触点数字化	覆盖与布局	在线与连通	数据与质量	扩展与移植	成本与效应
业务在线化	业务完成与闭环	流程在线与重构	沟通与协同	系统与架构	创新与共享
运营数据化	构建与连通	运营与优化	治理与管控	工具与技术栈	开放与合作
决策智能化	洞察与可视化	业务场景赋能	知识构架与迭代	模型构建与优化	技术平台支撑

（1）基础设施云化

基础设施云化程度反映了企业数字化转型的基本技术能力。云计算除了为企业数字化转型提供了算力基础，还涵盖了支撑企业智能运算的算法模型能力、数据存储能力、数据之间传输的网络连通能力、敏感数据的安全能力及对数据实时和离线处理的能力等。此外，企业同样需要一个敏捷的、连续稳定的、成本优化的、安全和风险可控的智能运算环境。

（2）触点数字化

企业借助人工智能物联网（AIoT）、移动互联网等技术，保持与客户、员工、商品、合作伙伴等全链路的连接。触点数字化反映了企业数字化转型过程中，企业与各方交互触点数字化水平的成熟度。数字化的触点主要通过各个触点的数字化、移动化、智能化达到多维度的客户行为感知、员工和组织感知、商品状态感知、合作伙伴和生态感知，使得企业在全链路保持连接和数据获取能力。

（3）业务在线化

企业通过业务能力服务化的方式帮助企业完成业务流程的数字化和业务价值的提升。一方面，企业需要快速响应来自各触点的变化，对业务流程进行重塑与优化，实现组织沟通与协同的效率提升；另一方面，为了应对日益复杂的业务场景与需求，企业需要对全链路数字化业务系统进行升级，通过不断的业务服务重构来实现业务共享和创新，促进生态之间的开放与协同。

（4）运营数据化

企业在数字化时代需要启动和激活数据的商业价值，充分挖掘自身高价值的"小数据"并充分结合生态的"大数据"，实现数据驱动业务，进而形成分析和洞察驱动型的企业文化。通过完善的数据体系，数字化企业可以利用数据洞察赋能企业的全价值链，为企业的员工和合作伙伴提供运营指导，实现降本增效，同时提高合作伙伴之间的协同效率，改善客户体验。

（5）决策智能化

构建企业的"数智大脑"是企业数智化转型的重要方向。基于复杂智能算法的推荐、预测、决策等结果，企业在系统层级直接采取相应行动并根据数据不断地对这些结果进行完善和补充。随着企业的智能化场景日益丰富，再加上通过使用大数据进行不断的训练与学习，企业将可以作出更加智能的决策，由此形成良性的学习反馈闭环，最终帮助企业实现全链路的高效决策。

数字化成熟度评估是企业在数字化进程中必须采取的第一步。进行企业数字化成熟度评估时应该站在企业全局的高度，遵循完整性、可衡量性、针对性、应用性等原则构建合适的评估维度。

4.2 数字化成熟度评估常见误区和错误

企业进行数字化转型，要以企业所处的转型阶段为出发点，参照数字化企业的特征，制定符合企业自身需求的转型方案，进而有序地向以客户为中心、以智慧分析为大脑的领先数字化企业迈进。

数字化成熟度评估着眼于企业的技术、人员、文化和流程，衡量企业的数字化转型战略执行力。为此，企业在进行数字化成熟度评估实践过程中，需要避免以下几个常见的误区。

（1）没有选择合适的参与者

企业数字化成熟度评估方式一般可以分为企业自评和第三方机构评估两种。企业自评主要以企业内部人员为主体，对企业数字化能力进行评估，为企业数字化转型提供持续优化的依据。第三方机构评估是以独立于组织且不受其经济利益或行政隶属关系制约的第三方机构为主体，遵循数字化成熟度评估模型，按规定的程序和方法对组织的数字化成熟度进行全面评估。

企业在开展数字化成熟度自评时，常见的一个误区是没有选择合适的参与者。合适的参与者是影响评估结果的关键因素，需要涵盖不同的业务领域和级别。未经适当挑选的参与者很可能不具备专业知识或最高管理层的权力。

（2）成熟度模型不适用

数据化成熟度模型通常有多个评估维度，每个维度又分为多个子维度。有些企业当前只在局部运用数字化，选择的成熟度模型不适应企业的实际需求，这时就需要企业在执行过程中基于实际情况进行调整。比如，选择其中的某些维度作为重点评估维度，设置较高的权重；对其余的维度，设置较低的权重。

另外，无论是选择企业自评还是第三方机构评估，都要结合实际情况，选择或建立适合企业自身特点的数字化成熟度模型。

（3）企业内部缺乏足够沟通

数字化成熟度评估的目标是为数字化转型指明下一步的方向，只有通过足够的沟通和交流，将转型方向在企业内部彻底传达，让所有员工都参与到数字化转型过程中，才能从长远角度改变员工的心态和行为，进而助力企业可持续地实施数字化转型措施。

（4）缺乏短期阶段性胜利目标

企业开展数字化成熟度评估的结果之一是确定优化潜力，并为企业的数字化转型制定具体措施。数字化转型路径不仅包括核心职能部门的中期或长期改进措施，还包括对阶段性胜利的战略定义。

未设置短期阶段性胜利目标也是数字化转型中一个常见的错误。阶段性的成功，能证明企业数字化转型的计划到目前为止的方向是正确的，从而为后续的数字化转型成功增强信心。当然，阶段性的胜利只是成功转型过程中的关键一步，在制订和执行计划时需要谨慎和全面考虑。

企业数字化转型是一个持续开展的过程，数字化成熟度评估是企业数字化能力的检验手段。企业要避免成熟度评估的常见错误，选择适合企业特点的个性化数字化成熟度评估方案，准确评估企业的数字化成熟度。同时，将数字化成熟度评估结果作为下一阶段数字化提升的输入，助力企业持续开展和优化数字化转型工作，进而强化企业的核心竞争力，让其在市场中立于不败之地。

4.3 选择合适的数字化成熟度评估模型

没有标准的裁判不是好裁判。数字化成熟度评估模型是一个覆盖组织战略和运营的完整体系，能够作为衡量企业数字化转型水平的统一标准。选择合适的数字化成熟度评估模型，有利于改善企业数字化转型的效果。

数字化成熟度评估是企业数字化转型必不可少的环节，企业在数字化转型的过程中，需要做好数字化成熟度评估，以及时了解自己所处的位置和前行的方向。

数字化成熟度评估模型是用来评估企业数字化转型的现状和潜力的重要工具。企业在进行数字化成熟度评估时，要结合自身实际情况，选择或建立适合自身特点的数字化成熟度评估模型，以找到属于自己的数字化转型的实施路径。

没有最好的模型，只有适用于不同行业、不断成长和演进的评估模型。例如，针对不同行业数字化转型的需求，中国信通院推出了企业IT数字化能力和运营效果成熟度模型（IOMM），如图4-1所示。

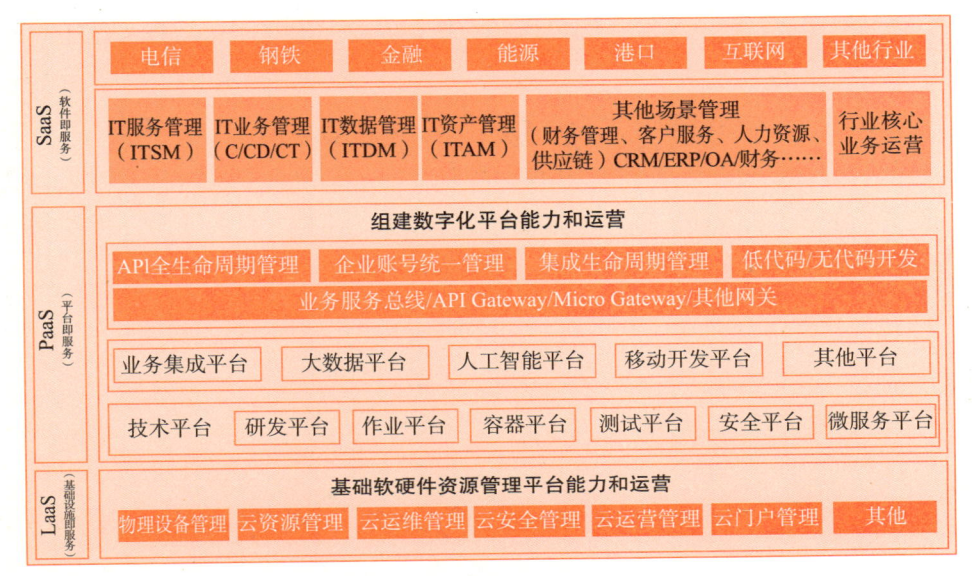

图 4-1　企业 IT 数字化能力和运营效果成熟度模型（IOMM）

IOMM 拥有近 400 项能力指标，可用于梳理和定位企业数字化转型发展阶段，对企业下一步发展方向和路径给出详细指引。IOMM 以六大能力和六大价值为评判依据。六大能力包括云智平台化、能力组件化、数据价值化、运营体系化、管理精益化、风控横贯化。IOMM 以效果和价值为导向，能带来智能敏捷、效益提升、质量保障、业务创新、风控最优和客户满意六大价值。

IOMM 针对不同行业、不同规模的企业制定了五类成熟度，分别是基础保障类、业务支撑类、平台服务类、客户运营类和创新引领类。每个类别都会对相应能力进行评估，定位数字化水平，并以价值分数进行验证。

（1）基础保障类：有企业数字基础设施异构化管理能力，保障数字基础设施的高可用性，保障资源快速交付。

（2）业务支撑类：有开发部署、自动化运维等工具系统，逐步进行平台化整合，可支撑业务研发、运营等基本 IT 服务需求。

（3）平台服务类：公共能力组件化、集成化、平台 PaaS 化，可针对不同业务单元全生命周期提供标准的 IT 服务，开展数据化价值运营。

（4）客户运营类：客户扩展到企业多个业务单元、合作伙伴、企业外客户，针对客户场景化需求，按需定制个性化 IT 产品及服务，具有完备的服务运营体系；持续数据价值化运营，为客户带来更多价值。

（5）创新引领类：将服务客户扩展到各行各业，依靠完备的数字化运营平台体系、丰富的 IT 服务产品，以及业务全生命周期大数据能力和 AI 能力，带动业务指标，引领客户需求，实现双赢。

目前该标准已经在互联网、金融、电信、综合型央企等重点行业的龙头企业进行了落地和实践，并得到了这些行业、企业的支持和认可，为各行各业加速数字化转型进程提供了参考，如表 4-4 所示。

表 4-4　IOMM 践行企业名单

序号	企业名称
1	中国建设银行股份有限公司
2	中国移动通信集团浙江有限公司
3	阿里云计算有限公司
4	招商局集团有限公司
5	上海宝信软件股份有限公司
6	上海浦东发展银行股份有限公司
7	中国移动通信集团江苏有限公司信息技术中心
8	中国移动通信集团广东有限公司
9	中国移动通信集团山东有限公司
10	中国移动信息技术有限公司

【案例】中国移动智慧中台首批通过中国信通院 IOMM 业务中台建设和运营能力评估

在"2022 年数字化转型发展高峰论坛"上，中国信通院正式公布了 IOMM 对其践行企业的评估结果：中国移动智慧中台首批通过中国信通院 IOMM 业务中台建设和运营能力评估，标志着中国移动在中台建模能力、中台开发能力、测试演练能力、中台运维能力、中台运营能力、制度保障能力六方面达到行业领先标准。

中国移动智慧中台不仅仅是具体的平台和系统，还是一项软硬结合的系统工程，是将应用软件、硬件设备、规范标准、组织、文化、流程等元素有机结合的一套体系。中国移动从三方面全力打造智慧中台，分别是：强化能力"好用"做强中台赋能体系、保障能力"易用"做优中台服务体系、实现能力"管用"做精中台管理体系。

中国移动将持续聚焦"打造业界标杆级智慧中台"愿景，发挥全网合力，扎实推进中台规、建、营、用各项工作，实现规模化发展、精细化运营，全面发挥中台的注智赋能作用。以"云上移动""梧桐引凤""九天揽月"合作计划为抓手，积极构筑中台数字化生态，引入优势资源，输出优质能力，挖掘商业化应用新场景，赋能数字化产业转型升级。

IOMM系列标准为企业数字化转型提供了标尺和指南。企业选择合适的成熟度评估模型进行数字化成熟度评估，将有助于企业厘清当前所处的数字化位置，并对数字化转型的路径有个清晰的认知。

思考与感悟

第5章 数字化成熟度评估的实践应用

应用合适的数字化成熟度评估模型，科学合理地开展数字化成熟度评估，能有效指导企业推进数字化转型，助力企业通过数字化实现效率提升和业务增长的目标，真正为企业的数字化转型赋能增值。

德石羿团队在实践中主要采用华为自身积累的数字化成熟度评估模型，但有时也会视情况和行业特点，采用不同的模型来进行评估。本章主要介绍三个典型的模型，分别是能力成熟度模型（Capacity Maturity Model，CMM）、普华永道的数字化成熟度评估模型和华为的开放数字化成熟度模型（Open Digital Maturity Model，ODMM）。

5.1 CMM类数字化成熟度评估模型

对于大多数企业而言，数字化转型就好比"摸着石头过河"。而企业通过评估自身的数字化成熟度，不仅能对自身的数字化转型有一个系统性的判断，还能让其根据自身数字化成熟度的不同，确定接下来的业务发展和变革方向。

企业在数字化转型过程中，离不开业务应用、IT架构、组织机制建设等工作环节。数字化成熟度评估可以从多维度帮助企业厘清自身当前所处的数字化位置，指明数字化转型的方向。

CMM可谓成熟度评估模型的鼻祖，因为几乎所有成熟度评估模型都借鉴了CMM的思路。CMM将需要评估的能力划分为多个领域，每个领域又可以划分为多个子领域，每个子领域又可以分为多个评估指标。通过对这些指标进行综合评估，企业可以摸清楚自己在该领域的成熟度情况。

CMM是国际公认的对软件企业进行成熟度等级认证的重要标准。该模型是美国卡内基梅隆大学（CMU）的软件工程研究所（SEI）受美国国防部委托，于1991年研究并创建的。1997年10月，美国国防部下令SEI停止对

CMM 的研究，转而致力于开发能力成熟度模型集成（Capacity Maturity Model Integration，CMMI），帮助企业解决使用多个 CMM 的问题。

CMMI 按照阶段式的表达方式将数字化成熟度分为五个等级：初始级（Initial）、可重复级（Repeatable）、已定义级（Defined）、已管理级（Managed）、优化级（Optimized）。并在每一级中，定义了达到该级过程管理水平所应解决的关键问题和所需的关键过程，如图 5-1 所示。

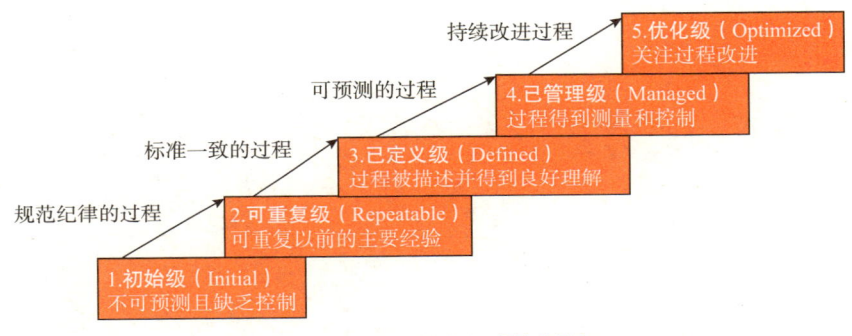

图 5-1 CMMI 数字化成熟度等级

成熟度等级 1：初始级（Initial），软件开发过程是无序的，甚至是混乱的，成功与否取决于当前的人员配备，具有不可预测性，一旦人员变化，过程也会跟着变化。

成熟度等级 2：可重复级（Repeatable），制定了必要的过程规范，有些基本的软件项目的管理行为、设计和管理技术能重复早期类似应用项目取得的成功经验，故称为"可重复"。

成熟度等级 3：已定义级（Defined），已将软件管理和软件工程两方面的过程文档化、标准化，对软件过程的管理和技术都做了明确的定义，并按需要不断地改进过程。

成熟度等级 4：已管理级（Managed），对软件过程和产品都有定量的理解与控制，能够进行定量的管理预测。

成熟度等级 5：优化级（Optimized），量化反馈和先进的新思想、新技术促使过程持续不断改进，使生产率和质量稳步提高。

除此之外，企业数字化成熟度评估模型还有：国际数据公司（IDC）联合思科（Cisco）提出的"中小企业全数字化成熟度指数"，埃森哲与国家工业信息安全发展研究中心合作开发的"中国企业数字化转型指数模型 & 数字企业进化图",中关村信息科技和实体经济融合发展联盟发布的"团体标准:数字化新型能力体系"。

在 IDC 联合思科发布的《2020 亚太区中小企业全数字化成熟度报告》中,IDC 提出用中小企业全数字化成熟度指数来帮助中小企业清晰评估其当前的能力。

中小企业全数字化成熟度指数由四个维度组成:全数字化战略和组织、全数字化流程和监管、全数字技术、全数字化人才和技能,如图 5-2 所示。

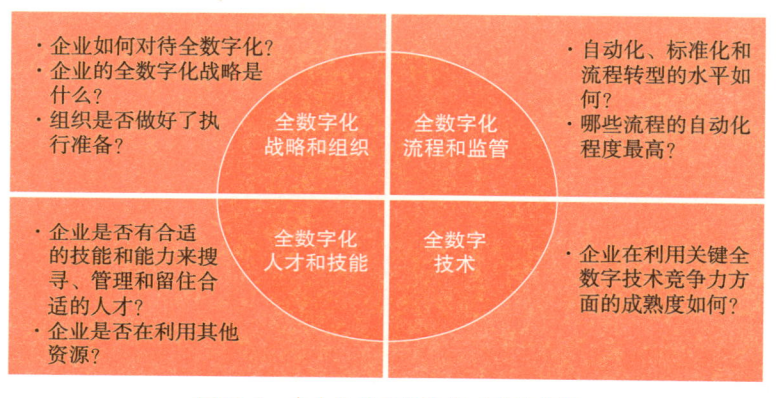

全数字化战略和组织	全数字化流程和监管
·企业如何对待全数字化? ·企业的全数字化战略是什么? ·组织是否做好了执行准备?	·自动化、标准化和流程转型的水平如何? ·哪些流程的自动化程度最高?
全数字化人才和技能	全数字技术
·企业是否有合适的技能和能力来搜寻、管理和留住合适的人才? ·企业是否在利用其他资源?	·企业在利用关键全数字技术竞争力方面的成熟度如何?

图 5-2 中小企业全数字化成熟度指数

该指数将中小企业的全数字化成熟度分为四个阶段,分别为漠不关心阶段、主动观察阶段、积极挑战阶段、游刃有余阶段,如表 5-1 所示。

表 5-1 中小企业全数字化成熟度的四个阶段

中小企业数字化成熟度指数	第 1 阶段 漠不关心	第 2 阶段 主动观察	第 3 阶段 积极挑战	第 4 阶段 游刃有余
全数字化战略和组织	企业被动响应并专注于提升效率。未开始全数字化努力	正在进行全数字化努力,但仅在战术上努力。开始制订全数字化计划	企业专注于变得灵活。制定了全数字化战略,但着眼于短期	制定了以全数字化方式创新的整体战略。主动寻求市场转型,扩大运营范围并推动完善客户体验
全数字化流程和监管	大多数流程都是手动的	许多流程仍未实现自动化。专注于解决效率低下问题	所有核心流程都已自动化,工作效率正在提升	完成了所有流程的自动化。在流程转型过程中取得重大进展

续表

中小企业数字化成熟度指数	第1阶段 漠不关心	第2阶段 主动观察	第3阶段 积极挑战	第4阶段 游刃有余
全数字技术	战术性投资。不以云和电子表格为中心	在使用一些云资源。对分析手段的利用非常有限。专注于使用报告工具	有面向全数字技术的发展路线图。企业正在使用混合云方法	云优先,并致力于使用全数字技术。广泛采用分析手段
全数字化人才和技能	缺乏数字化技能	进行战术性投资以获取全数字化技能。领导者不愿承担风险	对人才进行战略性投资,特别是在全数字化技能方面	具备合适的全数字化技能。人才是主要优先事项,也是竞争优势。建立了灵活且适应性极强的文化

综上所述,数字化转型成熟度评估模型能帮助企业准确绘制数字化"能力地图",快速找到转型过程中的优势与不足,并制定有针对性的解决方案,加快数字化转型升级步伐。

5.2 普华永道的数字化成熟度评估模型

经过多年的实践,普华永道聚焦战略引领、业务应用结果、技术能力支撑、数据能力支撑、组织能力支撑,以及数字化变革等方面,围绕图5-3所示的六个维度对企业的数字化成熟度进行评估。

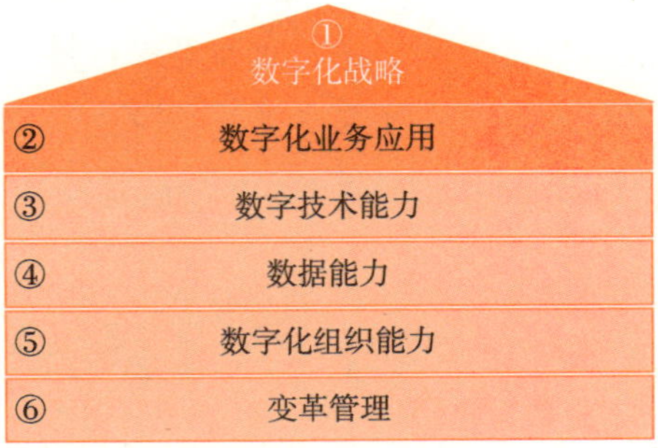

① 数字化战略
② 数字化业务应用
③ 数字技术能力
④ 数据能力
⑤ 数字化组织能力
⑥ 变革管理

图5-3 普华永道企业数字化成熟度评估模型

其中,第一个维度"数字化战略"是引领性指标;第二个维度"数字化业务应用"是业务应用结果性指标;第三至第六个维度是支撑性要素,每个维度又可以再细分为若干子维度。

笔者团队之所以把普华永道的评估模型单独列了出来，是因为这个模型与华为的 ODMM 比较类似，但又有自己的特点，实操性也比较强。

（1）数字化战略

从企业的战略规划和投资等角度，来衡量企业推行数字化的决心和力度。明确数字化转型对企业的意义，着眼于大局并明确为什么需要数字化转型及它可以为企业带来什么。需要考虑的关键因素有行业及其成熟度、企业竞争对手、企业客户体验、企业文化和企业面临的挑战等。

（2）数字化业务应用

从各个业务条线最终使用数字化的深浅程度，来衡量企业数字化转型的成果。业务条线包括衡量价值链环节的研发、采购、生产、营销、客服等，也包括内部管理条线，如战略、人力、财务、IT 等。

（3）数字技术能力

企业是否具备先进的、支撑企业未来数字化应用的 IT 架构，以及相应的技术组织能力，比如新技术人员、数字技术组织结构和运作方式等。数字技术能力在企业的核心业务功能方面发挥着关键作用，可从以下六个方面进行改进完善：企业数字化文化、信息通信技术基础设施、内容和信息、研究与创新、沟通、员工培训。

（4）数据能力

企业能应用数据分析进行业务决策的程度，包括数据可得性及数据分析能力。打造强大的数据能力涉及数据战略、数据架构、数据治理、数据安全、人员技能等多个方面。数据能力是企业最重要的资产之一，尤其是在数字化转型过程中，拥有强大的数据管理能力将确保企业能够成功利用所有数据。

（5）数字化组织能力

企业利用怎样的组织机制、流程、文化、员工技能等，来支持企业数字化转型和运营工作。

（6）变革管理

企业推进数字化转型的机制的成熟度。这些机制包括数字化治理模式、变革管理人员技能等。制定可靠、成熟的数字化转型机制有利于企业进行更高水平的数字化转型。

同时,根据企业的数字化成熟度,普华永道将企业数字化转型分为在线化、集成化、数字化、智能化四个阶段,如表 5-2 所示。

表 5-2 企业数字化转型的四个阶段

阶段	说明
在线化	企业的业务和运营管理基本完成,业务数据仅实现局部共享,缺乏全局的数据整合和相应的分析。
集成化	业务在线基本完成,企业级的数据平台架构搭建完成,大部分数据能够互联互通,部分业务决策分析可以基于全局数据完成,数据的价值尚未充分发挥。
数字化	全局数据整合完成,实现了数据的闭环管理,主体业务都能通过数据分析实现,并能对部分业务进行基于数据的深度分析、挖掘。
智能化	智能化手段普遍应用于企业运营,在最大化利用企业资源的同时,也带来管理模式和业务模式上的创新。

目前,中国大部分传统企业还处于在线化和集成化阶段,少数企业开始进入数字化阶段,智能化阶段仅出现在局部应用中。通过评估企业对数字化转型的不同应用程度,企业能厘清自身当前所处的数字化位置,从而确定自身的数字化转型方向。

5.3 华为 ODMM 简介和实践

很多企业在数字化转型中陷入了进退两难的境地:不转型,担心被时代抛弃;转型,又会面临很大的挑战和风险。

基于这样的痛点,华为联合三十余家全球知名企业成立了 Open ROADS(Real-time, On-demand, All-online, DIY, Social)社区,建立了一套全面的数字化转型框架,以实现以客户为中心的 ROADS 体验,帮助企业更加高效地思考自身的数字化转型蓝图。

根据这个转型框架,华为在相关开放社区发布了 ODMM 来度量一个企业的数字化程度。

5.3.1 华为 ODMM 的基本框架

相较于其他模型,ODMM 独特的地方在于它是根据企业的数字化成熟度与其期望的理想状态之间的差距来确定数字化成熟度得分的,从而为企业的数字化改进方向提供更有价值的参考。

这个模型设计了一套数字化转型成熟度评估方法,通过访谈、填写问卷、线上调查等方式,对企业各业务领域的数字化转型的能力成熟度水平进行整体评估和分析。

ODMM 将企业数字化能力划分为"战略决心""以客户为中心""数字化文化、人才和技能""创新与精益交付""大数据与 AI""技术先进性"六大评估维度,每个评估维度都包含三个子维度,一共 18 个子维度,如图 5-4 所示。

战略决心	以客户为中心	数字化文化、人才和技能	创新与精益交付	大数据与 AI	技术先进性
数字化战略	管理经验	数字化文化	规模创新	数据治理	技术治理
业务敏捷性	客户体验	组织数字化人才	精益交付	数据工程	基础技术
金融投资模式	品牌信任	持续学习	按需供应链	数据利用	技术操作

图 5-4 华为 ODMM 的评估维度

5.3.2 华为 ODMM 图表详解

(1)战略决心

用来评估企业如何基于清晰的企业愿景和一系列目标来定义和实施有效的数字化战略。这一维度包括数字化战略、业务敏捷性、金融投资模式三个子维度,每个子维度关注的三级要素及评估内容如表 5-3 所示。

表 5-3 "战略决心"维度的三级要素及评估内容

子维度	三级要素	评估内容
数字化战略	目的明确	该企业是否概述了数字化愿景和战略,并阐明了它打算在数字化生态系统中扮演的角色?
	追求新价值	高级管理层是否对现有产品和服务的业务潜力有现实的看法,他们是否制订了一个协调一致、考虑周全的计划,以便在必要时转向新的平台或服务模式?
	跨行业参与	该企业是否采用开放和扩展的方法与传统关系之外的新参与者接触,以支持其整体企业战略?
业务敏捷性	协调能力	企业能否有效地协调资源、流程和结构,以便快速有效地实施其战略?
	战略投资组合管理	企业是否决定应用适当的投资策略来有效管理数字化服务组合,以加速采用数字技术?

续表

子维度	三级要素	评估内容
业务敏捷性	综合数字化运营	数字化能力是否适当地、全面地整合到了企业的战略中,同时与必要的传统做法保持一致?
金融投资模式	财务战略	企业的财务战略是否支持长期的、有时风险更大的战略投资,以支持企业整体愿景的实现?
	投资预算	企业是否采用灵活的预算流程,以便及时评估和资助数字化计划,确保可能的收益与企业的战略相一致?

（2）以客户为中心

用来评估企业如何积极利用客户洞察为其客户提供个性化体验。ODMM 假设最好的数字化企业通过关注品牌、由外而内的客户体验和体验治理来做到这一点。这一维度包括管理经验、客户体验、品牌信任三个子维度,每个子维度关注的三级要素及评估内容如表 5-4 所示。

表 5-4 "以客户为中心"维度的三级要素及评估内容

子维度	三级要素	评估内容
管理经验	跨职能部门问责	组织内的所有职能部门是否都非常重视客户体验并努力改进?
	经验驱动设计	向最终客户提供的端到端体验是设计和引入新产品和服务的关键因素吗?
	全渠道管理	全渠道管理是否被视为调整和合理化客户接触点的工具并持续提高所有接触点的客户体验水平?
	客户体验测量	组织是否能够接触到客户提供的反馈,并根据反馈采取行动?
	单一客户视图	组织是否对每个客户的状态和行为有一个单一的、全面的看法?
	合作伙伴协调	组织的合作伙伴是否有类似的客户体验管理实践和标准?
客户体验	个性化和主动性	产品和服务是否根据个人/企业实体的需求主动定制、提供和交付?
	客户可视性和控制	客户能否轻松访问和控制所接受服务的各个方面?
	在线社交	客户是否使用社交渠道和社区与企业及其他客户接触,以获得帮助、提供支持、发现新产品并提供反馈?
	结构性和额外价值	是否为客户提供了额外的价值和便利来阻止客户流失?
品牌信任	品牌承诺	组织是否在所有业务活动中清楚地表达了一个经过深思熟虑、清晰一致的品牌承诺?该承诺是否与客户和员工的需求及相关愿望保持一致?
	品牌定位	企业提供的服务和体验是否支持并在理想情况下加强了品牌宣传?
	品牌信任	品牌是否受到所有利益相关者和支持者的信任?

(3) 数字化文化、人才和技能

用来衡量增强数字化劳动力所需的工具、技能和流程，评估一个组织如何招聘、保留和激励其团队成员。这一维度包括数字化文化、组织数字化人才、持续学习三个子维度，每个子维度关注的三级要素及评估内容如表 5-5 所示。

表 5-5 "数字化文化、人才和技能"维度的三级要素及评估内容

子维度	三级要素	评估内容
数字化文化	数字化领导力	组织是否鼓励和展示数字化领导的特征和行为，如仆人领导和循证管理？
	适应心态与集体习惯	组织如何利用数字连接和资源来创造鼓励创新、共享集体文化的工作氛围？
	团队敏捷性和赋权	组织如何组建和激励由不同技能、职能和地域组成的团队？具体措施包括确定社会化共同目标和共同责任，以及为团队成员提供实时管理和跟踪可交付成果所需的数字化工具和资源。
	数字化工作场所经验	工作的设计、工作环境和相关的政策是否能带来良好的员工体验？
	社会化媒体互连性	员工是否通过社交媒体参与内部活动？
组织数字化人才	人才获取	组织在吸引、招聘和留住最佳数字化人才方面做得如何？
	扩展劳动力	是否利用了众包和全球信息栅格等非传统人力资源提供的机会？
	动机和成就	员工的积极性和成就感如何？
持续学习	在职结构化学习	学习是否被视为一种持续的活动，并作为商业运作的一部分受到积极的鼓励和促进？
	组织知识管理	知识在整个组织中的获取和共享情况如何？
	数字化学习交付	组织是否充分利用数字化方法来规划和满足个人培训和发展需求并跟踪效果？
	资格和认证	组织是否通过认证来培养人才，提高员工的整体数字化技能？

(4) 创新与精益交付

用来评估组织与生态系统中的合作伙伴一起快速高效地创建和交付创新数字化产品和服务的能力。这一维度包括规模创新、精益交付、按需供应链三个子维度，每个子维度关注的三级要素及评估内容如表 5-6 所示。

表 5-6 "创新与精益交付"维度的三级要素及评估内容

子维度	三级要素	评估内容
规模创新	创新范围和准备程度	组织是否在明确界定的范围内创新？
	参与生态系统	组织是否与生态系统中的合作伙伴有效合作以推动创新？
	设计思维实践	设计思维是否在组织内广泛实践，以支持"以人为中心"的想法和解决方案的生成？
	业务推广	是否制定了有效引入和推动快速采用新数字化服务的流程？
	生命周期管理	基于真实世界数据的、定义良好的流程是否控制着数字化服务和产品的整个生命周期？
精益交付	敏捷开发	在服务和产品开发过程中，需求和解决方案是否通过自组织和跨职能团队及其客户的协作而演变？
	全栈监控	是否集成了来自各个监控解决方案的数据以创建一个完整的堆栈监控显示？
	反馈和基于分析的响应	真实世界的生产信息和反馈是否被用作运营和服务管理的基础？
	持续交付	开发团队是否在短周期内提供服务、生产产品，确保服务和产品可以在任何时候可靠地交付给客户？
按需供应链	回应变化	供应链是否与无摩擦的信息共享紧密结合，以及其具有作为一个整体快速响应不断变化的环境所需的灵活性？
	延伸价值链	合作伙伴的优化设计价值链是否用于为客户提供最大价值？

（5）大数据与 AI

用来评估组织通过提高运营效率和降低成本及通过增加收入来利用数据创造业务价值的程度。这一维度包括数据治理、数据工程、数据利用三个子维度，每个子维度关注的三级要素及评估内容如表 5-7 所示。

表 5-7 "大数据与 AI"维度的三级要素及评估内容

子维度	三级要素	评估内容
数据治理	元数据管理	组织是否通过提供元数据、业务上下文、标记、关系、数据质量和使用情况的全面的、统一的视图，借助业务分析和数据治理最大化信息资产的业务价值？
	主数据管理	管理共享数据是否可以降低与数据冗余相关的风险，并降低数据集成的成本？
	数据质量	组织是否将质量管理技术应用于数据，以确保数据适合消费并满足数据客户的需求？

续表

子维度	三级要素	评估内容
数据治理	数据战略和政策	是否制定了数据资产管理的策略和政策,包括相关决策权的确定和执行?
	数据安全和隐私	组织如何规划、制定和执行安全政策和程序,以提供数据和信息资产的适当身份验证、授权、访问和审计?
数据工程	数据集成和互操作性	应用程序和组织内部之间的数据移动和整合是否得到了良好的管理?
	数据仓库和数据存储	规划、实施和控制过程是否到位?是否以支持快速方便的报告、查询和分析的方式存储数据?
	数据架构和建模	是否确定了组织的数据需求,并制定了主架构蓝图以满足这些需求?这包括确定数据需求的范围和在综合数据模型中捕获这些需求。
数据利用	数据驱动决策	业务决策是否基于相关数据,而不仅仅是靠直觉,并由此带来可量化的运营绩效改进?
	数据货币化	是否通过更个性化的营销和销售及改进业务流程和决策产生额外收入?信息是否与新的、原有的客户和合作伙伴进行了外部货币化?
	数据科学与AI	组织是否拥有强大的分析(机器学习、数据科学等)能力来描述、预测和改进业务绩效?
	数据可视化	数据的图片和图形表示是否用于帮助解释概念、想法和事实?

（6）技术先进性

用来评估组织在多大程度上能够采用新的数字技术及定义明确、有效的治理手段,来提供完全自动化、可扩展和可靠的运营。这一维度包括技术治理、基础技术、技术操作三个子维度,每个子维度关注的三级要素及评估内容如表 5-8 所示。

表 5-8 "技术先进性"维度的三级要素及评估内容

子维度	三级要素	评估内容
技术治理	网络安全和数字风险管理	组织是否有强有力和有效的网络安全政策和实践,以确保其信息和通信技术资产的安全,同时实现业务目标?
	开放标准	组织如何有效地利用开放源代码、开放标准和开放平台实现ICT敏捷性?
	技术政策和路线图	组织如何定义和实施其技术战略、治理、架构和路线图,以实现敏捷性,同时确保规模上的协调?
	环境影响和成本	组织如何管理其环境影响,包括能源消耗?

续表

子维度	三级要素	评估内容
基础技术	云计算	组织是否充分有效地利用了云计算和相关的现代基础设施？
	API 和微服务	数字化服务在多大程度上是使用基于微服务的体系结构和 API 连接实现的？
	网络虚拟化	网络功能是否作为一个在标准硬件上运行的基于软件的实体来实现？
	千兆连接、视频和 IoT	组织在多大程度上采用了最新的无线、固话、IoT 和边缘计算技术来提供数字化服务？
	新兴的技术	组织在多大程度上保持对新兴技术的认识和利用？
技术操作	服务编排	是否有一个完全自动化、自我修复、可扩展和可靠的操作环境？
	可靠性工程	软件工程实践和技术是否应用于云级操作以实现更高级别的可靠性和可恢复性？
	开发平台和工具链	组织是否拥有所需的开发平台和支持应用程序，以便使用最合适的技术高效地开发新的应用程序和服务？
	智能自动化	组织是否对过程自动化解决方案，特别是机器人流程自动化（RPA）进行了适当的调查和投资？

  基于 ODMM 的成熟度评估已经在一些全球领先的企业中展开，目前正致力于将研究成果应用到中国数字化转型的前沿行业中，如金融、零售和物流等。

  由于笔者团队成员大部分来自华为，同时华为作为传统科技巨头拥有大量的数字化转型实践成功经验，因此笔者团队在实际操作中，也主要采用 ODMM 来进行数字化成熟度的评估工作。

第6章　数字化转型下的战略和领导力评估

企业数字化转型如同在茫茫大海上的航行历险，前方充满未知。

在新的海域，原有的领导力难以支撑前行。企业各级领导者只有适应时代的发展，提升自身的数字化领导力，才能更好地引领组织迈向数字化成功的彼岸。

简言之，数字化领导力就是数字化转型的路标和保障。

6.1 "战略、业务、能力与保障"整体转型框架

"竞争战略之父"迈克尔·波特曾说过："整体作战比任何单项活动都要重要和有效，企业需要建立起一个环环相扣的链条，这样才能将模仿者拒之门外。单点也许可能被竞争者超越，但体系和链条便是企业的竞争壁。"

在德石羿团队看来，数字化转型是一种颠覆式的创新，是"战略、业务、能力与保障"四位一体的全面战略，全方位、多维度、深层次地推动着企业的彻底变革。如图6-1所示，第5章所讲的ODMM揭示了华为的数字化成熟度评估主要包含以下四大要点。

战略决心	业务重构	数字化能力	转型保障
描绘愿景 绘制架构蓝图 确定关键举措和路标 确保战略预算投入	重构客户体验 重构作业模式 重构运营模式 数字化产品与服务	应用现代化 数据治理与分析 AI使能 资源与连接 安全与隐私保护	变革管理 数字化人才 组织保障

图6-1　华为数字化成熟度评估四大要点

（1）战略决心

衡量企业开展数字化转型的决心和力度。明确转型需要对准业务战略，通过顶层设计来牵引数字化工作的开展，包括描绘愿景、绘制架构蓝图、确定关

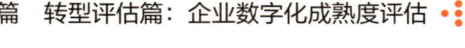

键举措和路标，以及确保战略预算投入。

（2）业务重构

衡量为了成功实现企业核心业务，业务在数字化转型前后发生的改变，包括重构客户体验、重构作业模式、重构运营模式，以及提供数字化产品与服务。

（3）数字化能力

衡量企业是否具备技术领导力。明确通过构建统一的数据底座和云化数字化平台来承载数字技术，为转型提供技术驱动力，包括应用现代化、数据治理与分析、AI 使能、资源与连接、安全与隐私保护。

（4）转型保障

衡量企业在推进数字化转型的过程中，为转型提供的组织、人才等保障是否充分，包括变革管理、数字化人才、组织保障。

根据以上四个要点，我们建议企业也可以通过数字化成熟度评估重点问题（如表 6-1 所示）进行简单自检，这样企业不仅可以快速识别开展数字化转型"应该准备什么？""准备好了没有？"，还可以识别关键短板。

表 6-1　数字化成熟度评估重点问题[①]

序号	要点	问题描述
1	战略决心	对准业务战略：你所在的组织开展的数字化转型是否以业务战略为牵引？数字化是否已成为企业战略的关键组成部分？
2		清晰的愿景：你所在的组织有没有清晰的数字化转型愿景来前瞻性地描绘转型将对业务带来的变化，并在企业内部得到广泛共识？
3		数字化意识：你所在组织的高层对行业数字化带来的机遇和威胁的理解有多深？他们能采取相应的行动吗？
4		架构蓝图：你所在的组织是否基于转型愿景绘制了清晰的数字化转型架构蓝图，以有效牵引转型工作的开展？
5		变革战略投资：你所在的组织是否建立了相关的数字化转型战略投资机制，以对数字化转型持续投入？
6		数字化指标：你所在的组织是否制定了数字化指标，以评估数字化转型成果？

① 华为企业架构与变革管理部. 华为数字化转型之道 [M]. 北京：机械工业出版社，2022.

续表

序号	要点	问题描述
7	业务重构	重构客户体验：你所在的组织是否围绕客户旅程，通过数字技术做深与客户的连接，用以全面提升客户体验和客户满意度？
8		重构作业模式：你所在的组织是否借助数字化能力实现作业过程线上化、自动化、智能化，或改变原有作业模式，以大幅度提升作业效率？
9		重构运营模式：你所在的组织是否借助数字化能力实现运营管理实时可视、智能分析辅助决策，或打破地域和组织边界，从而改变业务运营管理模式，提升运营指挥效率、决策质量和风险控制能力等？
10		数字化产品与服务：你所在的组织是否通过数字化转型孵化出数字化产品与服务，为企业增长带来新动能？
11	数字化能力	应用现代化：你所在的组织是否通过服务化、云原生架构、敏捷交付等方式，快速响应业务变化，进一步降低IT系统开发成本，并提升资源利用效率？
12		数据治理与分析：你所在的组织是否通过数据治理，以及数据汇聚、连接和共享等多种方式，牵引企业将数据转化为信息和知识？
13		AI使能：你所在的组织是否通过应用AI算法，对准业务场景，解决业务问题，提升企业智能水平？
14		资源与连接：你所在的组织是否构建了企业级的云平台及相应的资源管理能力，并制定了清晰的云化迁移策略和计划？
15		安全与隐私保护：你所在的组织是否引入了网络安全技术，并制定了相关的安全与隐私保护政策？
16	转型保障	变革管理：你所在的组织是否在数字化转型过程中应用了结构化的变革管理方法，降低阻力，提升变革意愿和变革能力，促进变革成功？
17		数字化人才：你所在的组织是否在数字化转型过程中开展了数字化人才规划、调整了人才结构、对员工进行了数字化技能培养，以支撑数字化转型成功？
18		组织保障：你所在的组织在数字化转型过程中是否建立了合适的IT组织和治理体系，包含稳定的业务与IT团队支撑数字化转型的实施与开展，以及相应的变革治理体系对变革规划和变革项目进行评审、决策和管理，以保障转型按计划有序进行？

华为董事、质量流程IT总裁陶景文说："数字化转型是企业面向未来，站在后天看明天的行为。它不只是为了打造一个先进的IT系统，而是要构建一个面向未来、具有高质量竞争力的企业。"华为也是这么做的：在战略引领、业务重构、数字化平台、变革保障方面，全面推进企业的数字化转型。

6.2 领导力：数字化转型关键而核心的因素

数字化转型是一个自上而下的过程，领导力是其中的关键驱动力，企业必须优先构建数字化领导力。

数字化领导力是带领企业达成数字化战略目标的能力，可以理解为在数字化时代对传统领导力提出新的要求、顺应数字化时代发展的新型领导力。

笔者前面论述过，数字化转型实际上是一种复杂变革。所有的能力，都由数字化领导力所统筹。领导力是"纲"，其他能力是"领"，纲举才能目张。没有领导力，变革不可能发生，也不可能有真正的价值和结果。

6.2.1 数字化转型比其他变革需要领导力

随着数字化时代的到来，企业数字化转型的深刻性和全面性对企业各级领导的能力提出了较高要求。企业家和高层团队需要进行能力的系统升级，形成数字化时代的新型领导力——数字化领导力。数字化领导力包括普遍意义上的明道、取势、优术、树人等通用领导力要素，同时还需增加数字化时代的一些新能力要素：如使命愿景感召力，生态跨界融合领导力，赋能服务聚合力，数字化经营分析与决策力，数字化描述、沟通、协同合作能力，数字化的应急处变能力等。

腾讯集团高级副总裁刘胜义在"2016年新加坡商业领导人项目"上发表名为《数字化时代的领导力》的主题演讲时表示，数字化时代带来了三大能力，即高级计算机运算、大数据驱动、机器学习与AI，三者共同作用，让数字世界的算法潜力得以实现最大化。虽然数字经济所能带来的利益是巨大的，但数字经济转型对所有人来说并非都很容易。

对此，刘胜义认为企业领导层应从四方面着手，以应对数字经济时代的挑战和颠覆。

第一，产品和体验至关重要。为客户提供产品，必须有前瞻性的文化，必须快速地响应需求，并能随着需求的变化迅速采用新技术。

第二，必须将科技技能与经济学家思维紧密结合。许多企业盲从最新热门趋势，而不去了解价值驱动因素，这是错误的。技术提供的是消除冗余流程和中间环节，实现供需直接相连，并实现两者平衡的解决方案。

第三，对竞合始终持开放态度。未来，数字化变革可能会开辟更多的合作机会。

第四，不要畏惧颠覆。将颠覆看作常态很重要，无论企业还是个人，不仅不应害怕颠覆，还要努力成为一个颠覆者，将事物从现有方式转变为应有方式，这是成功的唯一途径。

数字化领导力是有别于传统领导力的数字化时代的全新领导力，而企业数字化领导力的力度是企业数字化转型成功的决定性因素。对于企业变革的领导而言，既要真正意识到数字化给企业带来的机遇和挑战，制订阶段性的战略执行计划，又要具备变革的决心和能力，化解企业内部矛盾，培养数字化人才，助力企业加速数字化转型。

【案例】被迫退休的马克·菲尔兹

2017年5月，福特汽车CEO马克·菲尔兹结束了其在福特三年的职业生涯。在这三年中，菲尔兹带领下的福特在未来交通出行上取得了一定的成绩，其自动驾驶系统曾一度超越了奔驰、通用、谷歌等名企，然而福特在其主营业务上一直在走下坡路，在短短三年的时间内，其股价下跌近40%，董事会对福特严重下滑的业绩不满意，对菲尔兹的数字化转型策略更不满意。

菲尔兹未成功带领福特转型的原因有三点。

一是菲尔兹过于重视向"移动出行企业"转型，但移动出行服务难以在短期内创造可观收益，这就造成福特在菲尔兹履职期间人力、物力投入巨大却收益甚微，业绩不升反降，组织上下对数字化转型失去信心。

二是菲尔兹领导力不足，其未能成功协调各方权益的矛盾与冲突，化解来自各方的变革阻力。数字化转型的成功与否与企业内部变革阻力的大小呈负相关关系。内部的阻力既来自高管团队，也来自基层员工。福特的第四代掌舵人比尔·福特也指出，福特在与股东、员工、媒体和其他人的沟通工作上存在问题。

三是菲尔兹在制定了移动出行的战略后，并没有一个清晰的数字化转型路径图，也没有对数字化转型的事项进行优先级排序。福特董事会的话也印证了这一点："菲尔兹的愿景和策略并不那么明确，也没有那么有效。他做了很多东西，但在数字化的优先事项上优柔寡断。"

显然，领导力是一个历久弥新的管理理念，随着市场环境的高速变化，领导力的要求也日新月异。当前时代变化的速度超过以往：曾经的热门行业，如今面临着生存危机；曾经的成功经验，也许成了未来的障碍。企业领导者不仅要让自己迅速适应数字化变革并投身其中，还要动员组织成员拥抱变革。

6.2.2　管理者需具备数字化领导力思维

企业数字化转型的深刻性和全面性，对企业各级领导的能力提出了较高的要求，需要各级领导具备全新的数字化领导力思维。**数字化领导力思维是一种综合性思维，包括战略思维、行业思维、数字化思维、变革思维和商业思维。**

（1）战略思维

各级领导要适应企业战略性的数字化转型需要，抓主航道和主矛盾，拓展变革思维的视野，从单纯的管理和业务思维向全局性、战略性、复合性的战略思维转变。

一方面，战略思维更强调前瞻性，更关注长期性，即坚持以长期价值主义的思维来确定企业的发展路线和方向。

另一方面，战略思维更注重共生共赢，要求企业各级领导具备全产业生态布局的意识，以开放的姿态融合更多的生态伙伴，为客户创造价值。

在数字经济形态下，华为坚持"被集成"的战略方向不动摇，多样的客户需求由生态伙伴独立承担，自己则专注于客户连接平台和算力平台的开发与推广，与合作伙伴一起打造生态、做强生态。这种对开放、融合的坚守与任正非的战略思维密不可分。

任正非不仅自己具备战略思维，还要求华为培养出思想家、战略家："华为要产生越来越多的大思想家、战略家，今天若不培养，到大数据时代时，战略机会点就可能会一个个丢掉。我们为什么缺少系统性思维？因为是从小的游击战打过来的，提拔的都是务实的人，没有对务虚的人给予肯定，我们要转换，在人力资源机制中也要提供培养战略家、思想家的土壤。"

（2）行业思维

每一个企业都是行业生态中的一部分，企业领导者要深刻洞察环境、行业和竞争形态，适应"核心战略和业务"数字化转型的需要，判断企业转型的时机和方向，聚集各类社会要素为我所用，助力企业高效运营和有序发展，打造行业中的核心竞争力。

（3）数字化思维

在数字化和产业互联网时代，一切可连接，一切可交付。企业领导者要适应"数字化企业"的转型需要，对准企业经营的两大核心宗旨——"活得好"和"活得久"，使企业更敏捷、更简化，从功能构建者向价值赋能者转变。

作为行业龙头，伊利高层敏锐感知到数字化给市场环境和客户生活方式带来的变化。2019年，伊利集团董事长潘刚提出构建"全球健康生态圈"理念，快速推进数字化转型战略则是生态圈建设的重要部分。

为了给数字化转型提供坚实的组织保障，伊利成立了独立的数字化转型赋能部门——数字化中心，与IT部门联动，推动业务和职能部门多线开展共创合作，全力打造面向未来的"数字化原生组织"。数字化中心的职责包括两项核心内容：一是负责数据资产的建设、管理，以及业务模式的探索和创新；二是负责整个组织数字化能力的建设，如数字化领导力培养、数字化骨干队伍建设、领导干部和核心员工的数字化思维及意识的升级。

（4）变革思维

为适应社会、经济和产业发展在组织、流程和管控模式数字化转型上的需要，企业领导者要主动求变，助力企业打破金字塔式结构，转向扁平化、平台化、去中心化等互联网新经济管理模式，以提高整个组织的自主经营能力、风险控制能力、集成作战能力。比如，阿里巴巴、小米、京东、亚马逊所运用的就是一种平台化的管理模式。

（5）商业思维

企业领导者要适应数字经济的新增长方式和数字经济的平台化转型的需要，善于从不同的角度去洞察与分析数据，挖掘商业本质、客户痛点和需求，以数字为引擎，以平台为抓手，找到不同寻常的商业模式，创造和传递价值，实现从传统管理者向数字跨界型商业领袖的转变。

全新的数字化领导力思维,能助力企业领导者有针对性地建立一整套将新技能和专业知识融于一体的领导方法,从而让组织内部所有层级的团队能够更好地应对数字化时代企业的转型,为企业创造新的价值。

6.3 全面提升领导力,加速企业数字化转型

领导变革之父约翰·科特指出:"在这个时代,要成为一个职业上的成功者,一条重要的准则就是:不要依靠惯性,因为旧的模式、道路和经验在新的环境下是无效的。"

企业领导者必须改变传统的思维模式,提升数字化领导力以应对快速变化的数字化时代,从而作出正确的决策,助力企业加速实现数字化转型。

6.3.1 建立数字化领导力成熟度测评模型

企业要想提升数字化领导力,首先需要建立数字化领导力成熟度的测评模型。通过成熟度测评模型这个"标尺",确定当前企业在数字化领导力建设上所处的状态,进而制定针对性的数字化领导力提升方案。

关于数字化领导力成熟度的测评,企业可以根据业务发展需求,设计与制定符合企业特色的成熟度测评模型。必要时,可参考借鉴标杆企业成熟的数字化领导力模型。

普华永道提出的数字化领导力模型是一个独创性概念,其聚焦以实现组织的数字化转型为使命的"数字化领导力"。该模型包含了六大领导力维度,分别是顶层思维、数智创领、场景突破、组织数造、颠覆常规与数字伦理。

(1)顶层思维

顶层思维强调企业领导者必须拥有大时代观、大历史感、大画面认知力。悄然发生的宏观要素正在引领和塑造企业、组织的未来。如果不能洞察或透视这些宏观要素,就不能重启认知,也不能准确把握时代脉搏,更谈不上在数字化时代成为引领者、催化者与实现者了。

(2)数智创领

数智创领要求企业领导者对数字化、大数据、AI,以及这三者能给企业带来的变化具有基本的知识与洞察。领导者需要对数据具有一定的分析能力,洞

察数据背后可能存在的规律，并用数据去驱动组织变化、把握战机。不仅如此，优秀的数字化领导者还应该能够前瞻性地制定出数字化整体战略，引领组织按照既定路线图与节奏持续推进、迭代。

（3）场景突破

场景突破要求领导者抓住并围绕企业创造价值、提供服务的核心场景，洞悉它们在业务运营及组织管理方面的关联，拉通数据；同时，运用 AI 技术，打造彼此支撑、相互关联的各类平台或中台，从而促使与数字化相关的种种努力紧紧扣住企业使命、目标和战略，为企业带来升级。

（4）组织数造

组织数造强调领导者面临的一个绕不过去的任务：如何在数字化转型中对组织进行深刻的重塑与再造。正如前面所说，在数字化转型过程中，作为构成组织要素的"人"，将迎来新的存在方式、连接方式与协作方式。这就要求领导者充分关注组织的同步转变，在组织模式、人才结构等方面积极创新探索，在数字赋能下，创造深度连接、无条件协作、以人为中心的新型组织形态。

（5）颠覆常规

颠覆常规强调领导者不能只满足于借助数字化手段改善现有的组织、管理及运营，也不能仅满足于将现有物理世界简单虚拟化、线上化。在数字化手段加持下，领导者要思考如何能够打破现有的逻辑、形态与惯性，发挥想象力，追求颠覆性的变化和创造，实现对组织、运营及业务发展的重构。这与前面提到的顶层思维、数智创领及场景突破具有深刻的联系，拥有颠覆常规的领导力将让组织获得一次根本的重生，让组织在现实世界和虚拟世界的相互渗透中发生深刻蜕变。

（6）数字伦理

数字伦理要求领导者在科技加持下，依然坚守道德、敬畏法律，为数字化时代的组织与行业建立防护栏、伦理墙，而不是不加节制、无视风险地释放科技的能量，进而为企业、员工、客户乃至社会带来不可想象的灾难。因此，企业不能因为有了强大的数据或看似无所不能的 AI，就"垂拱而治"，而应该从一开始就建立边界，树立防火墙，打造积极健康的数字伦理观。

无论是数字化转型尚处于探索、试水期的企业，还是数字化转型已经初见成效、需要进一步突破的企业，塑造企业管理者的数字化领导力都将是企业数字化转型成功的关键。

企业可结合自身数字化发展的阶段和特点，建立合适的数字化领导力测评维度标准，并根据测评结果找到提升数字化领导力的路径，牵引数字化领导者群体的领导力发展，加速企业的数字化转型。

6.3.2 赋能数字化领导力，加速数字化转型进程

数字化转型是一场系统的变革，会伤筋动骨，会涉及很多利益关系的重构，这就需要企业家、高层团队有变革创新的勇气与责任担当。同时，数字化转型是一个长期的过程，需要各级领导有使命感，上下达成共识，共同去提高系统变革的能力。

任正非说："做一件正确的事不难，但是持续做一件正确的事非常不易，这就需要管理者拥有坚定的变革意志和决心。"

数字化领导者必须先进行自我变革，重塑思维方式并快速行动，激励和鼓舞员工，并创造一种更加开放、敏锐、互联的数字化文化以激发绩效。

德石羿团队在进入一家企业进行数字化转型辅导时，经常开展变革领导力培训，为各级管理者进行训战赋能，实践证明，这样做能有效地提升变革的进展和效果。

华为对数字化领导者的能力要求提出了明确的方向和重点。

（1）洞察数字化发展趋势，创造新的商业价值：为了充分挖掘业务领域的潜力，数字化领导者需要关注未来的数字化发展趋势，提高对最新的数字技术如何创造商业价值的理解。

（2）持续关注内外部客户的需求变化：数字化领导者需要提高对客户诉求和客户体验的敏感度，真正做到客户至上。

（3）需要采用一种更全面的领导方式：数字化领导者需要阐明和指引前进的方向，包容、授权、赋能员工及团队，并能领导多元化团队取得成功。

（4）打破人与人之间的壁垒，通力协作：协作被视为成功实现数字化转型不可或缺的关键要素。数字领域的"无边界"意味着，数字化领导者应该意识到必须跨越业务内外的传统界限进行协作，才能为客户提供无缝的体验。

（5）激活员工内在动力，帮助员工寻找工作意义：数字化领导者需要持续

发现并迅速吸纳擅长数字化转型的明日之星。

未来的企业内部不再是靠行政命令权威驱动，而是靠数据驱动和文化驱动。因此，企业要全面赋能和打造管理者的数字化领导力，帮助领导者从权威领导转型成为基于数据化决策的愿景型领导与赋能型领导。针对如何进行数字化领导力赋能，各企业也都有自己的探索和实践。

【案例】新华三集团针对不同层级人群的数字化领导力解决方案

新华三集团（H3C）是业界领先的数字化解决方案领导者，其致力于成为客户业务创新、数字化转型值得信赖的合作伙伴。作为企业数字化转型的积极践行者，新华三集团推出了针对不同层级人群的数字化领导力解决方案。

（1）数字化领导者、战略制定者（CXO）：通过论坛、研修、跨界交流等形式，帮助企业领导者建立数字化思维，开拓数字化视野，并能够建立清晰的数字化企业战略。

（2）数字化战略执行者（业务部门/具体功能模块负责人）：通过研讨、工作坊、线上线下培训等形式，为企业领导者提供建立数字化战略的方法，使其能够在方法论的指引下，参与梳理和建立清晰的企业战略，并使企业的数字化战略能够得到具体的实施、落地。

（3）全员：数字化领导力除了应当具备清晰的战略和具体实施措施外，最终是要在企业建立起广泛的群众基础，提炼出企业的数字化基因。通过宣贯使企业全体员工都能清晰认识数字化变革的意义、策略、实施路径，以及自己在这场数字化变革中所承担的使命。

【案例】华为云高级研修班培育数字化人才，助推深圳数字经济建设

从2019年开始，深圳市及各区政府与华为合作共建区域特色创新中心（赋能云平台）。华为云深圳赋能云面向全深圳各行业协会及中小企业积极开展高级研修班活动，华为云独创的高级研修班，打造了一套成熟的企业数字化领导力培训课程，通过"标准课程+特色课程+互动研讨"的模式，为学员提供实时政策解读和实践经验分享。华为云高级研修班旨在培育数字化人才，赋能产业发展。

2022年上半年，华为云深圳赋能云累计开办了23场高级研修班，共带领608位企业CXO走进华为松山湖基地、坂田基地和创新中心，并开展为期一天的课程培训。课程涵盖企业数字化转型、AI应用场景、区块链产业布局、工业互联网发展趋势、半导体行业前景分析等专题内容，致力于为政府、企业的数字化升级持续蓄力，助推政产学多方协作。

领导者的数字化意识及数字化领导力水平是驱动企业数字化创新发展的关键，企业需持续赋能提升管理者的数字化领导力，进而在数字化浪潮中抢抓业务突破、管理创新、竞争突围的机遇窗口，加速企业数字化转型，推动企业数字化转型走深走实，将企业数字化战略蓝图变成现实。

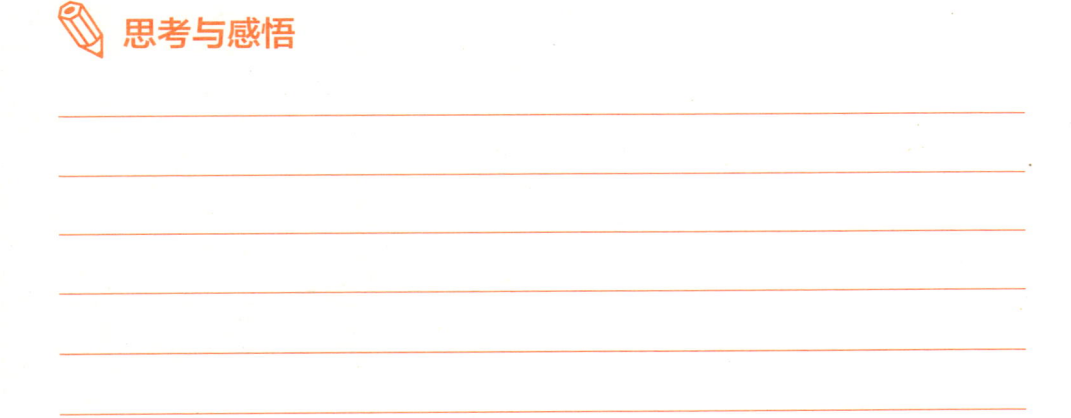

思考与感悟

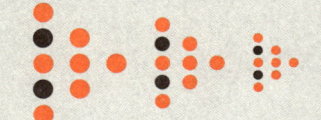

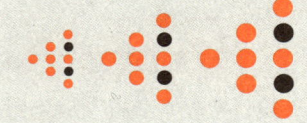

第 3 篇
战略框架篇：SDBE 框架与六力模型

企业之痛，要对"症"下药！企业数字化转型，如果没有数字化顶层设计，最终结果一定是缺乏体系性的。

笔者与德石羿团队一道，结合华为等标杆企业多年的战略实践，汇聚华为先进理念及 30 余年实践之精华，锲而不舍地对业务领先模型（Business Leadership Model，BLM）进行改良与优化，进而提出了 SDBE 领先模型和战略落地的六大能力体系，为中国本土企业提供了数字化转型的框架和路径。

考虑到读者阅读的连贯性和逻辑完整性，本篇将简述 SDBE 领先模型的基本内容。如果读者有兴趣，请参考笔者的《SDBE 华为闭环战略管理》《SDBE 六力模型》等相关著作，这些书籍的纸质版本已经面市。

第 7 章 数字化转型管理框架：SDBE 领先模型

SDBE 领先模型创造性地打造了一个脉络清晰、语言高度简洁统一、便于理解传播、极端注重管理闭环思维的管理框架。

在 SDBE 领先模型的指引下，企业可以更有效地开展数字化转型，实现数字化时代的自我进化。

7.1 SDBE：打造战略至执行的闭环

SDBE 领先模型是包括战略规划、战略解码、经营计划和执行管理的战略执行管理体系，适合企业中高层管理者用于战略制定与执行连接，能有效指导企业进行数字化转型，打造从数字化战略规划到高效执行的管理闭环。

7.1.1 华为管理实践与 BLM 的结合和优化

BLM 是 IBM 在总结自身多年经营管理经验之后于 2003 年研发的，后成为 IBM 从企业层面到各个业务部门共同使用的战略规划方法。

（1）BLM 结构特点

BLM 从市场洞察、战略意图、创新焦点、业务设计、关键任务、正式组织、人才、氛围与文化、领导力、价值观十个方面，协助管理层进行经常性的战略制定、调整及执行跟踪，如图 7-1 所示。

BLM 左半部分是战略制定，包括市场洞察、战略意图、创新焦点和业务设计四个方面，这四个方面互相作用与影响。

其中，市场洞察决定了战略思考的深度。市场洞察的作用在于从宏观形势、市场趋势、客户需求变化等多个维度来理解并解释企业外部环境，让企业对未

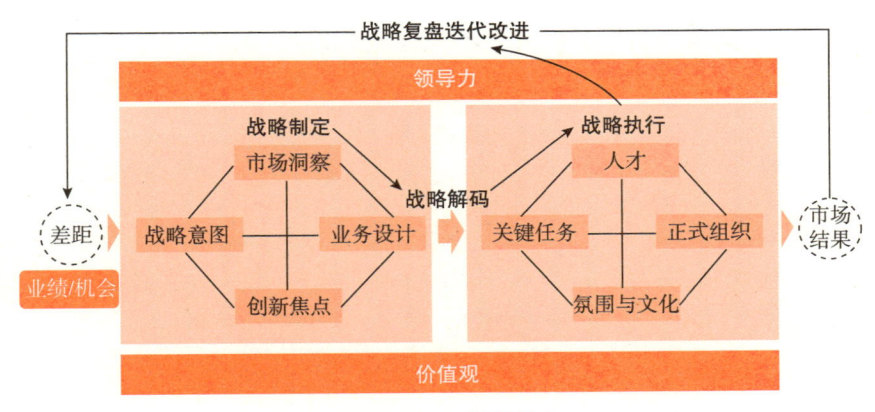

图 7-1 BLM 结构特点

来的机遇、风险与挑战有一个清晰的认知；战略意图是战略制定的重要输入，它在市场洞察的基础上决定企业未来做什么和不做什么；创新焦点是指企业根据自身的市场定位，确定未来的创新焦点，以实现在满足客户需求的基础上构建差异化竞争优势；业务设计是整个战略制定的落脚点，是企业在完成前三项的基础上对目标客户、经营产品、服务范围及盈利模式的选择和设计。

BLM 右半部分则是战略执行，包括关键任务、正式组织、人才、氛围与文化四个方面。关键任务连接战略制定与战略执行，包括战略执行的关键任务事项与时间节点；正式组织是战略执行的组织保障；为保证战略的落地执行，还需要企业持续输出人才并提供氛围与文化的支持。

领导力与价值观则贯穿战略从制定到执行的始终。其中，领导力是根本，统领战略制定与执行的全过程；价值观是基础，是企业决策与行动的基本准则。除此之外，在战略制定与战略执行之间还有个非常关键的动作，那就是战略解码。战略制定以后，企业需要通过战略解码得到关键举措、衡量指标及相应的目标值，形成关键任务，从而启动战略执行环节。

战略是由不满意触发的，源于企业对经营现状与期望业绩之间的差距的一种感知，包括业绩差距和机会差距。当清楚地意识到自身发展不达预期或者已有业务遇到挑战时，这种"差距"就会激发企业重新审视自己：战略是否需要创新？组织是否需要改进？从而推动企业识别自身的问题并解决问题。

BLM 作为战略规划落地的工具，不仅给 IBM 带来了持续性的业务创新价值，也被积极地推广和应用到了其他无数企业中。华为是国内最先引入并实施

BLM 的企业，其应用深度和广度甚至超过了 IBM 这个创始者，并且还在持续不断地发扬光大 BLM 的内涵和外延。

（2）BLM 的局限和 SDBE 领先模型的提出

BLM 作为中高层战略制定与执行连接的方法与平台，虽然提供了一整套的战略分析和执行思路，但是很多具体的战略方法及工具并没有包含在框架之内，因此很多企业在应用 BLM 时，虽然能够按照模型进行战略研讨和战略设计，明确相关战略方向和思路，但是最终的具体实施方案却总是落不了地，不知如何应用于组织及个人的绩效考核、升迁任用，无法形成管理闭环。

另外，BLM 虽然明确了战略制定与执行两阶段的要素内容，却没有提及企业如何进行战略解码，没有将企业层面、业务层面、功能层面的战略规划进行上下对齐、左右拉通；虽然强调了领导力与价值观的重要性，却没有提出干部能力保障机制和价值观建设的具体办法和工具。简而言之，BLM 在实际应用过程中，还存在一定的局限性，企业要想实现战略管理的闭环，还得不断地对其进行完善和补充。

针对 BLM 的不完善、不易落地、无法闭环、缺少工具等诸多问题，德石羿团队根据多年在华为从事战略管理的实践，以及对外研讨、授课及管理咨询工作的经验总结，在 BLM 的基础上打造出了 SDBE 领先模型。

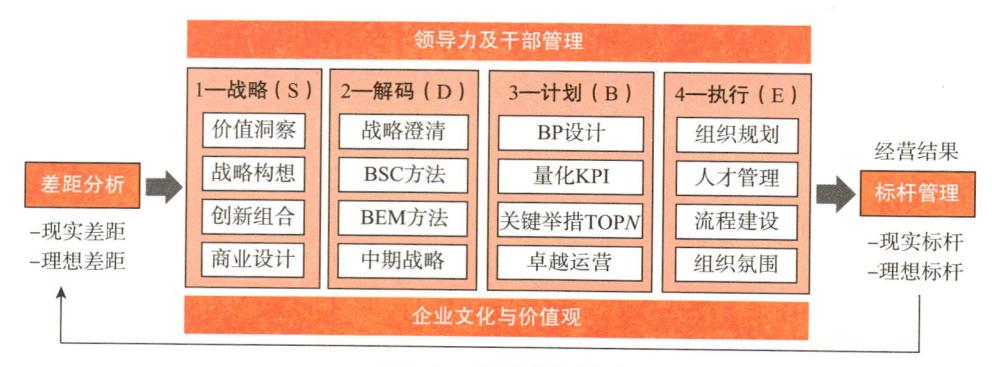

SDBE 领先模型不仅包含战略规划（Strategic Planning，SP）、战略解码（Decoding）、经营计划（Business Planning，BP）和执行管理（Execution）四大环节，还特别注重领导力和组织协同的作用，是一个能够帮助企业实现从战略规划到业务执行闭环管理的整体战略管理框架，如图 7-2 所示。

领导力及干部管理				
	1—战略（S）	2—解码（D）	3—计划（B）	4—执行（E）
差距分析	价值洞察	战略澄清	BP设计	组织规划
−现实差距	战略构想	BSC方法	量化KPI	人才管理
−理想差距	创新组合	BEM方法	关键举措TOPN	流程建设
	商业设计	中期战略	卓越运营	组织氛围
企业文化与价值观				

经营结果
标杆管理
−现实标杆
−理想标杆

图 7-2 SDBE 领先模型

战略在于识别关键问题并解决问题。因此，差距分析既是战略管理的起点，也是战略管理的终点。SDBE 领先模型在 BLM 的基础上增加了标杆管理，确定了现实标杆和理想标杆，用来量化评估现实差距与理想差距。其中，现实差距一般可通过战略的执行来填补，而理想差距则可通过战略的重构来解决。

SDBE 领先模型的本质是帮助企业实现从战略规划到高效执行的闭环管理。模型中的四个环节——战略（S）、解码（D）、计划（B）及执行（E），旨在在标杆管理与差距分析的基础上，实行战略复盘，循环改进，逐步提升。

其中，战略规划是指在完整地执行价值洞察（五看）、战略构想（三定）、创新组合（四组合）等标准动作之后，将落脚点放在商业设计的整个分析过程和结论上。这一环节聚焦的是如何根据战略构想和识别的差距分析，确定企业中长期资源分配的方向和重点。

战略解码则是把企业战略转化为各级部门和全体员工可理解、可执行的具体目标和行动措施。开展战略解码比较典型的做法是，应用平衡计分卡（Balanced ScoreCard，BSC）方法进行战略解码，平衡计分卡提出了体现在四个层面（财务、客户、内部流程、学习与成长）上的战略实施路径框架，提供了直观的战略地图工具，从而帮助企业识别各个层面的策略目标、KPI 指标和战略行动方案。

经营计划指的是年度经营计划，时间跨度为下一个经营管理年度，明确了供企业或各级组织遵照执行的 KPI 及关键举措，是落地战略规划的纲要性作战指导。年度经营计划应包含过去一年本组织的总体运营情况总结，以及未来一年各部门的具体目标、产品策略、区域销售策略、客户拓展策略、服务策略、品牌策略、交付策略、财务预算、人力预算、人员培养、团队气氛建设等内容，是跨度为一年的具体作战方案。

最后的执行管理则是部署、落实战略规划和年度经营计划的日常经营措施，即传统所述的执行管理。其中涉及如何排兵布阵和非常细致的工作安排，包括组织设计调整、重要岗位的识别和人员任用、工作主流程的优化和调整、每项 KPI 和关键举措（TOPN）的责任人、组织绩效和个人绩效的过程管理、重大措施的里程碑和风险考量等。

SDBE 领先模型是在 IBM 的 BLM 之上的改进产物，它集各类战略规划和企业管理方法之大成，为企业的战略管理提供了平台，为各主管提供了思考框架，具有较好的可裁剪性和强大的生命力。

SDBE领先模型提炼出了战略管理的多个核心要素，包括战略、解码、计划、执行、价值观与领导力，这些元素之间的矛盾和协调，将为企业的经营和发展提供动力，对各类企业的战略规划和落地及战略管理实践具有较大的参考价值。

7.1.2　打造从数字化愿景、使命到业务价值提升的管理闭环

企业的使命和愿景是企业为之奋斗的目标和方向，发展战略要落实企业愿景和使命。数字化转型应由愿景驱动，从"站在后天看明天"的视角，思考未来5～10年数字化会给行业和企业带来哪些变化，从而制定出有前瞻性的规划。

华为在数字化转型过程中，提出了企业的新愿景："把数字世界带给每个人、每个家庭、每个组织，构建万物互联的智能世界。"在这个愿景下，华为聚焦ICT基础设施和智能终端，立志做智能世界的开拓者，全面引入了AI技术，从云、管、端各个层面提升产品解决方案的竞争力，为客户提供更好的体验。

数字化愿景的确定为企业全体人员指明了向数字化转型努力的目标和方向，同时也提出了高标准和高要求，然而，它怎样才能落实到员工的日常行为之中，为客户创造更大的价值，实现企业的价值提升呢？

SDBE领先模型的目标就在于帮助企业打造从愿景、使命到业务价值提升的管理闭环。 SDBE领先模型包含了灵魂四问："你是谁？去哪儿？在哪里？怎么去？"这四大问题及其相关的关键内容，揭示了企业经营过程中的重大思考环节。

"你是谁？"即企业的文化与价值观。

"去哪儿？"即企业的愿景和使命。

"在哪里？"则可以通过"五看"及标杆管理来发现战略机会和发展点，从而明确自己所处的环境、阶段和位置。

"怎么去？"则涉及多方因素，如由谁来做？怎么做？里程碑是什么？会有什么困难？如何化解？这关乎企业经营过程中的组织和人才结构与配置、流程设计与方法、执行节奏与能力及可能的风险与求助。

如图 7-3 所示，SDBE 领先模型将从企业的愿景、使命及占略出发，指导企业如何通过"五看"制定战略规划，又如何通过战略澄清和解码，把战略规划转化为年度经营计划。进而把年度经营计划转化为组织绩效（KPI 和关键举措）和个人绩效（PBC），并为绩效结果考核与激励分配提供依据，通过"战略—业务—组织—绩效—激励"的链条实现企业的业务价值提升，打造从愿景、使命到业务价值提升的企业管理闭环。

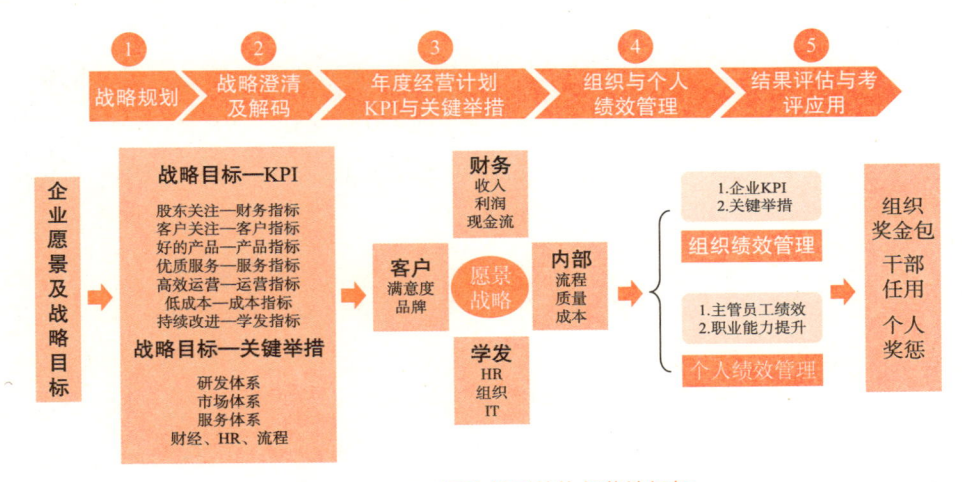

图 7-3 SDBE 领先模型的执行落地框架

SDBE 领先模型通过引入标杆管理、战略解码、KPI 和关键举措、人员胜任度管理、组织与个人绩效管理、领导力和价值观的具体落地方法等，使得企业的战略规划及执行的逻辑更加顺畅，利于多边对齐以减少组织中战略思考的混乱和执行过程的阻力。

企业的数字化转型是一种全面深入的变革，优秀的企业都是通过进行一个个具体的 SDBE 周期循环，一环扣一环，并利用数字技术和创新逐步实现企业经营水平和综合效率的提升的，从而缩小了自身与标杆企业或理想追求之间的差距，并最终达成具有挑战性的企业的宏大愿景和使命。

7.1.3　SDBE 领先模型对数字化的价值

随着数字化转型的步伐越来越快，企业要调动一切积极因素进行数字化转型，以提升企业运营效率，实现企业的愿景和使命。SDBE 领先模型对企业数字化转型的价值和意义主要体现在以下几个方面。

（1）统一的语言

无论是企业层面，还是部门层面，企业上下在战略管理方面统一使用 SDBE 领先模型，通过这样一套共用的方法将企业上下从战略到执行有效地连接起来，并能够采用统一的语言（模型里的各要素）进行探讨和沟通，让大家快速理解彼此，大大降低各层级、各部门之间的沟通成本。

（2）统一的框架

SDBE 领先模型集各类战略规划方法之大成，为企业的战略管理提供了平台，为各企业家、管理者提供了一个统一的战略规划和执行的思考管理框架，不仅具有较好的可裁剪性，同时具有普遍的适用性，有利于企业战略制定与执行的有效连接，从而实现企业战略规划到高效执行的闭环管理。SDBE 领先模型同样适用于数字化转型愿景和战略目标确定。

（3）缜密的逻辑

SDBE 领先模型是基于华为的战略管理实践进行改良和优化的，因此它是在 BLM 的基础上对概念进行界定，对运作进行规范，其更注意逻辑的缜密性；在关键的战略解码阶段，有 BEM 和 BSC 等多种解码工具和方法，它们一步一步对各层级重点工作、工作目标和计划进行推导，确保了战略执行过程中的严谨性和有效性。

（4）重视上下共识的达成

在 SDBE 领先模型的管理框架下，通过对企业层面的战略意图和业务设计进行层层解码，并最终落实到各个部门的 KPI 乃至员工的 PBC，以及经过多次自上而下、自下而上的双向探讨与沟通，使整个企业最终从上到下形成共同的战略目标和共识。

（5）特别注重执行和落地

SDBE 领先模型引进了战略规划和经营计划这两个具体操作流程，为管理者分阶段思考提供了指导；引入了战略解码环节，使用 BSC 或 BEM 方法指导如何将战略构想和模式设计转化为可量化考核的战略目标；同时，还把绩效管理和活力曲线管理等具体的绩效管理方法也涵盖了进来，使得整个战略管理真正形成了闭环。

（6）重视领导力和价值观的作用

SDBE 领先模型承袭了 BLM 对领导力与价值观的认知，认为在战略制定与执行的过程中，领导力是根本，价值观是基础。在战略执行过程中，特别注重领导力和价值观在日常运营和绩效考核中的落地，包括组织绩效和个人绩效的考核，并提供了相关的操作方法和手段。

在飞速发展的数字化时代，国内外形势呈现的易变性、不确定性、复杂性和模糊性，都给企业的经营和变革带来了巨大的挑战。SDBE 领先模型结合新兴技术的创新应用，必将带来数字化时代生产力和生产关系的重塑。

7.2　SDBE 领先模型亦可指导数字化转型

企业开展数字化转型的最终目的是实现企业业务的转型、创新和增长，由此表明，数字化转型一定是战略、业务、流程、组织的全面转型。

SDBE 领先模型能帮助企业打通"战略—执行—流程—IT—人才—绩效—薪酬激励"的闭环管理过程，实现数字化转型的目标。

7.2.1　数字化转型围绕作战与胜利展开

近年来国家出台了很多相关政策来推动传统企业的数字化转型，国内市场对于数字化转型给予了高度的关注。借着云计算、大数据、AI 蓬勃发展的浪潮，IT 服务厂商不断推出各类帮助企业实现数字化经营的工具，一方面促进了数字化产业在我国的生根发芽、茁壮成长，另一方面也营造起了一种将数字化转型视为最终目的的错觉。

实际上，持续增长和长久生存才是企业经营的根本目的，而数字化转型只是企业发展到一定时期的必然进程，是企业为了重新塑造竞争优势的手段。因此，企业数字化转型要围绕作战与胜利展开，瞄准目标，持续迭代，不断优化，为企业打造新的增长动力，构建新的增长曲线，进而助力企业实现持续创新和高质量发展。

【案例】三一集团利用数字技术创新业务模式，拓宽收入来源

三一集团是我国工程机械行业的引领者，也是数字化和智能化转型的先行者。

基于对数字化时代的研究和对行业的深刻洞见，三一集团深入探索"制造+服务"的商业模式，由销售机械设备延伸到提供远程运维服务，实现设备、服务全方位创收。

三一集团通过腾讯云把分布在全球的 40 多万台设备接入平台，实时采集 1 万多个运行参数；同时，三一集团利用云计算和大数据技术，远程监控和管理庞大的设备群运行状况，实现了对设备异常状态的预警提醒。每位售后服务工程师都会配备一个智能终端，可以远程监控设备状态。如果客户在使用过程中遇到设备故障，客户可以通过"客户云"App 一键创建"服务召请订单"，在 ECC 中心的智能调动下，服务人员将以最快的速度抵达现场，调取设备运行数据，联合技术专家进行远程 AR 会诊，快速找到问题并解决，实现故障维修两小时内到现场，24 小时内完成，大幅度提升了故障修复率和修复速度，还大大减轻了备件库存的压力。

三一集团以客户为中心，利用新兴技术突破了现有业务范围，创新了商业模式，拓宽了收入来源。

【案例】华为将坚持"云管端"一体化服务战略，实现收入利润正增长

在华为的智能手机业务受到重创后，华为另辟蹊径，将更多的精力专注于 To B 业务，创新性地提出了"云管端"架构。"云管端"是华为未来信息服务的新架构，是指包括云平台、网络管道和智能终端在内的基础设施。云平台是未来信息服务架构的核心，网络管道是实现该架构的前提和基础，智能终端将大规模地在各行业得到应用。在"云管端"一体化服务的战略指导下，华为确定了智能化的云平台、大宽带的网络管道、丰富多彩的智能终端齐头并进，多线融合的发展方针。

"云"，即云平台，主要带来两个方面的变化，一是可以通过云计算动态管理百万数量级的服务器，同时可以实现资源的复用，按需按量取用，大幅度降低 IT 成本。二是实现软件和业务的解耦，让所有软件共享硬件资源，促进数据的云化和业务的云化。这两个变化大大提升了资源的利用效率与使用弹性，从而提升了业务的部署速度和处理能力。

"管"，即网络管道，主要是指提供信息传输服务的通信网络，尤指 5G。按任正非的说法，就是我们可以建设像太平洋一样宽的管道，让海量的数据高速流动。

"端"，即智能终端，是硬件终端和软件客户端的总称。终端是海量数据产生的源泉（如智能手机、数码相机、电脑、机器人、工业设备等能上网的数据采集设备），其通过让客户输入数据，将人们的行为信息、机器设备的状态信息转化为数字。

华为的"云管端"一体化并不是一套封闭的体系，而是通过创新的信息服务架构联合各行各业的合作伙伴，提供最具竞争力的综合性解决方案，共同助力产业智能升级和健康可持续性发展。任正非在 2021 年企业年度工作会议上表示，华为在经历了美国的严苛打压和新冠疫情冲击后，仍然实现了全年收入和利润的正增长。

任何管理变革都不能是花架子，要强调管理的有效性，而不是管理的规范性。企业数字化变革的一切都应是为了作战和胜利，要在变革过程中，利用数字技术手段，优化原有业务流程，缩短产业链条，创新商业模式，最终实现企业收入和利润的增长。

7.2.2 从差距分析到数字化战略制定

差距分析主要是分析差距产生的原因及制定减小或消除差距的方案，差距减小或消除的过程主要体现在企业的战略管理过程之中。简言之，差距不止，战略不停。

在 SDBE 领先模型中，差距分析是整个战略管理的起点和终点，差距包含现实差距和理想差距。其中，现实差距主要指的是业绩差距，理想差距主要指的是机会差距。企业可以根据现实差距和理想差距两个概念来指导差距分析工作，厘清企业数字化转型的现状是什么，趋势是什么，当前的差距在哪里，关键的成功要素是什么。比如说到数字化转型的关键成功要素，有的人强调关键成功要素是技术，有的人强调是人才，有的人强调是战略，有的人强调是组织，有的人强调是数据。

在进行差距分析的时候，通常要经历这样的步骤：

第一，确定标的。标的可以是企业的战略目标，如五年后企业销售收入要达到 100 亿元，利润要达到 15 亿元。标的也可以是行业内的主要竞争对手，可通过对标优秀企业，找到企业自身的发展方向。

第二，找出差距。将所有可以量化的差距都进行量化，不能量化的则先进行定性描述。

第三，找出关键差距。

第四，寻找关键差距产生的原因。

通过这样的过程，企业可以不断发现差距并找出原因，进而采取各种措施进行弥补。

差距分析内容及结果输出如图 7-4 所示。

问题聚焦	■ 回顾我们设定的战略目标，在一些关键的绩效指标和财务指标上，是否存在差距？ ■ 与行业主要竞争对手相比，在哪些方面我们存在差距？ ■ 存在哪些市场机会（机会差距）？ ■ 哪些是最关键的差距（尽可能具体化和量化）？其根本原因何在？
结果输出	■ 简要的差距描述 ■ 形成差距的根本原因 ■ 确定承担缩小差距责任的负责人

图 7-4 差距分析内容及结果输出

差距分析能帮助企业识别和解决核心问题，而战略基本上是围绕着企业想要解决的核心问题来展开的，因此制定好战略是从差距分析开始的。企业在明确数字化转型目标、了解自身数字化能力差距之后，需要立足未来，找出实现转型目标的关键数字化能力，并以此为依据制定企业数字化转型战略，确定数字化转型短期和中长期目标。

【案例】OPPO 数字化战略——从传统自有制造走向精益智能制造

OPPO 创立于 2004 年，是一家全球领先的智能终端制造商和移动互联网服务提供商。2008 年，OPPO 开始做手机业务，从 2008 年一个月生产 20 万台手机到 2019 年一个月生产 2000 万台手机，10 年时间产能提升了 100 倍。但从 2018 年开始，OPPO 手机业务结束了快速增长的势头。其原因有三：

（1）随着客户的多元化、细分化，手机型号越来越多，一条生产线上，以前一个月切换一次产品，现在一天切换三次以上。

（2）产品品类越来越广，手机、智能手表等 IoT 终端设备频出。

（3）随着企业加快进行全球化部署，产品要在全球范围内实现交付质量和交付水平统一，难度大大增加。不同国家、不同运营商、不同版本，使得客户对手机的定制化要求越来越高，对准确交付的要求也越来越高，同时各国员工素质的参差不齐，也成为实现交付质量统一的一大障碍。

意识到传统的自有制造已不能满足市场需求之后，OPPO 制定了自身的数字化转型战略。公司成立了数字化转型办公室，目标是通过标准化、自动化、数字化、智能化4个阶段，最终实现生产、制造、销售、售后的全链路品质数据的可视、分析与决策，助力公司向中高端转型、品牌国际化、制造效率最优等战略的达成。

2020 年，OPPO 内部开始实施"凤凰计划"，从传统的自有制造走向精益智能制造，进行自我变革。OPPO 精益智能制造并不是一下子全面导入数字化、智能化，而是在方方面面推精益，随着每一个不同板块、场景的精益能力不断提升，再用信息化、数字技术把它固化，同时在技术场景里加一些智能传感、智能控制，实现部分场景的智能化。

2021 年，OPPO 又启动了"办公室精益"计划，全企业都切换到全新的协同办公平台 TeamTalk 及应用协同办公平台 MO 平台上，将 ERP、产品生命周期管理（PLM）、研发管理、财务管理、IT 项目管理、产学研管理等系统要素集成，使办公与生产联动起来。

目前，OPPO 数字化战略已经取得阶段性的成果，如自动化生产占比达到 50%；自动化测试占比达到 90%；从准备原料、组装贴片，到总装、测试，再到物流，2022 年相较 2020 年的制造周期从 16 天减少了到了 6.8 天；每条生产线平均每 10 秒生产一台手机；对比 2020 年一台手机的制造成本（不含材料）下降了约 40%；生产 100 万台手机的用人量降幅达 40%～50% 等。

差距分析是企业必须掌握的战略分析方法之一。分析造成差距的原因能让企业对组织的资源、竞争能力重新建立认知，对后续战略规划起到实质性的帮助和指引作用。企业要想进行数字化转型，需要先完成从差距分析到数字化战略制定的过程，制定出符合企业发展和便于实施的数字化战略目标。

7.2.3　SDBE 战略解码：从战略到执行的桥梁

任正非曾说，战略只能大致正确，成功的关键在于执行。即便战略本身不完美，但只要方向大致正确，加上执行到位的话，企业离成功就不会太远。战略执行在全世界都是让企业高层头痛的一件事情，拥有强大的战略执行力是企业的理想，但是现实与理想往往有很大的差距。《财富》杂志曾经做过调查，只有 10% 的企业的战略得到了有效的执行！大量的企业战略，即使正确合理，也被束之高阁，很难得到实施。

SDBE 领先模型的核心是从差距分析出发的战略规划到高效执行的基本过程，如图 7-5 所示。其中，战略解码是从战略到执行过程中至关重要的环节。**战略解码是将差距分析、价值洞察、战略构想、创新组合和商业设计等战略规划环节的分析结果作为输入，通过可视化的方式，把企业的战略转化成一系列有定性、有定量、可操作的计划和措施的过程。**

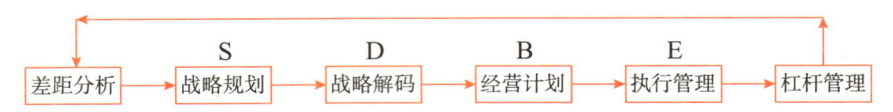

```
           S         D         B         E
差距分析 → 战略规划 → 战略解码 → 经营计划 → 执行管理 → 杠杆管理
```

1. 标杆和差距分析：与标杆之间的差距，是战略的起点和终点；差距不止，战略不停。
2. 战略规划：企业经营的望远镜，帮助组织看清前进方向，避免风险。
3. 战略解码：对战略规划进行澄清和细化，帮助企业达成里程碑的共识。
4. 经营计划：把需要多年实现的战略目标，分解为可年度执行的KPI和关键举措。
5. 执行管理：针对战略规划/经营计划，对组织、人才流程和绩效进行综合管理，实现闭环。

图 7-5 从战略到执行的基本过程

由此可见，战略解码是战略执行的前提，战略解码的质量决定了战略执行能否顺利落地。因此，在战略解码阶段，企业要坚持以下核心原则。

（1）垂直一致性

垂直一致性是指确保组织战略目标纵向上下对齐，以企业战略和部门业务目标为基础，自上而下垂直分解目标，从企业到各部门再到各个岗位，保证目标的纵向承接一致性。企业可以通过平衡计分卡的四个层面从战略目标、关键举措中提取 KPI，在对 KPI 进行有效评估后再确定 KPI 指标体系。为实现 KPI 指标的目标值，还需要确定实际 KPI 的重点工作，并对 KPI 和重点工作纵向分解并落实到相关部门。

（2）水平一致性

水平一致性原则体现的是对企业主要业务流程的支撑。企业价值链上的各个环节都是互相关联的，战略解码需要以企业端到端流程为基础，建立起各部门间的连带责任和协作关系，保证横向一致性。企业通过战略澄清明确关键性战略目标，并对战略目标使用战略地图或指标鱼骨图等工具，在下级不同部门进行交叉分解和落地，这实际上也是端到端业务流程对战略目标的保障。

（3）均衡性和导向性

均衡性和导向性体现的是不同部门的均衡发展和独特价值。企业需要从愿景、使命出发，通过对企业的战略澄清，确定企业的战略目标。同时，要用战略地图的方式描述战略，并通过平衡计分卡的四个层面，体现财务、客户、内部流程及学习与成长四个层面的企业战略目标，以及各目标之间的关系。此外，所有业务部门或职能部门都具备独一无二、不可或缺的价值，都是为了战略目标和商业设计的实现而设置的。因此，KPI 具体指标的设置，必须体现部门独特的责任结果导向（如今年要重点发展哪个业务，要重点提升哪个能力），并在设置指标时酌情增减其指标权重。

（4）责任有效性

为了落实部门对上级目标的承接和责任，需要将 KPI 指标责任进行部门间的分解，同时为 PBC 的确定提供依据。企业需要将确定的 KPI 和重点工作整合成目标责任书，建立责任分解矩阵，与相关责任部门负责人签署部门级 KPI 目标责任书，落实目标责任。企业要通过绩效管理抓手来落实战略执行。在这个过程中，企业应通过日常运营管理体系进行监控管理与流程跟踪，并通过对 KPI 数据的有效分析、对未完成项的跟进和及时改善、对资源的适当倾斜、对责任人的明确等方法保证战略目标的实现。

只有战略解码在企业中得以有效实施，才能保证整个组织对战略理解和执行的一致性。企业的数字化转型，不仅需要做好战略规划，更需要大力提升战略执行能力，而战略解码能够起到承上启下的作用。企业可以借鉴 SDBE 领先模型，将战略解码视作一种工作方法，通过汇聚高层团队的智慧，采用集体研讨的形式，对企业的数字化愿景目标和战略举措达成共识。同时，企业应把战略解码作为"化战略为行动"的有效工具，通过一定的程序对企业的数字化战略的重点进行清晰的描述，并转化为具体行动。

当然，成功的战略解码并不是一般的举措，要在恰当的时机与地点导入战略解码，才能够对战略到执行起到事半功倍的效果。

第 8 章　SDBE 管理的六力支撑数字化转型

SDBE 管理的六力是基于 SDBE 领先模型总结得出的，汇聚了业界管理实践之精华，能够有效提升企业各层级的数字化能力，为企业数字化转型提供最佳支撑力量，对企业经营及数字化转型有着非常大的价值。

8.1　数字化转型 SDBE 六力模型

在使用 SDBE 领先模型指导企业数字化转型时，需要对企业展开领导力（L）、战略力（S）、洞察力（D）、运营力（B）、执行力（E）和协同力（C）这六大能力要素方面的考察。这六大能力 LSDBEC 即为 SDBE 六力模型。

8.1.1　LSDBEC 六大能力及要素组合

如图 8-1 所示，SDBE 六力模型能够在企业战略管理和执行落地过程中，给各级管理层提供系统的思考和务实分析的框架、能力及相关工具，对企业战略规划与执行进行有效跟踪，从而促进实现企业战略端到端落地。

澄清期望	L（领导力）	S（战略力）	D（洞察力）	B（运营力）	E（执行力）	C（协同力）	总结提升
自我认知	文化与价值观 干部与领导力 领导技能 变革管理 数字化转型	战略框架 价值洞察 战略构想 商业设计 创新组合	标杆管理 技术洞察 市场洞察 竞争洞察 知识管理	战略解码 质量管理 流程管理 项目管理 卓越运营	研发创新 品牌营销 采购供应 服务与制造 财经与风控 行政与客服	HR管理 组织发展 绩效管理 OKR管理 薪酬激励	总结提升

图 8-1　SDBE 六力模型

（1）领导力

SDBE 六力模型中的领导力是指企业以价值观为根本，锻造"有理想、有能力、能打胜仗"的干部梯队的能力。

譬如，华为为培养干部梯队，提出了干部标准通用框架，如图8-2所示。干部标准是华为对干部队伍的核心要求和期望，其作为人才管理机制中"人才需求及人才标准"的重要组成部分，是各项干部管理工作的基础。该框架包括四项标准：

①品德与作风是底线，在商业行为中必须坚守的首先是道德操守。

②核心价值观与使命感是一切经营事业的基础，华为干部必须践行并传承核心价值观，对华为的事业充满热忱和使命感。

③绩效是干部优劣的分水岭，华为干部必须基于结果持续保持高绩效。

④能力与经验是干部的关键成功要素，其体现了知行合一的理念。

品德与作风（底线）	➢ 商业行为中的道德操守
核心价值观与使命感（基础）	➢ 践行并传承核心价值观 ➢ 对华为的事业充满热忱和使命感
绩效（分水岭）	➢ 以结果为导向的持续高绩效
能力与经验（关键成功要素）	➢ 能力：支撑达成高绩效的关键行为 ➢ 经验：成功实践

图 8-2 华为干部标准通用框架

（2）战略力

SDBE六力模型中的战略力是指让企业既能立足本身，又能引领行业，既高瞻远瞩，又极端务实的筹划能力。

战略承接的是企业的愿景和使命，即企业为什么而存在。企业所拥有的资源是有限的，其服务客户的能力也是有限的，因此可以说战略是企业在有限资源下的取舍，一旦做出了选择，也就意味着放弃了其他选项。

战略的制定必须重在结果，只有切实执行，战略的制定才有价值。而战略解码则是战略有效执行的开始，是通过可视化的方式将企业的战略目标分解为企业不同层级各部门的目标、行动方案及个人目标，从而使企业上下全体员工取得共识的过程。

(3)洞察力

SDBE 六力模型中的洞察力是指企业深刻洞察行业内领先标杆及行业整体发展趋势，从而制定发展路径，把握市场节奏和风险的能力。

洞察力能够使企业看清三个方面：

一是通过差距分析看清路线。确定行业领先标杆的作用就在于认清自己的位置，回答"我们在哪里"这个问题，通过识别自身与标杆之间的差距（包括业绩差距与机会差距）来思考和改变企业战略，从而弥补差距。

二是看清市场变化。行业的变化使得价值发生了转移，只有做好对价值转移前瞻性的分析，才能帮助人们做好战略布局。另外，没有夕阳产业，只有夕阳思想，企业不能只看自己的行业，还要拓宽自身视野，以发现更多发展的机会。

三是看清去哪里，即企业的愿景、战略方向和业务目标。

（4）运营力

SDBE 六力模型中的运营力是指企业在战略解码之后，基于数据对企业战略进行侧重化、精细化、高质量的卓越运营的能力，如图 8-3 所示。

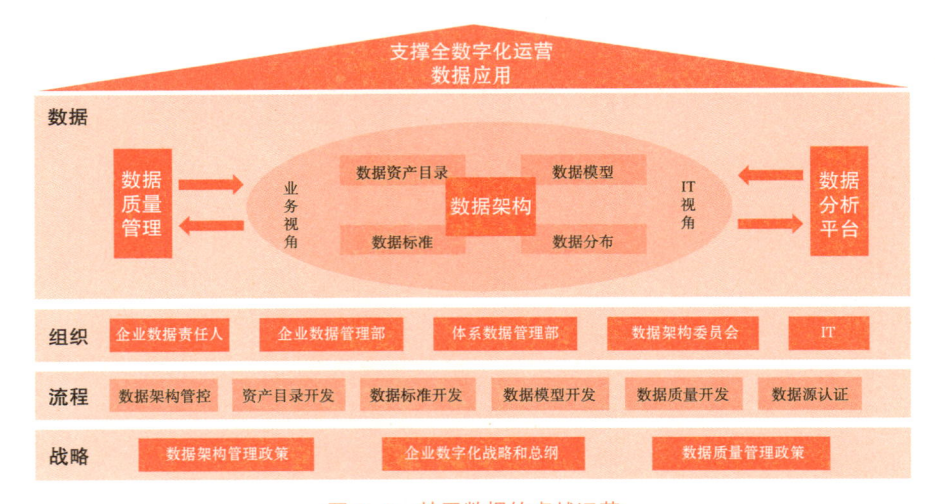

图 8-3　基于数据的卓越运营

高效管理的本质就是打造最简单高效的从以客户需求为始，到客户满意交付为止的端到端的价值创造流程。

（5）执行力

SDBE 六力模型中的执行力是指企业在战略牵引下，建设各领域的专业能力和流程。

华为一共有四大流程，即DSTE（战略开发到执行）流程和IPD、LTC、ITR三大业务流程，如图8-4所示。

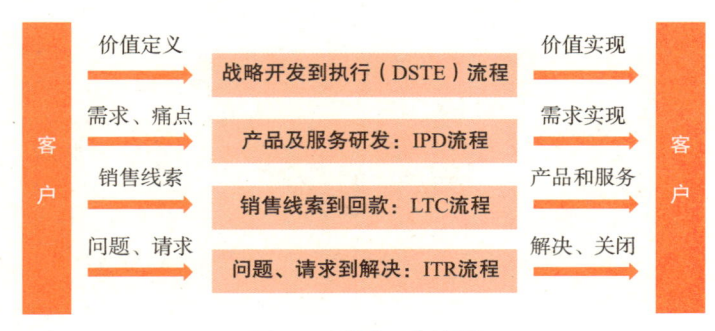

```
                价值定义                                           价值实现
客  ────────────────→  战略开发到执行（DSTE）流程  ────────────────→  客
                需求、痛点                                         需求实现
户  ────────────────→  产品及服务研发：IPD流程    ────────────────→  户
                销售线索                                         产品和服务
    ────────────────→  销售线索到回款：LTC流程    ────────────────→
                问题、请求                                         解决、关闭
    ────────────────→  问题、请求到解决：ITR流程  ────────────────→
```

图8-4　华为四大流程

其中，DSTE流程的主要任务是明确客户的价值定义，并致力于其价值实现；IPD流程是寻找并发现客户的需求和痛点，在此调研基础上进行产品与服务的开发以满足客户需求；LTC流程秉承的是从线索到回款的企业运营管理思想，华为的LTC流程主要分三大段，即管理线索、管理机会点和管理合同执行，其作用在于实现产品的变现；ITR流程主攻售后服务，针对产品的问题和客户的需求，不断改进升级产品并解决售后问题。

如果用一句话来概括华为流程体系，即为实现"多打粮食多产出"的业务运营目标，构建的"从客户中来，到客户中去"的端到端的业务运营系统。

（6）协同力

SDBE六力模型中的协同力是指企业通过优化组织和职责权力设置，激发组织和员工活力，从而构建高绩效组织运作机制，打造出高绩效卓越组织的能力，如图8-5所示。

华为通过建立倒装式的组织架构，把客户放在最上面，把产品力、销售力、交付力三者结合，形成了一个高效协同的整体，统一面向客户，解决了职能板块难以协同的问题。薪酬绩效管理的根本是为了激励和引导员工贡献于组织的战略目标，实现组织和个人的成长。

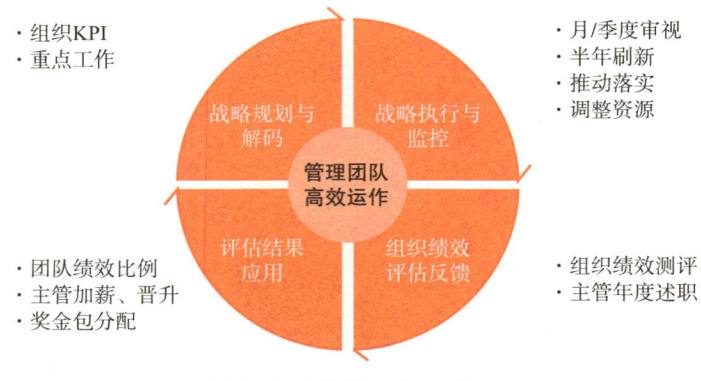

```
                    ·月/季度审视
·组织KPI              ·半年刷新
·重点工作              ·推动落实
                    ·调整资源
        战略规划与  战略执行与
         解码      监控
              管理团队
              高效运作
         评估结果  组织绩效
          应用   评估反馈
·团队绩效比例
·主管加薪、晋升         ·组织绩效测评
·奖金包分配           ·主管年度述职
```

图 8-5　高绩效组织运作机制

SDBE 领先模型通过运用战略规划、战略解码、经营计划、执行管理这几个被实践证明有效的战略和执行流程，可以加强企业在领导力、战略力、洞察力、运营力、执行力、协同力等方面的建设，从而能够指导企业如何一步步进行数字化转型，实现从小到大、由弱到强的转变，进而成为本行业中的领导者，实现企业的愿景和使命。

8.1.2　领导力：点燃自己带领队伍前进

领导力专家约翰·科特说："管理者试图控制事物，甚至控制人，但领导者却努力解放人与能量。"这句话实际上道出了"管理者"与"领导者"之间的辩证关系："管理者"的工作是做好计划与预算、组织及配置人员、控制并解决问题，实现战略目标；"领导者"的工作是确定方向、制定战略、激励和鼓舞员工，并带领全体组织成员创造更高的绩效。

领导力是一个广义且不断发展演变的概念，见仁见智，有多少领导者，就有多少种领导力的定义。

管理大师德鲁克认为，领导力"能够把个人愿景提升到更高的境界，把个人绩效提升到更高的标准，锻炼一个人的性格，让他超越原来的限制"。

苹果创始人乔布斯曾表示："我的工作是带领一群优秀的人，帮助他们成为更好的自己。"

美国前总统罗斯福曾说："最好的管理者是在拥有足够认知的情况下，集结优秀的人去做他们想做的事，并且在他们做事的时候克制自己不去干涉。"

SDBE 六力模型认为，领导力是一种影响力，领导力的发挥过程即是一种影响过程，是影响人们心甘情愿并满怀热情地为实现企业目标而努力的艺术和过程。

随着数字经济成为实体经济之一，未来将会进行万事万物的数字化，而领导力是企业实施数字化的关键。任何企业想要通过数字化转型实现战略目标都不是一蹴而就的，数字化的征途上布满荆棘、充满坎坷，而领导力是整个组织永远向前冲的动力，牵引着组织朝着战略方向持续前进。

领导力带领组织前进主要表现在两个方面，一是组织业绩的持续增长，二是组织整体领导力的提升。

一个组织能不能活下来，业绩能不能持续增长，关键在于领导力作用的发挥。华为轮值 CEO 徐直军曾表示，从 2011 年至 2020 年，华为的营业收入和人均产值处于持续上升的状态，尽管从 2019 年开始，华为遭遇了美国政府的多轮打压，企业营业收入没有达到预期，但整体经营稳健，仍保持着良好发展的势头。华为持续稳健发展的背后，是以任正非为首的领导团队和干部群体调整了战略方向，带领华为人迎难而上，共克时艰。

组织的前进与发展的另一个表现在于企业整体领导力的提升。当企业度过创业期，进入规模化发展阶段后，领导者必须将个人领导力转换为组织领导力，否则一个企业就难以长期发展。

华为现任终端 BG CEO 余承东的光辉履历想必众所周知，除了其自身在职场上的奋斗和努力，任正非的用心培养功不可没。余承东就曾表示，是任总的一句话彻底改变了他的态度，使他走向了成功。

在余承东做普通研发岗位时，经常是干完活就"闪人"，不会主动想事情、找事情做，后来余承东晋升主管岗位后，责任感还是不强。有一天，任正非专门叫余承东到办公室，告诉了他一句话："尽心与尽力的干部是不一样的。尽力的干部就是你做了事情，尽心的干部则是你能用心去做事情。"任正非说完这句话就让他回去了。

自此，余承东开始用心思考工作该怎样做得更好，并不断地改进。他不仅改变了自己的做事风格，也改变了整个团队的风格。余承东在一次新员工座谈中也和大家提到了这句话，他告诉新员工态度决定一切，在华为大学学什么不重要，重要的是以后坚持以什么样的精神和态度去工作。对待工作的态度，决定你在事业上能走多远。

余承东悟性很高，没有辜负任正非的期望。在带领无线通信部门成为行业全球第一后，他被派往欧洲担任欧洲区总裁，用三年时间就把欧洲的市场份额从不到3%做到市场份额第一——接近10%。余承东于2010年被调回国内，在他的带领下，华为终端业务做到了全球前三、全国第一。

<u>好的领导者都善于做"教员"，以提升下属领导力水平为己任，点燃自己，带领组织稳步前进。</u>数字化转型，领导者先行。从某种程度上来说，数字化转型是企业领导意志的体现。企业领导者在变革时需要展现强劲的领导力，以推动数字化变革的顺利开展。

8.1.3　战略力：从价值洞察到商业设计

企业是很容易在复杂的环境中迷失方向的，数字化转型也是如此，为此企业需要做好自身数字化战略的制定。数字化战略的前瞻性会让组织的一个个行动具有深远的意义，也让努力有了一致性和连续性，组织知晓每一步都在做什么，理解每一个具体目标、日常任务的达成是如何促进总体目标的达成的，这样就能帮组织更好地抓住市场机会，并将其发展成战略性胜利。

企业战略力是指企业实现内部资源同外部环境匹配的能力，是企业的累积性学识（包括技术、设备、管理、营销等方面的知识），这种能力能够指导企业未来的发展。当市场环境发生变化时，一个企业通过战略管理手段，可以持续创造价值获得收益，而其他现有和潜在的竞争对手却无计可施，甚至没有能力调动资源对其战略进行模仿和复制，这体现的就是该企业独特的战略力。

SDBE六力模型认为，战略力关注的是宏观和长远的发展，包含价值洞察、战略构想、创新组合、商业设计四个板块的内容。

（1）价值洞察

通过执行"五看"——"看宏观、看行业、看客户、看对手、看自己"等标准动作，洞察客户需求、竞争对手情况、内部发展瓶颈、市场行情变化，以确认企业未来面临的机遇与挑战。价值洞察的主要作用是识别既定行业或产品线的市场价值及其变迁和发展，用来判断企业是否进入、加大投资或退出既定行业或赛道；还包括在执行既定任务时，对原来战略规划所依赖的前提进行重新思考，以判断是否要对之前形成的战略规划进行重新定义和大规模刷新。

（2）战略构想

通过"四定"——"定愿景、定使命、定战略目标、定发展阶段里程碑"，确定企业战略经营活动预期取得的主要结果。好的战略构想一般包含以下三个方面的内容和价值。

①指明方向：它是企业对于未来的看法，能够为企业提供统一的、深入人心的方向感。

②边界约束：战略构想要能够从各种资源、能力中区分出主要矛盾，界定能力和业务边界，并着眼于未来的独特竞争力，因为聚焦才能产生力量。

③构建使命：战略构想还要有一定的情感成分，要形成强烈的感召力，使其能够让客户、伙伴和员工感知到其内在价值。

（3）创新组合

在战略目标实现过程中，采用与之前不同的创新手段及其组合，包括但不限于产品技术、制度流程、商业模式和运营方式等各方面的创新手段及其组合。其目的是为企业竞争力创造新的增值点，缩短现状与目标的差距，应对市场的变化，以实现战略构想。

（4）商业设计

厘清如何利用组织内部能力探索战略控制点，它是战略规划环节的落脚点，又是战略解码的出发点。它通过完整地执行某些关键动作，包括客户定位和细分、目标客户的需求识别、主要业务边界的界定、盈利模式的设计、战略控制点的把控、战略风险的管理等，来形成完整的商业模式设计。

面对瞬息万变的数字化时代，企业也处在重要的转折时期。这个时期充满了巨大的机会，也充满了极大的不确定性，没有方向、没有实力的奋斗是不可能产生价值的。企业必须从自身的战略力出发，选择和自身能力、资源、条件适配的数字化转型战略，才能在竞争中实现可持续的、有质量的稳健发展。

8.1.4 洞察力：在变化中找准最佳赛道

随着5G、云计算、AI、区块链等新技术的成熟商用，行业数字化正进入快速发展期。但外部环境持续动荡、日趋复杂，对于想要在竞争中获胜的企业而言,洞察力是指够敏锐地在多种问题中把握住其核心,抓住问题的实质,发现有利于利润增长的变革及其征兆,并同时能够提出实现这一变革的设想、战略和切实可行的计划,进而制定出有效的方案或者科学的决策。

SDBE 六力模型认为,洞察力是审查与优化战略,透过现象来看清企业发展的本质,确保战略正确性的能力。一个好战略的诞生离不开用系统性的思维看待事物,并从中洞察出优势和机遇、劣势和威胁。

洞察力在企业数字化战略及执行框架中发挥着非常重要的作用,因为它与战略解码是紧密相连的,如图 8-6 所示。洞察力能够帮助企业看清行业发展趋势和市场变化,通过差距分析看清企业的发展路线,明确自身愿景、战略方向和业务目标。

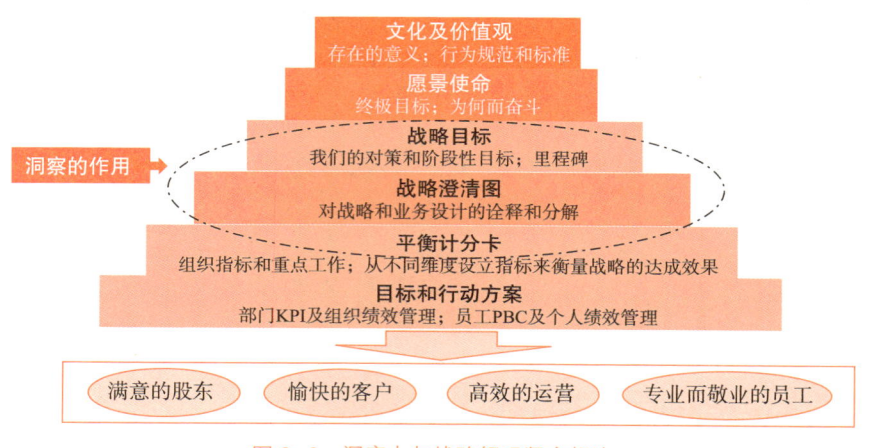

图 8-6 洞察力与战略解码紧密相连

任正非说过:"**没有战略洞察能力,就会事倍功半。**"**唯有洞察未来,才能赢得先机**。不管你从事什么行业,都必须把握好行业趋势,再去设计相匹配的产品和服务。不仅如此,行业趋势变化背后的驱动因素,更值得我们去反复琢磨。

【案例】华为:从汽车项目组到智能汽车解决方案 BU

早在 2012 年,华为就成立了汽车项目组。华为是把它作为未来业务增长点来打造和储备的,因此当时的汽车项目组在华为内部连部门编码都没有,确确实实是个秘密的、面向未来性质的项目。

2019 年 5 月,美国政府发起了对华为的第一轮制裁,将华为列入制裁实体清单。面临美国将来可能不止一轮的制裁与打击，可以预见，先进制程的芯片已经不可获得，手机终端等产品线将无法继续发展，企业营收也将面临着明显的天花板，华为最高领导层适时启动了智能汽车产业的商业化进展。

华为认为，随着 ICT 的发展，汽车作为智能化的一个重要场景，是新一代 ICT 变现的理想赛道。且汽车产业的营收市场空间是巨大的，一旦华为能够成为行业龙头，则能支撑起巨大的发展空间，对于华为而言，这也是未来发展的理想赛道。

于是华为开始布局智能汽车行业，并且在 2019 年 6 月，适时成立了智能汽车解决方案 BU，并迅速投入大量资源，派遣最得力的干部和骨干进入这个行业，并形成了短期内不进行整车制造，而是专注于核心技术研发和汽车增量零部件生产的定位，以避免投资和业务风险。

在传统汽车时代，在一辆车的价值构成中，电子和软件等信息部分的占比为 5%～10%，甚至更低；而在未来，一辆智能汽车的价值，60% 以上将要被 ICT 部件占据，尤其是自动驾驶软件。按照徐直军的话来说，就是"汽车的无人驾驶目标一旦实现，就将颠覆跟汽车相关的几乎所有行业"。

因此，华为特别重视对自动驾驶软件的研发投资，并期望通过强力投资的方式推动汽车行业和 ICT 行业走向融合，在实现汽车行业网联化、智能化、电动化及共享化的同时，开创一些新的商业模式，为华为带来长期战略机会。

企业洞察力的强弱将影响企业是否能够识别环境的变化，进而影响自身战略决策与其运行环境的吻合程度，影响企业战略执行的效果。未来企业的竞争，将不再只是领导或精兵强将的竞争，更是管理体系和数字化平台能力的竞争。华为始终保持着敏锐的洞察力，且贯穿于战略管理之中，使得华为能够在数字经济浪潮中找准最佳赛道，开启并加速数字化转型，走向全流程数字化，以实现企业营收的持续增长。

8.1.5 运营力：化战略为年度经营计划

运营力是企业的一项重要能力，是企业聚焦战略和业务，基于数据进行精细化、高质量的卓越运营的能力，即通过数字技术完善企业流程、IT、管控、运营、质量、组织和绩效等多方面的运营机制及人的管理，从而实现企业效率的提升，降低企业运营成本。

SDBE 六力模型将运营力定位为企业的战略落地者和变革推动者，在企业数字化转型的进程中，运营力不仅承担企业的战略规划，同时也负责监控部门年度经营计划的实现。卓越的战略运营力能够保证战略到执行的落地和闭环，帮助企业实现企业数字化转型和升级。

战略规划要做到落地，必然要与企业日常的经营活动相结合。经营活动以全面预算作为基础，实际上就是围绕着战略规划，去细化当前一年要做哪些事情，制定什么样的目标及配上什么样的资源，这就是年度经营计划的主要内容。

华为的战略管理全流程是 DSTE。DSTE 的第一阶段是战略规划制定阶段，企业层面的战略规划制定又会分为企业愿景与战略方向、产品线/销售线/职能部门的战略规划，也就是前面提到的空间上的解码。在完成战略规划后，企业马上就会输出战略衡量指标，并且形成各个组织的 KPI 指标方案。这样安排的目的是明确各个组织的组织绩效的框架和主要内容，避免战略管理和绩效管理缺乏关联。

战略规划之后，真正使其融于日常经营活动的是年度经营计划。年度经营计划一般在前一年的 10 月启动，一直持续到次年的 3 月底才基本完成。例如，2022 年 4 月至 9 月进行的是 2023 年至 2027 年的五年战略滚动规划，而 2022 年 9 月至 2023 年 3 月进行的是 2023 年的年度经营计划与预算，以此类推。

年度经营计划应包含过去一年部门的总体运营情况、目标的实现情况，未来一年部门的经营目标、财务预算、人力资源预算、产品策略、区域销售策略、客户发展策略等内容。如果说战略规划是对战役的指导方针和整体布局，那么经营计划就是在战略指导下，一定时间和区域内的作战计划。

为了使年度经营计划能承前启后、上下对标，战略规划需将六个方面的内容输入年度经营计划中：

①战略洞察到的市场空间、机会。

②战略优先级指导下的投资组合。

③战略举措导出的年度重点工作。

④战略目标推导出的年度 KPI 与 PBC。

⑤战略人力规划导入的年度经营人力预算。

⑥战略预算导入的年度经营全面预算。

年度经营计划是战略规划落地的抓手,也是战略执行的阶段性成果呈现。卓越的战略运营要以经营为导向,以组织系统为支撑,协同目标管理,通过运营活动的计划与实施保证战略到执行的落地和闭环。

当今世界正在经历一场更广泛、更深入的科技变革,数字化是企业信息化发展的新时期,它正在深刻地影响着企业的发展。数字化从根本上改变了企业的战略选择和发展方式,而运营力也正在成为衡量企业实力的重要依据。企业需要不断加强自身的卓越运营能力,使自身与客户、供应商及其他相关方建立一个全方位、多角度的一体化战略管理体系,以满足企业数字化转型和持续稳定发展的需求。

8.1.6 执行力:将能力建在组织上

企业通过洞察行业发展趋势,制定数字化的发展战略,这是迈向数字化转型的第一步,但这并不意味着真正解决了问题。如果战略不能得到有效的落地实施,那么无论战略本身有多英明,它也只是一纸空文。即便最终取得了结果,也往往是灾难性的结果。凡是业绩卓越的企业,尤其是那些世界上备受推崇的企业,它们无一例外地表现出卓越的组织执行力。

执行是连接组织的战略目标与实现目标的桥梁,是通过各种努力使组织的战略目标得以实现的过程。执行力则是组织将战略付诸现实的能力,它直接反映组织对战略方案和目标的贯彻程度。SDBE 领先模型统一了战略语言,能帮助企业中层理解高层,下层理解中层,帮助组织全体成员对战略举措理解清晰。如此一来,万人就能如同一人,九牛之力就能出于一孔,进而产生强大的执行力,有效促进数字化战略的落地执行。

SDBE 六力模型认为,执行力的终极目标是建立为客户创造价值的流程管理机制,对效率负责。通过建立规范的业务流程体系,定期评估流程的运作绩效,建立流程持续优化的机制,从而实现强大的执行力。

【案例】海尔集团:张瑞敏的时间管理

一次,万科地产董事长王石约见张瑞敏。因工作行程排得很紧密,接待任务也很重，张瑞敏只能空出30分钟的时间。前20分钟基本在寒暄客套中过去了，后10分钟才开始进入正题。刚说到兴头上，10分钟的时间就到了。

依照王石的性格，话到投机处才不管什么时间不时间的，谈得再久都没关系，其他事情往后推推就得了。但张瑞敏却不是这样做的，他对王石说："王董事长，实在对不起，不想扫了你的兴致，但是时间到了，我们下次再聊吧！"说着就起身送王石出了大门，车也早就备好了，王石一上车，车就立即开走了，没一点儿耽搁。王石感觉自己就像是海尔装配线上的一个零件，一切都被安排得精准无比。

高效的执行力最终体现在业务流程是否能顺畅地运行，是否能为客户带来价值创造，满足客户的价值需求。当然，在主业务流程的背后还需要依托强大的服务支撑体系和组织能力。

谈到华为的执行文化，大家总是会说华为人如何狼性，如何强悍之类，并且希望自己企业内的人也能如此。这样的想法并不正确，其实华为人和其他企业内的人本质上是一样的，华为人强大的背后是华为的组织管理模式决定了他们执行力的强大。在华为内部，也一直在强调不要个人英雄主义，要群体奋斗，并且以团队成功作为个体成功的基础和依据。华为的价值创造和价值评价是沿着这条管理线走的，所以每个华为人汇聚到这条线上的时候，就会产生一加一大于二的执行效果。

华为很注重能力的沉淀。凡事做完一次之后，都力求将其形成一套打法，将能力建在组织上，以便其他团队可以原样照做，从而避免再次探索试错，使组织得以不断地快速进化。

随着企业规模的增长，组织所具备的整体能力将逐渐成为一种战略性资源。当提到企业数字化转型过程中的成败时，执行力也成为许多人谈论的核心问题。企业数字化转型的难易程度取决于企业管理层是否达成共识，即无论遇到多大的困难，他们都会坚定不移地执行战略目标。如此一来，组织才能够在企业目标的整合作用下，把那些处于不同状态且不均匀地分布在企业内部各个业务单位和不同员工身上的有价值的资源和能力有机串联起来，发挥互补相乘的效果，建成"力出一孔"的"集体执行力"，这是企业作为一个集合体所能迸发的力量，是追求任何远大目标的能力保障，也是企业数字化转型成功的关键。

8.1.7 协同力：发挥人才主观能动性

彼得·德鲁克认为："任何企业都必须建立起真正的团队，并且把每个人的努力融合为一股共同的力量，充分发挥团队精神。企业的每一个成员都有不同的贡献，但是所有贡献都必须是为了实现企业共同的目标。"在企业数字化体系的构建上，涉及企业数字化战略的构建、数字技术与业务流程的改造、数字技术与客户服务平台的融合、数字化人才的培养等诸多方面，这些因素相互关联、相互影响，这个时候，协同就成为必然。

协同力指的是团队成员相互协调共同完成某一目标的能力，团队成员协同合作所能创造的价值远大于他们独立、分散所能创造的价值之和。协同力是团队精神的核心推动力和黏合剂，企业只有打造了协同力，才能实现组织的战略目标，让组织持续焕发活力。

通用电气前董事长兼CEO杰克·韦尔奇在《商业的本质》一书中提到如下内容。

协同力究竟要协同什么？

——让使命、行动与结果协同起来。

"使命"决定着一个企业要抵达的终点，也就是说，你要去哪里及为什么去。同样重要的一点是，如果要成功完成一项使命，还必须回答好一个问题，即："完成使命对于每个员工的生活意味着什么？"

"行动"是指员工思考、探索、沟通和做事的方式。使命不是挂在墙上招来灰尘、惹人讥讽的牌匾，也不是堆砌一些晦涩的、华丽的辞藻就行了。要完成使命，必须付出切实的行动。

"结果"是为了确保整个过程顺利推进。我们所说的结果，是指我们要根据员工是否认可使命、是否推动使命的完成及工作效率来决定是否给予晋升和奖金。

SDBE六力模型认为，协同力从本质上讲，就是要让全体干部和员工，在共同价值观的牵引下，紧盯着企业的愿景和使命不放松，聚焦于每年的经营计划不放松，在长期企业经营中，实现企业"活得久"和"活得好"的两大目标。

【案例】华为协同一致的项目团队

2016年9月27日,华为Mobilis系统部主任收到首席技术官(CTO)的一封紧急邮件,邮件中说客户决定于2016年10月1日商用LTE(主流第四代移动通信技术),届时阿尔及利亚电信部长将亲自出席发布会。客户要求华为进行端到端的LTE商用保障,并在当日现场演示4T4R。

接到任务后,代表处迅速联合机关研发部门、网络监控中心,成立了强有力的保障团队。团队通过检查表(Checklist)自检的方式对各产品例行监控、风险识别。同时对于非华为网络设备,则提醒客户对友商网络关键项进行检查。

2016年9月28日,技术保障小组兵分三路:一队负责对阿尔及利亚电信部长和VIP路线进行测试和优化,二队负责对阿尔及利亚电信部长停留的VIP站点进行测试和优化,三队负责在发布会现场进行4T4R的测试。经过多轮测试,最终找到了信号最佳点,并首次实现了现网下载。

2016年10月1日,保障小组所有人提前进入工作现场。最后,阿尔及利亚电信部长成功宣布Mobilis 4.5G LTE网络正式商用。

华为团队在响应客户需求的过程中,能够做到团队一致,齐心协力地为客户提供最好的服务,从而赢得了客户的信任和认可。

华为的铁三角组织,体现的也是组织的协同能力。在市场的最前端,华为强调使用联合力量作战,使客户感到华为是一个界面。延伸到代表处的各垂直业务体系,不能脱离代表处独立作战。至于后方支持,华为还是强调及时、准确、优质、低成本,在这四个指标中,已经含有协同、协调,否则指标是达不到的。

企业的任何成功都不是凭借某一个"能人"就能够完成的,而是要借助团队整体的力量。数字化转型不只是数字技术的转型,而是一项系统化的企业管理创新工程,在整个过程中,要依靠组织的协同能力,确保数字化转型工作涉及的不同的资源、不同的职能层级、不同的个体、不同的生产要素和生产环节之间,能够相互配合得当、协调一致,这样才能实现成功的转型。

8.2　SDBE领先模型下的数字化转型理念和内容

企业基于SDBE数字化转型战略框架进行数字化转型,须遵循四大理念和工作原则，坚持实现五个转变，从而提高数字化转型效率，使企业充分且有效地获取数字化效能。

8.2.1 SDBE 数字化转型战略框架的四大理念和工作原则

用 SDBE 数字化转型战略框架指导企业从数字化战略制定到执行管理的整个闭环管理过程时，需遵循 SDBE 数字化转型战略框架的四大理念和工作原则。

（1）战略不能授权

对于领导者而言，其他事也许可以授权，唯独战略不能授权。企业的管理首先是战略的管理，战略关乎企业发展的未来。在战略管理问题上，一把手或最高层必须亲身参与，领导力必须贯彻到整个战略制定与执行的全过程。

来自专业机构对 100 多家获得战略执行明星组织奖的企业研究发现，在实施闭环战略管理体系的组织中，企业领导人都会亲自主导战略开发的流程，监督它的实施过程。领导的战略展望和推行决心对战略管理体系非常重要，可以称它为充分必要条件。成功实施战略管理体系的组织，从来没有领导者不投入或者只发表方向性指导的。

（2）必须瞄准差距

SDBE 领先模型的核心概念即"由差距出发的战略规划和高效执行的基本过程"。差距是 SDBE 领先模型框架的起点和终点，也是企业战略管理的起点和终点。为了缩小与各类标杆之间的差距，战略必须瞄准差距，集中力量，逐个突破。差距可以来自选定赛道中与市场标杆的差距，也可以来自各级组织制定的 KPI 和关键举措的完成情况。

（3）执行重于一切

战略规划是设计、是布局，有了清晰完善的战略，还必须积极地执行落地，只有当战略真正落到实处，企业才能不断前进。SDBE 领先模型最突出的特点在于，在战略规划阶段就要开始为战略执行进行谋划并提前做好准备——战略执行不是在行动开始的时候才启动的，而是在规划阶段就启动了。

SDBE 领先模型强调规划与执行密切结合，重视对业务执行过程中的监控，以完成年度经营计划为目标，帮助企业领导者在有限的时间、精力和资金投入的条件下，取得良好的执行结果，提高战略管理的投入产出比，让战略管理更高效。

（4）持续迭代优化

战略不仅是一个结果，更是一个不断周而复始、复盘优化、持续改进、直达愿景的过程。很多企业战略失效的一个重要原因是它没有将战略视为一个快速学习、快速迭代的过程。如果一个企业始终坚持"科学的战略规划"，但放弃根据外部环境和竞争态势的变化进行快速分析和调整，极大可能会导致企业经营的失败。

企业的数字化转型需要以数字化战略为指引，逐步推进数字化转型落地执行，SDBE 领先模型正是一个从战略规划、战略解码、经营计划到执行管理的一套动态螺旋式成长的闭环机制。制定以 SDBE 领先模型为核心的企业数字化转型战略，能够更好地帮助企业实现数字化转型和商业模式的迭代创新。

8.2.2　坚持实现五个转变，推动数字化进程

为帮助企业适应数字经济时代的日新月异，积极实现数字化转型目标，德石羿团队基于多年的咨询经验，结合华为的实践，强调在 SDBE 领先模型下企业推动数字化转型时要坚持实现五个转变，如图 8-7 所示，即转变意识、转变组织、转变文化、转变方法和转变模式。

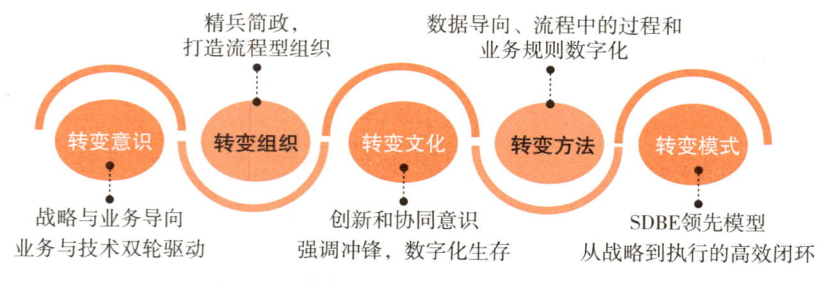

图 8-7　数字化转型需要实现的五个转变

（1）转变意识

数字化转型是业务和技术双轮驱动的过程，不仅需要技术的投入，更需要回归业务主导。企业各层级管理者都需要转变意识，从意识上认可数字化，共识"数字化就是生产力"的理念。

（2）转变组织

数字化转型是大型变革，一定会触及流程和组织的变动。在数字化转型过程中，业务部门应该与 IT 部门紧密结合，聚焦业务问题，组建业务与 IT 的一

体化团队，由此找准转型的突破口并开展工作，共同推动数字化转型。

（3）转变文化

数字化转型提倡数据驱动决策，用数据说话，强调平台和共享，要求每个部门、每个人能够在明确的授权下从大平台中获取能力来支撑自己成功，同时也提倡反哺大平台以支撑他人成功。在流程和文化层次上，建立共建、共享机制，从而实现"力出一孔，利出一孔"。

（4）转变方法

过去开发IT系统的目的是固化流程、规范业务，因此一般一个业务流程配备一个IT系统。数字化转型则要把流程中的过程、业务规则、业务对象等数字化，因此对于方法的要求，不仅要能实现从线下到线上的转变，还要能快速按需编排，使能业务创新。

（5）转变模式

每个企业都需要思考自身的定位和价值，借鉴SDBE领先模型，建立从数字化战略到执行的高效闭环。转变模式是数字化转型变现的最重要的手段，包括运营模式、IT运作模式的转变，甚至包括商业模式的转变等。

2022年，德石羿团队与M公司达成了深度合作，为其提供数字化转型咨询服务。M公司是一家具有影响力的品牌企业，随着客户消费行为与习惯的变化，新消费品牌借势崛起，互联网和数字经济的快速发展正深刻地影响着行业的发展。

通过前期的多方沟通与调研，德石羿团队为M公司数字化转型制定了转型规划。M公司数字化转型是分三个阶段推进的。

第一阶段，顶层设计。用1~3年的时间，进行数字化转型的顶层设计，主要包括确立M公司的数字化转型愿景、开展组织变革并辅导落地、设计数字化蓝图架构规划、数字化卓越运营建设，预期目标是使M公司从上到下共识数字化转型的整体规划及实施路径，实现数字化意识的转变，形成上下同欲的作战氛围。

第二阶段，能力建设。在第一阶段变革的基础上，用3~5年的时间，进行M公司的能力建设，主要包括战略和组织的持续变革、各领域（业务、HR、财经等）的能力建设、数字化平台落地咨询和建设，预期目标是通过推动各领域变革、能力建设，以及搭建M公司的数字化平台，逐步实现组织、文化、方法、模式的转变，打造 M 公司各领域强大的能力体系，更快、更好地实现数字化转型目标。

第三阶段，高质量和可持续发展。持续迭代优化各领域变革，最终打通 M 公司的"战略—业务—流程—IT—人才—绩效—薪酬激励"的闭环管理，实现 M 公司的数字化转型愿景。

诚然，数字化转型没有一套完全正确的模式可以套用，但是企业在数字化转型的过程中只要实现转变意识、转变组织、转变文化、转变方法、转变模式这五个转变，就能够保障自身数字化转型的成功。

思考与感悟

第 9 章 SDBE 数字化"1234"转型框架

数字化转型是要为企业带来价值，支撑企业战略目标落地实现的。华为以此为导向，进行了大量的数字化转型实践，提炼出了一套聚焦业务价值提升的数字化转型战略框架，为数字化转型提供了战略上的方向指导。

笔者与德石羿团队借鉴华为数字化转型经验和自身外部客户的大量实践，提出了 SDBE 数字化转型战略框架，即"1234"转型框架——1 个战略、2 个保障、3 个原则、4 个关键，帮助企业在 SDBE 领先模型的指引下，走出一条动态演进的可持续发展的道路，实现数字化时代的自我进化。

9.1 坚定"1"个核心战略：业务导向的转型战略

数字化转型战略是指导和谋划数字化转型的一种长远规划。

数字化转型战略明确了企业数字化转型的方向和目标，回答了企业在转型过程中该做什么及怎么做的问题。SDBE 数字化转型战略框架认为数字化转型战略既不能好高骛远，也不能过于短视，要结合自身的现状制定，并且一旦确定，就要坚定不移地贯彻执行。

9.1.1 数字化转型需要战略决心和坚强意志

数字化转型是企业从上到下、由外及内的一场变革，是一场持久战，企业要想赢得最终的胜利，要有打持久战的决心和意志。

当企业领导层拥有坚定的战略决心和坚强的意志，且充分认识到数字化转型的重要性、复杂性及必要性，并利用各种途径，将决心传递给每一个个体，形成上下同欲的格局时，才能够"力出一孔"，解决好数字化转型过程中的各种挑战，支撑数字化转型驶向成功的彼岸。IBM 在与华为创始人任正非谈变革的时候，曾再三询问其是否下定了决心进行变革。因为变革就是革自己的命，大多数企业就是没有想好，下不了决心，才导致变革半途而废。纵观那些数字化转型取得阶段性成功的企业，无一不是突破了重重阻力，抗住了来自内外部的巨大压力。

自2012年以来，客户对家电的要求越来越高，天猫、京东等电商平台也是来势汹汹，这让美的面临的压力越来越大。再加上原材料价格的大幅度上涨，美的的营收虽然在高速增长，但是利润单薄，市值也从原来的700亿元，下跌到约500亿元。美的创始人何享健也是在2012年交棒给职业经理人方洪波的。在此背景下，集团董事长方洪波启动了632项目，打响了美的数字化转型的第一炮。

方洪波认为，数字化变革是一把手工程，如果一把手不推，那就永远推不动。如果一把手想推，再大的困难也会解决。推动的过程好比人类赖以生存的一口气。有时候，一口气突破了、顶住了，可能就是一片新的天地；有时候，一口气没有憋住，又会回到起点。为了加快变革速度，抢占竞争高地，方洪波在企业内部立下"军令状"：两年内完成流程、主数据和IT系统建设，没有按时完成目标的领域负责人和事业部总经理要承担责任。同时，为了将变革的意识和决心传递给其他高层，方洪波在10个事业部之间奔走，与事业部高层一遍遍交流。一位当时参与变革的内部人员表示，当年的美的，开始是弥漫着各层级对变革的疑惑，然后是压力，最后是动力。通过这种走动沟通的方式，方洪波逐步将变革的意识和决心传递给企业每一位高层，并在企业内部形成变革共识。

从2012年到2015年，整个632项目在美的各事业部得以平稳推进。截至2023年年底，美的各个领域都在632项目的基础上对数字化进行了改进与提升。

作为一场从上至下，由外及内的变革，想要赢得胜利，数字化转型必须做到以下两点。

一是领导层要有坚定的决心，即对数字化战略有着充分的认知与信心。同时，领导层要将这种决心传递给企业全体员工。上下同欲，就能"力出一孔"，共同克服转型过程中的困难，化解转型过程中的风险。

二是领导层要有强大的意志力。变革是渐进的、持续的，效果的显现也是需要时间的。许多企业因没有及时看到变革的成果而感到焦虑，方洪波也曾坦言："数字化转型每年投入几十亿元，看不见结果我也很焦虑。"适度的焦虑可让企业时刻保持清醒和危机感，但不能过度焦虑，过度的焦虑将会动摇变革的意志。企业领导层需要客观认识到转型的不易和复杂，保持变革的决心和耐心，同时也要容忍暂时性的错误与失败。

任正非曾说："危机的到来是不知不觉的，如果企业管理者没有宽广的胸怀，就不可能正确对待变革。如果企业管理者不能正确对待变革，甚至还抵制变革，企业就会死亡。"这句话表明，如果企业管理者没有勇气去面对数字化转型，那么，其所在的企业就会被时代所淘汰。

总的来说，在数字化转型上，企业要保持足够的毅力与信心，在战术上脚踏实地，才能成为数字化转型的领军先锋。

9.1.2 数字化转型战略注重执行，强调闭环

如果说战略是宏观层面的愿景与目标，那么执行就是微观层面的日常运营。阿里巴巴创始人马云曾表示，战略是为了明天更好地战斗。数字化转型应实现从战略到执行的闭环与贯通，才能将数字化战略转化为战斗力。

企业想要实现数字化转型战略的高效落地与执行，可以遵循战略管理、过程监控、执行评估和落地保障这四个步骤，如图 9-1 所示。

图 9-1 数字化转型战略到执行的闭环管理

（1）战略管理——战略制定与目标分解

数字化转型战略包括数字化转型的愿景、使命，数字化转型的定位和目标，新商业模式、新业务模式、新管理模式及数字化转型的战略举措。比如，中国大唐集团有限公司的数字化转型的愿景是"打造数字大唐，建设世界一流能源企业"，数字化转型的目标是"成为广泛数字感知、多元信息集成、开放运营协同、智慧资源配置的智慧能源生产商"。

需要注意的是，数字化转型战略的制定不能脱离业务目标，企业要根据现

有的业务能力和内外环境形势，梳理业务对数字化的需求，找出企业数字化的关键提升点。其中，业务对数字化的需求包括业务对核心竞争力的需求、构建核心竞争力对数字化的需求、目前企业数字化能力对数字化需求的支撑力度。

同时，企业可对标行业领先者，分析其数字化应用的情况，找出差距，输出数字化转型的战略目标。

成功的数字化转型需要企业的每一个部门、每一位员工共同发力，企业应将整体的战略目标分阶段、分批次拆解为多个可执行的"小目标"，并将这些目标落实到每个业务的执行团队与个人，以保障数字化转型目标的达成。

（2）过程监控——建立监控体系，跟踪落地进程

数字化转型会涉及业务、技术、决策等各类繁杂的事务性工作，企业需要建立一个完整的过程监控体系，将这些事务统筹起来，及时干预和纠正不合理的执行策略与行为。

企业可以从人和事的角度开展转型过程中的监控工作。针对每个员工的执行情况，企业要与员工保持沟通，了解他们执行的难点、疑点，避免盲目执行、乱执行及不执行的情况发生；同时还要塑造数字化转型文化，推动转型工作的常态化。针对具体的执行工作，企业可以通过战略例会、战略节点汇报会等方式，了解各个部门战略工作的完成情况，以及下一阶段的战略举措和行动计划。

（3）执行评估——明确战略执行的评估机制

企业的数字化转型都是阶段式的，需要不断试错与反复验证，因此企业要对每一阶段的执行情况进行评估和检视，具体可以从执行进度、执行所带来的风险、企业资源的利用情况这三个方面来开展评估。

①执行进度：检查执行进度是否与行动计划中规定的时间吻合，如果一个环节出现滞后的情况，将影响整条线的进度，从而造成人、财、物的浪费。这样一来，企业就要重视执行过程中进度的把控与评估。

②执行所带来的风险：在没有真正落地实施前，谁也无法预估数字化转型会给企业带来怎样的风险。因此，在执行的过程中，企业要实时、客观地评估这些风险是否在可控的范围内，并采取措施将风险降至最低。

③企业资源的利用情况：企业可根据资源的利用情况，评估执行的效果，判断是否需要对目标进行调整。在资源充足的情况下，企业还可以加大资源的投入，加速数字化转型战略的执行。

（4）落地保障——保障战略的高效执行

根据以往数字化转型的实践案例，笔者总结了以下四个必要的保障措施，以确保战略的实施。

①组织保障。数字化正在重塑千行百业，市场的不确定性越来越强，企业要想长久活下去，就必须抛弃原来臃肿、笨重的组织模式，构建灵活、敏捷的组织体系，积极地拥抱市场的变化。

②人才保障。数字化人才是数字化转型的核心驱动力，企业可通过内培外招的形式，引进懂数字技术的领导人才、精通数字技术的专业人才及能将业务与技术相融合的应用人才。

③资金保障。数字化转型也是一项风险投资，花费巨大，成果不可预估。企业需要做好大量投入资金的准备，避免因资金短缺，导致数字化转型半途而废。

④技术保障。企业要打造一支强大的数字技术团队，让核心的 IT 资产掌握在自己手中，并能够随时对 IT 应用和软件进行升级以快速响应业务需求。

数字化转型是一步步扎实地做起来的，不是喊口号喊出来的。不能执行的战略等同于空谈，只有将数字化转型战略落地执行，企业才能真正实现数字化。

9.2 创造"2"个保障条件：组织机制和文化氛围

"1234"转型框架中的"2"代表的是组织机制和文化氛围。SDBE 数字化转型战略框架认为企业需要构建强有力的组织机制来支撑数字化转型，并且通过文化转型来创造良好的数字化转型氛围，夯实数字化转型的基础。

9.2.1 建立强有力的组织机制，支撑数字化转型

数字化转型已经成为企业发展的必然选择，而组织机制在数字化转型中扮演着关键的角色。在企业数字化转型过程中，组织机制能保障企业思想认识统一、推进力度一致、投入资源充分，从企业确立数字化转型目标开始贯穿始终。而且，在长期的数字化转型进程中，配套的组织机制保障还能帮助企业及时纠偏，降低失败风险。其中，组织机制包括转型的责任主体、合理的组织目标、配套的考核和激励机制、专门的数字化转型组织、组织间的协同运作机制。

【案例】宝洁组织转型，为数字化变革做准备

2018年，宝洁根据产品类别把现有的十大业务部门精减至六个，这是宝洁近20年来最大的组织变革。六大业务部门分别是纺织品和家居护理、婴幼儿和女性护理、家庭护理和新事业、理容、保健，以及美妆。每个部门拥有独立的CEO，负责管理地区销售团队及部分原先由总部管理的职责。宝洁CEO大卫·泰勒表示，企业希望通过此次创新运营架构，提升组织灵活性并加速变革步伐来适应不断变化的全球市场。

与此同时，随着众多电商开始向线下发展，宝洁快速反应，将组织架构调整为全域零售的创新组织架构，打通了线上、线下的数字化能力，提高其在数字化营销和电子商务上的敏捷性。

没有组织层面的变革，数字技术很有可能只会生成低效的数字化流程。宝洁在实现数字化的过程中，将数字技术与组织结合了起来，实现了组织数字化能力的真正落地。

如果说工业时代要求企业高效执行，那么数字化时代则要求企业灵活、快速应对外部环境变化，这对组织提出了更高的要求。因此，数字化转型中的企业，需要同步进行组织变革，创新组织模式与机制，以保障与支撑数字化战略落地。

【案例】京东建立创新型的组织模式助力数字化转型

2017年，京东提出了"零售即服务"的战略顶层设计，开始向"零售+零售基础设施服务商"转型，战略的升级与转型对其组织模式提出了新的要求。

因此，京东创新性地提出了三种组织模式，分别是：建立客户导向的网络型组织，建立价值契约的钻石型组织，建立竹林生态的生态型组织。

在客户导向的网络型组织中，京东以客户需求为出发点重新梳理和设计内部职能分工，按照前台、中台和后台的平台架构改革现有的组织模式。将授权前移，让离客户最近的人做决策。前台的主要职责为快速响应和满足客户的个性化需求；中台的主要职责为通过组件化和模块化解决共性需求，提炼和输出核心能力；后台的主要职责为基础设施建设和共享服务。

价值契约的钻石型组织主要强调共享文化，将具有共同价值观的人才吸引到平台上来，提供发展空间，让每个团队直接面对客户、自主经营，帮助拓展人才能力的深度与广度，放大与提升人才的价值。通过心理契约、价值认同将人才凝聚到一起，使得整个组织变得如同钻石般纯粹、透明、坚韧、持久。

面对时代和行业趋势的不断变化，京东希望通过打造如同竹林般与外部相互交织、共同发展的生态组织——竹林生态的生态型组织，充分利用人才、生态伙伴等外部资源，以实现极致的客户体验。

如今，选择开放创新型组织的企业越来越多。华为也认为要构建更美好的全连接世界，开放与合作是根本。华为一直在发挥创新技术的积累与全球资源整合的优势，与客户、伙伴一起，推动运营商和企业的 ICT 转型，让智能进入千家万户。腾讯则将自己定位在多技术融合的中间层，致力于和更多的生态伙伴一起解决业务问题。正如腾讯 CEO 马化腾在一次讲话中所言："我们要携手合作伙伴一起打造'没有疆界、开放分享的互联网新生态'。"

在不确定性的未来，各种不确定性的挑战与变化让企业措手不及。封闭的系统是无法实现数字化转型的，唯有构建更开放、更灵活、与客户贴得更紧的组织，打开企业组织边界，提高自身应变能力，才能及时应对未知的风险，进行数字化转型。

9.2.2 构建文化和价值理念，培育转型的土壤和氛围

"2"个保障条件中的文化氛围即企业文化，是数字化转型成功与否的关键要素。SDBE 数字化转型战略框架认为企业要想成功进行数字化转型，需要不断培养转型文化和价值理念，激发个体活力，为员工营造好的转型环境，进而为数字化转型提供动力源泉。

很多企业一提到数字化转型，常常是重硬件轻理念，认为数字化转型主要是技术和工具上的投入。实际上，任何一种制度和工具要想充分发挥作用，都要建立相应的文化和价值理念，不然就会事倍功半。

根据笔者及其团队自身的实践和业界研究，支持数字化转型的企业文化主要包括"以客户为中心"、"协同合作"、"创新容错"和"自我批判"。

（1)"以客户为中心"的企业文化

营销大师菲利普·科特勒曾表示："在一个产品泛滥而客户短缺的世界里，

'以客户为中心'是成功的关键"。凡是真正"以客户为中心"的企业，都是绝对的长期价值主义者。它们为了打造极致的客户体验，创造更大的客户价值，将不断重塑与革新企业的商业模式。

世界级数字营销社区 Econsultancy 对"企业实现数字化转型的最重要的标志"开展过调查，结果显示，有58%的人认为"以客户为中心"是数字化转型最重要的特征。

（2）"协同合作"的企业文化

数字化转型不是局部、某个部门的单项变革，而是贯穿各个部门、各个环节的系统性变革，这就要求企业成员要具备协同合作的文化理念与意识，共同参与到数字化转型的解决方案中来。同时，协同合作的文化也有利于消除部门间的隔阂，打破数据孤岛，让数字化信息在部门间顺利流转。

微软的转型之路是从文化变革开始的。在 PC 互联网时代，微软内部更多的是单打独斗的发展态势，部门间独立工作。微软在确定了数字化转型战略后，开始进行文化变革，对员工提出了三个要求：一是以客户为导向——企业研发的产品是不是能够抓住客户痛点，改善客户体验，帮助客户降本增效，创造更大的价值；二是多元并包容——当一家企业的某项业务达到一定规模后，就一定要考虑产品的多元化与包容性，考虑产品能否满足不同群体的客户需求；三是不分彼此——微软组织了一系列增强团队协作能力的活动（如"黑客马拉松"），鼓励员工跨部门、跨领域合作，互惠共赢，一起进行产品创新。

经过长期的变革，微软弱化了原来单打独斗的文化氛围，逐渐形成了合作、利他、共赢的氛围。在这种氛围的影响下，微软开发出了诸如 OneDrive 云存储、Cortana 语音助手等跨团队合作成果。

（3）"创新容错"的企业文化

数字化转型是一项创新性、风险性的变革，谁也不能保证转型一定会成功。这就意味着，企业要有敢于冒险、敢于承担风险的勇气，也要有容忍在创新过程中出现错误的气度。

招商银行在数字化转型中建立了一种试错文化：容忍创新中的失败，管理好预期的风险。从2017年开始，招商银行设立了金融科技创新项目基金，鼓励全行利用新兴技术进行金融创新，而且不看短期的投入产出比，如有需要，未来还将持续加大投入力度。此外，软件系统建设允许适当的冗余投入、允许项目不成功。因为一旦追求万无一失，就会耽误时间，错过最佳的市场时机。

（4）"自我批判"的企业文化

物竞天择、适者生存。随着社会步入数字化时代，客户的衣食住行习惯正在发生剧烈的变化。在这种环境下，企业只有直面挑战、时刻反思警醒、不断改进管理，才能识别危机，发现机会并快速行动，避免被时代淘汰。

"自我批判"是华为的核心价值观之一，华为的管理变革和数字化转型之所以能坚持下来并取得成功，其重要原因就是受其自我批判精神的影响。例如，为了给IPD变革"松土"，华为将研发部门的各级主管和业务部门的6000多人动员起来，对研发相关的各个环节进行反思与复盘。2000年9月，华为在深圳市民中心组织了一次声势浩大的"呆死料·机票大会"。会上，公司把研发中由于工作不认真、测试不严格、盲目创新等造成的大量呆死料单板器件和那些因为质量问题去"救火"产生的机票，用镜框装裱起来，作为"奖品"发给研发系统的几百名骨干，以此让他们意识到变革的必要性。

统计数据显示，注重数字化转型文化建设的企业，转型成功率是不重视文化建设企业的五倍。由此表明，通过塑造数字化转型文化，企业可以改变员工对数字化的认知，解放员工思维，帮助他们适应新的工作方式与工作流程，进而让他们为数字化转型的成功保驾护航。

9.3 贯彻"3"大核心原则，保证行驶在正确轨道上

战略与执行统筹、自主与合作并重、技术与业务驱动是数字化转型中需要遵循的三大核心原则。它们贯穿于数字化转型的全过程，为数字化转型提供了纲领性指导，确保企业的数字化转型始终走在正确的轨道上。

9.3.1 战略与执行并重，使数字化始终聚焦业务

笔者经常强调，在愿景、使命被拆解为中长期战略，然后战略被解码形成"业务"之后，战略与业务在本质上就是一回事；也就是说，中长期战略被拆解为多年的业务，而多个经营周期的业务，将累积实现战略。

然而我们发现，很多企业在投入了大量的时间和精力，根据业务战略制定了宏伟的数字化战略后，在执行环节却大打折扣。我们甚至发现，大量企业出现数字化战略和业务"两张皮"的现象，最终导致数字化转型在执行中偏离了轨道。

正所谓，知易行难，知行合一更难。数字化转型战略制定出来后，被挂在口上、锁在抽屉里、扔在角落里是众多企业常见的现象，究其根因可以从两个层面来分析：一是战略共识层面——制定的战略不具备可执行性，得不到组织成员广泛的理解；二是战略执行层面——要么战略目标缺乏分解，即只有一个总目标，缺少逐层细化到每项业务的具体目标和落实责任载体的步骤，要么没有明确的实施路径。

【案例】美团战略与执行的同频共振

从猫眼电影到美团外卖再到美团出行，许多人说美团是一家擅长战斗的企业，美团能在众多领域站稳脚跟，得益于其自上而下的反应能力。

自创立之初，美团创始人王兴就将美团定义为一家"本地生活服务类电商"。2010年，美团喊出了"吃喝玩乐全都有"的战略口号，团购则是这个口号的一个关键起点。当时，市场上有近5000家团购网站，意图瓜分团购市场。美团在没资本优势的态势下组建了地推团队，连接终端客户和商户。在前台，美团为客户提供本地化、细致化、精准化的消费体验服务，在后台，美团通过数据和技术，帮助商户提高运营效率。在不到三年的时间里，美团从原来0.7%的市场份额提升到了52.4%的市场份额。美团在这场千团大战中，树起了战旗，打下了属于自己的一片疆土。

在团购的市场中独领风骚后，美团开始进入外卖市场，并进一步将边界扩展到了生鲜零食、酒旅业务、出行等领域。如今，美团已成为全球服务业电子商务模式的创新先锋，外卖、餐饮、酒旅、出行都是美团建设的"吃喝玩乐全都有"战略生态中的一块块重要基石。在明确的战略指引下，美团遵循着非常

清晰的方法论。正如美团餐饮平台总裁王慧文所说:"美团在涉足新的业务板块时,首先,会看业务是否符合美团使命;其次,会看新业务所处的行业在未来是否会发生巨大的变化,客户和商家是否对现状满意;再次,会分析新业务未来的市场规模;最后,再看新业务和美团已有业务之间的联系。"

王兴曾表示,美团在O2O混战中胜出的关键因素是战略和执行,在正确的战略指导下,团队执行自然一打一个准。长远的战略再加上强大的执行力,为美团的扩张起到了很大的作用。

战略强调自上而下,重视顶层设计,为行动指引方向、目标和路径;执行强调自下而上,在大致正确的方向的指引下,鼓励基层积极地探索和创新。正如美团确定了"吃喝玩乐全都有"的战略后,在线下通过地推团队,不断发展商户抢占市场份额;在线上依靠技术人员苦练内功,不断加强IT建设,提升服务效率。方向大致正确的战略核心和扎实的执行能力,让美团在短短8年的时间里快速发展成为实力雄厚的本地生活服务电商平台。

由此可见,企业既要注重战略,也要注重执行。在战略共识层面,企业可以让员工参与到战略制定的过程中来。员工的使命感与责任感来源于企业对员工的尊重与重视。尤其是数字化时代的员工,他们独具个性,有自己的思考与想法,当企业充分听取与征求他们的意见时,他们在执行的环节也会更加笃定与坚信。而如果战略的制定是直接由领导来决策的,缺乏执行者的参与,那么不是战略难以获得员工的认可,就是员工对战略处于不知晓、不理解的状态。

【案例】美的的战略与执行管理机制

美的是业内公认的数字化转型最为成功的企业之一。从2012年至今,美的在不同阶段所制定的数字化战略尽数实现,看似是其制定了精准战略规划,实则应归功于其构建了从战略制定到执行的强有力的管理能力。

美的的战略与经营管理工作是通过战略管理机制和体系去推动与落实的,如图9-2所示。从战略制定到执行的工作已经融入各个部门的日常工作中。

1.五年战略规划 → 2.三年滚动规划 → 3.年度经营计划 → 4.年度全面预算 → 5.年度责任分配 → 6.月度经营分析会 → 7.结果考核与评估

图 9-2　美的的战略管理机制和体系

（1）五年战略规划：美的以五年为周期，根据对外部环境的整体趋势和内部资源能力的判断制定发展战略，统一企业未来五年的发展方向。

（2）三年滚动规划：在每年的 7 月至 9 月，美的会滚动规划与明确未来三年的关键战略目标，包括市场目标、财务目标、能力和组织提升目标等。

（3）年度经营计划：美的的年度经营计划在每年的 10 月至 12 月开展，会在其三年滚动规划的指导下，明确未来一年更为具体的经营目标、关键任务与行动计划。

（4）年度全面预算：这项工作于每年的 10 月至 12 月开展，由美的的财务部统筹组织，其有两大主要目的，一是为关键任务匹配相应的执行资源，二是将年度经营计划转化为财务指标，用指标去检验计划的可行性。

（5）年度责任分配：年度经营计划和年度全面预算定稿后，美的会在每年的 12 月制定部门级可量化的绩效指标和奖惩方案。

（6）月度经营分析会：这个会议的主要目的是监控各部门月度工作的执行情况，在会上，各部门负责人会对经营目标和实际达成情况进行分析，并制订下一阶段的改善计划。

（7）结果考核与评估：每个会计年度结束后，美的会根据年度考核结果进行奖惩兑现，考核结果好的部门及负责人可以获得晋升、加薪、分红，考核结果不理想的部门及负责人则将面临降级、淘汰的结果。

卓越的战略管理机制和体系是美的以战略的确定性应对外部环境的不确定性的高效工具，推动着美的的经营业绩持续增长、盈利能力不断提升。

战略决定方向，执行决定成败，战略与执行同等重要。企业既要洞察未来，敏锐地捕捉市场机会，也要让员工和企业达成战略共识，形成战略行动力，确保战略目标的达成。

9.3.2 自主研发和外部对标并重,博采众家之长

根据《中国数字企业白皮书:2018—2021 动态发展四年对标篇》,自主研发和外部对标合作,已经成为企业数字化创新的重要方式。

许多企业在数字化转型之路上,坚持自主创新的能力建设,为行业提供了一系列成熟的数字化解决方案和产品。例如,华为推出强大的数字内容生产线——华为云、远程办公神器——WeLink 等。同样,也有许多企业保持开放的心态,借助外部力量,利用伙伴资源,选择与合作伙伴共同创新研发,来补齐自身的能力短板。

自主研发和外部对标两种方式各有自己的优缺点,如表 9-1 所示,没有绝对的好与坏,企业需要根据自身所处的发展阶段及能力构建的类型进行选择。

表 9-1 自主研发和外部对标的优缺点

方式	优点	缺点
自主研发	·可根据企业需求个性化定制,匹配程度高 ·自建系统安全性高,能有效保障企业数据资产的安全 ·投入的成本可自己灵活控制	·需要持续投入大量资源,且研发效果难以预估 ·对研发团队的能力要求较高 ·研发周期长,可能错过最佳的市场机会
外部对标	·建设周期短,拿来即用 ·外采承载着最佳实践,系统较为稳定,功能较为健全,可以改善企业原有的流程 ·企业可以将精力集中于自己的主业	·满足共性需求,难以满足个性需求 ·数据安全不可控 ·对供应商的依赖性强,如果供应商不再提供服务,企业将面临不可预知的风险,运维成本较高

在核心能力的建设上,企业要坚持自主研发,实现自我驱动。每家企业的精力与资源毕竟都是有限的,应聚焦主航道,实现核心能力的提升与内化。在不涉及核心能力建设的业务上,企业要保持开放的心态,借鉴行业标杆经验,拿来即用,快速补齐能力短板,建立互利共赢生态。正如华为所提倡的,在数字化建设中,要尽量选择优秀且成熟的系统软件,能采购就不自己开发。

华为将自身在数字化转型中沉淀的技术、工具和经验,开放在华为云上。全球伙伴的优秀实践也逐步承载在华为云上,供伙伴随取随用。独木不成林,一川难成海,华为致力于和客户、伙伴一起,共同推进数字化转型,共赢数字化的未来。

从全局来看，数字化转型初期，企业可采取自主研发与外部对标相结合的方式，加快数字化转型的部署。当企业资金和精力允许后，可将外部采购系统逐渐过渡到自主研发，构建自身的数字化能力。

或者，对于大中型企业，我们可以给一个比较聚焦的结论：在核心业务领域，如果有条件，尽量自己开发或定制，以充分保证竞争力；在外围非核心领域（如行政、办公等），如果外部有成熟、先进的产品，尽量采用外部合作产品，以降低成本。有所为，有所不为，战略上把资源聚焦到主航道上，避免大而全但大而不强的局面出现。

9.3.3 业务与技术双轮驱动，促进两者深度融合

不少企业在谈到数字化转型时，谈得比较多的是大数据、移动应用、云计算等技术方面的转型，但华为等标杆企业的数字化转型实践告诉我们，数字化转型的驱动力是业务与技术，即业务与技术的双轮驱动。

笔者经常强调，数字技术的升级是转型的基础，没有技术，就没有数字化的转型和管理变革。只有扎实强大的技术及构建能力，才能成就优秀的智能化产品和服务，为转型提供强大支撑。业务发展需求是转型的动力，是转型的结果和价值，没有业务的发展和价值的兑现，所有技术就失去了依托和相关价值。流程与IT等数字化团队要以客户为中心，深入了解业务需求和业务场景，用业务指引数字化的价值取向。

数字化转型的成功往往依赖于业务与技术的有效融合，这表明IT系统不再是固化流程的工具，而是承载和使能业务流程和数据的工具。因此，企业要让业务部门与IT部门真正实现一体化运作。

例如，在华为内部，为了促成业务与数字化的融合，很早就引入了产品化的思维，并且开发出了团队的"ABC" V模型，强调以跨部门团队运作的方式，防止唯技术的导向。

德石羿团队在为客户提供咨询服务的过程中，也强调结成"混凝土"的组织，强调你中有我，我中有你，双方共同对数字化变革的成功负责，防止各种举措与业务"两张皮"的状况出现。

【案例】华为引入产品化思维,实现业务与 IT 一体化运作[1]

华为的做法主要有以下四点。

(1) 对 IT 系统进行重新定位

相较于传统信息化时代,数字化时代下的 IT 系统特征已经发生了翻天覆地的变化,如表 9-2 所示。

表 9-2 传统信息化和数字化时代下 IT 系统的区别

传统信息化时代下的 IT 系统	数字化时代下的 IT 系统
管理系统	作业平台
注重功能诉求	注重客户体验
重上线,轻运营	全生命周期运维
相对稳定	快速响应
物理世界的记录分析	数字世界的模拟推演

传统信息化时代下的 IT 系统往往是用于信息记录、流程固化的管理系统,而数字化时代下的 IT 系统已逐步演变为集成业务动作的作业系统。以前的 IT 系统注重功能性建设,项目在完成上线及验收交付后便结束,由于系统较为稳定,企业只有在出现问题时才会去运维。如今的 IT 系统强调客户体验,在 IT 系统上线后,仍要对其全生命周期进行管理和运营,快速响应业务变化,甚至主动去推动业务创新,以不断提升客户体验。数字化时代下的 IT 系统还有一个最重要的特征,就是支撑业务在数字世界中的探索与模拟推演。

基于以上转变,华为将 IT 系统定位为"产品",并用自身丰富的产品开发成功实践,明确了 IT 系统按产品管理的策略。

(2) 对 IT 产品进行全生命周期管理

华为的 IT 系统遵循产品的全生命周期管理要求,从规划到建设,到运营,再到规划,不断循环往复,持续迭代优化。

在 IT 产品规划建设期,华为由过去的被动规划转变为主动洞察、规划产品特性,并提前准备资源的主动规划,通过规划牵引产品建设方向。在运营期,华为 IT 产品以价值创造和客户体验为运营导向,通过运营数据闭环价值、连接客户,倾听客户声音,持续驱动产品有效改进。

---

[1] 华为企业架构与变革管理部. 华为数字化转型之道 [M]. 北京:机械工业出版社,2022.

(3) 构建业务与IT一体化团队

华为打散了各个业务单元的IT人员，将他们和业务人员混合构建BET团队（Business Enable Team，业务使能团队）。同时，华为建立了全球统一的运营中心，来保证全球化大而不散——采用统一的底层平台同时赋予业务部门自主性，即各个业务部门可以做自己的应用系统，但是IT资产、数据资产要按照统一的标准沉淀到集团的平台上来，供其他部门调用。

此外，为了让业务人员懂IT、IT人员懂业务，华为还对BET团队进行了一系列从理论到实践、从业务知识到数字技术的赋能，让团队在训战中相互了解、能力融合。

(4) 用V模型统一团队语言和方法

由于业务与IT一体化团队中成员的背景、掌握的技能各不相同，华为开发了V模型，让业务、数据、IT有机融合在一起，以便统一他们的语言和方法来规划和设计IT产品，如图9-3所示。

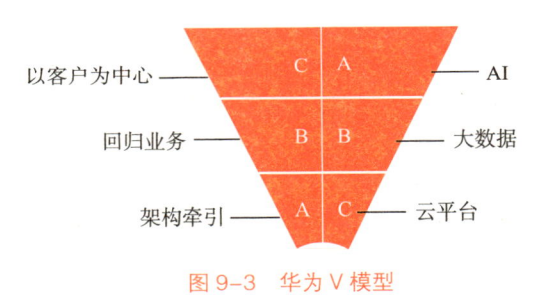

图9-3 华为V模型

V模型的左边是CBA（以客户为中心、回归业务、架构牵引），右边是ABC（AI、大数据、云平台）。V模型的设计与应用能够提升团队沟通效率和设计的有效性，进而提高客户的满意度。

数字化转型实际上是利用数字技术推动企业业务的转型升级。要想提升数字化转型的成功率，企业要站在业务视角去思考数字化转型的目标和实施的路径，以便将数字化落实到企业的业务运作中，同时参照外部的优秀实践，找到技术对业务变化的支撑点。这样的话，企业就可以在这些支撑点上进行探索、超前投入、开发新技术，将新技术的威力转化为真正的业务价值，从而助力企业的业务实现持续转变与创新。

9.4 推进"4"个关键举措，控制关键的转型过程

顶层设计、平台赋能、生态落地、持续迭代是控制数字化转型关键过程的重大举措。企业在推进数字化转型时，可以通过推进这四个关键举措，来保障数字化转型不偏航，并且做深做实数字化的成果，以驶向数字化转型成功的彼岸。

9.4.1 加强顶层设计，回答"灵魂四问"

不谋全局者，不足以谋一域。顶层设计是企业开展数字化转型的起点，企业把控好了顶层设计，后续的转型工作将事半功倍。

数字化转型的顶层设计就是转型的总体架构和发展目标。要做好数字化转型的顶层设计，必须立足当下、着眼未来，采用科学的方法设计一套具有全景视角的整体规划，以解决企业未来长远发展的问题。

根据《华为行业数字化转型方法论白皮书》，顶层设计的过程包括价值发现、蓝图设计和路径规划三大阶段，也就是落实笔者在 SDBE 领先模型中经常强调的顶层规划灵魂四问："你是谁？去哪儿？在哪里？怎么去？"

【案例】华为顶层设计的三大阶段：价值发现、蓝图设计和路径规划

第一阶段：价值发现

组织本身是一个创造价值、获取价值及传递价值的系统，而数字化转型的每一项活动都是围绕价值展开的。为此，企业应该通过评估自身的现状、分析业务需求、对标业界标杆实践等关键任务，来充分发掘数字化转型的价值，以找准突破口。其中，关键任务主要包含的工作内容是企业战略的理解、企业现状的调研分析、业务诉求的理解、业界最佳实践的对标、转型价值的发现等。

第二阶段：蓝图设计

本阶段主要做好数字化转型愿景描绘、目标设定、蓝图设计、架构制定、技术路径选择、转型举措制定等。其中，数字化转型蓝图设计是本阶段的核心工作，因为一方面要保证转型目标有效落地，具备可实施性，另一方面还要同时保证转型未来可迭代、可持续发展。

第三阶段：路径规划

本阶段的重点任务是识别数字化转型的约束条件和资源需求，针对性地制定切实可行的实施规划，以确保转型目标的达成。而要识别数字化转型的约束条件和资源需求，需要做好约束条件分析、资源需求分析、实施路径规划及实施任务分解等主要工作内容。要注意的是，在制定路径规划时，企业需要优先考虑速赢项目，以便在企业内部树立数字化转型信心，缓解数字化转型的压力。

数字化转型是全方位、全链条的变革，如缺乏或没有做好顶层设计，那么数字化转型将缺少未来的发展方针，数字化转型也会迷失方向，最终导致转型的失败。华为CIO陶景文曾表示："数字化是一个非常复杂的系统工程，在这个过程中很容易迷失方向，或者说很容易急用先行，所以企业要认真地规划数字化的路径。"

此外，企业在进行数字化转型顶层设计时需要遵循四个统一，即统一战略、统一文化、统一架构、统一标准。

①统一战略：企业想要进行转型，就必须意识到数字化转型是一次彻底的变革，需要建立全员性的战略共识，并围绕数字化战略开展前瞻性的工作部署。

②统一文化：文化建设是数字化转型的沃土，企业应打造数字化文化，培养员工数字化思维，让员工从心里认可并积极促进数字化转型。

③统一架构：数字化转型的架构既包括战略层面的规划，也包括战术层面的方法论，既包括业务架构，也包括技术架构。企业要建设统一的架构，来支撑与指导转型工作的开展。

④统一标准：围绕数据采集、数据处理、数据分析等制定统一的数据治理标准和规范，从而确保数据的一致性和准确性，为数据治理工作提供依据和保障。

一个成功的顶层设计应该对准战略，既能够为企业数字化转型指明前进的方向，又能够定义具体的举措与路径，推动企业数字化工作做实做细。

9.4.2 坚持平台赋能，提升综合能力

在数字经济蓬勃发展的今天，业务需求复杂多变，新兴技术快速崛起，数

字化转型战略成为企业战略的核心。纵观华为、阿里巴巴、美的、亚马逊等取得数字化转型阶段性胜利的企业，皆是对齐企业愿景和战略，打造了一整套数字化平台，为业务发展、企业运营及数字化能力构建提供技术使能。

数字化平台是一种基于互联网、大数据、云计算等数字技术的新型资源配置方式，拥有连接能力强、运作效率高、网络效应强等特点，能为企业提供智能便捷、灵活高效的数字化能力。

相较于传统的信息基础设施，数字化平台有以下几大价值。

（1）融合性强

数字化平台既能融合多种数字技术，并应用到平台的不同环节，还能将数字技术与精益管理和智慧运营融合起来。例如，通过 IoT 开展数据采集、汇聚工作；通过大数据平台对数据进行加工处理；通过云计算进行智能分析，洞察业务发展的规律，为企业管理层提供决策支持。

（2）能力沉淀与开放

数字化平台可将企业的各种能力进行沉淀，还能将这些能力开放给市场。例如，华为沉淀了统一的智能客服服务 12345、OA 系统问候功能等。同时，数字化平台还在云上开放自己的能力，使能全产业。

（3）应用场景丰富

针对不同的业务场景，数字化平台可以提供个性化的应用功能，以满足不同角色的成员在日常工作中的特定需求，实现应用的专有服务性，打造一流的客户体验，提升客户满意度。

（4）数据连接

在传统的信息基础设施下，新旧系统中的数据是很难打通的。数字化平台不仅能融合新旧系统，打破数据孤岛，还可以连接传统信息基础设施下的各类数据，打造大数据平台，加速企业的数字化转型进程。

【案例】阿里巴巴"云钉一体"平台建设

2020 年 9 月，阿里巴巴公布了新一轮的战略部署：将钉钉升级为大钉钉事业部，与阿里云全面融合，并整合集团所有相关力量，确保"云钉一体"战略全面落地。单一的软件系统已经无法满足企业办公的多样化需求了，企业需要基于云计算平台构建的智能操作系统，并在软件的基础上衍生出适合自身需求的应用开发。

据介绍,"云钉一体"是阿里云未来发展的重中之重,它下接阿里云的基础设施,上承行业客户的各种应用,是阿里云着力打造的数字化时代的新型操作系统。"云钉一体"通过钉钉链接所有企业,提供一个全新的企业应用开发平台,让应用开发在超级算力的帮助下变得更容易。如今,阿里巴巴的"云钉一体"化办公,不仅为客户提供了丰富多样的应用程序,还帮助客户节约了大量的应用开发的成本。

在2022年的云栖大会上,阿里巴巴公布了"云钉一体"战略落地两年以来的关键成果:钉钉上千人以上的大客户组织数增长了三倍;同时,钉钉推动云上创新加速,截至2022年9月底,钉钉上的低代码应用已经突破500万个,低代码开发者超过380万人,钉钉满足大中型企业数字化的能力正在不断增强。

未来企业间的竞争,不仅是精兵强将的竞争,更是数字化平台能力的竞争。数字化平台不仅能帮助企业连接内外部资源与数据,还能促进业务和技术的全面革新,进而指导企业经营持续优化。

9.4.3 完善生态落地,构建良性体系

要做好数字化转型,企业在建设一个强大的数字化平台的同时,还需要与合作伙伴一起构建生态体系,以获得更多业务、技术、管理、策略等方面的能力。

实践证明,优秀的合作伙伴可以为企业的数字化转型提供新思路、贡献新力量,有效提升转型的成功率。企业可以基于以下维度的判断,选择合适的合作伙伴。

(1)维度一:技术实力

合作伙伴需要有专业的技术研发实力,及时将数字技术融入工作流程与工作方式中,赋能与领导企业数字化创新工作,帮助企业加速创新、助力增长、升级客户体验。

(2)维度二:行业经验

每个行业业务迥异,数字化需求千差万别。如果合作伙伴没有丰富的行业经验,就难以发现业务痛点,难以实现与企业的同频对话。只有"懂行"的合作伙伴才能帮助企业将技术应用与业务需求相融合,找到适合企业的场景化解

决方案。

（3）维度三：创新能力

创新能力是企业数字化转型的必要条件，包括产品服务创新、管理模式创新和商业模式创新的能力。具备创新能力的合作伙伴能通过各种创新，帮助企业降本增效，进一步深化自身的数字化转型。

（4）维度四：专注程度

在选择合作伙伴时，要重点考察其是否专注于对某一个领域的深耕。例如，华为30多年来，始终坚持聚焦在电信市场的主航道，踏踏实实，长期投入，厚积薄发，能充分发挥自身ICT领域的优势，为企业开展数字化转型提供助力。

> 【案例】华为帮助国家能源集团选好技术、用好技术
>
> 2021年9月，国家能源集团携手华为联合部署"矿鸿操作系统"。国家矿山安全监察局副局长周德昶表示，希望国家能源集团与华为以此次合作为契机，充分发挥各自优势，聚焦矿山智能化建设的关键技术和难点，在采煤掘进系统智能化与少人化、辅助运输系统连续化与高效化、机电装备控制远程化与地面化上发力，加快推动矿鸿操作系统的应用和融合，加速矿山智能化水平的提升。
>
> 华为之所以能成为国家能源集团的合作伙伴，主要有两大原因，一是华为是全球领先的ICT基础设施技术和智能终端生产商，具有强大的科研实力；二是华为于2021年年初成立了煤矿军团，旨在帮助解决矿山行业智能化建设中遇到的各种技术难题，全力推进煤矿智能化建设。
>
> 对煤矿领域进行数字化和智能化改造时，面临的最大问题是设备互联互通难，数据取不出、流不通。为了解决这个问题，华为煤矿军团与国家能源集团联合了30多个伙伴，仅用三个月的时间，就基于鸿蒙操作系统开发了矿鸿操作系统。矿鸿操作系统的研发为不同设备的智能互联提供了统一的语言，让数据在不同的设备中流通、共享与应用，打破了煤矿企业的信息和数据壁垒，为煤矿的智能化建设奠定了坚实的基础。此外，华为利用5G+AI视频拼接技术，让煤矿工人从井下走到井上，实现了远程操控，大大提高了煤矿作业的安全性。

2022年11月，在2022华为全联接大会期间，华为宣布：矿鸿操作系统商用一年，进入规模化复制阶段，5G+AI助力矿业智能化发展步入全新阶段。

据悉，矿鸿操作系统已经部署在神东煤炭集团的13个煤矿和一个洗煤厂的3300多套设备中，其中乌兰木伦矿实现了全矿的部署，实现了连接、交互、数据访问三大转变。

在数字化时代，搭建开放、多样、共赢的生态圈已经成为发展趋势。只有集众智、聚众力，获得技术及行业合作伙伴的大力支持，协同创新，企业才能加快推进数字化转型，构建面向未来的高质量竞争力。

9.4.4　持续迭代优化，支撑可持续发展

数字化转型是一个持续迭代、不断进化的过程。企业要保持迭代创新的思维，纵深思考，在自我进化中深挖数据价值，让数据驱动业务可持续发展，进而为企业带来长期的商业价值。

持续迭代是一种长期主义思维，意味着企业在数字化转型的道路上，要保持足够的耐心，并持续投入较长的时间及大量的资源，将客户体验做到极致。同时，持续迭代也意味着对数字化转型的深度思考。市场环境在不断变化，技术在不断更新，业务在不断发展，企业对数字化的认知与建设也应该相应迭代。

迭代并不代表全盘推翻，而是代表坚持不懈地改良与完善。根据德石羿团队的数字化转型实践经验和总结提炼，企业可以根据不同的层次以不同的周期进行迭代，主要有以下三种。

（1）短周期迭代

当业务需求发生变化，行业发展快速变化，新技术与新业务的组合快速变化时，都需要敏捷迭代。短周期迭代可以使数字化转型紧贴业务价值，以满足业务的功能性需求，降低转型的风险。

（2）中周期迭代

数字化平台沉淀了转型的经验与能力，如数字化经营与管理能力、数据体系治理能力等。因此，数字化平台与架构应相对稳定，而不该被快速替换。企业要将短周期迭代中的成功经验不断沉淀到平台中。在失败的短周期迭代中也

经常有闪光点，不能错失每一个有价值的积累。中周期迭代有利于将转型的能力持续做强。

（3）长周期迭代

在战略规划的指引下，在多次的业务功能和数字化平台能力迭代之后，数字化转型逐步逼近战略目标，在阶段性目标基本达成的时候，企业要重新审视战略目标，并作出调整，不过这个调整应该是相对"长周期"的。战略规划过快的调整不利于数字化转型的资源投入和行动的持续有效。

通过不同层次、不同周期的持续迭代，企业的数字化能力将不断完善，创新活力将被持续激发，共同推动企业核心竞争能力的提升和有效增长。

【案例】京东数科的迭代升级之旅

京东数科是京东旗下的一家全球领先的数字科技企业，前身为京东金融。它仅用了7年的时间，就完成了从数字金融模式到金融科技模式，再到数字科技模式的升级与迭代。

2013年，京东创始人刘强东决定扩展金融业务，并将这项重担交给了时任CFO的陈生强。于是，陈生强带领原来财务部做供应链金融和数据的20余名成员，以及京东网银在线的70余人，成立了京东金融。随后，京东金融提供的延后付款或分期付款的付款方式让其白条业务增速惊人，使京东实现了从商城业务到数字金融业务的跨越。

2015年10月，京东金融首次提出"金融科技"战略，以金融为核心，以技术为手段，致力于为金融机构提供数字化服务。2017年，京东金融净收入超过100亿元，京东金融脱离了京东体系，成为一家独立的企业。

即使京东在金融科技领域做得风生水起，但陈强生并不满足已有的成绩，他开始思考整个金融体系到底需要做什么。经过一番思考后，他认为京东应突破金融的边界，向实体延伸，通过数字科技去连接金融与实体行业。2018年9月，京东金融的数字科技战略持续升级，京东金融正式更名为京东数字科技（简称京东数科），并提出了产业数字化战略。京东数科将服务于金融的那一套数字和技术方法扩展到了农牧、媒体、城市等行业。看似互不关联的行业，实则有相同的数字技术平台与逻辑。京东数科通过搭建数字化平台，沉淀行业技术诀窍，用数字科技改变实体企业的成本结构，最终做到了降本增效，并提升了客户体验。

数字技术的不断进步，催生出了越来越多全新的业务场景，持续迭代应当是数字化转型永恒的话题与工作。在战略方向大致正确的基础上，把事情做对，并持续做得更好的企业才能始终立于潮头。

思考与感悟

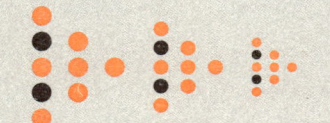

第4篇

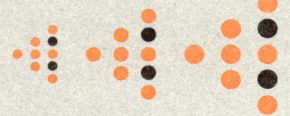

方法模型篇：数字化顶层方法与模型

作为企业数字化转型的核心前提和所有转型活动的顶层设计，数字化转型战略需要对准企业战略，描绘出企业数字化转型的愿景，设计出转型的架构蓝图，使企业上下形成方向上的共识；同时，数字化转型战略需要定义出数字化转型的具体举措、路径和项目，明确责任主体，进而指导企业数字化转型战略的实施和落地。

这一篇中的绝大部分理念、思路和方法，是华为从全球各大咨询机构汲取并通过自身大量的实践所沉淀下来的。德石羿团队在华为的基础上，通过外部各行业的典型客户的实践，对这些数字化理念、思路和方法进行了收敛和提炼，于是有了较为明确和可以遵循的方法与模型。

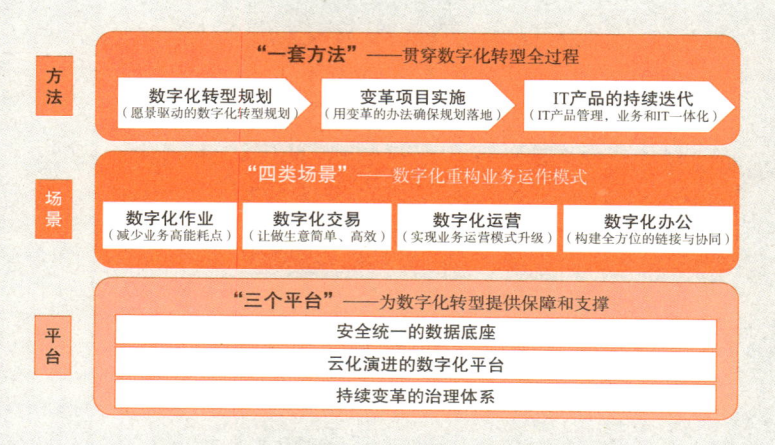

方法	"一套方法"——贯穿数字化转型全过程		
	数字化转型规划（愿景驱动的数字化转型规划）	变革项目实施（用变革的办法确保规划落地）	IT产品的持续迭代（IT产品管理，业务和IT一体化）

场景	"四类场景"——数字化重构业务运作模式			
	数字化作业（减少业务高能耗点）	数字化交易（让做生意简单、高效）	数字化运营（实现业务运营模式升级）	数字化办公（构建全方位的链接与协同）

平台	"三个平台"——为数字化转型提供保障和支撑
	安全统一的数据底座
	云化演进的数字化平台
	持续变革的治理体系

德石羿团队所创的 SDBE 数字化转型方法与模型围绕方法、场景、平台三个维度为企业的数字化转型提供指导：

① "一套方法"从企业的数字化转型规划到企业变革项目实施，再到 IT 产品的持续迭代，贯穿企业的数字化转型全过程。

② 通过数字化作业、数字化交易、数字化运营、数字化办公"四类场景"帮助企业重构业务运作模式。

③ 通过安全统一的数据底座、云化演进的数字化平台、持续变革的治理体系这"三个平台"，为企业的数字化转型提供保障和支撑。

第 10 章 确立数字化转型愿景

数字化的本质是战略选择和战略规划，如果没有愿景的牵引，没有文化的匹配，甚至不坚持业务导向和价值导向，那么数字化转型所带来的解决方案是不可能产生价值的。

数字化转型的方向，不是为了建立强大、精巧的 IT 系统，而是为了更好、更快地实现企业愿景和使命。愿景是灵魂，数字化是工具。离开了灵魂，数字化不仅不可能产生价值，还会增加成本。

企业开展数字化转型的第一步是认真分析企业的愿景和使命，并对准企业的业务战略，确立数字化转型愿景，为数字化转型指引方向。

10.1 业务战略是本质，是数字化转型的龙头

数字化转型本质上是由战略驱动的。成功的数字化转型要能支撑战略达成，实现既定的商业目标，这就是业务价值导向。

如果没有愿景的牵引，没有战略目标的驱动，数字化转型所带来的解决方案，是不可能产生价值的。简言之，数字化转型必须以业务战略为龙头。

10.1.1 数字化转型离不开企业的业务战略

2023 年 4 月 19 日，华为第 20 届全球分析师大会在深圳开幕。会议期间，华为副董事长、轮值董事长、CFO 孟晚舟发表了"初心如磐，奋楫笃行，共赢数字化未来"的主题演讲。在这篇演讲中，她提出了数字化转型的三个核心洞见，即战略是根本、数据治理是基础、数据智能是方向。

其中，"战略是根本"指的是"数字化本质上是战略选择和战略规划成功的数字化转型，都是由战略驱动，而非技术驱动的"。

作为论证，孟晚舟代表华为，进一步指出"在近十年的持续变革中，华为在研发、制造、销售、交付、财经等领域，都通过数字化转型得到了极大的能

力提升",结合华为的变革经验,她表示:"企业数字化转型的关键,并不仅仅在于数字化,更在于变革意识。数字化转型,要对准战略方向,支撑战略达成,实现既定的商业目标,这是数字化转型的起点。在数字化转型的过程中,引入新技术、新装备是必不可少的,但这只是实现手段。"

柯达的破产作为数字化转型失败的典型案例,大多数人都为之唏嘘,明明率先发明了数码相机技术,最后却为何以破产为结局惨淡收尾?从数字化转型的视角来看,其失败是技术导向思维的结果。真正的数字化转型不是技术的转型,而应该聚焦于战略层面,发挥战略对企业资源配置的指引作用,判断好方向后再做投入,而不是简单地通过机会主义去逐利。

数字化转型的关键不是技术,而是业务模式、运营模式、组织模式以正确战略为牵引的适配性调整,如图10-1所示。网飞(Netflix)创立时,主业是做DVD碟片。在经历了主营业务快速下降,甚至面临被流媒体替代的风险后,网飞在数字化浪潮中成功转型,如今已经成长为全球流媒体巨头。

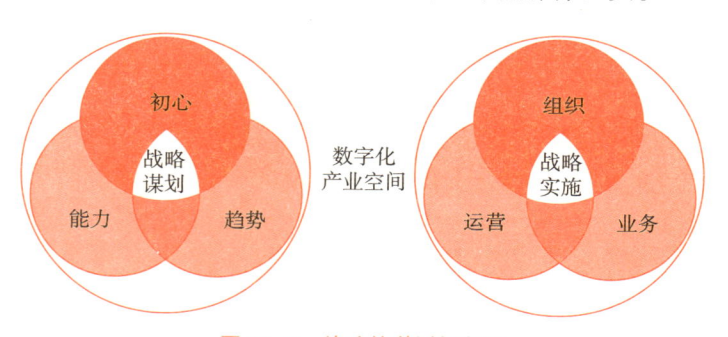

图 10-1 战略的谋划与实施

网飞成功的原因有很多,其中最为重要的是把技术、把数字化当成一种实现初心的手段,即"为大家提供美好的观影体验"的手段,无论是通过DVD还是其他途径。这就充分说明了,数字化只是手段,只是工具,本质上是要实现企业的商业价值,即愿景和使命,继而实现SDBE领先模型所说的,实现"活得久、活得好"的企业伟大使命。

数字化转型和建设是一个随着企业业务的发展而不断演变的过程。业务战略会基于企业自身发展所处的阶段和市场发展态势进行调整。只要企业的业务战略发生了调整,必然会带来组织和业务架构的变化,同时也会有业务流程、运营规则等IT系统相关的需求,而对企业数字化能力的要求则是在这一过程中能快速响应并满足这些变化和需求。

10.1.2 理解企业的业务战略，明确企业对数字化的期望

数字化转型的关键不是技术，而是战略。

战略到底是什么？在数字化转型中，战略起什么作用？用美国著名管理学家钱德勒的话来说，战略就是"目标的决策、相应路线和资源配置"；在 SDBE 领先模型关于企业管理的灵魂四问中，战略就是对"去哪儿？"的承接者，决定了企业的发展方向，是确保企业利用有限资源达成愿景和使命的方法。

从不同的层级出发，企业战略分为经营战略和职能战略。其中，经营战略包括营销战略、市场战略、产品战略、品牌战略等，是为了实现业务价值；职能战略一般包括财务战略、人才战略、融资战略等，是为了做好能力建设。

数字化转型战略虽然很大程度上与技术高度相关，却又不仅仅是 IT 战略，它并不是因为 IT 的迭代升级而产生的，而是因为企业整体业务战略的发展或变更而产生的。正是由于企业业务的发展需要，才产生了数字化的需求。因此，数字化转型战略不属于经营战略和职能战略，也不是独立存在的一个战略，而是贯穿于企业战略即经营战略和职能战略中的，是为其他战略服务而存在的，如图 10-2 所示。

```
                    企业战略
                       │
          ┌────────────┴────────────┐
     经营战略                    职能战略
（营销战略、市场战略、产品战略、    （财务战略、人才战略、
   品牌战略等）                     融资战略等）
          ↕                           ↕
          ←──────── 数字化转型战略 ────────→
```

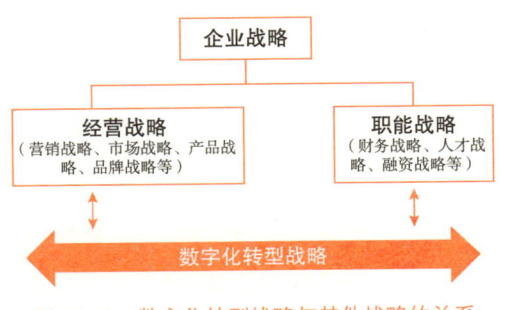

图 10-2　数字化转型战略与其他战略的关系

所以，为规划并制定数字化转型战略，企业首先需要对企业总体规划和业务规划进行解读，从企业的使命和愿景出发，深入理解企业经营战略目标。一方面，企业应通过访谈业务高层获取他们对业务战略和目标的描述及对数字化转型的期望，从而进行业务战略解码，识别战略关注要点，进行专项分析，畅想如何利用数字技术来支撑战略目标的达成，思考如何利用数字技术构建企业

的核心竞争力。另一方面，企业应积极参与各业务线对战略目标的讨论，同时在每个业务线设置目标时，分析解读业务和管理模式，并把相关的数字技术与方案融入业务战略目标。在充分理解企业战略的基础上，明确企业的发展愿景，以便对未来的数字化规划进行有效的指导。

清晰的业务战略，对外可实现与市场和客户对齐，选择细分市场和客户群，以及企业相应的竞争定位，并明确需要什么样的商业模式来匹配该定位；对内可以使业务战略与企业研发、营销和销售、供应链、财经、人力资源等各业务领域从上到下达成共识，做到"力出一孔，利出一孔"。

【案例】华为愿景、战略和业务对数字化转型的诉求

（1）华为愿景、战略和业务的解读

企业愿景："把数字世界带入每个人、每个家庭、每个组织，构建万物互联的智能世界。"

业务约束："收入增加一倍，人员不显著增长。"

数字化追求："自己造的降落伞自己先跳"，成为行业数字化转型标杆。

通过对华为愿景、战略和业务进行分析和解读，可以总结并提炼出超大规模、多业务及全球化三个重要目标要素。

（2）华为对数字化转型的总体诉求

基于超大规模、多业务及全球化三要素进行充分思考与解码，得出华为对数字化转型的总体诉求有以下 8 个方面。

① 双千亿规模：新业务拓展、存量业务增长、生态伙伴拓展。

② 运营效率提升：提高人均产出（收入、利润）等。

③ 业务多态：产品和服务、解决方案、云服务消费类等。

④ 交易简化：与客户做生意简单、高效。

⑤ 敏捷的产品研发：快速创新及上市，提升 TTM。

⑥ 全球本地化：170 多个国家和地区的共性及差异化场景。

⑦ 大平台支持精兵作战：快速响应客户需求。

⑧ 数据透明、运营可观：支持企业的高效可持续运营。

由此可见，以终为始，业务战略作为数字化转型的龙头，能够帮助企业描绘其数字化愿景。但是企业的数字化转型战略也不能只看企业内部的业务战略,还需要观察行业领先企业的表现及趋势,保持足够的前瞻性及延展性,以便在未来的发展过程中及时顺应时代的要求调整业务战略,明确企业数字化转型愿景与目标,进而规划并制定有效的符合企业实情的数字化转型战略。

10.1.3 及时调整业务战略,顺应数字化时代发展

深入理解企业的业务战略,能够帮助企业明确对数字化的期望,但同时,企业的数字化转型不仅需要澄清业务战略,还需要适时地调整业务战略。过去,企业业务战略关注的是企业将在哪些目标市场,通过何种途径,采用什么样的举措来实现发展,其回答的主要是"在未来想成为什么样的企业?"这一问题。而数字化时代的到来,为企业带来机会的同时也带来了新的挑战。

企业需要思考数字技术、产业互联网给企业带来的影响,在面临挑战时主动求变,找到新的成长空间,否则要么被跨界竞争者颠覆,要么在与行业内已提前进行数字化转型的企业的竞争中处于劣势。因此,为奠定企业未来生存的根基,企业业务战略还需要回答"企业未来的业务增长点在哪里?"这个问题,并且还需要获得数字化能力,以调整业务战略引入数字化商业模式,提供数字化产品和服务,如图 10-3 所示。

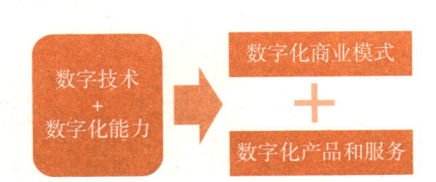

图 10-3 企业通过获取数字化能力来调整其业务战略[①]

(1) 引入数字化商业模式

引入数字化商业模式包括改变与客户做生意的方式,改变销售的渠道,基于产业互联网重新定位与行业生态伙伴间的关系等。

比如有的企业将其线下销售渠道转为线上数字渠道,以线下渠道作为补充。大多数互联网企业和部分传统零售商正在布局新零售商业模式,通过打通线上和线下来实现各渠道资源共享。

---

① 华为企业架构与变革管理部. 华为数字化转型之道 [M]. 北京:机械工业出版社,2022.

（2）提供数字化产品和服务

提供数字化产品和服务，或使产品和服务包含数字化特性，会改变原有的收入和盈利模式，为企业带来新的赛道和机会。

比如有的企业以前销售工程机械产品，现在不仅提供物理的机械产品，还向客户提供发动机运行状态诊断及维修保养建议等增值服务；有的企业从提供服务器和存储的硬件提供商，向云服务提供商转型，将一次性收费模式转变为按租户和流量收费模式等。

除此之外，企业需要注重业务战略，重新思考企业商业模式及如何为客户创造价值。通过数字化转型构建或调整与新业务战略和商业模式相匹配的业务运作模式，才能顺应数字化时代的潮流，牵引数字化转型战略的制定，进而推动转型工作的开展，以持续构筑企业的核心竞争力。

2017年，华为把企业愿景调整为"把数字世界带入每个人、每个家庭、每个组织，构建万物互联的智能世界"，正是因为看到了数字化时代所带来的行业机会和挑战。

（1）<u>调整定位</u>：适时地将企业的定位调整为"聚焦于ICT基础设施，成为企业数字化转型使能者的角色，以及为客户打造全场景智慧生活体验"，将商业模式扩展为"卖产品+专业服务+云服务"。

（2）<u>目标路径</u>：明确先把自身的数字化转型做好，再把经验和实践（如主动型供应链、智能制造等）固化下来，变成数字化的产品和解决方案提供给客户，这个过程反过来也会提高华为数字化的竞争力。

在理解企业的业务战略并能够顺应时代对企业的业务战略进行调整之后，还需要确定数字化转型愿景，即对准业务战略，明确客户的体验诉求，关注行业趋势，审视企业自身的能力和与业界标杆的差距，识别数字技术在企业内的应用前景，就企业应该开展什么样的业务数字化初步达成统一的理解与共识。

数字化转型以愿景为驱动，愿景是对未来"提纲挈领"的表达。如果仅基于现状和问题来描绘数字化转型的愿景，容易陷入惯性思维，在规划时束手束脚；而先有愿景再倒推到现在，则可以推导出如何通过变革或持续的优化，实现从现状向愿景所描述的未来进行转变。

10.2 切实执行"五看",审视企业现状与差距

从战略、客户、技术、自己和行业趋势五个方面着手,切实执行"五看",能够帮助企业审视自身的现状与差距,通过不同维度识别企业能参与的社会价值创造活动,精准识别自身可能抓住的商业机会和市场空间,为数字化转型愿景的描绘提供宏观判断。

熟悉 SDBE 领先模型,或者熟悉 IBM 的 BLM 的读者,将很快自然联想到价值洞察的"五看"。"五看"是对 SDBE 领先模型的优化和补足。因为数字化战略的源头就是业务战略,数字化战略没必要再去重复业务战略制定过程中已经识别的一些趋势和价值。另外,数字化战略的参与人员一般还有流程与 IT 部门主管和骨干,为防止跑偏,我们把"五看"替换为"战略、客户、技术、自己和行业趋势"。

10.2.1 看战略,了解业务对数字化转型的关键诉求

美国一项调查表明:"超过 90% 的经营者认为,其工作中最花时间、最为重要、最感困难的事情,就是如何制定和实施企业战略。"

可见,企业获得持续成功的关键在于战略正确。

【案例】苹果的转危为安

1997 年,为了让濒临破产的苹果死而复生,乔布斯采取了战略变革:缩减产品款式,同时聚焦于产品创新。改革的具体措施包括:将原来 15 款型号的台式机缩减到一款;将所有手提和手持设备产品型号缩减到一款;创立全新的网站直销方式,通过网络直接向客户销售产品。由于缩减了产品款式,苹果减少了 80% 的库存量,降低了成本,同时苹果能够将专注力、创造力更有效地投入产品创新中,使之达到极致效果。经过以上改革,苹果不仅转危为安,甚至在后续的几十年里始终立于行业不败之地。

【案例】史玉柱的巨人集团

1991 年,史玉柱成立了巨人公司,公司通过销售其主要产品 M-6401 汉卡

获得了巨大的利润。巨人公司用不到两年的时间就达到近四亿元的销售额，迅速成为第二大民营高科技企业。1995年，史玉柱决定跳出电脑行业，走多元化的发展道路。在多元化发展之前，史玉柱设想的是：房地产与生物工程行业的利润可以相互支撑各自的发展。但是，这两个新的行业在资金运作等方面与电脑行业有着明显的区别。结果是，巨人大厦不仅不能赚钱，还需要从生物工程业务中抽资支撑，最终巨人大厦没能建成，集团也垮掉了。

综合上述两个案例，我们不难得出结论：正确的战略不仅能够帮助企业转危为安、渡过难关，甚至能够使企业在未来到达巅峰；而错误的战略则不只是影响企业经营，甚至可能导致企业走向衰亡。在巨人集团的案例中，史玉柱作为企业最高领导人，对于企业的定位和企业的发展方向作出了错误的判断，在没有有效的环境分析、稳健的资金保障和完善的管理机制下，采取了激进的扩张战略，最终导致企业走向末路。

由此可见，战略不仅决定企业未来要做什么，也决定不做什么。其中，决定不做什么比做什么更重要。正如任正非强调的那样，"什么叫战略？'略'是什么意思？'略'是指舍弃一部分东西。你不舍弃一部分东西，不叫略；没有方向，不叫战。""当长得长，当短得短。长短结合，相得益彰。这就是战略。"所谓战略，就是能力要与目标匹配。

数字化转型愿景是企业领导者从业务战略出发，对企业数字化前景和发展方向的一种高度概括和清晰表达。而在企业的不同发展阶段，其业务战略需要有与之相对应的变革工作来支撑，即需要有相应的流程、组织及IT系统。

华为在还是一家年销售额89亿元、以国内运营商为主要客户的企业时，就注重企业的业务战略。当时，华为发明的C&C08程控交换机在技术上取得了突破并已开始大规模商用。

随着数字程控交换机的普及及更多厂商的进入，国内电信设备市场规模逐步缩小，总体发展大幅度减速，利润空间也不断下降。为此，任正非对华为的业务战略和商业模式进行了调整。

经过分析，华为明确自身不仅仅需要创新，更重要的是需要在"通用商品"市场上的竞争中，构建支撑"量产"模式的业务流程能力，如图10-4所示。在

"量产"模式下，通过变革建立能实现"稳定的产品、有竞争力的价格、及时有效的供应和售后服务"所需的流程、组织和IT系统。

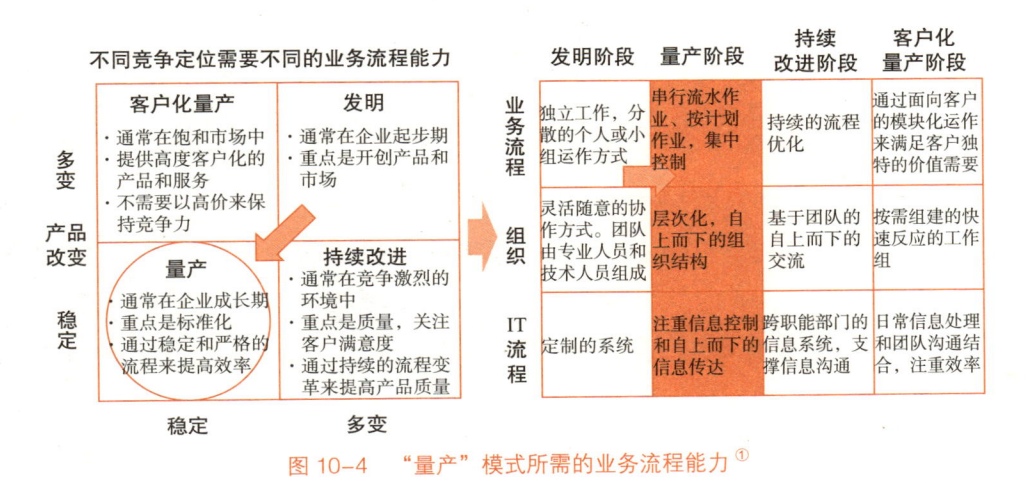

不同竞争定位需要不同的业务流程能力				发明阶段	量产阶段	持续改进阶段	客户化量产阶段
多变 产品 改变 稳定	客户化量产 ·通常在饱和市场中 ·提供高度客户化的产品和服务 ·不需要以高价来保持竞争力	发明 ·通常在企业起步期 ·重点是开创产品和市场	业务流程	独立工作，分散的个人或小组运作方式	串行流水作业、按计划作业，集中控制	持续的流程优化	通过面向客户的模块化运作来满足客户独特的价值需要
	量产 ·通常在企业成长期 ·重点是标准化 ·通过稳定和严格的流程来提高效率	持续改进 ·通常在竞争激烈的环境中 ·重点是质量，关注客户满意度 ·通过持续的流程变革来提高产品质量	组织	灵活随意的协作方式。团队由专业人员和技术人员组成	层次化，自上而下的组织结构	基于团队的自上而下的交流	按需组建的快速反应的工作组
	稳定	多变	IT流程	定制的系统	注重信息控制和自上而下的信息传达	跨职能部门的信息系统，支撑信息沟通	日常信息处理和团队沟通结合，注重效率

图 10-4　"量产"模式所需的业务流程能力①

由此可见，在规划工作中，规划团队首先需要解读企业业务战略和商业模式的变化，识别出企业的"新定位、新业务、新模式"，再思考通过什么样的变革来支撑业务战略目标的达成，进而通过一系列变革项目来改变业务运作模式，支撑业务发展和商业成功。

同理，在描绘数字化转型愿景的过程中，规划团队也需要与企业领导者进行沟通，对业务战略进行深入解读，以识别业务对数字化转型的关键诉求。战略的设计与选择是企业最重要的决策，战略的正确性影响企业的经营绩效和最终发展。在当前快速变化的市场环境中，企业应当通过对企业业务战略的洞察和深入解读，识别数字化诉求，明确企业数字化转型愿景，进而在有限资源下进行战略取舍和规划，持续培育未来所需的竞争力。

---

① 华为企业架构与变革管理部. 华为数字化转型之道 [M]. 北京：机械工业出版社，2022.

10.2.2 看客户，清晰了解客户对体验需求的变化

"如果一艘船不知道该驶向哪个港口，那么任何方向吹来的风都不会是顺风。"

——塔尔莱特·赫里姆《塔木德》

一般而言，企业是营利性功利组织，如果不清楚谁是潜在的客户群体，不知道客户的市场分布，就根本没有办法生存和发展。因此，企业需要借助"市场地图"和"客户画像"，解决"自己的市场在哪里？客户在哪里？客户需要什么产品？谁有购买决定权？客户通过什么渠道购买？"等问题，了解客户对体验需求的变化，进而识别战略机会点和销售机会点。

（1）市场地图：企业基于战略定位和行业定位，对客户进行细分，以了解目标客户在市场中的分布情况，并依此进行市场空间的估算。通过市场地图，产品经理可以清晰地看到客户在地理、行业上的分布，甚至每个具体产品的价值分布，为企业的商业变现指明方向，确保做正确的事。

（2）客户画像：对既定细分市场上的典型客户群体，依据其综合状况进行画像，主要回答"客户需要什么产品？谁有购买决定权？客户通过什么渠道购买？"等问题。

①基于客户行为进行画像：包括客户采购行为、客户交易行为和客户购买倾向的变化分析。通过对客户行为进行分析，可以让企业决定选择哪个市场作为产品与服务的切入点。

②基于客户系统经济学对客户画像：针对B2B客户，要深入分析客户的投资策略、总体需求、核心痛点、组织架构、决策模式、采购风格等，力求精准地理解客户；针对B2C客户，要深入分析客户的性别、年龄、教育程度、地域分布、活跃程度、购物类型、品牌偏好、购买力等。

当前，如何在同质化的世界里提供不同的感受给不同的目标人群是众多企业的当务之急。为解决这一问题，企业需要新的思路、新的策略、新的交互工具对业务进行重构，即商业模式的价值重构——数字化转型。自新冠疫情以来，数字化转型已经成为业界热议的话题。在此新环境下，企业更需要推动营

续表

造一种氛围，使之有利于客户群体与企业的良性互动。

随着体验经济的兴起，为满足目标客户群体不一样的诉求，企业开始转向侧重前端的体验，即以客户个性化的需求为导向。为此，企业战略规划团队在描绘数字化转型愿景的过程中需要了解以下三个方面的客户信息，如图10-5所示。

图 10-5　数字化转型愿景描绘的三个方面的客户信息

（1）企业客户群体的变化

面对不同类型的客户，企业与其做生意的方式也是有区别的。当企业面向B2B业务的客户时，更多采用直销或分销的方式；反之，当企业面向B2C业务的客户时，更多采用零售的方式。针对不同的销售模式，企业构建的数字化平台也是有差异的。

（2）企业主要客户的发展趋势和商业模式的变化

对于华为的B2B业务，运营商客户以前只关注网络质量，而现如今更关注的是客户体验。此外，华为以前只提供通信基础设施，现在还要提供IoT、云服务等面向企业的解决方案。在这个变化过程中，华为需思考怎么通过自己的数字化转型，来更好地帮助运营商提升客户体验，并促进和运营商的联合创新。

（3）客户对体验需求的变化

企业应围绕客户旅程，瞄准其与企业的交易界面，以识别他们的关键协同场景与触点。为此，企业要考虑如何引入数字技术来提升交易的便利性与交易的效率，最终实现提升客户体验和满意度的目的。

数字化转型与客户体验是相辅相成的。只有让客户体验到企业为其提供了真正有价值的东西，才能够引导企业做数字化转型；同样，如果没有数字化的平台和工具，企业也无法依靠人工或其他原始手段及时响应客户的需求。归根结底，企业做任何方面的转型，其本质都在于提升所服务目标对象的体验。

笔者想提醒的是，数字化战略的客户洞察，不但包括外部传统意义上的客户，也包括内部员工、供应商及渠道合作伙伴。

过去十年，技术进步已经对企业与客户的互动方式产生了重大影响。虽然，有些企业至今仍然拒绝采用新技术，但不可否认的是，那些清晰了解到客户需求变化、选择接受新技术的企业有机会为客户创造更好的体验，进而赢得客户、赢得市场。

10.2.3 看技术，了解数字技术在企业中的应用前景

为了帮助客户跟踪行业技术的成熟度及未来潜力，国际知名的咨询公司高德纳每年都会针对各种技术和应用、信息和IT服务（云计算、大数据）及其他行业（零售、人寿保险等）创建90多张技术成熟度曲线，如图10-6所示。

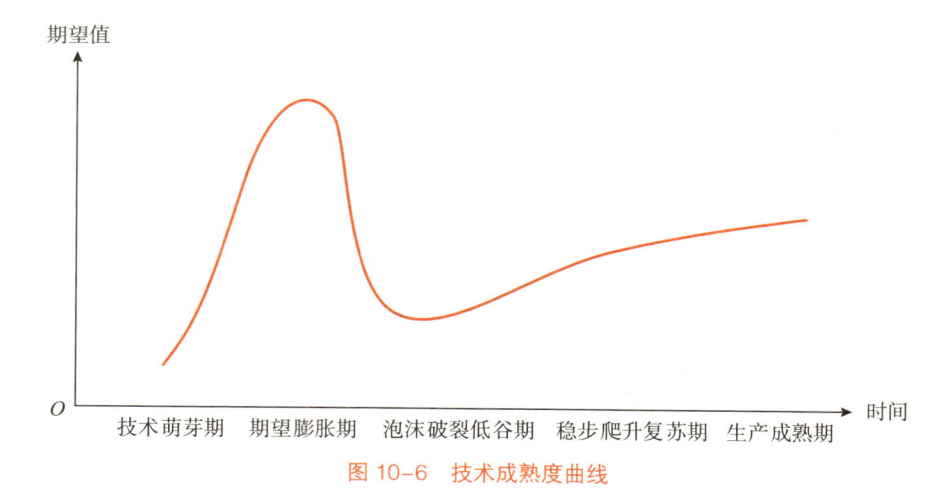

图 10-6 技术成熟度曲线

"技术成熟度曲线（The Hype Cycle），又称技术循环曲线，或者直接称为炒作周期，是指新技术、新概念在媒体上的曝光度随着时间的流逝而变动的变化

曲线。"

——[英]维克托·迈尔·舍恩伯格,[英]肯尼思·库克耶《大数据时代》

技术成熟度曲线是对各种新技术或其他创新的常见发展模式的图形描述。 从 1995 年开始,高德纳依其专业分析,预测和推论各种新科技的成熟演变速度及其达到成熟所需的时间,可以分成技术萌芽期、期望膨胀期、泡沫破裂低谷期、稳步爬升复苏期、生产成熟期五个阶段。

技术成熟度曲线的纵轴是"期望值",其不同纵向形状显示了在技术发展过程中,期望值随着时间的流逝而膨胀和收缩的情况,它是由市场对技术的未来预计价值的评估决定的,它准确地反映了期望值随着技术发展出现高峰的更深层的根本原因和性质,其强调技术的潜力和实际采纳者的情感及不断转变的投资决策压力。

任何时候,如果能预测出行为的重大转变,例如,技术成熟度曲线上的重要转折点,就可以通过先于大多数人采取行动而占据优势。行业内多数企业之所以对高德纳的技术成熟度曲线趋之若鹜,就是因为技术成熟度曲线能够为企业提供可靠的技术洞察来源,帮助企业有效识别行业技术走向。

2022 年,高德纳发布了《2022 年新兴技术成熟度曲线》,公布了一批当前最具潜力的前沿技术。报告显示,2022 年的前沿热门技术共 25 项,其中隐私计算相关技术高达六项,占比 24%。这些前沿技术主要包含沉浸式体验的演进、加速 AI 自动化、优化技术人才交付三个主题,并预计这些技术将在未来两年到 10 年内对企业和社会产生巨大影响,尤其作用于企业领导者主导实现数字化转型。

同年,高德纳还发布了企业机构在 2023 年需要探索的十大战略趋势:①数字免疫系统;②应用可观测性;③AI 信任、风险与安全管理;④行业云平台;⑤平台工程;⑥无线价值实现;⑦超级应用;⑧自适应 AI;⑨元宇宙;⑩可持续的技术。同时高德纳指出,为了在经济动荡时期增加盈利,企业必须在加快数字化转型的同时,将目光从节约成本转向新的卓越运营方式。

数字技术是数字化转型的支点,但数字化转型不等于简单地应用和部署数字技术,而是通过准确且深刻地将数字技术嵌入业务体系,对业务流程、业务构件和业务资源进行数字化改造,从而驱动业务变革,如图 10-7 所示。

	大数据/AI	视频	VR/AR	移动社交	IoT
研发	·开源洞察、配置分析推荐、产品质量预警	·协同开发	·AR辅助设计	·知识协同、远程支持	·智能仿真
营、销、服	·精准营销 ·合同风险识别 ·机器人客服、智能授权、报价和交易定价	·客户连线、实时在线决策、展会峰会直播、产品发布会 ·远程站点验收	·VR展厅、VR产品解决方案 ·VR体验	·客户/合作伙伴内外协同 ·找专家 ·投标过程多人协同	·智能管理服务（自动报警及问题预防）
供应	·供应产品配置优化 ·供应网络优化 ·货物装箱优化 ·提升仓储空间利用效率	·远程物流操作监控	·仓储物流VR仿真 ·VR模拟上站、VR维修 ·AR产品服务、AR制造装配指导 ·AR库房操作指导	·供应商在线协同	·智能仓储、智能物流
办公	·员工画像、人才推荐 ·智能信息助手	·视频会议，异地协同	·VR培训和赋能、VR会议	·在线协同办公	·智慧园区

图 10-7　数字技术嵌入业务体系（示例）[1]

每一种数字技术都有其本质的使命，而这一使命需要和企业相关业务的使命同频共振才能产生该技术应有的驱动作用。所以，企业的战略规划团队不仅需要深入思考、分析所需数字技术在企业业务领域可能的应用前景，从中发现数字化机会，更要对企业的主营业务、业务管理和业务资源进行系统性分析，从而实现从企业经营的角度出发，实施业务创新、管理变革及资源重构，利用数字技术对企业进行全面的转型和改造。

10.2.4　看自己，识别自身数字化的现状与差距

知人者智，自知者明。企业最大的竞争对手不是别人，而是自己。美国管理学家唐纳·萨尔说了一段十分经典的话："行动惯性是一种普遍的综合征。没有不变的成功方程式，惯性是企业成长最大的敌人。"只有认清自己，才能判断自己是否具备相关能力来开展某些业务。

认识他人易，认识自己难，企业必须对自己的内部资源和能力作出客观准确的判断。商业模式画布作为一个基本的思考和分析工具，常常被用来帮助企

---

[1] 华为企业架构与变革管理部. 华为数字化转型之道 [M]. 北京：机械工业出版社，2022.

业深入分析自身的优势、劣势，识别自身业务的现状与差距，通过自我画像，准确定位自己。

商业模式画布是一种理解、描述、思考、构建商业模式的可视化语言，它描述了怎样创建价值，怎样把价值传递到客户那里，以及把价值传递完以后怎样获取价值的整个过程。

如图10-8所示，商业模式画布包括九大要素。

关键伙伴 企业为了让商业模式有效运作所需要的供应商和合作伙伴	关键活动 企业为了让商业模式有效运作所需要执行的关键业务活动	价值主张 企业为客户创造价值的产品或服务	客户关系 企业和客户建立的关系及如何维系关系	客户细分 企业所服务的客户群体分类
	关键资源 企业为了让商业模式有效运作所需要的核心资源		渠道通路 企业服务流程中的客户接触点	
成本结构 商业模式运作所需要的成本			收入来源 企业向客户提供价值所获得的收入	

图10-8　商业模式画布

（1）**客户细分**：企业所服务的客户群体的细化分类。每个企业和每个机构都会特定地服务某部分或某几部分客户，客户细分指的是把企业具体的目标客户根据一定原则进行细化和定位，有条件的要进行画像。

（2）**价值主张**：企业为客户创造价值的产品或服务。这些产品和服务能否为客户带来好处？能帮客户解决什么问题？能满足他们哪些方面的需求？也就是说，企业的目标客户最看重的是企业哪个方面的价值。

（3）**渠道通路**：企业服务流程中的客户接触点。企业通过什么样的渠道和方式与客户进行沟通，为客户创造价值，并实现产品和服务的售卖？是线上还是线下，或者其他渠道？也可以思考哪些渠道最为有效、哪些渠道投入产出比比较高、如何进行渠道整合达到效率最大化等。

（4）**客户关系**：企业和客户建立的关系及如何维系关系。在客户开始接触企业的产品之后，企业要如何与客户建立一个长期的联系，以便和客户达成长期合作？这样企业的经营和收入才能稳定。

（5）**收入来源**：企业向客户提供价值所获得的收入。企业通过什么方式收取费用？客户如何支付费用？客户付费意愿如何？企业如何定价？在一些商业模式模型中，也将其称为盈利模型。

（6）**关键资源**：企业为了让商业模式有效运作所需要的核心资源。为了销售产品你需要用到哪些资源，或者说企业手上有哪些关键的资源能保证自己的核心竞争力？如资金、技术、人才、渠道等。

（7）**关键活动**：企业为了让商业模式有效运作所需要执行的关键业务活动。企业需要开展什么样的业务活动才能确保实现盈利？一般指的是企业主业务，如研发更高端的产品、搭建高效的网络服务平台等。

（8）**关键伙伴**：企业为了让商业模式有效运作所需要的供应商和合作伙伴。主要描述企业相关的产业链上下游的合作伙伴有哪些、企业品牌和他们的关系网络如何、合作如何影响企业等。

（9）**成本结构**：商业模式运作所需要的成本。为了获取利润收益，企业需要在哪些重要的客户、流程、项目、组织、渠道付出对应的成本？

企业通过商业模式画布对自己进行全面画像之后，如果发现自身在多个要素上都存在问题，那么切忌开展大范围的自我革新。需要注意的是，变革是一个循序渐进的过程，大型企业在进行自我革新时，基本上选取的调整要素不超过三个。九个要素中需要企业优先调整的四个要素分别是客户细分、收入来源、关键资源、成本结构。

清晰的自我认知是企业作出正确战略定位的核心要素，也是企业数字化转型战略和愿景的落地依据。尤其是在VUCA时代，局势变幻莫测，企业如果不能正确认识自己，将很容易迷失发展方向，不过一旦企业建立了清晰的自我认知，便能找准定位，快速掌控方向。

其中，业务运作模式的转变是描绘数字化转型愿景的重要参考，也是后续数字化转型的重要发力点。以企业业务活动为例，企业战略规划团队在梳理企业的业务现状时，可以先描绘企业价值流，然后通过价值流给出企业的业务全景图及价值创造的过程，如图10-9所示。

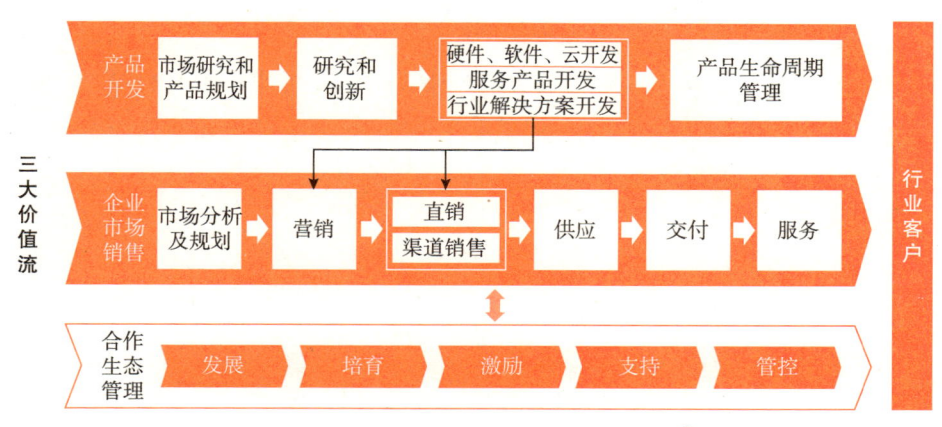

图 10-9 从企业价值流入手调研业务现状[1]

企业战略规划团队可以调研每一个业务的现状和问题点，并将调研结果与行业数字化转型的趋势及最佳实践进行对标，从一些关键业务指标中进一步分析与行业标杆的差距，进而针对这些差距，思考是否可以通过引入数字技术和转变业务运作模式来加以改进。

显而易见，"看自己"能够帮助企业提升定位准确性。新定位的出现往往伴随着新的能力要求，企业可以梳理出目前尚缺失或不足的能力，提前制订能力提升计划，为后续数字化战略的规划、执行和落地提供有力保障。

10.2.5 看行业趋势，洞悉行业演进方向

在数字化转型过程中，企业往往通过"看行业趋势"来识别各相关行业的数字化发展情况及转型趋势，用来判断既定行业数字化转型的未来走向及思考企业自身的应对方式。从传统意义上来说，"看行业趋势"即行业分析。

行业分析分为静态分析、动态分析。其中，静态分析是对行业的基本特征进行研究，包括对行业规模、利润空间、利润分布、规模经济、技术和资金要求等经济特性分析，在互联网的触手遍及各个角落的当下，信息获取便捷高效，收集静态分析的数据相对而言更为容易。而随着时间的变迁行业也会发生变化，包括行业的发展进程、演变轨迹、演变形式、价值转移等，总结这些变

---

[1] 华为企业架构与变革管理部. 华为数字化转型之道 [M]. 北京：机械工业出版社，2022.

化的规律或趋势则是动态分析的目的。

一般而言，主要从行业技术趋势、行业价值链、行业竞争态势等方面对所处行业进行行业分析，客观评价和分析企业所处的行业竞争环境，以及行业价值链的转移趋势，以此判断既定行业市场空间的未来走向、价值分布的变化趋势及企业对应的产品策略的有效性。

（1）行业技术趋势分析

利用行业技术演进曲线，对行业技术趋势进行分析，确定这个行业或产品发展所处的阶段，判断企业技术投资的进入时机，继而确定何时采用预研、小规模试错、大规模压强式投入等不同的产业对策。

（2）行业价值链分析

通过洞察行业价值链，弄清楚企业在行业价值链中的位置。通过逐层分解价值链，寻找新的价值增长机会点，逐步锁定企业核心竞争力。依此制定核心竞争力策略，通过协调与上下游企业的关系来优化甚至重新构造价值链体系，帮助企业建立更持久的核心竞争能力。

（3）行业竞争态势分析

对行业进行结构化分析。对行业竞争态势进行有效分析，一方面可以帮助企业客观地认清自身及竞争对手的优势、劣势，另一方面也可以帮助企业有效规划竞争策略，争取在竞争中取得胜利。

2020年8月，国务院国有资产监督管理委员会（简称国务院国资委）印发《关于加快推进国有企业数字化转型工作的通知》，明确要加快推进产业数字化，推进国有企业不断深化数字技术与生产经营的融合，在产品创新数字化、生产运营智能化、客户服务敏捷化、产业体系生态化等方面迈出了坚实的步伐。该通知还明确了制造类、能源类、建筑类、服务类等不同行业企业数字化转型的主攻方向，这些方向是处于同一行业的企业需要关注并在数字化转型愿景的描绘中体现的。

（一）打造制造类企业数字化转型示范

制造类企业的数字化转型是以提高生产设备数字化率和联网率、提升关键工序数控率等为目标，以智能制造为主攻方向，通过建设和推广智能工厂、数字化车间、智能炼厂、智能钢厂等智能现场来全面提升企业研发、设计和生产的智能化水平，进而促进企业内资源共享和业务协同的实现。

（二）打造能源类企业数字化转型示范

能源类企业通过建设推广智慧电网、智慧管网、智能电站、智能油田、智能矿山等智能现场来强化能源资产的资源规划、建设和运营能力，从而实现企业全业务链的协同创新和高效运营。

（三）打造建筑类企业数字化转型示范

建筑类企业的数字化转型将重点围绕建筑信息模型（BIM）、三位数字化协同设计、AI等技术开展集成应用，提高建筑信息模型的技术覆盖率，强化建造业务现场管理能力，有效提高行业人均劳动效能。

（四）打造服务类企业数字化转型示范

服务类企业主要通过推进智慧营销、智慧物流、智能金融、智能旅游等建设打造智慧服务中心，为客户提供实时在线的数字化服务产品，从而提升客户的服务体验，提高客户对企业的黏性，进而扩展企业的数字化业务规模。

在行业大趋势下，企业应该顺势而为。当前，无论是从国家政策、企业政策还是从企业自身发展来看，数字化转型都是企业发展的必由之路。顺应新一轮科技革命和产业变革趋势，深化云计算、大数据、IoT、AI、区块链等新一代信息技术，激发数据要素创新驱动潜能，打造提升企业在数字化时代生存和发展的能力，加速业务的优化升级和创新转型，驱动企业组织商业模式创新和商业生态系统重构，是数字化转型的重要目标。

总结起来，经过"五看"的洞察和分析，规划团队可以基本明确数字化转型转什么及往哪些方向转，同时需要用提纲挈领的一句话，将数字化转型愿景清晰地表达出来，还需要将愿景进一步展开为几大要点，帮助大家进一步理解愿景的具体含义，为下一步设计架构蓝图做准备。

10.3 描绘清晰而富有激励性的数字化转型愿景

笔者一再强调，SDBE领先模型中的数字化转型应以愿景为驱动，以客户需求为导向，坚持价值导向，这是转型成功的第一步。

为此，企业需要根据"五看"结果，勾勒出清晰的数字化转型愿景，明确数字化转型将对业务带来哪些变化，同时赢得企业上下的支持，激励他们为了共同的目标努力奋斗，最终助力企业数字化转型的成功进行。

10.3.1 绘制清晰愿景并达成共识，驱动变革

愿景是相对稳定的，不会年年改变。它在受到领导者及组织成员的信念和价值观、组织的宗旨等影响的同时，也是一种对组织及个人未来发展预期目标的想法。它会引导或影响组织及其成员的行动和行为，是对未来"提纲挈领"的表达。

麦肯锡2022年针对数字化转型的调研结果显示，尽管已有70%的企业启动了数字化，但是其中的71%仍然停留在试点阶段，停留在试点阶段的企业中，有85%的企业停留的时间超过一年，其原因是企业的业务、技术及组织等在转型中存在种种陷阱和障碍，从而使数字化迟迟不能实现规模化推广。

此外，数字化成熟度不同的企业对于数字愿景的认可度也不一样。数字化成熟度较高的企业对数字愿景的认可度普遍较高，反之则普遍较低。凯捷咨询公司在其《发展变革性数字愿景》报告中指出：在数字化成熟度较高的企业中，超过80%的受访者认为他们的高层领导对数字化有着共同的愿景，而对数字化程度较低的企业而言，这个数字还不到一半。

可见，成功的数字化转型不仅需要在深刻把握行业趋势和深入理解业务战略的基础上，明确企业未来5～10年的数字化将达成什么样的效果，将给业务带来哪些关键变化，描绘并制定一个不拘泥于现状的、有前瞻性的数字化转型愿景，还需要能够将之传达给整个组织，以共同的愿景激发各个部门之间的协同效应，促使各部门力往一处使，创造转型条件，推进转型目标的实现。

一个企业如果缺乏清晰的数字化愿景，不能就变革的方向、原则和路径在各层次达成共识，往往会导致数字化转型方向不明确，从而无法回答企业想要通过数字化转型转成什么样子的问题。而当企业明确了其转型愿景并能在组织上下清晰传达愿景时，数字化转型目标的实现就会变得容易很多。

那么该如何让企业拥有清晰的数字化转型愿景呢？笔者建议，主要可以从以下两方面着手。

（1）高瞻远瞩：关注时代趋势

2022年，中国科学院院士、复旦大学光电研究院院长褚君浩指出，我们现在处于第三次产业革命高度发展的时候，也是第四次产业革命正在酝酿，智能时代开启的时候。第四次产业革命是以IoT、大数据、机器人及AI为代表的数字技术所驱动的社会生产方式变革，它将推动工厂之间、工厂与客户之间的"智能连接"，使生产方式从大规模制造转向大规模定制。

在可以预见的未来五年、十年、二十年的时间内，它将以指数级的速度，彻底改变企业的生存环境和运行体系。因此，企业应着眼于五年后、十年后、二十年后的企业形态，为企业制定符合数字经济时代企业竞争优势的数字化转型愿景。

（2）脚踏实地：把握转型进程

麦肯锡的研究报告指出，不同企业数字化转型的成功率不同，其背后的原因在于不同企业的数字原生程度、IT能力成熟度不同，因此不同企业拥有不同的数字化实施路径。据中国信通院院长余晓晖介绍，数字原生程度较低的企业，往往遵循转型者曲线路径，即现阶段数字应用水平相对较低，有一个长期的转型过程，在达到一定水平后将转变为赋能者；而对于数字原生程度较高的企业，则现阶段数字应用水平相对较高，但由于自身的数字化发展没有停止，会同时兼具转型者和赋能者双重身份，转型和赋能将交替发展。

由此可见，无论是转型者还是赋能者，对于企业而言，数字化转型都是一个长期工程，无法一蹴而就。企业应在对自身状况进行缜密、认真分析评估的基础上，立足企业的现有资源，并结合未来企业、行业、产业发展的趋势，来确立一个能指导其未来五年、十年、二十年发展目标的数字化转型愿景，为企业数字化转型描绘一个相对准确的未来蓝图。

【案例】微软的财务数字化转型愿景

缺乏高效的工具来应对持续增长的业务复杂度，数据爆发性增长却未打通，数据处理与分析依赖于低效、易错的人工流程，分析静态且滞后，无法帮助业务实时把握商业或预示潜在风险……

和多数企业一样，这些财务管理方面的挑战正让2005年以前的微软焦头烂额。为了彻底解决这些问题和瓶颈，微软在2005年开启了财务数字化转型。其时微软确定的数字化转型愿景是"利用创新技术，财务可以通过合规及精准高效的能力来加强业务领导力"。

聚焦这一愿景，微软认为财务人员应该能够采用并驾驭技术、敢于创新、具备远见卓识，不仅可以第一时间为业务决策者提供最相关、准确、一致的数据，还应具备挖掘数据背后故事和找到未来趋势的能力，并应用这些洞见帮助业务制定和实施战略，防范潜在风险。因此在愿景的指引下，微软在历时16年的转型过程中，逐步将其财务职能从事务型财务成功转型为战略型财务。

虽然每家企业数字化转型的意义和想达到的目标是不一样的，但最终希望达成的效果却是一致的，即帮助企业提升价值。数字化转型要求企业发动全员在各个层级、各个价值链上采用日益商业化的突破性数字技术，改变运营方式，实现业务价值。但通过前面所述的内容我们已经知道，数字化并非技术、设备、系统和方法的简单堆砌、叠加，如果企业只是跟风进行技术的导入和推广，必然收效甚微。

究竟是要依靠数字化转型重塑企业端到端的价值链，还是希望创造出全新的业务模式或大幅度提升企业的业务能力等，需要企业在正式制定数字化转型战略之前以愿景的形式充分考虑并描绘出来。

10.3.2 要将数字化转型愿景简洁而清晰地描述出来

【知识点】有效的变革愿景应具备的特征

（1）可实现的：愿景是对组织方向和发展前景的高度概括，所以它一定是可行的、切合实际的，而不是遥不可及的目标与妄想。

（2）有价值的：有效的愿景一定能用简洁精练的语言清楚地描述出给大多数人或社会带来的价值。

（3）符合发展趋势的：愿景应当顺应社会的发展趋势和全球化趋势。

愿景不是远在天边的虚幻场景，也不是不可达成的幻想，更不是企业自上而下的"画大饼"，而是可以与人产生共鸣和连接的、真实的、具体的、鲜活的画面或场景。愿景能将组织的变革意图以简洁、精练的方式，自上而下传递给所有的管理层和员工，其对企业的重要性不仅体现在能够为企业指引数字化变革的方向，还体现在其纵贯企业上下的理念传递和沟通作用。

多数行业领先组织均有描述清晰的转型愿景，都在数字化变革过程中取得了成功。

谷歌：管理全世界的信息使其具有普及性和可用性。

亚马逊：成为地球上最注重客户、以客户为中心的企业。

特斯拉：加速世界向使用可持续能源的转变。

戴尔：成为世界上最出色的计算机企业，在服务市场中提供最佳的客户体验，满足客户对高质量和领先技术的期望。

因此，为妥善制定企业数字化转型的战略规划，仅仅明确数字化转型愿景还不够，还需要企业将其数字化转型愿景清晰地描述出来。例如，华为通过使用"五看"方法，瞄准企业业务战略，并对其进行深入解读，从中识别出了企业对数字化转型的诉求。

【**案例**】**华为数字化转型愿景**

2017 年，华为提出了企业的新愿景，即"把数字世界带入每个人、每个家庭、每个组织，构建万物互联的智能世界"。同时，华为提出了如图 10-10 所示的数字化转型愿景：对内，各业务领域数字化、服务化，打通跨领域的信息断点，达到领先于行业的运营效率；对外，实现与客户做生意更简单、更高效、更安全的目标，提升客户满意度。

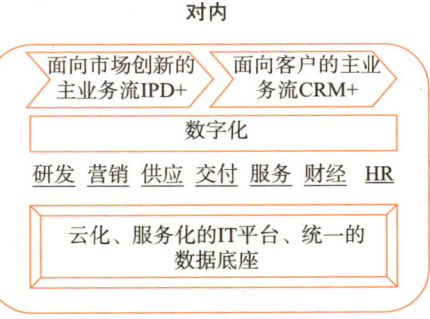

图 10-10　华为数字化转型愿景

为了帮助企业准确、清晰地描述数字化转型愿景，笔者所在的德石羿团队通过大量的咨询实践，总结了一套切实可行的方法。以国内某知名品牌便利店为例，笔者在与其团队推进实施数字化变革项目的过程中，以其前一阶段"五看"分析所得的企业当前现状与差距为基础，对企业的"灵魂四问"进行大规模而深度的探讨和研究，与其高管团队达成了对"灵魂四问"的高度同频，从而得出了对其数字化转型愿景的精准描述。

问题1：我是谁？

回答1：诚信厚道、热情友善；勤奋乐观，正直感恩；务实专注，创新共赢。

问题2：在哪里？

回答2：企业当前的现状和所面临的问题和挑战。

问题3：怎么去？

回答3：管理变革和数字化转型：①企业战略和战术方面对标华为；②业务领域对标行业领先企业；③在SDBE框架下，打造六大能力；④坚守风险底线，循序渐进变革。

问题4：去哪儿？

回答4：成为国民骄傲的便利店品牌。

除此之外，德石羿团队在为某国内家居品牌的数字化转型变革服务过程中，也应用同样的方法，通过层层追问和解码，为其勾勒并描绘了数字化转型愿景，即"为提升合作伙伴和客户数字化体验，打造质量好、颜值高、交付迅速的整体家居解决方案"。

可见，数字化转型愿景需要与企业业务战略相匹配。企业通过数字化转型，构建或调整与新业务战略和商业模式相匹配的业务运作模式，才能顺应数字化时代潮流，牵引企业数字化转型战略的制定，从而推动企业数字化转型工作的开展与落地，进而持续构筑企业的核心竞争力。

思考与感悟

第11章　数字化转型架构蓝图设计

数字化转型是要为业务创造价值的，即从业务角度出发，按照应用来适配流程和业务。如果说数字化转型愿景是对未来 5～10 年数字化战略的展望，那么企业架构则是衔接战略与项目实施的桥梁。

笔者曾经讲过，中式蓝图一般是朦胧的、会意的、语文式的，强调意境美和价值，但一般缺乏具体实施路径和方法；西式蓝图一般是具体的、具象化的、理工科式的，强调具体实施路径、方法和逐步迭代改进。

华为的管理体系，包括数字化转型的理念、方法和工具，主要是从西方顶级企业移植过来的。企业的数字化转型的架构工具，主要就是企业架构（Enterprise Architecture，EA）。但很多企业及企业家，并不知道企业架构是有国际标准的，是有丰富的实践的。

本章，通过企业架构对数字化转型愿景进行系统性的、分层分级的梳理和诠释，从专业的角度对蓝图进行细化设计，以支撑转型蓝图的落地。

11.1　企业架构就是架构蓝图，也是落地抓手

数字化转型不能一直停留在规划阶段，最终还是要通过执行落地的，那么如何从数字化战略规划得出一个个具体执行的项目，最终达到某种状态呢？

企业架构，就是一种成熟的思路和方法。作为企业数字化转型的重要抓手，企业架构能够把业务、数据和 IT 系统之间的映射关系清晰地呈现出来，并通过标准规范和架构评审等管控手段，指导企业数字化项目的实施。

11.1.1　企业架构的内涵与作用

数字化转型需要一个能引领全局、有序演进、具备业务和技术整合视角的方法论做指引。2020 年 8 月，国务院国资委发布了《关于加快推进国有企业数字化转型工作的通知》，明确指出要"以企业架构为核心构建现代化 IT 治理体

系，促进IT投资与业务变革发展持续适配"，对数字化转型工作提出了很高的"架构"要求。

作为有效落实企业战略的抓手，企业架构发端于欧美，是1987年"企业架构框架理论之父"约翰·扎科曼（John Zachman）在论文《信息系统架构框架》中提出的企业端信息系统架构设计理念，而延续这一理念的开放组架构框架（The Open Group Architecture Framework，TOGAF）则是于1995年提出的一整套相对完善的构建企业架构的方法论。

在TOGAF的理念中，企业架构指的是企业内外部构成及相互关系，以及决定其设计与演变的治理原则。

国际知名咨询公司高德纳认为企业架构会把企业战略转化为企业变革的需求、原则及蓝图，并通过持续改善流程和管控流程推动企业变革，促进企业战略的实现。也就是说，企业架构能够为企业提供整体的蓝图，并在此基础上描绘出企业的流程、信息、应用和技术应该如何设计与实施，确保它们与业务战略保持一致。

【知识点】不同组织对企业架构的定义

麻省理工学院的学者认为，企业架构是业务流程和IT基础设施的组织逻辑，反映企业运营模式的集成和标准化需求。

美国的《克林格—科恩法案》认为，企业架构是用于演进或维护现存的信息技术和引入新的信息技术，来实现组织的战略目标和信息资源管理目标的一个集成的框架。

微软认为，企业架构是一种概念性工具，可以帮助组织了解自身的结构和工作方式。它提供了企业地图，并将其用于业务和技术变更的路线规划。

可以看出，虽然企业架构并没有统一的定义，但是表明了企业架构在数字化转型中的重要性。标杆企业微软、华为等的数字化转型实践证明，有效的企业架构对企业的生存与成功具有决定性作用，是企业通过数字化获得竞争优势的不可或缺的重要手段。因此，企业架构的又一种含义诞生了，即指针对企业数字化管理系统中具有体系性、普遍性的问题而提供的通用解决方案，是企业高阶水平的业务数字化视图，是企业数字化转型落地的蓝图及指引。

如德石羿团队围绕业务价值流，通过梳理某连锁品牌业务的"货、仓、场、人"的物流场景，结合实践经验，提炼出面向客户的核心价值流——加盟运营→商品运营→门店运营/客户运营，以及面向内部的使能价值流——营销→采购→供应链，最终为其构建了数字化转型的企业架构。限于篇幅和信息安全，此处笔者不再详述。

企业架构方法论的核心任务是对企业战略的分解、传导，帮助企业将零散的能力聚沙成塔，虽然它不能直接代替企业制定数字化转型战略，但是无论是企业还是个人，企业架构的价值和作用都不容小觑。

一方面，它可以辅助企业完成业务及IT战略规划。在业务战略方面，它定义了企业的愿景和使命、目标和驱动力、组织架构、职能和角色；在IT战略方面，它定义了业务架构、数据架构、应用架构和技术架构，是IT战略规划的最佳实践的指引。

另一方面，它有助于个人职业的健康长远发展。例如，首席信息官能够通过指导对信息技术的利用来支持企业的目标，其具备技术和业务过程两方面的知识，常常是将组织的技术调配战略与业务战略紧密结合在一起的最佳人选。

我们不难想象，如果在企业数字化转型的过程中缺乏企业架构的管治，任由数字化应用野蛮生长，那么企业将会陷入无穷尽的痛苦和不堪之中。

比如，由于业务部门对自己领域内的IT系统有控制权，且缺乏统一的需求管理规则，导致一些IT系统无限膨胀，变得非常繁复，进而运行时经常崩溃。又比如，因为各系统数据没有统一的定义、统一的源头和规范化的取用规则，因而相同的数据在各系统里各自为政，且由于各系统可以自行对数据进行加工，进而导致数据质量出现严重问题……

麦肯锡曾开展了一场企业架构影响的调研。调研结果显示，企业开展数字化转型时，搭建了企业架构的企业比没有搭建的企业的数字化转型成功率高62%，同时IT复杂度降低67%、成本节约47%、产品推向市场快34%及稳定性提高26%。

IBM也做过类似的调查研究。结果显示，IT架构与业务架构是相互支持和相互促进的关系，单独对IT架构进行优化可以为企业带来2%的业务增长，单独对业务架构进行优化可以带来 8% 的业务增长，而业务架构和 IT 架构相结合实现的整体优化，则可以带来 20% 以上的业务增长。

随着数字化转型的推进，企业必须树立架构思维，把架构作为打通业务与 IT、实现从战略到执行的重要抓手，只有把企业架构规划和标准作为集中管控的重头来抓，才能避免数字化野蛮生长带来的问题，确保架构的整体集成效率和效果。

11.1.2　企业架构全景图

数字化转型不只是技术问题，而是不同规模、不同目标的企业面对的不同层次的经管和技术的综合问题。对这些问题进行思考总结而得到的核心战略，需要通过价值链的方式，分解为企业在各价值创造环节需要形成的战略能力。

这些战略能力则需要通过业务架构落实到企业具体的业务中去，通过企业架构，由业务侧传导到技术侧，从而完成业务和技术深度融合的数字化转型。企业架构蓝图如图 11-1 所示，可以看到企业架构包含了业务架构（Business Architecture，BA）、信息架构（Information Architecture，IA）、应用架构（Application Architecture，AA）和技术架构（Technology Architecture，TA）四部分，且环环相扣，上层驱动下层，下层支撑上层。

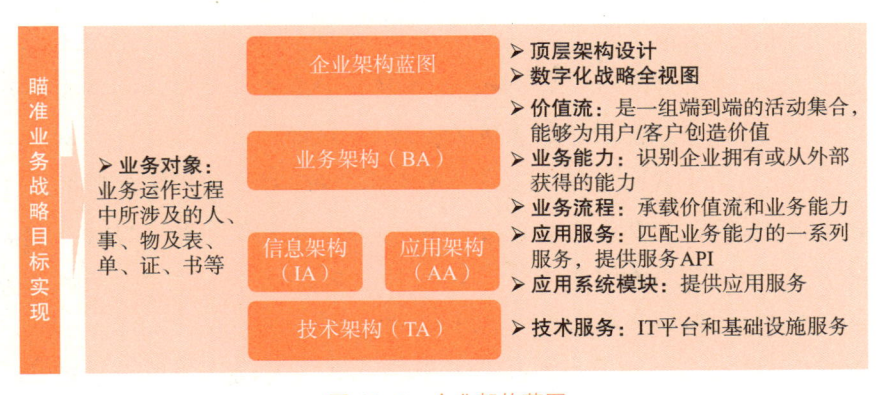

图 11-1　企业架构蓝图

（1）业务架构（BA）

业务架构是对业务的结构化表达，能够明确定义企业的治理结构、业务能力、业务流程、业务数据，描述组织如何运用业务的关键要素来实现其战略意图和目标。例如，电商企业的业务架构主要包括销售、采购、仓储、物流、客户服务等业务流程。通过规划与设计这些业务流程，企业便能更好地理解自己的业务并进行管理，进而提升业务效率与效益。

在规划阶段，企业规划团队可以从价值流出发，识别每一个价值流所需的关键业务能力，进而识别哪些能力可以重点引入数字技术进行业务模式重构，从而提升企业业务能力水平。

（2）信息架构（IA）

信息架构是指对某一特定内容里的信息进行统筹、规划、设计、安排等一系列处理的想法，其主体对象是信息，由信息建筑师对信息进行结构设计、归类并决定其组织方式，目的是在信息与客户认知之间搭建一座畅通的桥梁。

在企业数字化转型架构设计过程中，信息架构主要以结构化的方式描述在业务运作和管理决策中所需要的各类信息，以及这些信息之间相互关系的一套整体组件规范。

在规划阶段，企业可以重点分析"产品、客户、合同、订单、员工"等关键业务对象及其分布，通过分析这些业务对象是否已经在企业IT系统中进行了管理，来了解这些业务对象在系统间的传递是否顺畅，以及是否在数字世界中创造了数字镜像。

（3）应用架构（AA）

应用架构是描述IT系统功能和技术实现的内容，其主要分为两个不同层次。一是企业级的应用架构：企业级的应用架构起到了统一规划、承上启下的作用，向上承接企业战略发展方向和业务模式，向下规划和指导企业各个IT系统的定位和功能。二是单个系统的应用架构：在开发或设计单一IT系统时，设计的是系统的主要模块和功能点，而系统的技术实现则是从前端展示到业务处理逻辑，再到后台数据这样的应用架构。

通过设计构建应用架构，企业能够识别和定义支撑业务目标达成所需的IT系统，及这些IT系统的定位和周边IT系统的集成关系。因此在规划阶段，应用架构重点关注用什么样的连接平台来构建客户和客户体验，以及采用什么样的IT系统来承载数字化转型所需的关键业务能力。

（4）技术架构（TA）

技术架构是指把不同的功能元素（系统）放在适宜的环节、合适的层级，并且建立功能与功能、系统与系统之间的关系，形成一个结构化、平台化、体验简约的大系统。它定义了一系列技术组件，也代表了各种可以从市场或企业内部获得的 IT 平台和基础设施资源。因此在规划阶段，技术架构首先需要关注企业应该引入哪些数字技术，同时需要关注各种业务场景对 IT 平台和基础设施的需求。

数字化转型是要为业务创造价值的，所以要从业务角度出发，按照应用来适配流程和业务，以数据和技术平台作为支撑，形成 4A（BA、IA、AA 和 TA）架构。作为企业架构的关键要素，这四个部分密不可分，单从任何一个视角都无法解决业务问题，需要进行集成架构设计，从而体现企业架构的"一体四面"，如图 11-2 所示。

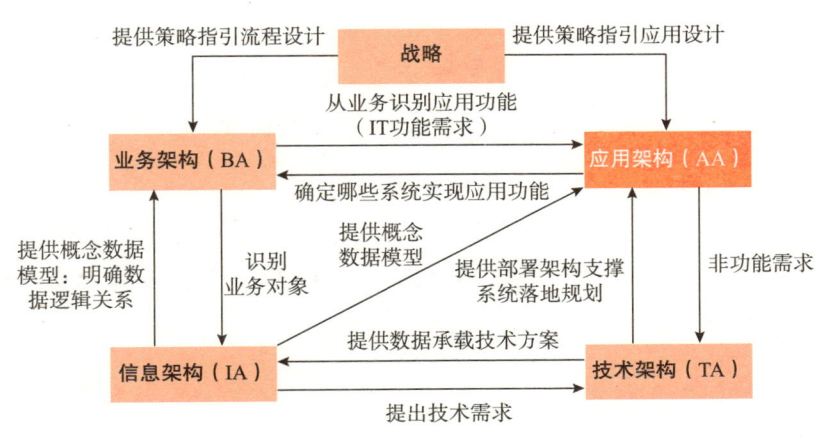

图 11-2 "一体四面"的企业架构

其中，"一体"是指瞄准业务目标实现或业务问题解决，由架构师团队协同进行架构设计；"四面"则是指业务架构、信息架构、应用架构和技术架构这四个组成企业架构的关键要素。

11.2　企业架构设计的一般原则和具体方法

随着与数字化转型相关的企业实践和专家观点越来越多，企业数字化的发展思路也日益聚焦到兼顾整体转型与局部转型的方法论上，作为连接企业的现实世界和计算机世界的一座桥梁，企业架构的设计对于企业的数字化转型至关重要。

笔者经常讲，企业架构的设计看似高端，其实是有具体方法的。它是所有追求高远卓越的企业必须具备的一项技能，是所有流程与 IT 部门需要承担的职责之一。

11.2.1　承接业务战略，统一规划企业架构

企业要想成功实现数字化转型，需要通过构建数字化业务平台来形成数字化能力，从而将业务、应用、数据、技术等领域紧密关联和结合起来，更加敏捷、灵活地进行业务创新以快速应对业务变化。而在这一复杂的系统工程中，企业架构作为重要的指导方法和工具，是承接企业业务战略与 IT 战略之间的桥梁与标准接口，是企业实施数字化战略规划的最佳实践指引，是企业数字化转型成功实现的底层方法论。

为此，在企业数字化转型的过程中，企业架构不仅是一家企业的上层构件，也关乎一家企业的战略布局。为了保证企业架构设计的有效和易于实施，在设计企业架构时应遵循以下设计原则。

（1）战略与业务价值驱动

"一切从业务出发，以价值驱动"是企业架构设计的重要原则。为了确保企业的每一个架构决策都能回溯到企业战略与业务价值上，无论是应用架构还是技术架构，都要以支撑企业业务架构为目标，而企业业务架构需要直接对应并反映企业的战略，体现企业的业务价值。

（2）轻量敏捷化

为保证架构的轻量，扭转"企业架构繁重、复杂、成本高、不落地"的固有认知，从企业架构设计之初，企业就要反复审视每一个概念和工具的价值、成本，融入敏捷的思想、原则及最佳实践，助力实现企业架构建设的敏捷化，

力求用最少的概念与元素解决实际问题。

（3）从实践出发，可落地

"从实践出发，可落地"是设计企业架构的重要原则之一。企业架构在设计过程中的所有模型定义和方法建议，都应源于实际项目的实践和提炼。同时，对于不同企业而言，应当结合自身特点和战略目标及业务要求，对企业架构的设计进行适当的裁剪、扩展和定制，切实为企业架构规划提供有力支撑。

与传统的信息化规划方法相比，企业架构主要增加了业务架构，强调业务价值驱动及业务与IT的一致性，且注重全局化、统一化、标准化和可持续发展，强调顶层设计。其重要作用和意义主要体现在以下几个方面。

（1）形成企业架构蓝图

企业架构可以帮助企业进行数字化转型的顶层设计，形成企业架构蓝图和实施路线图，形成业务、数据、技术人员的共同愿景，并以此作为理解、沟通的基础和共同奋斗的目标。

（2）助力企业战略落地

企业架构向上承接企业战略，向下指导架构项目的实施和企业的日常运营，很好地衔接了战略与执行，让战略能真正落地。

（3）促使IT与业务对齐

企业架构打通了业务和IT，建立起业务和IT之间清晰的沟通和一致性管理机制，使得IT能够为业务提供有效的支持。

（4）打造无边界信息流

企业架构可帮助企业全面规划、规范企业的组织和内外部业务流程，建立统一的标准体系。在统一的标准体系下，企业内外部能够有效做到信息共享、业务协作，形成无边界信息流。

（5）提升企业敏捷性

企业架构帮助企业基于能力进行规划，实现能力的组件化和服务化，通过组件、服务的灵活组合，敏捷应对业务需求的快速变化，提高企业应对不断变化的外部挑战的能力。

（6）降低IT投资风险

有效的企业架构可以指导IT投资，高效分配资源，减少不必要的、没有回报的项目，降低IT建设和运营成本，提高IT投资回报率。

除此之外，多数企业由于没有依据战略或者业务部门的需求来建设信息系统，从而导致了信息系统收效不明显甚至运行低效的结果，因此还需着重强调，企业在设计企业架构的时候，务必做到"以流程为重心，以客户为中心"。"以流程为重心"，即在流程管理思想的指导下完成从职能型组织向流程型组织的转变，重新设计企业的经营、管理及运作方式，优化、改造业务流程，上线必要的信息系统，打造端到端流程，真正提升企业运营效率；而"以客户为中心"则是明确业务流程的目标和要实现的价值，最大限度地满足客户需求，使企业能够适应未来的生存发展。

企业架构的设计要求以瞄准业务战略目标实现为前提，在承接业务战略的基础上，先一步完成企业架构的统一规划，而后在业务架构、信息架构、应用架构和技术架构这四个关键要素上做进一步的细致规划，助力企业从多维度描述数字化需求，进而指导企业数字化转型的有效落地。

11.2.2 企业架构设计：围绕转型愿景，勾勒出业务架构

业务架构，就是基于企业数字化转型愿景，以实现企业战略为目标，构建企业整体业务能力并将其传导给技术实现端的结构化企业能力的分析方法，它定义了企业各类业务的运作模式及业务之间的关系结构。业务架构，就是企业架构的核心，它说明了数字化转型的业务转型方向，体现了商业价值。

京东在数字化转型时搭建的业务架构如图11-3所示。

作为连接业务与IT的纽带和桥梁，业务架构是业务和IT之间进行有效沟通的通用语言，通常用于实现业务需求到IT的顺利传导。除此之外，以承接企业战略为出发点，以支撑实现业务战略为目标，业务架构通过对企业业务能力的识别与构建，将企业业务能力以业务服务的方式输出，实现对业务流程的支撑，最终通过组织给予保障。

因此，笔者经常在培训辅导时向企业家指出，很多企业做了二十多年，一直未能清晰说明企业自身的业务全景，也不清楚企业的前台、中台和后台能

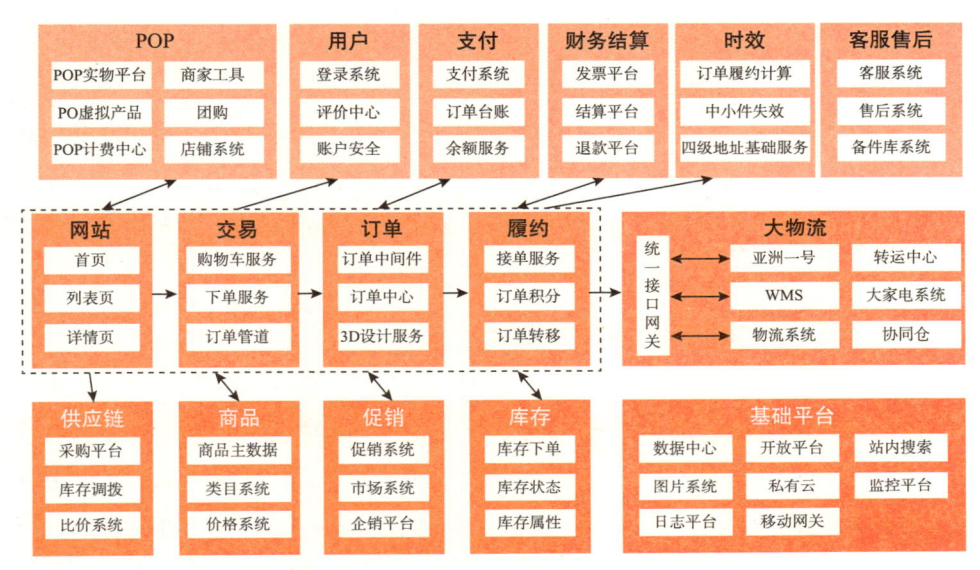

第4篇 方法模型篇：数字化顶层方法与模型

POP		用户	支付	财务结算	时效	客服售后
POP实物平台	商家工具	登录系统	支付系统	发票平台	订单履约计算	客服系统
PO虚拟产品	团购	评价中心	订单台账	结算平台	中小件失效	售后系统
POP计费中心	店铺系统	账户安全	余额服务	退款平台	四级地址基础服务	备件库系统

网站	交易	订单	履约	统一接口网关	大物流	
首页	购物车服务	订单中间件	接单服务		亚洲一号	转运中心
列表页	下单服务	订单中心	订单积分		WMS	大家电系统
详情页	订单管道	3D设计服务	订单转移		物流系统	协同仓

供应链	商品	促销	库存	基础平台		
采购平台	商品主数据	促销系统	库存下单	数据中心	开放平台	站内搜索
库存调拨	类目系统	市场系统	库存状态	图片系统	私有云	监控平台
比价系统	价格系统	企销平台	库存属性	日志平台	移动网关	

图 11-3 京东在数字化转型时搭建的业务架构

力，也分不清"主战"和"主建"部门，因此，对于企业价值创造的全链条的了解始终是不清晰的。在这样的状况下，怎么可能期望企业越做越大、越做越强？

随着软件开发方法的持续发展和企业实践的日益深入，企业架构理论也在不断更新换代。如今各行各业的企业根据自己的情况对企业架构理论进行量体裁衣、精心定制，逐渐形成了一套适合自己的业务架构设计方法。

【知识点】IBM 业务架构设计方法

IBM 认为业务架构设计的第一阶段是战略分析，因此搭建业务架构要从企业战略开始，通过梳理企业目标，发掘企业业务能力要求。而第二阶段则是通过价值链分析方式划分企业业务领域，构建企业整体能力布局，并在分析过程中，将能力要求放入能力布局中，在业务层面落地战略并检验战略的可行性，甚至调整战略。如图 11-4 所示。

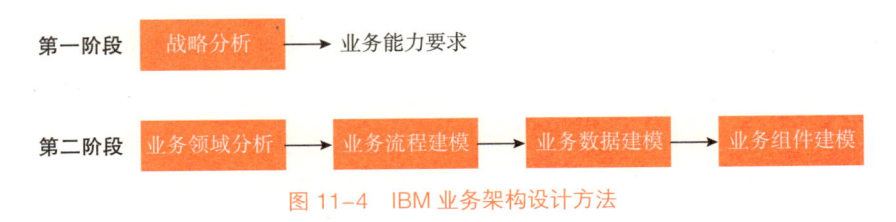

第一阶段　战略分析 → 业务能力要求

第二阶段　业务领域分析 → 业务流程建模 → 业务数据建模 → 业务组件建模

图 11-4 IBM 业务架构设计方法

（1）业务领域分析：价值链分析

价值链分析就是企业竞争力分析。价值链主要包括基本活动和支持性活动，基本活动是指主要生产过程，是支持企业上下游的核心流程，支持性活动则是指对基本活动起辅助作用及维持企业基本运转的各类活动。价值链分析以不同行业的不同核心价值链作为横轴，再从企业的战略和价值定位出发，以不同类型的客户或者产品作为纵轴，划分不同的业务领域。

（2）业务流程建模：流程模型分析

流程模型分析即将一个业务领域中的所有业务处理过程按照价值链约定的范围进行分解，形成每个价值链环节中的一个或者多个工作流，并通过统一建模语言（Unified Modeling Language，UML）等工具进行企业业务流梳理。其间要注意的是，整个企业必须统一采用一种业务流程标准，否则将无法进行整合；每个业务流程应尽可能限制在业务领域之内；战略规划中的业务能力要求要体现在业务流程设计中；业务流程设计颗粒度要具体到任务。

（3）业务数据建模：企业数据流分析

在构建企业业务数据模型时，需要横向分析所有业务领域的实体联系（Entity Relationship，ER）图，通过建立分析框架，根据实体、数据属性进行归类，形成统一的企业级逻辑模型，保证数据的唯一性。对于不同行业，由于业务的特殊性，需要不同领域的专业信息系统来完成，因此企业业务数据通常会随业务在各个业务领域流动，需考虑将每个业务领域的 ER 图进行集成。

（4）业务组件建模：组件分析

在流程建模和数据建模的基础上，还需要进行组件分析，以主题域（将关系较近的数据实体聚合成一个分类）划分边界，将主题域内与实体相关的任务聚在一起构成一个业务组件，业务组件的行为主要是对数据实体进行增删改查及业务处理。这样就得到了业务组件模型，业务组件包含了行为和数据，代表了企业的一种业务能力。业务组件定位在任务级别上，能够实现企业级业务能力的复用。

从上述 IBM 业务架构设计方法中，我们不难看出，业务架构的设计并非一个简单的过程，其设计和规划离不开标准化。在这一过程中，标准化既是业务架构设计的重点，也是业务架构设计的最大难点。

由于业务架构的设计涉及多个部门、多个业务领域，因而其标准化主要涉及两个部分：一是管理制度和流程的标准化，二是数据标准的统一化。鉴于目前还没有很好的方法能够完全实现标准化，因此企业只能在实践的过程中，凭借专业人士的帮助和自身的经验，在符合企业实际情况的基础上将业务和技术进行深度融合，同业务及IT部门一起，明确在哪些端到端流程提升了业务效率，并明确其优先顺序，以完善企业的业务架构设计、开发与建设。

11.2.3 应用架构规划：基于业务方向解耦企业需要的应用

在整个企业架构中，应用架构居于重要而关键的位置。它是业务架构在IT领域的映射，并为业务架构提供支撑；同时，应用架构运行在技术架构之上，由技术架构为其提供服务。由此表明，应用架构是连接业务架构与技术架构的桥梁。

应用架构是指企业IT应用系统的组成、功能及相互关系，是对实现企业业务能力、支撑企业业务发展的业务功能的结构化描述。图11-5示的就是一个应用架构的示例。

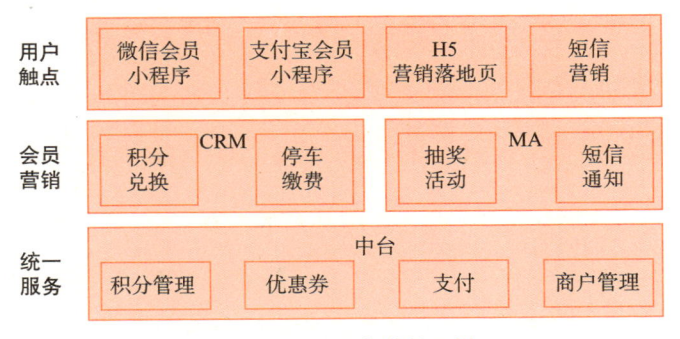

图 11-5　应用架构的示例

应用架构主要分为以下两个不同的层次。

（1）企业级的应用架构

企业级的应用架构起到了统一规划、承上启下的作用，向上承接企业战略发展方向和业务模式，向下规划和指导企业各个IT系统的定位和功能。在企业架构中，应用架构是最重要和工作量最大的部分，它包括了企业的应用架构蓝图、架构标准和原则、系统的边界和定义、系统间的关联关系等方面的内容。

（2）单个系统的应用架构

在开发或设计单一IT系统时，设计的是系统的主要模块和功能点，而系统的技术实现则是从前端展示到业务处理逻辑，再到后台数据这样的应用架构。这方面的工作一般属于项目组，而不是企业架构的范畴，不过各个系统的架构设计需要遵循企业总体应用架构原则。

自企业架构理论提出以来，业内已形成了众多成熟的应用架构设计方法。企业进行应用架构设计的目的有四个：首先是提升战略能力和业务能力，使应用架构服务于企业的战略目标；其次是遵循企业级原则，打破竖井，整合部门级应用，避免功能分散、重叠、界限不清等问题；再次是按照业务功能聚合的方式进行应用规划，建设与应用组件对应的应用系统，同时降低系统间的耦合性，减少相互依赖，降低系统运行的风险；最后是推动架构资产的共享复用，以提升开发效率、降低开发维护成本。

随着企业数字化转型新一轮热潮的到来，应用架构设计方法也在不断与时俱进、发展创新，例如，思特沃克（Thoughtworks）提出的现代企业架构框架（Modern Enterprise Architecture Franework，MEAF）就值得各行各业学习借鉴。

【知识点】思特沃克的应用架构设计方法

思特沃克提出的MEAF融合了领域驱动设计（DDD）方法、微服务设计方法和各行业的实践。

在流程上，MEAF的企业级应用架构元模型将应用架构分为"端口""结构""状态"三个部分，如图11-6所示。其中，端口部分用来对应用的出入口进行建模，包括应用服务和扩展点；结构部分用来对应用IT系统的职责、边界进行建模，包括应用组件、应用、应用组、应用层；状态部分则是用来对应用状态的变更进行建模，包括领域对象和不变量。

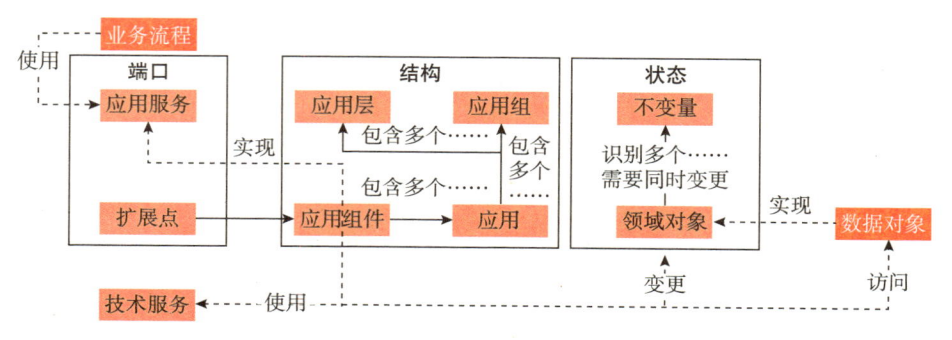

图 11-6　MEAF 的企业级应用架构元模型

在内容上，MEAF 将应用架构分为三级，从上到下依次是应用组、应用和应用组件。其中，应用组件围绕领域对象形成，并对外提供应用服务。而应用则可以分层，且不同层之间可以进行交互。同时，通过在应用组件上预设一些扩展点则能够提供足够的灵活性，可以根据具体情况进行扩展实现。

MEAF 关于应用分层分组的方式体现了分而治之的思想，在管理复杂应用架构时非常有用。其主要着眼于将同一领域且交互关系密切的一系列应用分为一个应用组，如信贷应用组、营销应用组、支付应用组、存款应用组等，同时按照面向客户提供服务的角度，将应用分为不同的层次，如渠道层、服务层、产品层、数据层等。

应用架构的设计关乎企业将构建哪些关键业务能力，并根据什么样的应用来支撑这些能力的构建，因此设计出来的应用架构是必须能被实现和落地的。如果设计出来的应用架构不具备落地的可行性，那么这样的应用架构也就没有什么大的价值和意义了。好的架构，一定是经过长期迭代演进而来的。

虽然架构师在开始做架构设计时，已经尽可能考虑到方方面面的可能性，然而系统上线后仍然可能遇到新的问题，因此企业还需要时刻关注未来可能的变化，并且随着需求的不断更新和迭代，持续对应用架构进行优化和演进，保证架构适合当前的业务需求。

11.2.4　信息架构建设：按业务对象进行架构设计

互联网的出现使得信息的采集、传播的速度和规模达到空前的水平，过去人们对于信息的苦苦追求和期望，如今都变得触手可及，然而随之而来的海量信息有时也让人无所适从，要想从浩如烟海的信息中迅速而准确地获取自己所需要的信息，反而变得相当艰难。这种现象被称为"信息爆炸"。

相比于信息量几何级别的增长速度，人类理解的速度仍然跟很久很久以前的原始人并没有太大区别。这样一来，以人类有限的信息处理能力是完全无法应对现代信息数据的"大爆炸"的。

信息架构是从数据库设计领域诞生的，于 1976 年由时任美国建筑师协会会长的理查德·索.乌曼所创，并给出了一个定义：信息架构的主体对象是信息，信息架构是由信息架构师对信息进行结构设计、归类并决定其组织方式，好让

<mark>使用者与客户更容易对信息进行寻找与管理的一项艺术与科学。</mark>

信息包括各种文本、图片、影音等多种元素，架构则对应这些元素的选择、分类、导航和检索。这样一来，可以说信息架构就是通过合理地组织和表达各种信息元素，让客户更容易获取并理解信息，从而在信息与客户认知之间搭建一座畅通的桥梁。

由于企业业务的展开，企业每时每刻都会产生大量的数据信息，为确保各类数据信息在企业各业务单元间高效、准确地传递，且企业上下游流程能够快速地执行与运作，架构师可以以如下三种方式来设计信息架构。

（1）自上而下的构建方式

由战略层驱动，根据产品目标与客户需求直接进行结构设计。这种构建方式会先从最广泛的、最有可能满足目标的内容及功能开始分类，再依据逻辑细分次级分类。它有一个明显的缺点，即可能导致现有的重要内容被忽略。

（2）自下而上的构建方式

由范围层驱动。在具体项目实践中，架构师根据对现有内容和功能需求的分析，将它们分别归属到较高一级的类别，从而逐渐构建出能反映我们的产品目标和客户需求的结构。它也有一个缺点，即可能导致难以灵活兼容未来内容的变动或增加。

（3）综合运用的构建方式

同时由战略层和范围层进行驱动。一个适应性强的信息架构系统，能把新内容作为现有结构的一部分容纳进来，也可以把新内容当成一个完整的部分加入。信息架构的基本单位是节点，节点可对应任意信息要素或信息要素的组合。在不同场景下，节点的颗粒度不相同。

随着企业数字化转型的推进，越来越多的企业认识到信息架构的价值所在：信息架构承载企业如何管理数据资产的方法，能够帮助提升整个业务交易链条的效率。为了更好地管理数据资产，企业需要从整个企业层面制定统一的原则。这些原则不仅是对数据专业人员的要求，也是对业务的要求，因为业务才是真正的数据责任人（Owner）。

围绕"数据同源一致"这一治理目标的实现，华为制定了五条信息架构原则，企业所有业务部门都必须遵从这些信息架构原则，具体介绍如下。

【案例】华为信息架构五大原则[①]

（1）数据按对象管理，明确数据责任人

数据要发挥作用，必然会在多个 IT 系统和流程中流转，并且越是重要的数据资产，所流经的业务环节就越多。因此信息架构建设应该从数据本身出发，按对象进行数据全生命周期管理。华为按照业务对象任命数据责任人，他们主要负责所辖领域的信息架构建设和维护，保障所辖领域的数据质量，承接企业各个部门对本领域数据的需求，建立数据问题回溯和奖惩机制，并对所辖领域的数据问题及争议进行裁决。

（2）从企业视角定义信息架构

任何一个数据责任人都不只代表自己所辖业务范围内的数据管理诉求，而是代表企业对数据进行管理。为了拉通各部门所产生的数据结构和流转路径，实现数据在企业内共享和流通的目标，华为明确要求各业务领域都必须站在企业的视角定义信息架构，即充分考虑数据的应用场景、范围和客户群体，参考业界实践和主流软件包，平衡和兼顾现状和未来诉求，最后在流程设计和 IT 实现中得到落实。

（3）遵从企业的数据分类管理框架

为了协同企业内各业务领域的数据治理，华为在实践中总结了各类数据的内在特性，制定了统一的数据分类管理框架，企业所有业务领域按照统一的分类框架进行数据治理。

（4）业务对象结构化、数字化

华为在长期的数据治理过程中，制定了业务对象结构化、数字化的架构设计原则，以实现数据处理效率的提升，构建数据的处理和应用能力，支撑业务管理。业务对象包括业务结果、业务规则、业务过程。

（5）数据服务化，同源共享

为了有效地避免由于数据多源头导致的数据不可信、不可管的情况，华为制定了数据同源共享的架构原则，每一个数据有且只有单一的数据源，数据使

[①] 华为公司数据管理部. 华为数据之道 [M]. 北京：机械工业出版社，2020.

用方应从数据源获取数据，数据更改应在数据源进行。为了克服企业业务和 IT 的复杂性这一客观现实，华为持续推进数据服务建设，要求各数据责任人通过数据服务向各业务环节提供数据，各业务环节也有责任通过服务来合理获取数据，从而实现数据"一点定义、全局共享"。

由于企业在运作过程中，业务领域中的人和物等资源及各类资源之间的联系（各类业务交易事件）承载了企业业务运作和管理涉及的重要信息，企业对其的管理和执行效果关乎组织目标和价值的实现，因此企业信息架构建设的核心要素在于要面向业务对象进行架构的设计和落地，在这一过程中，企业将重点围绕那些关键的跨领域业务对象汇聚数据和输出信息架构，以支撑业务的数字化运营。

11.2.5　技术架构规划：为数据与应用架构实现提供技术支撑

前面讲到，关于企业架构的主要组成，目前相对主流的提法是包括业务架构、应用架构、信息架构和技术架构的 4A 架构。由于企业的业务均是围绕产品、客户、合作伙伴、合同、订单等业务对象展开的，因此相应的业务架构、应用架构、信息架构也都是围绕业务对象来设计的。

其中，业务架构起到整体的牵头作用，有利于企业架构各组成部分基于业务实现整体协同；数据作为重要生产要素，贯穿多个业务单元、多个业务环节，因此信息架构的作用在于帮助企业沉淀数据资产、挖掘数据价值、赋能业务，实现全局信息拉通；应用架构的主要作用是呈现，通过线上将业务对象所涉及的相关业务活动呈现给客户，使业务执行更为高效。

业务架构、应用架构、信息架构的协同与实现，需要技术架构进行统一的支撑。技术架构是支撑整个企业架构的技术部分，它以业务架构中的业务需求、业务能力、业务流程为指导，从应用架构与信息架构的具体形态导出对企业数字化系统与 IT 基础设施进行整体部署的一组技术标准规范和最佳实践，进而优化企业 IT 运行环境，实现 IT 对业务服务的高效率交付。

从图 11-7 中可以看出，企业的技术架构主要包含 IT 总体技术框架与技术路线、软件系统技术框架及 IT 基础设施框架三个部分。

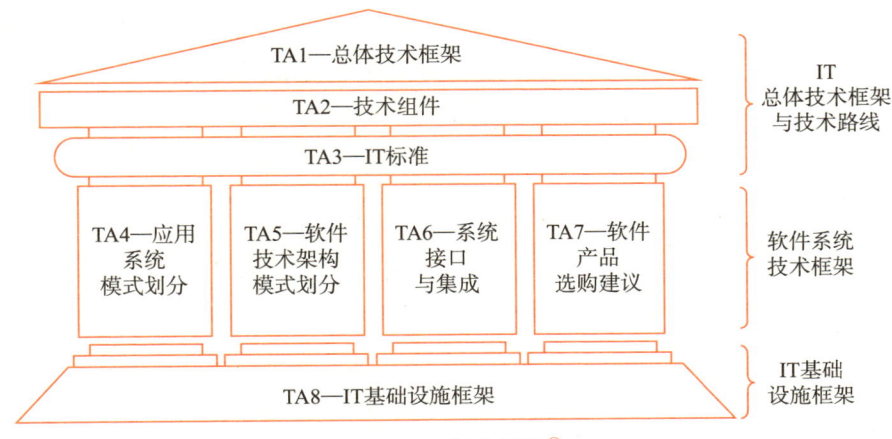

```
                TA1—总体技术框架
              TA2—技术组件                        IT
              TA3—IT标准                         总体技术框架
                                                 与技术路线

  TA4—应用    TA5—软件   TA6—系统   TA7—软件
   系统       技术架构    接口        产品         软件系统
   模式划分    模式划分    与集成      选购建议      技术框架

              TA8—IT基础设施框架                  IT基础
                                                 设施框架
```

图 11-7　技术架构[1]

（1）**IT 总体技术框架与技术路线**：从企业全局角度对 IT 的总体技术进行分类和梳理，确定总体的技术框架、技术组件和 IT 标准。

（2）**软件系统技术框架**：对应用架构涉及的应用系统按照模式进行分类，分析每一类软件的技术架构，以及系统之间的集成关系，最终对全局范围内的软件产品选购进行规划。

（3）**IT 基础设施框架**：对总体数据中心部署架构和网络架构进行设计，并对单一数据中心内的网络、服务器、数据库和存储等硬件设施进行全局性规划和设计。

随着互联网技术的兴起和普及，IT 领域发生了翻天覆地的变化，互联网企业的技术架构与传统企业的技术架构也有了质的变化。为了应对汹涌而来的数字化浪潮，更快速地响应业务部门的需求，各行各业不得不通过引入新技术来加快企业技术架构的转型和更新。

【案例】华为 IT 创新应用实践[2]

（1）开放的 IT 2.0 架构

华为的 IT 2.0 架构是一个开放的架构，它提供了一个开放的平台。其目标

---

[1]　刘继承. "互联网+"时代的 IT 战略、架构与治理：传统企业信息化转型的顶层设计 [M]. 北京：机械工业出版社，2016.
[2]　刘继承. "互联网+"时代的 IT 战略、架构与治理：传统企业信息化转型的顶层设计 [M]. 北京：机械工业出版社，2016.

是对内部实现现金流、物流和信息流的透明可视管理；对外做到华为、客户和合作伙伴的数据共享及高效协同。IT 2.0 架构主要包括以下三个部分：

①构建一个全球云化的数据中心。

②构建一个强大的 PaaS 云平台。

③基于华为应用云，构建以人为中心的作战系统，将以支撑功能部门为主导的 IT 作战系统转换成以支撑流程角色、以人为中心的 IT 作战系统。

（2）云计算引擎

华为的云计算引擎包括营销三朵云、生产五朵云、研发七朵云及企业社交云。其中，营销三朵云包括体验云、知识云和方案云；生产五朵云包括销售云、财经云、交付云、供应云和采购云；研发七朵云包括设计云、桌面云、持续集成云、仿真云、测试云、调测云、杀毒云；企业社交云则为基于 eSpace 的企业协同办公平台。

（3）大数据引擎

华为的大数据战略主要包括五个维度：文化维度、数据维度、技术维度、应用维度和组织维度。在文化维度上，大数据工作一定要高层关注、CEO 重视；在数据维度上，要用数据贯穿、梳理并驱动整个组织；在技术维度上，要建立企业级统一技术平台，整合企业内与外、结构化与非结构化的数据，融合分析与应用；在应用维度上，要用大数据来驱动业务，驱动产品研发、营销、销售、生产、供应和服务，最终实现企业的商业价值；在组织维度上，华为内部有首席数据官（Chief Data Officer，CDO），有大数据的管理团队，下面还有大数据的运营团队，这样的一个完备的组织才能够把大数据作为企业战略来做。

从广义上来讲，技术架构涉及技术研发的方方面面，包括业务、数据、应用对应的软硬件能力，比如 IT 基础设施、中间件、网络、通信等。作为将业务需求和应用功能转变为技术实现的方法和工具，技术架构还可以帮助企业梳理系统边界、识别系统需求、识别系统风险和问题优先级、确定技术方案和路线，指引组织适应业务和技术的变化。因此，企业在设计技术架构时，需要对技术和 IT 平台进行针对性筛选，重点引入那些能够满足企业数字化转型不同场景需求的数字技术，并构建相对应的 IT 平台和基础设施服务来支撑企业的数字化转型落地。

【知识点】技术架构设计五大原则

（1）安全性原则：技术架构须能提供访问控制能力的环境，保障业务关键信息的完整性和保密性；同时，技术架构设计应注重信息安全体系的建设，以提升信息基础设施的安全性。

（2）可扩展性原则：当未来应用系统的业务量增加时，技术架构可以进行扩展，以适应更多客户、处理更多数据。技术架构的可扩展性尽量通过扩展已有的系统来实现。

（3）灵活性原则：技术架构应该能满足新的服务需求，而不是对技术架构整体进行重新设计。在实践中，企业可以通过组件化设计架构的方式来确保技术架构的灵活性。

（4）可靠性原则：在技术架构中运用可靠性比较高的产品与技术时，需要充分考虑技术系统的应变能力与纠错能力等，以保证整个系统运行的可靠性。

（5）可用性原则：指业务每天、每周及每年能有多少时间通过应用系统为客户提供服务，以及当这些应用在发生故障时需要多少时间才能恢复正常工作状态。技术架构设计时需要保障架构的高可用性。

11.3 数字化转型架构蓝图及实践案例

架构蓝图是基于企业架构方法对数字化转型的顶层设计，是企业实施数字化转型战略的全景图，其能对企业的数字化转型愿景进行系统性的、分层分级的梳理和诠释。

基于架构蓝图，企业可以通过业务架构、应用架构、信息架构和技术架构，根据"一体四面"的企业架构，对数字化转型举措和目标进行进一步细化设计，最终规划出变革项目，实现企业的数字化转型。

11.3.1 对齐企业数字化转型愿景，规划企业架构蓝图

在引入企业架构方法之后，企业可以通过架构蓝图对数字化转型愿景进行系统性的、分层分级的诠释，进而让企业上下在同一张蓝图上统一认知。

企业架构蓝图不是 IT 系统或信息化建设路线图，也不是执行计划，而是

聚焦于企业战略重点,对企业愿景的统一、整体的认识和理解,它能够帮助企业明确先做什么、后做什么,并在此基础上进行沟通、协作和交流,从而合理安排和动态调整企业业务布局,确保企业数字化转型战略的实现。

同时,在对企业架构蓝图进行设计规划时还需要注重体现业务与数字技术的"双轮驱动":一方面从描绘业务入手,分析与企业业务相匹配的数据、IT系统和技术平台,制定数字化驱动的业务战略;另一方面则要考虑大数据、AI、云计算、移动社交、IoT等数字技术与自身业务的兼容性,进一步思考如何将其融入业务,进而提升客户体验和运营效率。

【案例】某家居企业数字化转型架构蓝图:通过数字化,驱动企业高效运营,实现"多打粮食,增加营收",助力企业达成战略目标

在一次商业合作的过程中,德石昇团队曾基于数字化转型愿景描述为某家居企业设计了详细的数字化转型架构蓝图,如图11-8所示,整个数字化转型架构蓝图分为5个层面,分别是:客户、流程、业务系统、数据和IT平台。

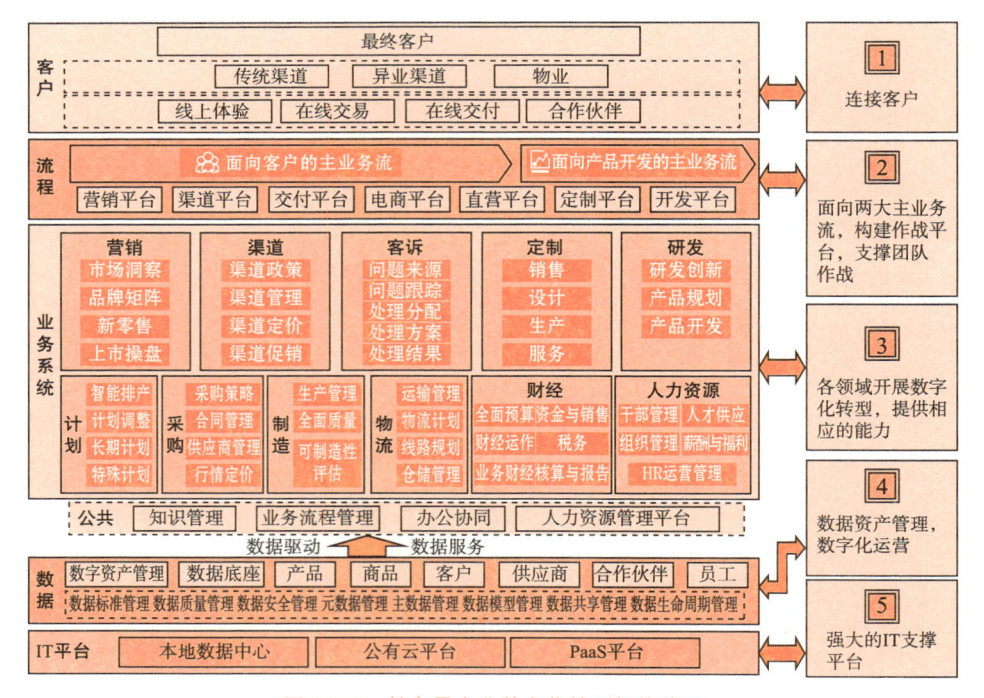

图11-8 某家居企业数字化转型架构蓝图

(1) 企业归根结底是为客户服务的，而客户包括最终客户和渠道商。为了让最终客户享受生活，让渠道商获得利益，企业需要一套IT系统，一套能为最终客户和渠道商提供一站式营销和服务平台的系统，一方面在方便最终客户采购产品的同时也能在产品使用过程中获得良好的客户体验；另一方面则让合作伙伴和渠道商能够非常容易地与企业进行商业合作。

(2) 企业要梳理两大业务流程，分别是面向客户的主业务流和面向产品开发的主业务流。其中，面向客户的主业务流会梳理客户和渠道业务流流程，提升客户体验，实现"多打粮食，增加营收"；面向产品开发的主业务流则会对研发、制造、供应、财经等内部运营端进行梳理，提升内部运营效率，实现降本增效。

(3) 企业要建立业务系统，包括营销、渠道、客诉、定制、研发、供应链（计划、采购、制造、物流）、财经、人力资源等一系列业务系统，它们将承载各领域的主要功能，是实现两大主业务流的基础。

(4) 企业要通过数据驱动业务运营。在数字化时代，企业需要构建一个数据中台，通过这个数据中台采集、分析和挖掘数据的价值，为业务提供数据服务，实现对数据资产的管理和运营。

(5) IT平台是整个IT系统的基础，为所有的业务系统提供基础的IT能力。相对于传统的IT系统，一个敏捷、安全、稳定的IT平台，更加能够支持企业上层各业务系统的稳定运行。

总的来说，对齐企业数字化转型愿景，规划企业架构蓝图的目的在于帮助企业通过这个数字化转型架构蓝图，更好地支撑企业业务的发展，助力企业实现战略目标。

11.3.2 细化形成五层架构蓝图，系统诠释数字化转型愿景

"知之愈明，则行之愈笃；行之愈笃，则知之益明。"在完成企业架构蓝图规划的思考与设计之后，企业的数字化转型规划团队还需要将所得结论进行整合，形成完整的架构蓝图并进行分层分级展示，以便于后续转型战略的实施和落地。以华为数字化转型为例，华为数字化规划团队基于对数字化转型愿景的系统诠释，将其转型战略细化成五层架构蓝图，如图11-9所示。

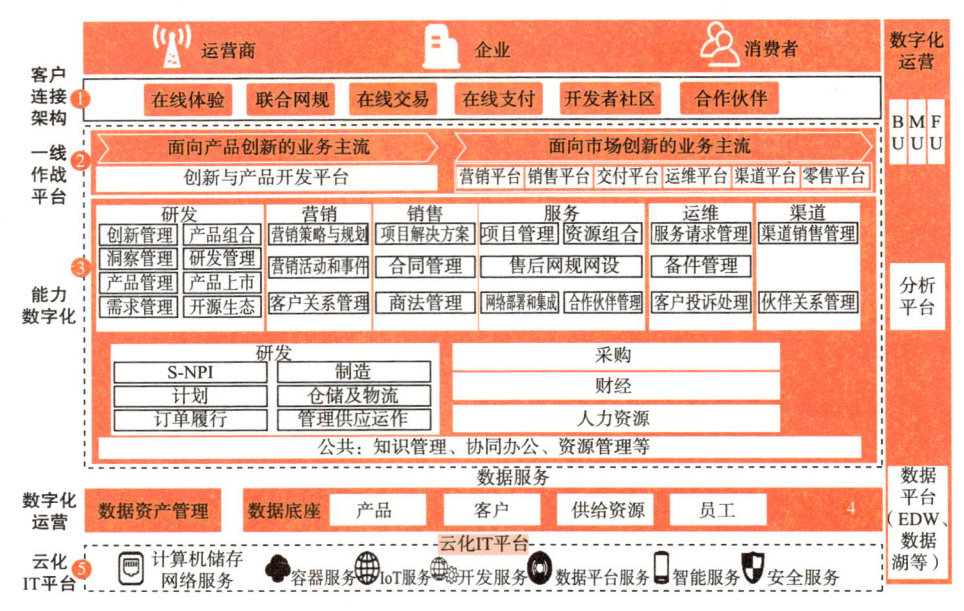

数字化战略落地：迈向卓越企业的必经之路

图 11-9　华为数字化转型架构蓝图①

（1）第一层：客户连接架构

华为数字化转型架构蓝图的第一层架构是客户连接架构。这一层架构是基于统一的数据底座，面向客户构建的全面连接的协同平台。其围绕客户旅程开展 ROADS 体验设计，并在实现"客户连接"的过程中，围绕在线体验、联合网规、在线交易、在线支付、开发者社区及合作伙伴六大功能模块为客户带来服务和体验。

（2）第二层：一线作战平台

第二层则是以项目为中心，结合华为"面向产品创新"和"面向市场创新"的两大主业务流，提供数字化装备，打造一线作战平台。其中，面向产品创新打造的平台是创新与产品开发平台，面向市场创新的平台包括营销平台、销售平台、交付平台、运维平台、渠道平台和零售平台。这种以客户为中心的协同一站式平台整合了业务角色在业务作业过程中的大部分操作，因此员工能直接通过一线作战平台实现信息及时获取、作业实时感知、线下到线上的协同作

---

① 华为企业架构与变革管理部. 华为数字化转型之道 [M]. 北京：机械工业出版社，2022.

战、平台资源调用等功能，实现员工作业模式的重塑和员工业务效率及数字化体验的提升。

（3）第三层：能力数字化

华为认为，企业的数字化转型不仅要求内部各业务领域提升自身业务能力，同时还要求各业务领域将自身能力包装成服务，实现在企业内部的共享和复用。华为数字化转型架构蓝图的第三层是各业务领域的能力数字化。能力数字化的架构思路是沿着主业务流（如研发、营销、销售、服务、运维、渠道），通过识别各领域的业务能力和服务，主动进行能力的数字化建设，并进一步将这些服务开发出来为一线作战平台或客户连接平台提供核心支撑，以快速响应业务需求。

（4）第四层：数字化运营

第四层则是构建数字化运营平台，将数字化运营融入日常业务中，实现数据同源和实时可视，减少汇报和管理层级，并借助 AI 在智能预测、决策判断、风险识别等方面的优势，帮助拓展新的业务模式，支撑一线实现战场感知、智能预警，实现作战的高效指挥。

（5）第五层：云化 IT 平台

华为数字化转型架构蓝图的最后一层是云化 IT 平台，即将平台承载数字化转型所需的各种数字技术及支撑应用服务化并上云，为企业的业务数字化转型提供统一的云服务支撑。

明确的数字化转型愿景和确切的数字化转型架构蓝图，为企业规划数字化转型的路线图奠定了基础。接下来，企业要做的就是通过业务架构、应用架构、信息架构及技术架构对架构蓝图进行细化设计，导出数字化转型举措和目标，规划企业数字化转型的实施路径。

第12章　数字化转型实施路径规划

管理学家哈罗德·孔茨表示："虽然计划不能完全准确地预测将来，但如果没有计划，组织工作往往陷入盲目。"

企业要实现数字化转型，需要基于数字化转型愿景、架构蓝图和业务目标，对数字化转型目标的实现路径和方式有清晰的认知，从而匹配合适的战略执行路径及实施策略，同时要确保数字化转型战略能够按照计划有序推进、稳步落实。

通过企业架构，我们已经有了数字化转型建设的总体蓝图，本章主要论述蓝图的具体建设路径和方法。

12.1　做好路径规划，确保转型蓝图高效高质实现

没有目标和导向，组织可能迷茫，路径可能偏移；而没有对路径和建设节奏的把控，则不仅无法保证组织达到目标，还可能要付出额外的成本。

数字化转型实施路径规划，就是考量应选择实施什么数字化项目，走什么样的路径，秉承什么样的建设节奏，才能最终实现企业数字化转型目标。

企业数字化规划和实施团队需站在战略的高度，基于数字化转型架构蓝图，识别并确定关键举措，进而规划出一系列变革项目及项目责任主体和优先级，指导数字化转型项目的实施。

12.1.1　数字化转型是一个持续迭代的过程

对于多数企业来说，开展数字化转型会面临方方面面的挑战。比如说，从技术驱动到业务创新，从组织变革到文化重塑，从数字化能力建设到人才培养。这表明，企业数字化转型是不可能一蹴而就的，是一项长期艰巨的任务。多数企业需要3～5年才能取得显著成果。

正如我们所见的西方教堂，从开建之日起，就一直在持续建设和迭代。伟大的建筑，应该像一个活的生命体，数字化转型也应如此。

正如华为轮值董事长徐直军所说："**数字化将注定是一个长期的过程，不可能一蹴而就**。我们所从事的这些技术领域，有幸处在变化最活跃的环节。数字化走到今天，并取得今天的进步，是因为有不断的创新。数字化要走向未来，实现更加宏伟的目标，还要靠不断的创新，坚持创新永不止。"

【案例】麦肯锡：数字化转型是一个没有止境的过程

麦肯锡认为，数字化和人工智能转型是一个过程，旨在建立基于组织和技术的能力，使企业持续改善客户体验和降低单位成本，并在时间的进程中保持竞争优势。

其中，转型的"过程"必须由企业的首席执行官和核心领导团队引领；"基于组织和技术的能力"是企业竞争优势的来源；"持续改善"是一个没有止境的征程，"改善客户体验和降低单位成本"具有同等的重要性，而获得"竞争优势"并最后胜出，才是企业数字化转型的终极目标。

可见，企业的数字化转型是一个持续的过程。需要注意的是，企业在进行数字化转型时通常是分阶段的，即企业需结合自身现状来制定匹配当前发展模式的数字化转型之路，分阶段来实现数字化转型目标。

【案例】西门子成都工厂分三个阶段开展数字化建设

作为工业4.0概念的发起者之一，德国西门子股份公司同时也是世界领先的数字化制造企业。其中，西门子工业自动化产品（成都）有限公司（SEWC）（以下简称成都工厂）在2018年被世界经济论坛评为首批数字化"灯塔工厂"。

成都工厂位于成都市高新西区，于2013年正式建成投产，主要负责工业自动化系列产品的研发与生产。自2013年以来，成都工厂赋能员工不断自主创新，全面落地了数字孪生等数字化项目；同时，还推动企业的组织变革，将企业大部分员工（包括蓝领工人），培养成了数字化人才，为企业成功实现数字化转型提供了强大的基础。

成都工厂的数字化转型历程大致可以分为三个阶段，具体介绍如下。

第一阶段（2013—2016年）：业务痛点驱动

在该阶段，成都工厂的数字化转型主要以"运营绩效"为核心，重点关注问题解决。也就是说，通过推进与办公、生产等相关的数字化项目，解决业务痛点，提升生产效率，从而将员工从低端的重复劳动中解放出来。

例如，改造升级工厂已有生产线，让成都工厂不但掌握了全自动生产线的本地开发能力，还显著提升了车间的自动化水平与生产质量；再者，导入机器人流程自动化（Robotic Process Automation，RPA）、Mendix等工具，让成都工厂最大限度地替代了与办公室相关的简单重复工作。统计数据显示，成都工厂年均有5%～10%的简单重复工作被替代，尤其是在2016年工厂的业务进入规模化阶段后，工厂前期的数字化项目开始产生价值：从2016年到2021年，成都工厂的蓝领、白领人数分别增长了100%、10%，相对应的工厂产值增长却超过了300%。

第二阶段（2017—2019年）：业务透明驱动

在这个阶段，成都工厂开始从以"运营绩效"为核心逐步转向为以"创新"为核心，重点关注"透明"带来的业务机会。也就是说，通过数字化让工厂看不见的问题透明化并持续改善；随着端到端协同的不断推进，成都工厂的员工也开始具备数字化思维，并养成了使用数据说话的习惯。

比如，利用质量管理平台，让所有生产线上的质量数据实时自动采集，同时全方位地将质量运行状态透明化，实时呈现各方面的质量表现。由此，成都工厂形成了"发现问题、解决问题"的质量管理闭环工作机制，产品缺陷率从建厂时的8.4%降至2022年的5.7%。

第三阶段（2019—2021年）：业务智能驱动

在本阶段，成都工厂重点关注基于数据的智能决策，即通过不断迭代的算法，在工厂建立集发现问题、分析问题、自主决策于一体的科学系统，持续提升员工对业务的理解，进而辅助员工决策、自主决策。

以成都工厂的供应链风险预测为例，工厂的生产会涉及5000余种材料与上百家供应商，针对不同材料的供应风险识别与及时应对，对工厂稳定经营是非常重要的。于是，成都工厂根据已有的原材料需求变化数据、供应商交付及质量表现数据，使用集成学习算法，预测风险物料的供应，并通过对算法的持续迭代，找出最优风险预测解。数据显示，相比于基于人工的物料供应预测，基于算法的物料供应预测将预测准确率从46.65%提升到了80.40%。

伴随着数字化建设三个阶段的完成，成都工厂的数字化转型也从信息集成逐渐迈向智慧运营，同时工厂也从"数字化工厂"向"智能工厂"迈进。

数字化转型是一个长期的系统工程，是永无止境的企业升华旅程，需要不断地随着外部变化和企业环境的变化去作出相应的调整、优化、迭代。正如全球数字化转型专家布莱恩·索利斯（Brian Solis）所说："数字化转型不是终点，而是一个持续的过程。"

12.1.2　制定切实可行的转型实施路线，确保目标达成

为了确保数字化转型架构蓝图的落地，实现企业的数字化转型愿景，企业需要规划并制定切实可行的数字化转型实施路线，如图12-1所示。首先，要围绕企业的数字化转型愿景、数字化转型架构蓝图及业务目标，识别并确定支撑数字化的关键举措，确定数字化转型需要做什么；其次，要承接数字化转型关键举措，导出并规划数字化变革项目，同时识别各项目间的关联关系，为每个项目确定一个项目负责人；最后，要根据企业的策略、资源约束及预算情况，评估数字化变革项目并确定其优先级。这样一来，就能明确开展数字化变革项目的先后顺序，形成量身定制且切实可行的数字化转型实施路线图，统筹指引数字化转型。

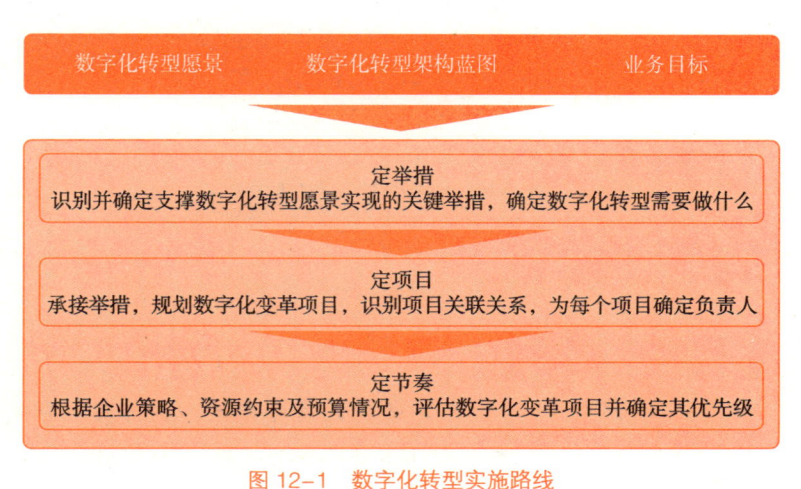

| 数字化转型愿景 | 数字化转型架构蓝图 | 业务目标 |

定举措
识别并确定支撑数字化转型愿景实现的关键举措，确定数字化转型需要做什么

定项目
承接举措，规划数字化变革项目，识别项目关联关系，为每个项目确定负责人

定节奏
根据企业策略、资源约束及预算情况，评估数字化变革项目并确定其优先级

图12-1　数字化转型实施路线

【案例】微软财务数字化转型的实施路线图

根据前面的介绍，我们知道微软财务数字化转型愿景是"利用创新技术，财务可以通过合规及精准高效的能力来加强业务领导力"。围绕这一愿景，结合普华永道的财务数字化转型路线图，如图12-2所示，微软制定了属于自己的财

务数字化转型路线图,如图12-3所示。

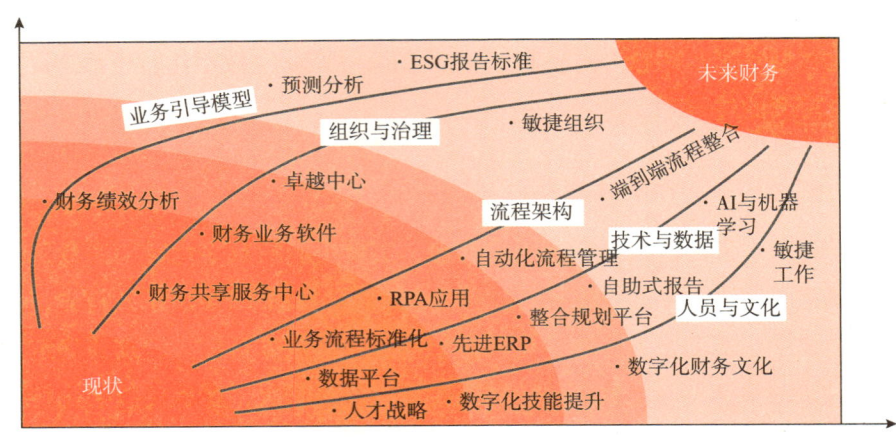

图12-2 普华永道的财务数字化转型路线图

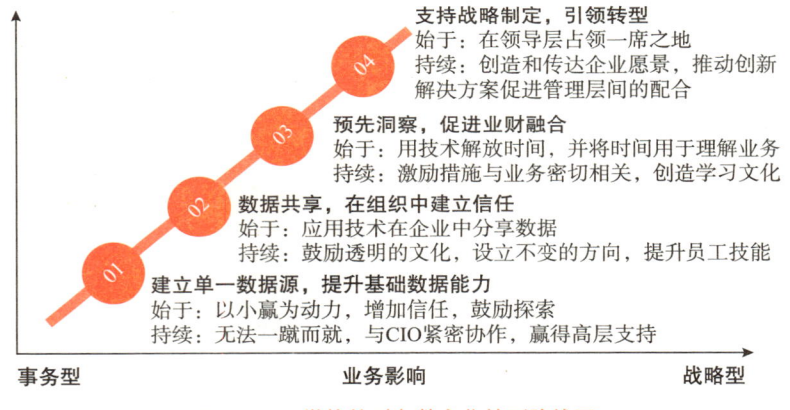

图12-3 微软的财务数字化转型路线图

从图12-3中可以看到,微软是通过"建立单一数据源""数据共享""预先洞察""支持战略制定"四个阶段来不断提升财务价值,最终实现微软的财务数字化转型愿景的。而微软在数字化转型的每个阶段,都会根据企业的实际情况,以速赢和试点项目作为数字化转型的突破点,先易后难,以小步快跑的方式有序推动企业的财务数字化转型。而且,微软财务数字化转型试点的成功,赢得了微软上下的认可与支持,从而为后续开展更为复杂和困难的项目夯实了基础。

现在,微软财务团队已经走到了业务前端,他们可以第一时间将准确且一致的信息提供给企业领导层，同时根据数据对机遇和风险进行预测，帮助企业制定面向未来的战略。

可见，企业需要制定科学有效、切实可行的数字化转型路线，以指导数字化转型项目的落地实施。好比写小说先定大纲、出门旅游要做攻略，企业的数字化转型也要先有明确有效的实施路线，以全局为视野，直观、系统地展示企业数字化转型所包含的阶段、每个阶段的目标、所包含的数字化项目及每个项目大致的项目周期和关键时间节点，以保证在后续的执行阶段中，企业能够一步一步、不偏离轨道地持续布局和实施，确保最终转型目标的达成。

【管理方法】德石羿团队复制标杆经验，制定 ISC 数字化变革实施路径

华为在推进 ISC 数字化变革时，期待通过业务与技术的双轮驱动，构建及时、敏捷、可靠的主动型供应链，使企业的供应链"更简单、更及时、更准确"。为此，华为变革项目组与埃森哲顾问团队用时四个月，构思并勾勒出了 ISC 变革的愿景与蓝图，并制定了供应链数字化转型五年工作规划，以确保 ISC 数字化变革成果能最终转化为"固有"的组织能力。

德石羿团队通过复制标杆经验，结合自身实践，打造了属于自己的 ISC 数字化变革实施路线，如图 12-4 所示：三年项目建设期，基本完成 ISC 能力构建、业务验证和部署落地；两年运营夯实期，将变革成果内化为组织能力。

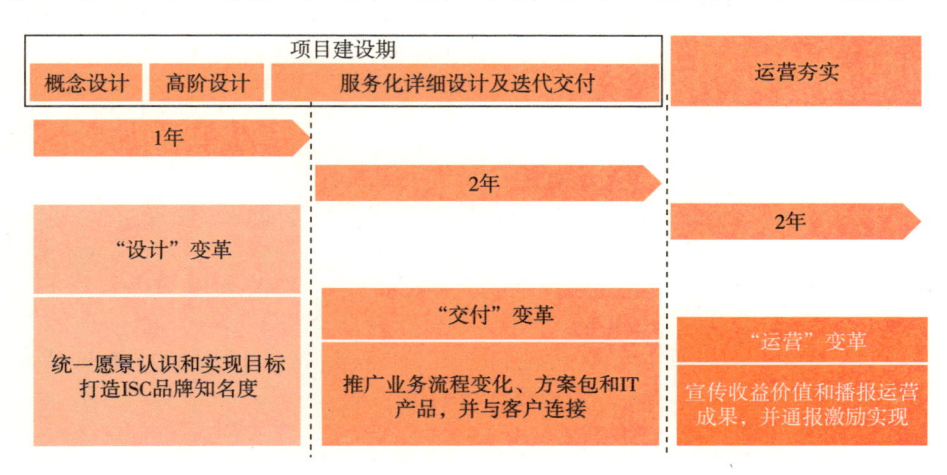

图 12-4　德石羿团队 ISC 数字化转型的实施路线

笔者所在的德石羿团队在为某家居企业做供应链数字化变革时，通过现状

分析识别出数字化建设中的痛点：当前供应链体系的上下游衔接未完成，生产计划排产也不成熟。针对这些痛点，德石羿团队以构建贯通的产供销计划集成体系为数字化转型目标，制定了供应链数字化变革路线图：

（1）2023年，确立并共识ISC数字化转型愿景。
（2）2024年，基于物流条码系统，构建物流管理系统。
（3）2025年，建设供应链的运营和绩效管理能力，实现供应链可视化运营。
（4）2026年，加强智能制造和自动化仓储管理能力。

需要注意的是，数字化转型实施路线制定好之后，需要管理层对绘制的数字化转型实施路线图进行审核。在审核的过程中，如有必要，管理层可以更改数字化变革项目，或退回原计划方案，要求数字化变革团队进行修正。

总之，为最大限度地确保数字化转型项目的落地，企业需要结合自身实际情况制定切实可行的数字化转型实施路线，引导数字化转型的实施。

12.2　对准价值和转型愿景，识别并确定关键举措

企业数字化团队需要设计并定义一套衡量数字化转型成效的指标体系，确保数字化转型不偏离航向，并达成数字化转型的目标。同时，还要沿着架构蓝图，识别并导出支撑数字化转型愿景实现的关键举措，以有效支撑数字化转型的落地。

12.2.1　引入变革价值度量，定义衡量数字化转型成效的指标

中国科学院院士、中国计算机学会理事长梅宏认为，数字化转型是一场根本性变革。而对于变革，企业领导层通常会关心变革要做什么、实现什么目标，以及如何衡量这些目标是否达成。对于数字化转型也是如此，也就是数字化转型需要做什么、要达成什么样的目标及怎样衡量数字化转型的目标完成度。

因此，企业数字化团队在规划数字化转型项目实施路线的同时，需要设计一套指标体系来衡量数字化转型的成效，让领导层及时了解数字化转型带来的价值，同时确保数字化转型走在正确的道路上。其中，指标是指对所观察事物的一种量化统计，如企业的收入、利润，销售人员的日成单量等。

根据笔者和德石羿团队的实践和总结，企业数字化转型价值评价体系可分为战略价值、业务价值、管理价值三个层次。

（1）战略价值。战略价值是指企业从变革得到的总利益与变革总代价的比较，其通常体现为竞争能力，包括质量、速度、柔性，如 PO 处理效率、订单履行率、数字化交易覆盖率。

（2）业务价值。业务价值是指企业战略规划、经营计划的实现情况，其通常体现为财务和规模指标，用于衡量内外部具体的变革价值，如销售增长率、营收增长率。

（3）管理价值。管理价值是指企业管理流程和体系的完善程度，包括组织、流程、IT、数据等方面，其用于衡量企业经营改进的能力，如 IT 产品满意度、交易数据入湖、数据质量、应用服务化。

【案例】微软变革：框定业务变革的价值

作为 PC 时代的巨擘，微软却没能对移动互联网的到来有清醒的认知。在萨提亚·纳德拉上任之前，微软正处于前所未有的低谷：在智能终端、社交、电商等业务上纷纷陷入失语状态，不仅落后于时代，也落后于苹果、谷歌和 Facebook（现更名为 Meta）等竞争对手；云计算业务已成为亚马逊主导的天下；Bing 搜索在继续烧钱，但是份额也不到 6%；Windows 8 成为微软历史上被诟病最多的系统；企业的市值也处于低谷，不足 3000 亿美元。微软自此由领导者变为跟随者。

2014 年，萨提亚·纳德拉出任微软 CEO，他上任后最重要的决定就是推动云计算落地，带领微软开展数字化变革，同时调整核心业务，放弃对存量市场的执念，让微软不再过分依赖 Windows 的盈利，而是找到其他新的盈利点。依据充分的分析，萨提亚判断云端可能重新定义下一个互联网时代，于是下注打造了微软云计算业务 Azure。即使当时亚马逊云平台（AWS）已经抢占先机，但是微软 Azure 依然凭借自身的硬实力与决心，在 2015—2018 年使其收入的增长速度保持在每季度 90% 以上，成为全球收入最高的云服务供应商，并逐步成长为 AWS 最具实力的竞争对手。

与此同时，萨提亚还致力于改造微软的企业文化，不再把客户和合作伙伴当作可以榨取利润的对象和竞争对手，而是变得更加包容，以开放的姿态将开发者吸引到 Azure 云服务平台。例如，微软前任 CEO 史蒂夫·鲍尔默曾将

Linux 操作系统和基于 Linux 的开源软件称为"癌症",因为它和 Windows 是竞争对手。而现在,微软在 Azure 云计算上使用的操作系统,更多的是基于 Linux,而不是自家的 Windows。

微软实施变革后,从 2014 年到 2022 年,企业整体营收增长 2.3 倍,市值规模增长 6.8 倍,市值重回巅峰,在 2022 年突破 23 000 亿美元,全球排名第二。

笔者在为某家居企业做供应链数字化转型咨询服务时,确定供应链数字化转型目标及对应的衡量指标是:构建贯通营销、制造、供应链的计划集成,实现价值链层面的产供销一体化,供应链运营效率持续提升,预测准确率提升 40%,计划变动率降低 25%。

实际上,企业在开展数字化转型的过程中,在引入变革价值度量时,可以基于传统的指标,加上与数字化转型相关的数字化指标,用于衡量数字化转型的成效。

12.2.2 识别并导出支撑数字化转型愿景实现的关键举措

关键举措是对准数字化转型愿景,沿着数字化转型架构蓝图,导出支撑数字化转型愿景实现需要采取的行动,主要包括业务增长举措和能力建设举措,涵盖的内容有客户关系管理、营销管理、研发管理、交付管理、平台建设等。需要注意的是,数字化转型架构蓝图中分解出来的每一个架构要点都将体现在数字化转型的关键举措中。

【案例】华为:基于数字化转型愿景,识别并导出的 5 个关键举措[①]

(1)客户交易简单高效

实现客户交互方式的转变,用数字化手段做厚、做深客户界面,提升客户体验,提高客户满意度,帮助客户解决问题。

(2)一线作战灵活

实现作战方式的转变,以项目为中心,提升一线销售团队和交付团队的数字化作业水平,实现领先于行业的运营效率。

---

① 华为企业架构与变革管理部. 华为数字化转型之道 [M]. 北京:机械工业出版社,2022.

（3）平台能力提升

实现企业各平台业务能力的数字化、服务化，实现能力按需调用，支撑一线作战人员，支撑与客户全连接。

（4）基于清洁数据的数字化运营

打破数据孤岛，建设企业统一的数据底座并不断汇聚数据，促进数据共享。实现运营模式的转变，简化管理，提高决策效率和时效性，给一线人员更多授权。

（5）云化、服务化的IT基础设施和IT系统

统一建设云化数字化平台，并构建多云架构管理能力，实现IT系统服务化建设并完成云化，提升IT资源和资产的利用率及应用实施效率。

【案例】上海市数字化转型战略与关键举措

为深入贯彻习近平总书记关于数字中国、智慧社会的战略部署，践行"人民城市人民建、人民城市为人民"的重要理念，上海市委、市政府于2020年年底公布了《关于全面推进上海城市数字化转型的意见》（以下简称《意见》），明确了上海城市数字化转型的定位：推进"经济、生活、治理"全面数字化转型，为加快建设具有世界影响力的社会主义现代化国际大都市奠定扎实基础。

同时，《意见》明确了城市数字化转型的战略目标，到2025年，上海市全面推进城市数字化转型将取得显著成效，国际数字之都建设将形成基本框架；到2035年，上海市将成为具有世界影响力的国际数字之都，如图12-5所示。

为实现"十四五"规划及2035年的战略目标，《意见》确定了以下关键举措：①以数据要素为核心，形成新治理力和生产力；②以新技术广泛应用为重点，大力提升城市创新等级；③以数据底座为支撑，全面赋能城市复杂系统；④再造数字化时代的社会运转流程；⑤重构数字化时代的社会管理规则；⑥塑造数字化时代的城市全新功能。

上海市用一条条细化举措，重建数字化时代的城市运行生态，引导全社会共建、共治、共享数字城市，为打造国际数字之都夯实地基。

愿景与使命	**上海市数字化转型愿景** 推进"经济、生活、治理" 全面数字化转型，为加快建设具有世 界影响力的社会主义现代化国际大都市奠定扎实基础
战略意图	推动经济数字化转型　推动生活数字化转型　推动治理数字化转型 提高经济发展质量　　提高城市生活品质　　提高现代化治理效能
战略目标	到2025年，上海市全面推进城市数字化转型将取得显著成效，国际数字之都建设将形成基本框架 到2035年，上海市将成为具有世界影响力的国际数字之都
关键举措	1.以数据要素为核心，形成新治理力和生产力　2.以新技术广泛应用为重点，大力提升城市创新等级　3.以数据底座为支撑，全面赋能城市复杂系统　4.再造数字化时代的社会运转流程　5.重构数字化时代的社会管理规则　6.塑造数字化时代的城市全新功能

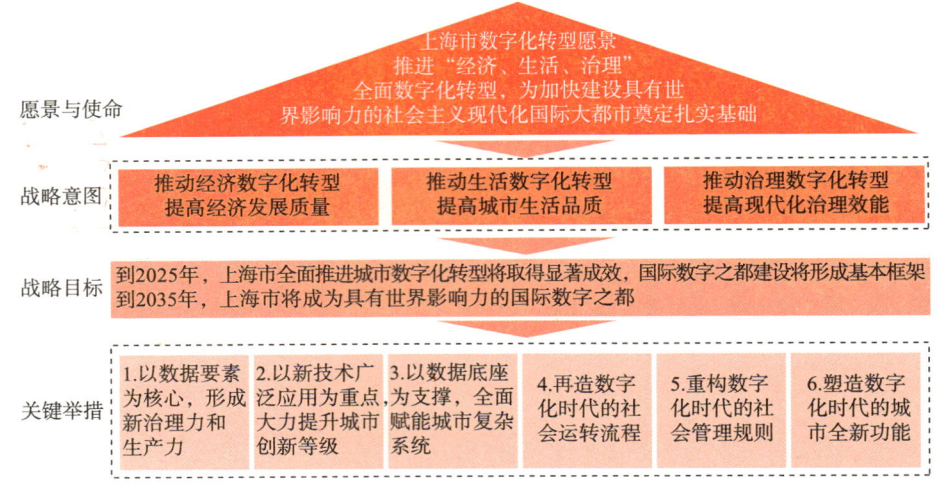

图 12-5　上海市数字化转型战略与关键举措

在明确识别出关键举措之后，企业还要考虑各关键举措之间的相互依赖关系，依赖关系是完成各个关键举措的必要条件。企业数字化转型愿景的实现与战略的执行落地，不仅需要企业内部各个部门的协同合作，更需要产业链条上其他合作伙伴的协助。

归根结底，企业数字化转型目标能否达成的关键在于组织自身。一方面，组织要实现自我驱动，识别和聚焦自身的核心能力，实现自我提升；另一方面，组织应以开放的心态充分利用外部力量，快速补齐能力短板，构建互利共赢的生态体系，以促进自身发展。

12.3　承接关键举措，对变革项目进行总体规划

每个关键举措是需要由一个到多个变革项目来支撑的。 在识别并确定关键举措之后，下一步要做的就是规划数字化变革项目，识别各数字化变革项目间的关联关系，进而设计项目卡片，为数字化变革项目的具体实施提供指导。

12.3.1　基于关键举措，导出数字化变革项目清单

数字化转型的关键举措很重要但实施难度也比较大，同时它们又是支撑数字化转型目标实现的保障。成功实施这些关键举措，一是要明确任务，而任

务又需要有明确的含义及范围界定，并获得行动支持；二是要保持对核心的关注，聚集资源。项目制的闭环管理能满足这些落地条件。那么对于关键举措的实施，该如何采用项目管理的办法来实现呢？

考虑到数字化转型项目中一个关键举措需要由一个到多个变革项目来支撑，企业数字化规划团队可从两个方面着手进行项目规划：一方面是瞄准企业当前的关键业务问题，从中找准数字化转型的突破口，进行项目识别并以点带面进行突破；另一方面是瞄准一个到多个全局性的数字化转型抓手，在企业层面组建跨部门项目组，集中各部门力量集中攻关，进而带动相关转型工作的开展。

【案例】华为：根据数字化转型关键举措，导出数字化变革项目清单

根据前面的介绍，基于数字化转型愿景，得到的华为数字化转型的关键举措有 5 个。为确保每个关键举措的实施，华为数字化规划团队瞄准当前的关键业务问题（业务协同困难、应用系统复杂等），导出了华为的数字化变革项目清单，如表 12-1 所示。

表 12-1 华为的数字化变革项目清单

序号	关键举措	数字化变革项目	责任人
1	客户交易简单高效	交易流数字化	各 BG 负责分头承接相应项目
		伙伴协同数字化	
		零售门店数字化	
2	一线作战灵活	营销数字化	由某一 BG 主导建设，其他 BG 参与
		销售数字化	
		交付数字化	
3	平台能力提升	产品数字化	由企业各平台部门承接相应的项目
		供应链数字化	
		智能制造	
		数字化办公与协同	
		知识管理	
4	基于清洁数据的数字化运营	数字资产管理	企业统一负责数据底座建设，各业务部门参与内容建设
		数字化运营	
5	云化、服务化的 IT 基础设施和 IT 系统	云化数字化平台	企业统一建设

基于数字化转型关键举措，规划并导出具体实施项目，需要企业规划团队在明确每个项目的目标范围、启动时间点及完成标准的基础上，将举措的关键内容纳入其中。与此同时，企业规划团队在项目规划的过程中要对与该项目强相关的存量项目进行审视、筛选和调整，如有必要可以进行关停或变更，甚至可以直接将关键举措并入新项目之中。

另外，秉承着共同的数字化转型愿景和战略目标，这些关键举措下的各个数字化变革项目之间存在较强的依赖性，因此企业规划团队需要为每个项目明确责任部门和其他参与部门，确保各个变革项目的顺利实施和落地。由此，在对各项目进行前期设计时，要重点识别出该项目的如下信息[①]。

（1）目标和范围：明确项目完成之后将取得的数字化成果。

（2）问题或差距：当前存在的关键问题或与行业水平的差距。

（3）相关业务能力：通过业务架构设计，识别项目将重点关注哪些业务能力的提升或新建，用于明确项目的范围。

（4）关键任务：项目需要完成的关键任务，可以是实现某流程端到端高效打通，构建某连接平台以促进高效协作和交易，实现某业务对象的数字化以减少数据断点等，这些任务都来自举措架构设计的结果。

（5）业务价值和主要数字化指标：明确目标及关键任务完成后将达到的效果，用可衡量的具体指标来呈现。可以是业务效率提升（如某周期缩短、某自动化率提升等），也可以是体验提升（如线上业务占比、客户满意度提升等）。

（6）风险与项目依赖：在推行和落实项目的过程中，可能存在的风险，或者对其他项目的关键依赖等。

（7）项目责任人：项目责任人要具有强烈的"作战"精神，且有超越本职工作的协调与指挥能力。他们要承担的责任中更重要的是与所负责项目相关的机构、部门和人员进行协同作战。

12.3.2 设计项目卡片，指导数字化变革项目的具体实施

在导出数字化变革项目清单后，企业需要根据变革目标，并结合业务实际，主动进行融合与改进，使变革项目高效率开展，即有效地进行项目

---

① 华为企业架构与变革管理部.华为数字化转型之道[M].北京：机械工业出版社，2022.

管理。

孙子兵法有云："谋定而后动，知之而有得。"意思是带兵作战必须做到"三思而后行"，才能"未战而庙算胜"。项目运作也是一样，"先瞄准，再开枪"，才能提高打中靶心的概率，减少无用功。

一般而言，项目团队是因某些任务而组建的，成员来自不同部门，要让有不同想法的一群人按照企业的诉求统一思想和目标，达成共识，并为企业的统一目标而齐心协力，保障项目运作的高效性，一方面需要以规范化的管理模式作为支撑，另一方面需要以合理的团队结构作为支撑。

而基于数字化转型关键举措导出的各个相互依赖、相互关联的变革项目，还需要企业规划团队在项目前期进行项目卡片设计，如图 12-6 所示，明确项目责任部门，分析并描述各个数字化变革项目开展的项目目标与范围、项目关键任务、项目风险与约束条件、主要数字化指标等关键内容，为项目后续的具体实施提供指导。

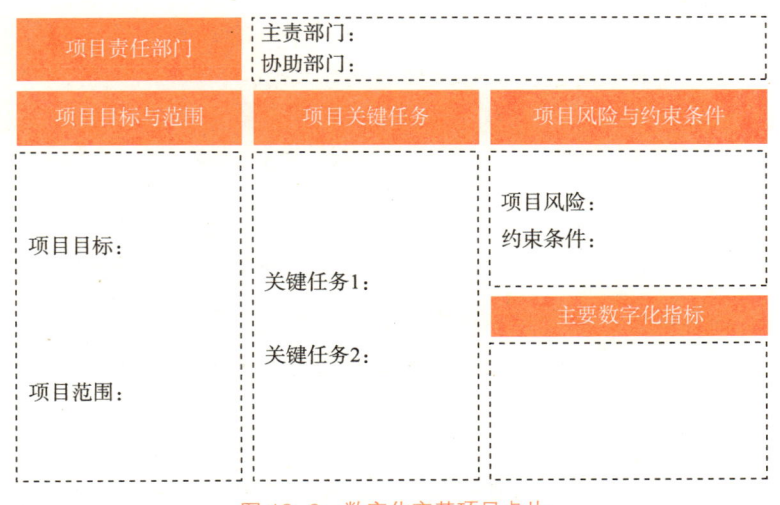

图 12-6　数字化变革项目卡片

综上来看，通过项目卡片，明确规定项目的目标与范围及各方在推行实施准备阶段的责任，找准项目团队工作的方向，并使其不偏离正确方向，从而确保随后的变革稳步推进，保证项目工作的有效性。

12.4　评定变革项目优先级，有计划分步骤进行

数字化转型是一个循序渐进的过程。为了让企业有限的变革预算和项目资源发挥最大的效用，企业需要评定数字化变革项目的优先级，有计划、分步骤地推进数字化转型，确保企业数字化转型的成功落地。

12.4.1　根据企业策略和资源约束，评定数字化项目优先级

无论是一个人还是一家企业，其精力、资源和能力终究是有限的。在数字化转型中，企业需要集中精力办大事，将钱花在刀刃上。

雪花啤酒在国内啤酒市场上销量已经领先其他啤酒企业十多年了，在解决了"数量"问题后，雪花啤酒开始考虑如何更好地实现高质量发展，以便成为一家有数量规模、市场地位，且具备品牌声誉的企业。于是在2019年年底，雪花啤酒开启了数字化转型。

在数字化变革推进过程中，雪花啤酒数字化转型负责人郭华强调，企业在数字化转型上要做到策略聚焦、打法聚焦及考核聚焦。

第一，策略聚焦。它是指数字化转型方向、目标要聚焦，要有重点地去推进数字化转型。在每个工作领域里，确定一个重点项目和中心任务，如果项目选得不准，那该领域的工作就很有可能会被认为是无成效的。

第二，打法聚焦。比如，雪花啤酒现阶段主要是在队伍建设层面发力，拉通信息，降低沟通和管理成本，提升整体工作组织能力。

第三，考核聚焦。所谓考核聚焦是指加强指标和目标化的管理，全面推进量化考核。

由此可见，企业一般是不能同时启动基于数字化关键举措导出的数字化项目的。一旦同时启动，就有可能使企业因为精力不够，出现数字化转型达不到预期目标的问题。

为此笔者建议采用多项目管理的方法，对多个共存的数字化变革项目进行管理，确保项目资源得到充分利用，同时避免项目整体失控。

多项目管理或者说项目群、项目管道管理，是指企业对组织范围内多个项目进行统一协调，使这些项目的综合执行效果达到最优的项目管理方式。

多项目管理解决的是组织内多个项目与企业的战略如何连接及如何协调多个项目之间的资源配置的问题，同时，它既是战略管理的延伸，也是连接数字化转型战略、企业架构与具体变革项目的桥梁。多项目管理的主要特点如下。

（1）**战略性**。多项目管理的着眼点是整个组织，是站在组织这个层面上去考虑如何管理项目的。它是战略的一部分，是战略的延伸。

（2）**集成性**。多项目管理的管理对象是组织内的多个项目，它是战略管理与项目管理的桥梁，其集成了战略管理、项目管理及资源管理的特点，能有效解决项目间、部门间资源配置的问题。

（3）**层次性**。多项目管理的目标是组织的战略、资源的优化配置和各种关系的协调，它通过项目、项目群、项目集的成功实施来实现目标管理，其有明显的层次性。

多项目管理要求项目管理办公室（Project Management Office，PMO）根据项目的紧急程度、对企业战略实现的重要性来评定项目优先级。对于企业战略得以实施的最重要且最紧急的项目一般排在最高级。在确定优先等级之后，PMO 便可以根据排序来合理分配各个项目的资源。

笔者在对多个重大客户进行辅导时发现，这种对项目群或项目管道进行综合管理的能力，在很多企业中实际上是缺失的，在开展变革或大规模业务时，很多企业的项目管理体系或能力建设，是严重不足的。相对于华为，很多企业的整体项目管理能力还停留在华为 2001 年以前，甚至是更早时期的水平。项目化的运作和管理能力非常重要，这里就不再展开讲述了。

在评定项目优先级时，PMO 需要结合项目对业务战略的支持、项目为组织带来的预计收益、项目的实施风险、项目规模和工期、项目方案的成熟度、变革管理难度等因素，制定统一的项目优先级评估标准，并确定合适的权重，如表 12-2 所示。

表 12-2　项目优先级评估（示例）

序号	标准	权重	得分
1	战略重要性	0.20	
2	预期投资回报率	0.15	
3	项目总金额	0.10	

续表

序号	标准	权重	得分
4	项目总工期	0.10	
5	总包或分包	0.10	
6	分包数	0.10	
7	新技术应用	0.10	
8	项目团队规模	0.05	
9	相关方对失败的容忍程度	0.10	
	总得分	1.00	

基于多年的数字化转型咨询服务经验，并结合华为和德石羿团队的实践，笔者在评定不同数字化变革项目的优先级时，以问题的紧迫程度（如安全、业务连续性等风险）为 x 轴、业务价值（如与业务战略高度匹配、具备全局影响并对各领域转型有牵引示范作用的程序）为 y 轴，同时结合项目与数字技术的相关性，评定数字化变革项目为"高优先级"项目还是"次优先级"项目，如图12-7所示，进而为如何推动数字化转型变革的实施提供指导。

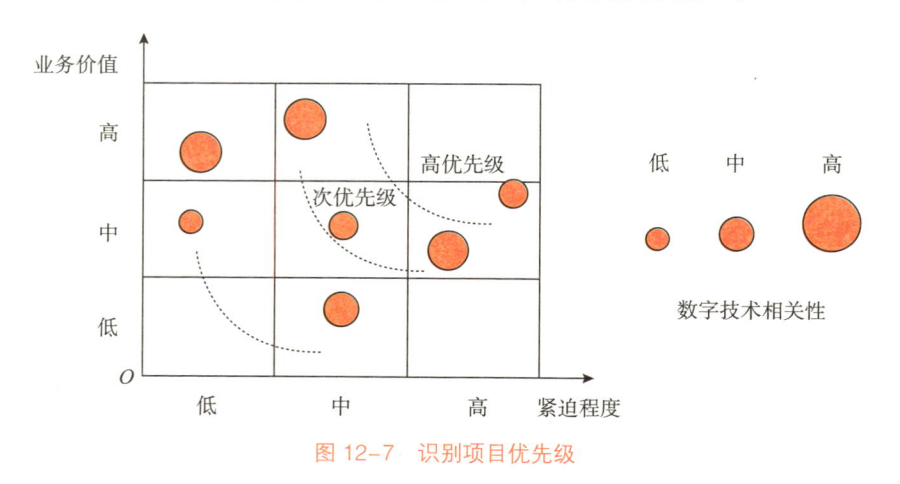

图12-7　识别项目优先级

与此同时，PMO还需要在项目启动阶段再次对变革项目的优先级进行核实，其主要作用体现在以下几个方面。

（1）根据项目优先级，为项目委派级别合适的项目管理员。优先级高的项目需要委派能力级别高的项目管理员，以保证项目的成功。

（2）搭建合适的项目组织结构并选择合适的项目团队成员。高优先级的项目可能采用项目型组织结构，同时让所有项目成员都全职投入该项目的工作，不能兼职其他工作，最大限度地确保项目的成功。

（3）项目优先级的不同，项目监控方式也不同。比如，对于优先级高的项目，在启动和计划阶段，PMO将委派专家团队为项目计划编制提供指导和建议；在项目计划正式发布之前，PMO还将组织专家会议对项目计划进行评审；在项目实施与监控阶段，PMO将进行定期的绩效审查或现场巡查等。

（4）建立项目优先级规则，有助于解决多项目之间的资源冲突。比如在项目实施过程中，当多项目之间出现资源冲突时，组织倾向于把有限的资源投入优先级更高的项目中。

企业的资源是有限的，要想确保数字化转型的成功落地，企业必须在转型前从数字化变革项目中，根据项目优先级排序，甄选出最近1～3年需要实施的数字化项目，以逐步推进数字化转型项目的实施。

12.4.2 把控节奏：重点突破，逐步深入

《老子》有云："合抱之木，生于毫末；九层之台，起于累土；千里之行，始于足下。……慎终如始，则无败事。"意思是说，世间万事万物都有一个发展演进的过程，我们做任何事情都不可能一蹴而就，只有循序渐进、逐步深入、脚踏实地，才能立于不败之地。对于企业而言，则更是如此。数字化转型是一个长期、复杂且艰巨的过程，其间需要执行落实的事情不知凡几，因而企业更要把控住转型节奏，遵循重点突破、逐步深入的战术原则，将转型逐一落到实处。

为此，在数字化转型过程中，企业需要把钱花在刀刃上，聚焦更迫切的数字化场景来进行变革。

在企业完成对各个数字化变革项目的优先级评估，明确各个变革项目的优先等级之后，对于"高优先级"项目可以马上启动，并由企业给予战略投资及其他资源；对于"次优先级"项目，则可以根据企业预算和资源的实际情况进行安排。如果预算和资源允许，"次优先级"项目也可以马上启动；如果预算和资源不允许，则可以先进行跟踪观察，等时机成熟且预算到位之时再启动。

华为在开启数字化转型时，并不是一开始就启动所有数字化变革项目的，而是从中选择"高优先级"项目作为转型的突破口。比如，华为聚焦"客户交

易"，立马启动了交易流数字化项目；同时，华为以"能力数字化"为突破口，先期启动了"高优先级"项目：数字化主动型供应链与智能制造。

同样地，笔者所在的德石羿团队在为服装公司U做数字化变革咨询服务时，通过前期与U公司的中高层进行深度访谈，发现其存在以下问题。

（1）U公司管理团队基本思考清楚了"去哪儿"的问题，但是对于具体落地"怎么去"，仍需要清晰、系统的方法进行路径规划与闭环管理。具体表现为各经营单元对市场和竞争环境的认识缺乏定期科学审视机制。

（2）在向数字化转型的过程中，U公司缺乏能应对更庞大商业规模的领军人才梯队。

（3）随着业务的快速发展，U公司现有的组织结构由于缺乏顶层设计和活力，不利于集成作战，难以支撑U公司战略目标的落地实现。

（4）U公司所在行业的竞争日趋激烈，而HR组织仍为专业职能制导向的人力资源管理，缺乏以战略为导向的能力建设，难以支撑U公司业务的高速发展和战略的实现。

（5）U公司的组织绩效管理未形成闭环，难以做到正确地评价、正确地分配价值，在激活组织、为U公司真正创造价值方面稍显薄弱。

针对这些问题，笔者所在的德石羿团队结合U公司的实际情况，按照"重点突破、稳中求进、持续推进、逐步深入"的策略，制定了U公司数字化转型实施节奏，如图12-8所示：分三步走，用3~5年时间，紧紧围绕"数字化"，提升能力，做大规模，做强公司，构建"战略—执行—流程—IT—人才—绩效—薪酬激励"的数字化大厦，分步骤地一一执行和落实，最终实现数字化目标。

第一步：理念、组织优化与激活	第二步：人才流程、运营	第三步：迭代优化
➤ 转型愿景与目标定义 · 能力现状评估 · SDBE战略管理框架 · 组织诊断与优化 · 组织结构顶层设计优化 · HR组织设计 ➤ 组织绩效体系 · 组织绩效的评价与反馈 ➤ 数字化蓝图架构规划 · 顶层蓝图、EA、BA、TA规划	➤ 高绩效团队与干部管理 · 高绩效团队OT建设 · 干部管理 ➤ 领域变革落地咨询和建设 · 流程管理理论和方法导入 · 业务流程梳理，分领域的流程建设 · HR、财经等领域变革试点 ➤ 卓越运营 · AT、ST、经营分析会	➤ 领域变革持续迭代优化 · 试点项目迭代优化、全面推行 ➤ 能力建设持续推进 · 个人绩效、目标管理 · 全面财经管理 · 营销体系 · 其他能力体系建设 ➤ 数字化转型持续推进 · 数据质量提升 · 领域数字化运营
	1年	1~4年

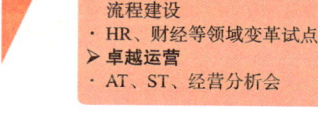

图12-8　U公司的数字化转型实施节奏

以小见大，见微知著。数字化变革项目的开展和整个数字化转型战略的执行都不是一蹴而就的。无论是科技巨头，还是小微企业，它们的数字化转型的进程都应根据自身的发展阶段和实际情况，秉承循序渐进的原则，从规划到计划执行逐步推进实施，并在实施过程中持续迭代、优化。

虽说企业数字化转型没有标准答案，但并非无章可循。业界已经有大量的实践和总结，给出了一些有普遍参考价值的经验。

如腾讯通过转型实践找到了适合自身的支点，实现了数字化转型的有序推进，其数字化转型遵循以下三种思路。

（1）由小往大做："千里之行，始于足下"，找到小切口、大市场的场景。比如，腾讯的微信、腾讯会议，它们虽然早期只是两个简单的工具，但是能精准满足客户的核心诉求。随着客户数量的飞速增长，这两个工具很快就升级成了平台，并围绕平台形成生态。

（2）由上往下做：先从看得见的体验做起，让最终的使用者能够直观地感受到价值。通过看得见的体验拉动底层基础设施建设。比如，腾讯为中交建集团搭建的集团级数字共享服务平台，先通过小而美的、轻量化的应用来吸引集团员工上云、上平台，再不断完善基础层和平台层的建设。

（3）由外往内做：先做消费侧的数字化，再由消费侧数字化反哺供给侧的数字化。换言之，就是经常讲的 C2B 模式。比如，腾讯为玲珑轮胎搭建了数字营销服务平台，轮胎卖了多少，卖给谁，在哪里卖的，其数据都是实时、动态的。相关各方能根据客户侧的即时数据，对销售、排产及库存计划进行动态调整。

腾讯的数字化转型实践为众多沉浮在数字化转型浪潮中的企业提供了一个重要的启示：在转型过程中，企业需要找到适合自身的支点，以更好地撬动整体的数字化转型。

第13章 转型蓝图需要项目化的变革来落地

数字化转型不仅仅是企业在技术层面的发展与应用突破，更是企业实现从信息化走向智能化的核心步骤，其本质上仍然是企业管理变革。

很多企业家年年在讲战略，年年在讲变革，但经常发现，一顿操作猛如虎，问题年年讲、年年有，一直未能有效解决问题、落地战略。其本质是，战略的推进和管理变革的落地都不是靠喊口号、"打鸡血"就能解决的，这些都是有专业和具体的方法的，需要大家认真体会和学习。

企业可以采用专业化变革的方式，运用项目化的管理思维来推进数字化转型，以确保企业数字化转型的有序落地。

13.1 数字化转型"三阶十二步"法

"凡事预则立，不预则废。"数字化转型规划是企业数字化转型这项系统工程的顶层设计，是数字化转型过程中的关键指导，好的规划能够让企业避免盲目追求一步到位，也尽量避免重复建设和零敲碎打。

德石羿团队基于多年的咨询经验，并结合华为的实践，总结了数字化转型的愿景和企业架构蓝图的背后逻辑，即基于愿景的数字化转型规划"三阶十二步"法，如图13-1所示。从图13-1中可以看到，其中有一些步骤是可选的，但如果时间允许，笔者还是建议企业把所有步骤都走一遍，这样规划出来的项目会更具有实操性。

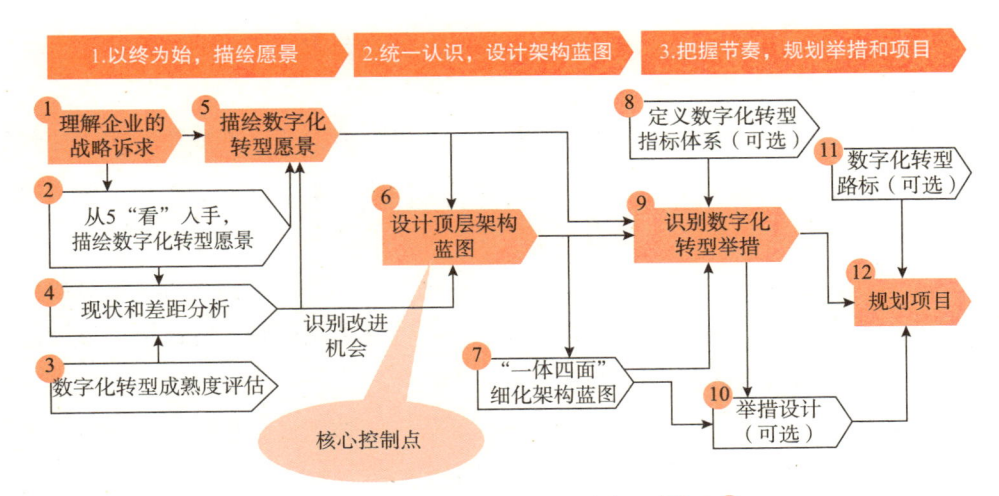

图 13-1 数字化转型规划"三阶十二步"法[①]

第一阶:以终为始,描绘愿景

数字化转型应由愿景驱动,从"站在后天看明天"的视角出发,以终为始,才能制定出有前瞻性的规划。在"三阶十二步"的第一阶中,包含五个步骤。

第1步,理解企业的战略诉求。要了解企业高层对业务战略和目标的想法并以及对数字化转型的期望;同时要结合 SDBE 战略解码,识别战略关注要点并进行深度分析,思考如何利用数字技术来支撑战略目标的达成,构筑企业的核心竞争力。

第2步,从5"看"入手,描绘数字化转型愿景。5"看"指的是看战略(了解业务对数字化转型的关键诉求)、看客户(理解客户对体验需求的变化)、看行业(洞察行业的发展趋势和演进方向)、看自己(识别自身数字化的现状与差距)、看技术(看数字技术的趋势及在企业中的应用场景)。

第3步,数字化转型成熟度评估。要选择合适的数字化转型成熟度评估模型,对照模型中的各项内容对企业的数字化转型成熟度进行评估,衡量企业的数字化转型水平。

第4步,现状和差距分析。要梳理企业的业务现状,并与业界标杆实践进行对比分析,识别数字技术和业务运作模式上存在的差距。

第5步,描绘数字化转型愿景。基于前面几个步骤的输出,要明确数字化

---

① 华为企业架构与变革管理部. 华为数字化转型之道 [M]. 北京:机械工业出版社,2022.

转型转什么及往什么方向转，清晰地描绘出数字化转型的愿景。

第二阶：统一认识，设计架构蓝图

基于对数字化转型愿景的系统诠释，整合设计数字化转型架构蓝图，才能使企业上下在同一张蓝图上统一认识。在"三阶十二步"的第二阶中，包含两个步骤。

第6步，设计顶层架构蓝图。要引入企业架构方法，从企业的视角对如何实现数字化转型愿景进行系统性的、分层分级的梳理和诠释。设计顶层架构蓝图是数字化转型规划的核心控制点。

第7步，"一体四面"细化架构蓝图。要以"一体四面"思路结合领域自身的诉求，对顶层架构进行细化，以支撑蓝图的落地。

第三阶：把握节奏，规划举措和项目

要对准数字化转型愿景，从架构蓝图出发，规划出关键举措，进而明确一系列数字化变革项目及其优先级。在"三阶十二步"的第三阶中，包含五个步骤。

第8步，定义数字化转型指标体系（可选）。可以设计一套数字化转型指标体系，或参考传统成熟的指标体系，在其基础上增设与数字化转型直接相关的数字化指标，衡量数字化转型是否达成了相应的目标。

第9步，识别数字化转型举措。要沿着架构蓝图，识别支撑数字化转型愿景实现的关键成功要素，形成关键举措，并对关键举措进行描述和定义。

第10步，举措设计（可选）。为了能够更好地落实举措，可以为每个举措设计架构方案，并将举措细化到具体的变革点。

第11步，数字化转型路标（可选）。可以通过制定数字化转型路标更好地把控数字化转型的节奏，明确哪些工作是数字化转型的基础工作，需要先期开展；明确哪些点是每一阶段路标应该关注的重点，需要集中突破。

第12步，规划项目。为了承接数字化转型的关键举措，需要对变革项目进行总体规划，明确变革项目的优先级，以及明确哪些项目由企业层级来做，哪些项目由区域来做，以确保数字化转型项目的有序推进。

13.2　用项目管理思维推进数字化转型

数字化转型的本质是一场复杂而又系统的变革。德石羿团队参照标杆经验，并借鉴华为的"七横八纵"变革项目管理体系框架,提出企业要用项目管理的思维来推进数字化转型的落地实施。

13.2.1 数字化转型本质上是管理变革

数字化转型是复杂变革,如果用冰山来比喻,那么我们看到的水面上的部分是企业的数字技术革新,而水面下的部分实际上是企业的经营运作,如图13-2所示。要做好战略管理、业务设计、流程优化、组织升级、文化重塑等一系列管理工作,才能夯实数字化转型的基础,支撑企业的长期生存与发展。

图 13-2 数字化转型

简而言之,数字化转型不仅仅是技术的简单迭代与应用,还是企业战略与业务的全面转型,其本质是企业的管理变革。

教育专家乔治·克里斯托弗·利希滕贝格曾提出:"我不能说,如果变革,事情是否会变得更好;我可以说的是,如果想变得更好,就必须变革。"

可见管理变革要以业务为导向,从实用的目的出发,做好数字化转型全生命周期管理,确保变革能够促进战略实现和业务增长。

华为从1996年开始,便吹响了"向西方学习管理"的号角,开始在人力、财务、质量、战略、运营及品牌管理等方面进行大规模的管理变革与数字化转型。在数字化建设上,华为奉行适用主义原则,不管技术的来源是哪里,只求适用。经过20多年的持续实践,华为成功完成了一系列的管理变革、业务流程重整和数字化转型工程。

由此可见,华为数字化转型成功的背后经历了复杂的变革过程,绝不仅仅是数字技术的革新,而是做好了战略、业务、流程、组织、文化等一系列变革管理。这也就解释了为什么我们没有办法再造一个华为,因为即便能够复刻华为的所有历史，其外部的环境的变化也不可重现，所以把各种制度及信息化体系照搬过来就想一步到位的想法是荒唐的。

哈佛商学院教授约翰·科特（John Kotter）在《领导变革》一书中定义变革为企业进行的新技术运用、重大战略转移、流程重整、兼并收购、业务重组、企业为增强创新能力而进行的尝试及文化改变等活动。由于这种改变涉及所有利益相关人责权利的再分配，因此企业需要运用专业的变革管理方法，把转型变革带来的不适应性和不确定性所产生的负面影响降到最低，尽可能减少变革的阻力，提高变革在干部、员工之间的接受度，促进变革的全面成功。

一家企业打算上线财务共享数字化平台，在看了标杆企业的系统后，觉得与自己企业的需求适配度很高，可以快速复制。但变革项目组仔细分析后发现，虽然本企业与标杆企业的业务流程基本一样，但具体业务、标准等需要根据自身的实际运作情况进行重新设计，最大的挑战是需要改变一线的操作习惯。因此，项目组必须请更多的一线业务人员参加讨论、修订并达成共识，否则后续在一线推行时会有很大的阻力。这时大家才意识到：这个看起来很简单的复制项目，实则需要对自身业务作出极大的改变。

最终，来自人、组织和惯性的阻力超过了预期，这个财务共享数字化平台上线的事只能不了了之。

可见，数字化转型绝不仅仅是上线一个新的技术平台，或者引入一套新的技术工具，而是不仅需要改变企业的业务流程和运营模式，还涉及与之相配的企业文化、管理者的责权利及员工的工作习惯等。比起技术问题，企业如何改变人的思维、文化、习惯和岗位的责权利，才是整个转型变革过程中最难解决的。

13.2.2　七横：对准业务价值，关注各层面的主要矛盾

为推进企业贯彻落实数字化转型这一重大战略，华为结合自身多年的转型实践经验，总结了一套有效的数字化变革方法论，搭建了"七横八纵"变革项目管理体系框架，来帮助各行各业以项目的方式来管理数字化变革项目。"七横八纵"变革项目管理体系框架完整地展示了数字化变革项目实施的各个阶段（纵向），以及贯穿变革始终的关键要素如何以项目的形式有效地组织并管理

（横向），如图 13-3 所示。

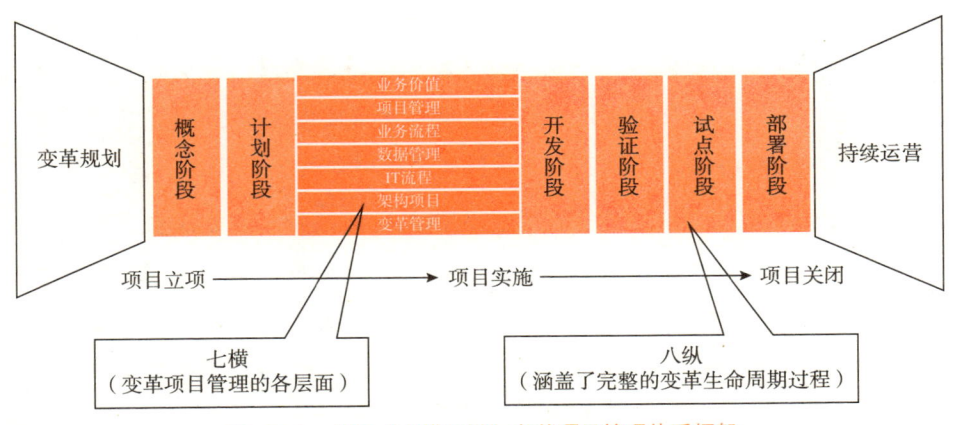

图 13-3　华为"七横八纵"变革项目管理体系框架

"七横八纵"变革项目管理体系框架的"七横"体现了管理变革项目需要包含的各个层面的内容，包括业务价值、项目管理、业务流程、数据管理、IT流程、架构项目和变革管理，其重点在于对准企业的业务价值，关注各个层面的主要矛盾。

（1）**业务价值**：作为项目的三个支撑方，技术、产品、运营分别承担着不同的作用，但真正驱动项目业务进度的还是业务本身。业务战略是数字化转型的龙头，业务本身的变革需求驱动了数字化转型目标的制定及后续变革解决方案和项目交付活动的产生和实施。

（2）**项目管理**：项目管理是指项目的管理者在有限的资源的约束下，运用系统的观点、方法和理论，对项目所涉及的全部工作进行有效管理的过程，即对从项目的投资决策开始到项目结束的全过程进行计划、组织、指挥、协调、控制和评价，以实现项目的目标。

（3）**业务流程、数据管理、IT流程、架构项目**：企业为实现价值创造，从输入客户要求开始，到产品及服务交付并获得客户满意，实现自身价值的这一端到端业务过程就是业务流。业务流是一切工作的原点和基础，它天然存在，只要企业明确了战略，选择了业务模式，就确定了其业务流，不论是否用业务流程来描述和定义。

流程是业务流的一种表现方式，是对优秀作业实践的总结和固化，其目的是构成不同团队执行流程时获得成功的可复制性；数据是在流程中跑的信息，是业务流各作业活动的输入和输出；而IT则是承载业务作业流程并实现业务数据自动传递和集成的使能器；架构项目是按照变革需要设计和刷新企业的数字化架构，含企业架构、业务架构、应用架构、数据架构和技术架构。业务流程、数据、IT、架构共同构成了数字化变革项目的解决方案。

（4）**变革管理**：当组织成长迟缓，内部不良问题频生，无法应对经营环境的变化时，企业就必须制定组织变革策略，对内部层级、工作流程及企业文化等进行必要的调整与改善，以促成企业顺利转型。由于只有组织中的管理层首先认识到变革的重要性、必要性和紧迫性，才能主动变革并领导组织中的每位员工积极参与变革，因此变革管理的对象包括管理层、基层员工、产品、服务及与之相关的流程。

如图13-4所示，"七横"的七个方面并非各自为政，而是有其内在的逻辑关联。

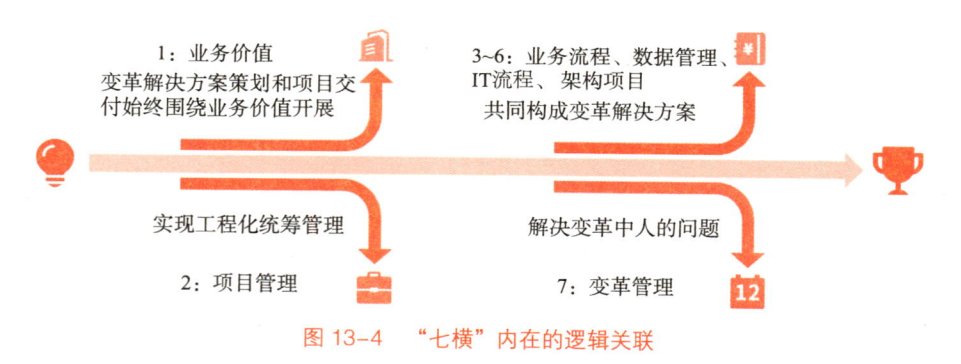

图13-4 "七横"内在的逻辑关联

首先，无论是前期整个数字化变革的解决方案策划，还是后续的数字化变革项目的展开和落地，都是围绕着企业的业务价值而开展的。

其次，数字化转型过程中所涉及的变革远不止技术的应用与迭代，而是业务流程、数据管理、IT流程及架构项目的综合变革过程。

再次，须采取项目化的运作方式，对整个转型变革过程实现工程化统筹管理，以保证变革的切实落地。

最后，为确保转型变革的有效实施，须采用变革管理的方式解决变革中有关人的问题，强调各层面员工之间的交流与沟通。

德石羿团队在为某零售企业做数字化转型变革时，对准企业的战略和业务价值，引入了变革项目管理，重点关注变革不同层次和领域内的主要矛盾，并用不同的专业方法来分层、分步解决：①企业的业务价值——变革解决方案策划和项目交付始终围绕企业的战略和业务价值开展，不偏航；②项目管理——实现"资源、质量、风险"的工程化统筹管理，高效专业；③企业各领域的业务流程、数据管理、IT流程、架构项目——共同构成企业各领域内数字化变革解决方案，不搞"烂尾楼"；④变革管理——关注人和组织，解决企业变革中的意愿和能力问题。

13.2.3 八纵：让数字化转型按照结构化的流程开展

如果说华为"七横八纵"变革项目管理体系框架中的"七横"体现了变革项目管理过程中涵盖的内容广度，那么"八纵"则体现了变革项目管理过程的流程深度。"八纵"是华为在 IPD 变革实践过程中借鉴 IPD 研发理念总结出来的，主张用完整的产品生命周期来管理变革项目。

产品生命周期是指产品从准备进入市场开始到被淘汰退出市场为止的全部运动过程，它是由需求与技术的生产周期所决定的，这与变革项目从项目立项到项目关闭的全周期有着诸多相似之处。经济学家雷蒙德·弗农认为，产品生命是指市场上的营销生命，产品生命和人的生命一样，要经历引入期、成长期、成熟期、衰退期四个阶段，如图 13-5 所示。

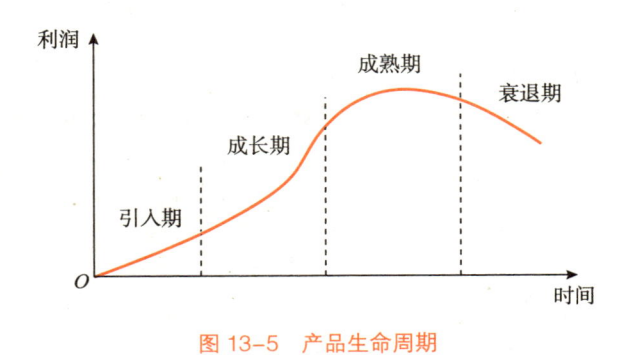

图 13-5 产品生命周期

产品生命周期管理（Product Life-cycle Management，PLM）则是指从人们对产品的需求开始，到产品淘汰报废的全部生命历程的管理。PLM 是一种先进的企业信息化思想，它让人们思考在激烈的市场竞争中，如何用最有效的方式和手段来为企业增加收入和降低成本。因此，从根本意义上来讲，产品生命周期管理支持企业对所有与产品相关的过程进行端到端的管理和跟踪，能够帮助企业协调多系统数据，打破信息孤岛，使企业内的不同团队都能在产品生命周期的所有阶段利用关键数据。

变革项目管理体系框架中的"八纵"包含了变革规划、概念阶段、计划阶段、开发阶段、验证阶段、试点阶段、部署阶段、持续运营，其目的在于让变革项目按照结构化的流程展开，这就是"八纵"的内在逻辑，如图13-6所示。

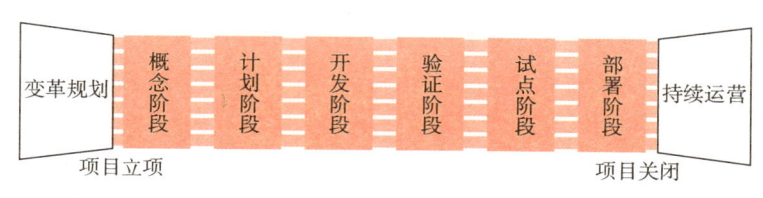

图 13-6 "八纵"的内在逻辑

（1）**变革规划**：与业务规划同步完成，确保了变革项目始终对准业务战略和业务价值达成，不搞花架子，路径不偏。

（2）**概念阶段**：起点是项目立项，主要工作是组建项目团队，拨付资源，建立运作机制，进行"松土"，明确需求，输出高阶变革方案。

（3）**计划阶段**：展开变革方案并进行详细设计，设计通过评审之后，才能进入开发阶段，防止盲目的数字化投资，避免浪费。

（4）**开发阶段**：变革项目在开发阶段将引入敏捷模式，把变革方案拆分成一个个服务，迭代推进。

（5）**验证阶段**：变革方案在开发完成之后，要覆盖各类场景充分验证，确保设计方案的可执行性和可落地性。

（6）**试点阶段**：在大规模推广之前，要进行试点，以不断完善变革方案，提升IT系统的成熟度。

（7）**部署阶段**：进行变革方案的规模化落地、推广和部署。此阶段变革阻碍往往最大，需通过变革管理让大家逐步接受变革。

（8）**持续运营**：变革项目按计划关闭，但变革并未结束，需要正式向业务部门移交和平滑过渡变革方案、能力、责任。

对众多企业来说，数字化转型是一场复杂且深刻的创新管理变革，"七横八纵"变革项目管理体系框架能够帮助企业在战略的牵引下，从现象分析到蓝图设计再到举措设计，用管理变革的方法，让数字化转型按照结构化的流程展开，做到业务主导、IT 使能，真正将数字技术与业务场景结合，稳步推进数字化转型的成功落地。

13.3　做好数字化转型的四大关键工作

为确保企业数字化变革项目的顺利实施，除了需要培养并运用项目管理思维的方法，企业还要做好数字化转型的四大关键工作：预研立项、组织保障、价值管理及运营夯实。

13.3.1　预研立项：对准业务战略，充分预研

无论是在国家政府、社会机构中，还是在企业、高校中，任何一个项目的规划和实施，一定是建立在正式立项的前提之上的。而项目立项作为一个项目开启的起点，也自有一套操作流程。

（1）定义项目：明确项目目标，定义项目范围，分析项目风险。

（2）组建项目团队：确定项目负责人，组建项目团队，分配职责。

（3）编制项目计划：编写项目计划书，制订项目里程碑计划，确定项目资源配置。

（4）提交立项申请：按照企业的立项程序准备相关材料，提交立项申请。

（5）审批立项：相关部门审批立项申请，同意后正式立项，项目启动。

对于数字化转型变革项目，其立项要始终对准企业的业务战略，同时聚焦企业当前的痛点和问题。为此，数字化变革项目的相关责任人在项目立项前要对项目有清晰的认知，并回答好以下三个问题，如图 13-7 所示。

图 13-7 数字化变革项目立项"三问"

（1）Why：为什么变

了解数字化转型背后的战略意图是什么。我们可以从正向和反向的角度进行思考：正向思考——如果推行数字化转型，将能够给企业带来什么具体的好处，企业的业务将得到什么样的改善等；反向思考——如果开展这次数字化转型，将给企业带来什么样的损失或者说潜在风险。

（2）What：变什么

明确了解目前企业在哪些地方、哪些方面需要进行变革，企业期望通过此次变革变成什么样子、达成什么目的。也就是说，需要将企业进行数字化转型的目的清晰地描述出来。

（3）How：怎么变

确定企业要通过什么样的方式来实现数字化转型。还需要对数字化转型变革项目的实施过程中所需要用到的资源、能力、工具方法，以及各项目节点时间的计划和安排等，有清晰的了解。

然而，要回答好这些问题，却不是一件简单的事情，需要在数字化转型变革正式立项之前进行充分的预研工作。作为项目立项前期的必要准备，项目预研的目的是为项目的可行性研究做准备，并围绕可行性研究报告进行调查研究。

一般而言，在预研阶段，企业往往投入少量的精兵强将，并期望能够在3～6个月内完成相关业务调研、问题点梳理、关键利益干系人访谈、技术与内外部环境可行性分析等工作，为后续的项目立项提供科学依据。在这个阶段，如果企业自身的团队缺乏经验和能力，也可以邀请外部的专业顾问提供支持。

13.3.2 组织保障：组建支撑企业数字化转型的团队

在现代企业管理中，项目团队通过团队成员之间的相互沟通、信任及合作，利用有限的人力资源，协调一致并有效地推进工作。作为一种特殊的团队模式，项目团队越来越表现出目标性、多样性、开放性和临时性等鲜明特点。

（1）目标性：每个项目都有明确清晰的目标。团队成员紧紧围绕着目标开展一系列活动，确保目标的实现。

（2）多样性：由于一个项目涉及的专业众多，因此项目团队是跨部门、跨专业的多样化团队。项目团队成员具备实现目标所需要的互补技能，在项目开展过程中相互依赖、相互信任，并进行良好的协同合作。

（3）开放性：随着项目的进展，团队成员的工作内容和职能常会根据项目需要进行变动，因此项目团队成员的增减也具有较大的灵活性和开放性。

（4）临时性：项目团队是为完成某项一次性的特定任务而临时组建起来的团队。在任务完成后，团队也会解散，因此项目团队通常是短期的、临时的。

一般而言，变革也算是企业对自己未来的投资，一支角色齐全的变革项目团队无疑会为这一场投资的成功提供重要保障。换句话说，组建一支优秀的、角色齐全的混编团队是企业数字化转型成功的组织保障，如图13-8所示。

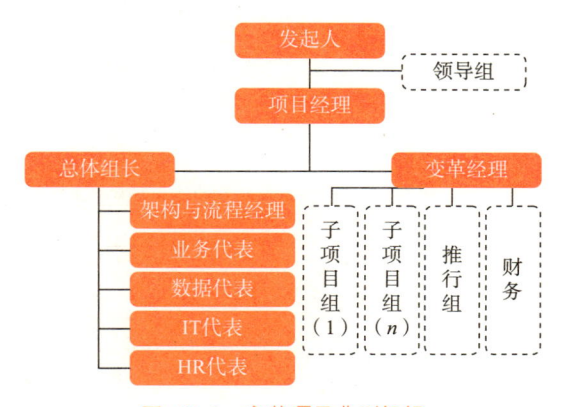

图13-8 变革项目典型组织

对于企业该如何组建一支优秀的变革项目团队，应当从利益相关方和交付能力两方面考虑[①]。

[①] 华为企业架构与变革管理部. 华为数字化转型之道 [M]. 北京：机械工业出版社，2022.

（1）从利益相关方考虑

项目要清晰地识别发起方、交付方和客户方，每一个利益方对项目都有其诉求与考虑。为了使其利益得到关注，项目团队中要有每类利益相关方的代表，保证各方意见的充分沟通，防止项目中后期出现重大分歧，导致项目夭折或者需要高额的成本和时间进行返工。

（2）从交付能力考虑

项目经理对变革项目交付全权负责，保证项目在规定的时间、预算、质量等约束下按目标产出。总体由业务、架构、流程、数据、IT、HR等各类专业人士组成"跨兵种"多功能团队，负责各变革专业方案及集成方案的设计与开发。具备个人影响力、善于沟通、强于洞察人心的变革经理对大型变革项目来说也是必不可少的。一支专业的变革项目管理团队可以确保项目内外运作顺畅，工作对准价值目标。

华为创始人任正非表示，**业务负责人要担任项目负责人，要注重业务体验，让业务深度参与。要让对变革拥有热情和支持变革的人参与到变革中来。**为确保变革项目团队的人员质量，在选择变革项目团队成员时需要遵循以下原则。

第一（意愿）：深度参与，全身心投入到变革之旅中。

第二（行动）：作出表率，带领下属积极拥抱变革所带来的变化。

第三（经验）：有成功实践经验，是愿意去迎接挑战的业务专家。

图13-9所示的是德石羿团队在为Y公司做人力资源体系变革项目的咨询服务时，为该项目组建的项目团队架构，德石羿团队专家组成员和Y公司项目组成员精诚合作，打造了"混凝土组织"。

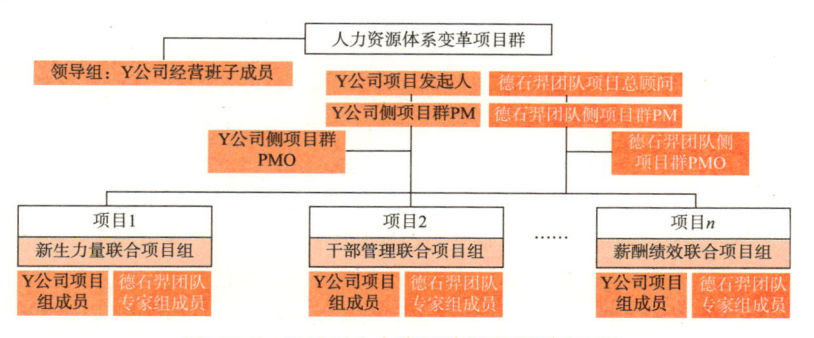

```
                     人力资源体系变革项目群
    ┌──────────────────────┬──────────────────────┐
领导组：Y公司经营班子成员    Y公司项目发起人    德石羿团队项目总顾问
                          Y公司侧项目群PM    德石羿团队侧项目群PM
              Y公司侧项目群
                  PMO                        德石羿团队侧
                                              项目群PMO
    ┌──────────────┬──────────────┬──────────────┐
     项目1            项目2           ……    项目n
  新生力量联合项目组  干部管理联合项目组       薪酬绩效联合项目组
  Y公司项目 德石羿团队  Y公司项目 德石羿团队    Y公司项目 德石羿团队
   组成员  专家组成员   组成员  专家组成员     组成员  专家组成员
```

图 13-9　Y 公司人力资源体系变革项目团队

一个配置合理、团队合作良好的项目团队是项目的核心，也是项目成功的保障。组建一支高效运作的项目团队，是项目开始阶段最重要的工作，直接关系到后期项目能否正常进行。由此表明，企业在数字化转型变革项目立项前，也需要构建一支优秀的数字化变革项目团队。

13.3.3　价值管理：以价值承诺为抓手，牵引变革项目的演进

【案例】澳大利亚悉尼歌剧院项目的成败

1959 年，预算 700 万澳元的澳大利亚悉尼歌剧院动工开建了。但这一原计划耗时四年的项目，实际上直到 1973 年才竣工，总造价高达 1.02 亿澳元！如果按照传统的项目时间、质量和成本三个方面来考虑，这无疑是一个出现了费用严重超支、进度严重拖延的失败项目。然而，该项目一经建成，直到现在，仍然是全世界公认的艺术杰作，被认为是人类建筑史上的一笔宝贵财富！其巨大的成功得到了全世界的认可。

从悉尼歌剧院的例子可以看出，项目成功的标准是多维的，我们不能单单通过项目的时间、质量、成本这些因素上去衡量项目的价值，还应该考虑项目产生的产品效用、经营效益及项目的整体表现等方面的因素。任何项目的价值，都不仅仅是时间、质量和成本的简单综合。

在数字化转型过程中，各个变革项目的利益相关方经常会有诸如"企业做了这么多数字化转型项目、产品，投入了大量人、财、物，到底获得了什么收益？""项目组如何达成目标？应该聚焦哪些事情才对？""这么多项目来这里落地，到底能帮助我们改进什么？"等很多困惑。要解决这些问题，企业就需

要构筑一套数字化转型变革项目价值管理方法。

价值管理方法是一种综合的系统管理方法。从理论上讲，价值管理可以应用于项目整个生命周期内的任何阶段。但是，由于项目是由一系列相互关联的活动组成的，其后期的工作都是建立在前期工作之上的，所以项目前期的任何决策都在很大程度上直接或间接地影响着后续阶段的工作。

因此，一个项目往往在立项阶段就开始陈述项目价值并要求在项目启动前被锁定，同时支持从业务结果、能力建设、管理体系完善等多个维度对其价值进行度量，以便在全项目周期范围内进行后续跟踪和验证。

在数字化转型这一重大战略的实施落实过程中，变革项目的价值管理是一个渐进明晰的过程。如图 13-10 所示，华为开创了以"内部交付契约"的价值承诺书（Value Book）为抓手，实现对变革项目从逐步清晰，到逐步实现，再到评估的全生命周期的价值管理过程。

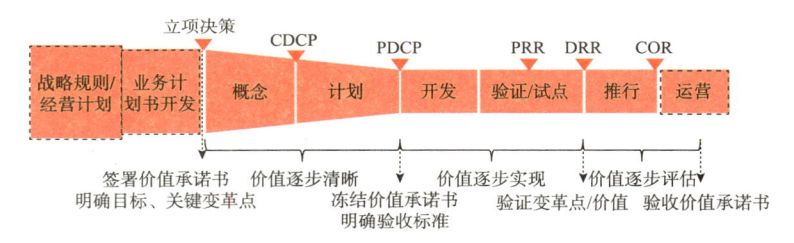

图 13-10　变革项目渐进明晰的价值管理

注：CDCP 指概念决策评审点，PDCP 指计划决策评审点，PRR 指试点准备度评审，DRR 指部署准备度评审，COR 指关闭评审。

参考如图 13-11 所示的 TAM 模型，在项目业务计划书开发过程中，完成价值承诺书的设计。价值承诺书的设计一共分为两个部分，即定性描述和定量指标承诺。

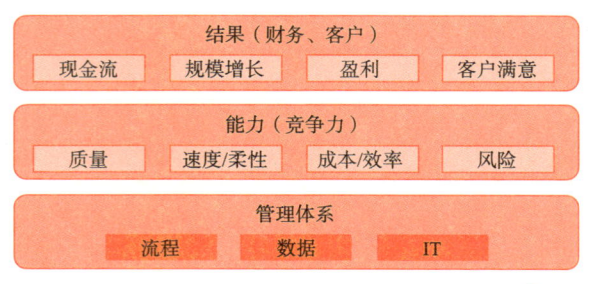

图 13-11　华为变革价值度量模型：TAM 模型[①]

---

① 华为企业架构与变革管理部. 华为数字化转型之道 [M]. 北京：机械工业出版社，2022.

(1) 定性描述

定性描述最重要的是理解什么是变革点，以及如何设计变革点。变革点支撑项目价值目标，是受益方在变革后的业务中可以具体感知到的显著变化之处。变革点的设计要注意以下三个方面：

①对准业务价值实现，而不是对准任务完成。

②不是仅从交付视角来看，而是要综合发起方、交付方、客户方三方视角来看。

③业务人员对其应有明显感知。

(2) 定量指标承诺

定量指标承诺是指企业根据变革点对直接影响变革项目的指标进行定义，并给出承诺。定量指标设计要考虑八个因素，包含指标定义、目标、基线、达成时间、支撑方案、受益部门、数据来源和计算公式。

值得注意的是，随着项目高阶方案、详细方案在设计过程中对变革场景调研的不断丰富和深入，以及变革项目内外部环境因素的变化，价值承诺书中的变革点及部分定量指标也可能发生调整。因此价值承诺书要遵从变革项目的变更管理要求，根据变化情况及时向相应的变革管理团队汇报，并获得变更批准。

13.3.4　运营夯实：评估并固化数字化转型成果，防止"变形"

2021年，埃森哲和国家工业信息安全发展研究中心（工信部电子第一研究所）合作，抽样调研了我国九大行业560余家企业，持续追踪和分析了中国企业的数字化转型进程。研究结果显示，转型成效显著的中国企业比例虽然持续上升，但也只有16%。由此可见，就目前而言，我国企业的数字化转型还处于一个任重而道远的阶段。

数字化转型的实施过程是由一个个变革项目搭建起来的，每个变革项目都有着明确的起止时间。一般而言，一个变革项目在3年之内就该完成能力建设和落地部署。然而，变革是一个改变行为、习惯、组织、文化的过程，变革项目也并非一结项就结束了。"三日不弹，手生荆棘""时用则存，不用则亡"，变革项目的成果能否真正转化为"固有"的组织能力，内化进企业的日常，还需要后续的持续运营和夯实。

德石羿团队为Y公司做的人力资源体系变革项目也做了系统规划，通过"试点先行、复制推广、经验固化"三步走，合理控制变革节奏，如图 13-12 所示。

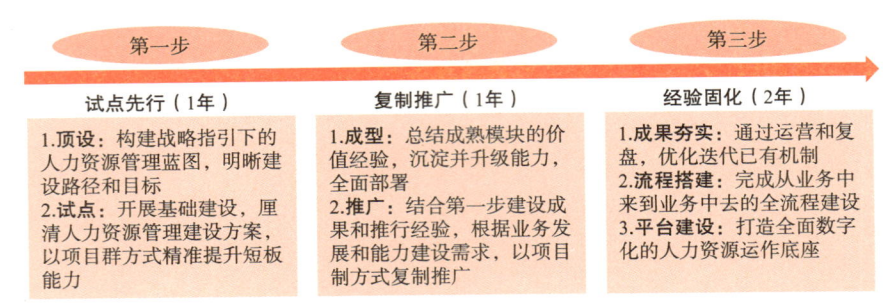

```
第一步                    第二步                    第三步
试点先行（1年）            复制推广（1年）            经验固化（2年）
1.顶设：构建战略指引下的    1.成型：总结成熟模块的价    1.成果夯实：通过运营和复
人力资源管理蓝图，明晰建    值经验，沉淀并升级能力，    盘，优化迭代已有机制
设路径和目标                全面部署                   2.流程搭建：完成从业务中
2.试点：开展基础建设，厘    2.推广：结合第一步建设成    来到业务中去的全流程建设
清人力资源管理建设方案，    果和推行经验，根据业务发    3.平台建设：打造全面数字
以项目群方式精准提升短板    展和能力建设需求，以项目    化的人力资源运作底座
能力                        制方式复制推广
```

图 13-12　Y 公司人力资源体系变革项目推行周期

为实现最终数字化变革成果的内化与优化，当数字化转型进入运营夯实期时，企业需要重点完成以下几个方面的工作[①]。

（1）变革项目 PDCP 要做好业务和 IT 一体化团队的建设规划，在变革项目结束后，将 IT 系统交接给业务和 IT 一体化团队持续优化打磨。

（2）将流程、业务规则、业务方案及项目知识资产在运营阶段移交给业务的运营组织。

（3）项目组在关闭前要甄选出变革的金种子，这些金种子在项目关闭后进入运营组织，可以在运营夯实期发挥持续看护的作用。

（4）价值承诺书仍将作为运营夯实期间进行价值评价的重要依据，每个指标都应有明确的责任部门承接，并定义出运营夯实期的目标、基线、计算公式、数据来源等。后续章节会有详细介绍，这里就不再赘述了。

（5）在运营夯实期，应拿出业务部门通过数字化转型产生的一部分收益，投入数字化转型变革方案的持续优化中。

变革项目的结果是难以显性化的。企业在做好以上工作的同时，还需要一套专业的度量方法来衡量变革项目及后续运营的最终效果，又因为数字化转型变革涉及各方利益纠葛，笔者建议采用独立的第三方来对企业数字化变革项目的价值给出专业的评估。

第 14 章　数字化产品迭代，保障运营融合

在数字化时代，随着业务与IT之间的关系越发紧密，业务对IT的需求也比以前更多，因此业务人员和IT人员经常疲于奔命，又相互牵扯抱怨，导致业务与IT能力之间的矛盾更加突出。

为解决这一矛盾，德石羿团队根据华为的实践，提出了用"产品化思维"来系统解决这个矛盾。即将IT系统定位为公共产品和能力，通过IT产品化运作，来让企业改变作战队形，改变以前需求交接式的IT开发方式。具体来说，就是由业务牵头负责，将IT融入业务，组建业务和IT一体化产品团队，做到"业务人员懂IT，IT人员懂业务"，实现产品团队一盘棋运作，最终以业务的商业成功来衡量数字化的成效。德石羿团队也一直秉承这样的想法，来为重大客户的流程及其IT部门进行辅导和贴身服务。

14.1　数字化转型下IT系统的业务新价值

一直以来，IT系统都被视为后台支持性工具，是企业的成本中心。

随着数字化时代的到来，IT系统开始融入企业运营的各个环节，成为业务不可或缺的一部分。这也意味着IT系统正在成为企业价值创造的驱动力。

在数字化时代，IT系统正在逐渐从被动响应、业务支持转向主动引领、业务创新，成为企业核心竞争力之一。IT系统也不再是业务活动的附属品，而是推动业务变革的主力。

在不同阶段，IT扮演的角色和发挥的作用各不同，如图14-1所示。

阶段特征	阶段一	阶段二	阶段三
	以技术为中心 IT被视为成本中心	以服务为中心 IT是企业的共享服务中心	以业务为中心 IT将发展为利润中心
建设方向	解决问题	解决方案	业务创新

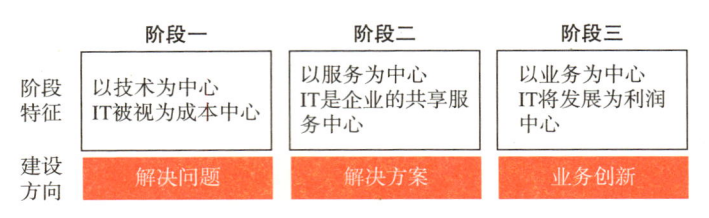

图 14-1 IT 系统与业务关系的演变

阶段一：以技术为中心，IT 被视为成本中心

在该阶段，IT 获得的投资巨大，是企业的成本中心。IT 部门作为企业的职能部门，更关注的是基础设施的性能及开发成本，与业务关联不密切，IT 系统也被当作企业的固定资产在运营。因此，IT 系统被企业管理者视为高成本，且增值性不大的应用工具。

阶段二：以服务为中心，IT 是企业的共享服务中心

在该阶段，IT 系统是企业的共享服务中心，企业可以通过 IT 系统促进业务变革发展，业务变革发展又反过来推动 IT 系统的升级，这种相互作用、相互促进的关系，使得 IT 系统成为落实业务战略目标的重要解决方案。在该阶段，IT 管理者关注的重点为理解业务、服务业务，并通过优化 IT 资产来降低企业成本，提高业务运作效率。

阶段三：以业务为中心，IT 将发展为利润中心

在数字化时代，IT 系统最为重要的特征便是以业务为中心。随着 IT 系统与业务的有机融合，IT 系统的管理将成为业务管理的重要组成部分，IT 战略规划也将作为独立的业务战略，承接企业的战略规划。

【案例】海尔集团的 IT 转型实践

随着海尔集团（简称海尔）业务的不断扩张，其业务部门对 IT 的要求也越来越高。2000 年，海尔就开始了信息化的征程。从制造到物流都是根据业务的需求搭建 IT 系统的。2007 年，海尔成立了 IT 部门，将各职能部门的 IT 资源进行了整合，统一为业务单元提供共享服务，并成立了制造业务单元交付团队、电商物流交付团队、人力资源系统交付团队等。2015 年，海尔为响应数字化转型，将其一部分 IT 资源放回业务单元，但整体还是由集团的 IT 部门完成交付。

据海尔 CTO 称，海尔的 IT 转型经历了三个阶段，第一阶段是 IT 平台服务化，实现资源的整合与精细化管理；第二阶段是将 IT 前移，紧密服务于各项业

务；第三阶段是 IT 全球化，从服务、部署、协同、交付等多个层面实现全球化。

海尔认为，IT 要转型，首先要跟上时代发展的步伐，不仅仅停留在技术层面的升级，更要从观念上改变，以更加开放、智能、互联的思维去推动企业商业模式的创新。海尔 IT 正在经历"智能服务化—服务产品化—产品平台化—平台生态化"的转型之路。为此，海尔未来的 IT 战略重点投入在四个方面，即"数字化＋信息化的云战略""数字化＋商业安全的信息安全战略""数字化＋业务洞察＋制造服务的实时大数据战略""数字化＋客户体验的数字运营战略"，让 IT 不再是以"客户提需求，IT 建系统"的模式运营，而是让其从企业内部的职能部门，转型为价值创造部门。

IT 系统不是独立存在的，其贯穿企业的所有流程和业务环节，与业务作业的关联越来越强。IT 系统也正在成为企业价值创造的驱动力，使企业获得领先其他对手的核心竞争力。

14.2 用产品思维，系统化管理企业 IT 系统

笔者在给众多企业做数字化转型咨询服务时，经常会看到这种现象：基于业务部门源源不断的技术需求，IT 部门每年都在不断开发、建设，当新的产品开发出来后，又忙于交付其他产品，而忽视了新产品的运营，如此循环往复，使 IT 系统的价值难以最大化。

基于此，笔者认为企业应将 IT 系统产品化，用产品思维来管理 IT 系统。其中，产品思维是指将解决问题的方案产品化的综合性思维——既要有高效率的交付，又要为产品提供规划，为产品建设指引方向，还要有持续的运营迭代，进而实现产品规划、建设、运营的一体化。

产品思维主要包含两个特点，一是以客户需求为导向，二是不断迭代优化。

许多企业在"以客户需求为导向"和"以企业利润为导向"之间摇摆不定，其实两者并不矛盾。从本质上来说，两者是一种承接的关系，因为只有满足客户需求的产品才能为企业带来利润。

产品存在的意义是解决客户需求。因此，IT 系统的管理者必须具备洞察客户需求的核心能力，也就是弄清楚业务部门真正想要什么。华为的做法是实行

产品经理负责制，产品经理既可以来自 IT 部门也可以来自业务部门，产品经理的责任是树立产品愿景，明确产品规划，对准业务价值持续交付和持续运营，将业务经营、组织运营的新功能、新需求不断在技术系统中落地实现并反哺业务。

同时，在面临外部环境的快速变化导致业务需求多变的情况下，IT 系统的建设与运营也应与时俱进，实现主动经营，以更好地满足客户需求，提升客户体验。

如今，很多企业之所以数字化转型失败，其中一个重要因素就是企业仅仅将数字化转型理解为临时性项目，并未长期、深层次地去思考 IT 系统要如何运营才能更贴切业务，才能为企业创造更大的价值。这也是很多企业在投入了巨大的开发成本后，IT 系统所产生的效果和收益却甚微的原因。

根据产品的生命周期理论，IT 系统的生命周期包括规划设计、部署实施、持续运营和监督改进四个阶段，如图 14-2 所示，企业应按照这四个阶段去管理 IT 系统。

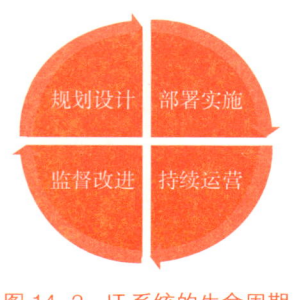

图 14-2 IT 系统的生命周期

（1）**规划设计**：企业应从业务战略出发，以业务需求为中心，主动规划、洞察、提前准备资源，牵引 IT 系统的建设方向，确保为业务提供满足其需求的服务，为业务增值。

（2）**部署实施**：企业应在规划设计的基础上，建立管理体系，提供实施工具和服务解决方案。

（3）**持续运营**：企业应根据实施结果，实现 IT 系统与业务的有机结合，该阶段的运营重点包括对 IT 系统的基础设施、服务流程、涉及人员进行持续性的全面管理。

（4）**监督改进**：企业应实时监控 IT 系统运营的实际效果和服务质量，对其进行评价，并提出改进方案。同时，企业应在此基础上重新进行规划部署，提高 IT 系统的运营效率和服务质量。

华为开展数字化转型的最大特色就是用产品思维去运营 IT 系统：华为将自身的数字化转型经验和实践固化下来，形成了数字化产品和解决方案，然后卖给客户，并通过市场来验证其数字化方向的准确性与竞争力。

IT 系统是一种产品，IT 系统管理者应不断完善产品思维，以业务效率提高和效益提升为目标，推动 IT 与业务深度融合，确保 IT 产品化运营。

14.3　企业数字化 IT 系统的全生命周期管理

产品管理是企业在产品生命周期中对产品规划、开发、生产、营销、销售和支持等环节进行管理的业务活动。

如果企业要对 IT 系统进行产品管理，就必须遵循产品的全生命周期管理要求，集规划设计、部署实施、持续运营和监督改进于一体，不断循环，持续迭代，最终使业务和 IT 一体化，做到你中有我、我中有你，互相促进和融合。

14.3.1　主动进行产品规划，明确 IT 建设方向

IT 产品规划归根结底是服务于企业业务的。从业务战略到 IT 目标，从 IT 目标到应用蓝图，从应用蓝图最后到实施落地，IT 产品规划始于业务战略，落地于 IT 实现。在企业的实践过程中，IT 规划会有两个不确定的方向，一是 IT 规划过于宏大，而造成资源的浪费；二是 IT 规划过于谨慎，致使 IT 系统难以跟上业务发展的步伐，从而出现 IT "拖后腿"的现象。

在过去，IT 部门是被动的，企业制定业务战略，业务部门决定业务流程和组织结构，待所有的业务需求确定后，IT 部门再参与进来，根据业务需求开发 IT 系统。这种"被安排"的模式使得 IT 部门长期被定位为被动支持的职能组织，导致 IT 系统无法在业务模式建立的前期发挥促进作用。如今，IT 部门应主动参与到业务中来，承接业务战略，提前进行 IT 规划，使 IT 系统能加快业务流程，更好地促进业务发展。

可见，IT 产品的规划不仅要提前，还要与企业战略规划一样，明确方向、愿景和目标。如今的 IT 瞬息万变，迭代与更新的速度让企业应接不暇。企业应

基于业务战略，明确IT未来的发展方向，以指引IT团队的工作方向。同时，企业要描绘IT系统的愿景，明确IT规划的构想与布局，让IT团队的成员都能看到未来需要什么，所开发的IT产品能为企业带来什么样的价值。

在有了方向和愿景后，规划的执行落地就必须有具体化的目标，目标可以是短期的，也可以是中长期的。目标的达成则是IT部门绩效考核的依据。

【案例】IBM 的 IT 产品规划

IBM 的 IT 产品规划分为三个阶段进行，如图 14-3 所示。

调查和评估业务策略	→	构建IT体系结构	→	拟定中长期实施计划
·了解内外部环境 ·审视当前业务战略 ·识别与标杆企业间的差距 ·评估现有IT能力		·系统基础架构 ·应用系统体系结构 ·网络结构		·业务流程重整项目 ·已有的IT应用系统和基础结构的改进项目 ·IT管理的改进项目

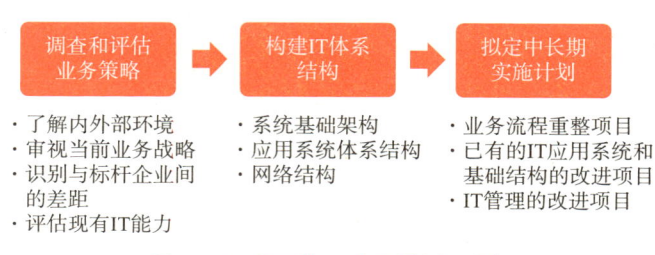

图 14-3　IBM 的 IT 产品规划三阶段

在第一阶段中，企业应调查和评估业务策略，以便确定IT的战略方向与策略。在该阶段，企业首先应了解自身所处的行业环境和竞争对手的情况，以及鉴别潜在的竞争对手；其次要审视当前的业务战略，确认关键业务流程，识别与行业内标杆企业之间的主要差距；最后要评估企业现有的IT能力及支撑业务发展的解决方案。

在第二阶段中，企业应基于第一阶段的评估结果，构建一个全面的IT体系结构，包括系统基础架构、应用系统体系结构和网络结构。同时，在本阶段，企业应参考行业内优秀的IT应用实例，定义关键的IT流程和运营部门，并对关键人员进行赋能，确保IT流程高效运作。

第三阶段，企业应拟定实现IT愿景的中长期（3～5年）实施计划。计划主要包括：业务流程重整项目、已有的IT应用系统和基础结构的改进项目、IT管理的改进项目。此外，企业还需对全体IT人员和高层管理人员进行赋能培训。

在全球经济、社会、IT环境的变化日益频繁且复杂的今天，IT产品规划的内容并非架构越全越好、内容越多越好。企业必须紧跟趋势，根据企业业务实际情况与需要制定IT规划，牵引产品建设方向，以始终保持为业务创造价值的初心。

14.3.2 组建业务和IT一体化团队，配备关键角色

过去，IT部门与业务部门一直存在一条无法逾越的鸿沟：IT部门常常抱怨业务部门太过强势，经常被业务部门的日常、琐碎、不断变化的需求占据时间，每天在重复处理低价值的工作；业务部门则认为IT部门不懂业务，对需求的响应速度慢。双方相互指责，导致IT与业务沟通不畅，甚至出现了"两张皮"的现象。

在数字化时代，IT系统已经成为业务增长加速的引擎，企业对IT团队的要求也不再仅限于技术能力，也包括业务能力。华为在经过多年的探索与实践后，确定了业务和IT一体化运作的组织模式。

【案例】华为经历的三种组织模式

模式一：烟囱型组织

华为最开始属于烟囱型组织，即各部门之间都是一个个独立高耸的烟囱，相互隔离。IT的运作流程是业务部门提出业务需求，然后两个部门沟通、澄清需求，最后由IT部门开发上线。整个过程下来，各部门间的信息处理、流转及决策链条很长；同时，业务部门和IT部门承担各自的功能和目标，部门墙厚重，横向沟通、协调困难，这就出现了IT部门交付周期长、响应速度慢、沟通成本高（简称"长、慢、高"）的问题。

模式二：项目型组织

为了解决烟囱型组织带来的问题，华为于2010年后开始采用项目型组织模式，即将业务人员和IT人员组成一个团队，去解决特定问题。在问题解决后，项目组就随之解散。这种组织形式看上去解决了"长、慢、高"的问题，但项目组的能力无法固定沉淀下来，一旦项目组解散，就没有组织可以承担数字化转型的长期任务了。

模式三：业务和IT一体化组织

在项目型组织后，华为开始组建业务和IT一体化组织，即将技术能力建在业务上，由业务主管担任负责人，业务人员和IT人员共同组成数字化团队，让IT人员离业务更近，这样就缩短了决策链，减少了双向的沟通成本。IT能力是附着于人身上的，无法像工具一样拼装，所以，企业的数字化转型必须通过组

织模式的转型来转化人的能力。

在华为看来,业务和IT一体化组织是当前数字化转型过程中最好的一种组织模式。华为军团设置的底层逻辑就是将业务和IT一体化,以发挥出IT的最大价值。

从2021年开始,华为创建了"军团"模式,即将各BG、BU等核心部门的将才,如进行基础研究的科学家、技术专家、产品专家、工程专家、销售专家、交付与服务专家等,汇聚在一个以细分场景(海关、公路、光伏、能源等)为单位的独立部门(军团)中,为客户提供场景化且更为全面的解决方案,缩短产品交付的周期。

华为赋予了这些军团较大的独立权,其与BG同属于集团一级部门。华为的军团模式是华为数字化转型过程中的产物,在这种组织模式下,华为将IT能力真正变成了为企业的数字化转型提供支撑的核心能力要素。

与此同时,在关键角色与职责上,华为的业务和IT一体化产品团队与之前的IT团队有很大的区别,具体如表14-1所示。

表14-1 华为业务和IT一体化产品团队角色与职责

序号	角色类别	角色名称	职责
1	业务主要角色	业务场景师	由业务领域专家担任,对准业务场景输出解决方案,明确需求,对业务战略落地及业务场景目标负责
2		业务设计师	从业务可行性角度提供有关解决方案的反馈来为总体设计作出贡献
3		业务架构师	负责架构设计及看护,解决产品架构冲突和技术问题,让产品保持架构先进性,拥有可持续竞争力
4	数据主要角色	数据分析师	对数据进行清洗、分析及可视化处理
5		数据科学家	构建算法模型并持续调优
6		信息架构师	负责架构设计及看护,解决产品架构冲突和技术问题,让产品保持架构先进性,拥有可持续竞争力
7	IT主要角色	应用架构师	
8		技术架构师	
9		系统工程师	负责产品和模块的特性、功能、集成接口、数据库等的设计、开发、测试和交付
10		敏捷教练	负责指导团队进行敏捷改进,持续优化敏捷运作,提升团队的敏捷成熟度,对迭代交付目标的达成负责
11		开发工程师	负责系统对接、架构开发及持续优化

续表

序号	角色类别	角色名称	职责
12	IT 主要角色	客户体验设计师	负责客户体验设计，基于客户旅程，输出客户画像、体验地图、交互界面、客户场景及任务流等
13		运营经理	负责产品运营方案的设计及落地
14		运维经理	制订 IT 产品的运维计划，建立保障机制，处理系统运行中出现的各种异常
15	/	产品经理	深刻理解业务和技术，带领团队开拓创新，带动团队中业务和 IT 人员的融合

业务和 IT 的融合是企业数字化转型的必然需求，融合的关键在于"人"。因此，组建业务和 IT 一体化团队已然成为数字化转型落地的利器。只有在一体化的组织模式下，IT 人员的技术能力、业务思维和数字化思维才会持续放大，从而为数字化转型带来更大的能力支撑。

14.3.3 以价值与客户体验为驱动，持续推进 IT 产品的运营

根据高德纳的一项调查数据，企业在 IT 方面的成本开支中，技术或产品的成本（硬件、软件、网络等）占比 20%，运营成本（日常运维、变更上线、测试成本等）占比 40%，另外的 40% 为运营人员的人力成本。这表明，企业 IT 产品的运营成本占到了总成本的 80%。在如此高昂的成本占比下，IT 运营更应持续发力，推动业务发展，从过去的被动运维，走向以价值与客户体验为驱动的主动运营。

一直以来，IT 运营都是以"后勤保障"的角色出现在企业中的，关键代表词是"稳定""安全""可靠"，更多关注的是如何让 IT 产品"活下来"。然而随着技术的发展和思维的转变，IT 运营正在蜕变成"价值""体验""效益"，开始更多地面向业务、面向客户、面向服务，从"活下来"逐渐转变成"活得好"。

那么，IT 运营如何才能"活得更好"呢？笔者认为主要有以下两个维度。

1. 价值驱动（对准业务）

企业应以业务价值为纲，设定价值运营目标，全视图呈现业务数据，通过对数据的分析与洞察，及时发现问题及驱动 IT 产品有效改进，并对其持续监控，完成 IT 运营的闭环管理，推动企业不断提高业务效率和效益。

2. 让客户满意（对准客户）

IT 的价值来源于客户需求的满足和对产品的认可，故 IT 产品运营的主要目标是为客户提供好的服务与体验。为此，企业应细分目标客户群体，加强线上和线下客户连接，主动、及时地洞察客户需求、倾听客户声音，在各个环节上提高效率，加快业务服务的交付。同时，企业需持续对客户使用产品或服务的满意度进行监控，快速闭环，坚持以客户为中心，提升客户体验。

在具体的运营实施上，华为将 IT 产品运营分为业务运营、系统运营及客户运营。

（1）在业务运营层面，重点关注业务的流量、流速和流效

流量是指 IT 系统承载的业务量，例如，IT 产品在新旧升级或切换的过程中，有多少业务流量要从旧系统迁移到新系统。流速指的是业务运作效率。在将业务在全流程运作过程中的活动、决策评审点、等待时间等数据可视化后，企业通过分析这些数据的合理性，判断无价值的等待时间，从而识别哪些流程节点可以优化，哪些业务环节需要优化，从而提高全流程的业务运作效率。流效即业务运作效果，业务运作质量、差错率、准确率等是衡量业务运作效果的重要指标。

（2）在系统运营层面，关注的是 IT 产品的服务水平、质量和工程能力

在 IT 产品的服务水平上，企业主要关注数据服务调用次数，确保 IT 产品能满足业务的高并发需求，持续为客户提供稳定可靠的服务；对于 IT 产品的质量，企业主要通过页面响应性能、服务调用成功率及生产环境缺陷率等指标来评估；IT 产品的工程能力是指企业在开发和维护 IT 产品时所展现出的技术实力和专业水平，需求实现周期、页面一致性等是衡量工程能力的重要指标。

企业在 IT 产品的系统运营层面，也是通过关注 IT 的服务水平、质量和工程能力，来实现为用户提供高质量的体验的。

（3）在客户运营层面，关注的是客户体验和满意度

客户体验是客户在使用产品的过程中建立起来的一种纯主观感受。如华为在客户运营层面注重建立客户与产品接触的全触点客户旅程，包括感知、搜索、使用、倾听、反馈等，并通过关注客户需求、分析客户行为等，经营好客户，以满足或超越客户期望，提高客户满意度。

如果说以前的 IT 运营以"稳"为主，那么如今的 IT 运营应以"敏"为主。这也意味着 IT 运营只有更加精细化、智能化，数据采集和数据分析越来越多样化和全方位可视化，才能为企业提供具有竞争力的服务。

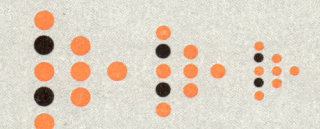

第 5 篇

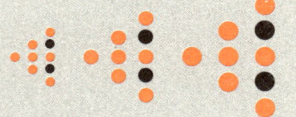

操作实践篇：
数字化转型落地与升级

方法源于实践，但方法必须通过实践来检验。现代哲学之父笛卡儿指出："光有健全的头脑是不够的，重要的是如何正确地运用它。"

企业的数字化转型也是如此，光有方法论还不够，还必须找到有价值的场景。企业应先在局部业务领域落地数字化产品，实现部分数字化价值，然后再步步为营，逐步推动企业整体的数字化转型，深化企业数字化能力，使其真正能为企业创造价值。

本篇会深入到企业作业的各个场景，详细介绍和引入各种数字化的具体理念和方法，从而做到持续产生业务价值，最终实现企业愿景。

第 15 章　业务数字化是数字化转型的核心

数字化转型需要从企业战略和业务需求出发，以各种作业模式更高效为核心，通过数字化手段来重构业务流程、客户体验和运营，让客户侧交易更友好简单，内部运营管理更灵活敏捷，成本在质量可控的前提下更低廉。

没有业务的高效、高质数字化，企业的数字化将没有任何价值。

15.1　数字化的业务、体验和运营的三大重构

业务数字化是业务运作模式创新的表现，业务数字化要求企业进行三大重构：业务流程重构，创新业务模式；客户体验重构，提供差异化服务；运营模式重构，实现智能化运营。

15.1.1　业务流程重构，创新业务模式

业务流程是一套完整的企业端到端为客户创造价值的活动连接、集合，它是天然是存在的。

彼得·德鲁克认为："一个管理良好的组织，是一个'平淡'的组织，是一个安静的地方。没有什么令人兴奋的事情发生，因为危机已被预期到，并有常规惯例预防危机。相反，如果它是'一个戏剧性的工厂、史诗般的行业'，那么展现在客户眼中的就只是管理不善。"这句话也可以理解为，一个良好运转的企业的业务流程必然是适配的，反之，则企业的业务流程是混乱的。

由此表明，业务流程对企业至关重要。为此，许多企业喊出了打造"流程型组织"的口号，华为更是从 1988 年开始便走上流程型组织的建设之路。经过多年的实践，华为成功实现了职能型组织向流程型组织的转型。

在科技浪潮席卷之下，企业又面临着数字化转型升级的需要。但是，数字

化转型的企业还需要流程建设吗？答案毋庸置疑：需要。数字化是一种优化流程的手段，建设适配流程才是企业的根本目标。

华为董事、质量流程 IT 总裁、CIO 陶景文表示："任何不涉及流程重构的数字化转型，都是在装样子，是在外围打转转，没有触及灵魂。这样的数字化转型也不可能成功，真正的成功一定会给企业的效率带来 10 倍以上的增长，打破原来流程的边界。"对于重构业务流程的概念，华为认为是改变业务的作业方式。对此，陶景文解释道："我们原来的业务作业，都按照既定的流程，比如说设计、制造、运维，每一个领域的流程，流程与流程不通，功能有断点，效率就不高。我们应充分深入到业务场景中，真正地从全流程的客户体验角度、全场景的客户体验角度来设计业务的流转。"

【案例】美的数字化转型的第一件事就是梳理业务流程

2012 年，美的旗下诸多子公司、事业部的流程不统一，管理方式不统一，数据标准也不统一，生产、销售、购买环节相互割裂、各自为战，IT 系统有 100 多套，形成了一个个信息孤岛。

为了推进数字化转型，美的开始梳理业务流程，从外销到内销，从采购到付款，从产品开发到生产，并将主要流程划分层次。借鉴麦肯锡的流程框架搭建方法，美的抽调了业务骨干，与麦肯锡咨询顾问共同组成流程梳理团队，一点一点搭建起美的整体业务从 L1 到 L4 的流程框架。最后，美的将产品开发、订单交付等业务流程标准化，为美的的数字化转型打下了坚实的基础。

2019 年，美的进入了工业互联网，打通了制造端和消费端，并将内部五大流程 LTC、OTC（从订单到收款）、P2P（从采购到付款）、IPD 和 ICT 实现端到端拉通，改变了之前流程割裂的状态。

将业务过程通过信息化手段来重构是 IT 时代信息化过程中需要解决的重要问题。到了今天的 DT 时代（数据时代），开展数字化转型的企业则是根据需要用数字化手段来指导和优化流程，以实现全业务的数字仿真。

15.1.2 客户体验重构，提供差异化服务

当前，在人们的基本生活条件得以满足后，客户对生活品质有了个性化、多样化的需求。企业数字化转型所要解决的核心问题就是：如何运用 AI、大数

据、云计算等数字技术，去及时满足海量的、碎片化的、实时的、多场景的客户需求，精准触达客户群体，为客户提供超值的服务体验。

【案例】海尔智家数字化坚持以客户为中心，助力客户体验升级

截至 2022 年 11 月 11 日"双十一"活动结束，海尔智家交出了一份满意的答卷：实现大家电销售额全网第一，创下连续 11 年全网销售额第一的新纪录。具体来看，海尔智家在京东、天猫两大电商平台的销售额均为大家电第一。

欧睿国际的数据显示，家电产业近五年的年均增速仅 1.6%。海尔智家之所以能稳步发展，是因为数字化为其业绩增长起到了关键支撑作用。

自 2020 年新冠疫情暴发以来，线上服务的重要性显著提高，海尔智家客服也开始了数字化之路。海尔智家客服总经理李边芳表示："随着 IoT 的发展，我们看到客户在客户端的智能化越来越普及，但是也造成了不同场景的脱节、体验的不一致等问题。"针对存在的问题，海尔智家客服对客户体验旅程进行了数字化设计。

一是拉通各渠道的客户服务。不论客户是从智家 App、三翼鸟 App、电商平台或热线电话等哪种渠道进行咨询，客服都能第一时间识别客户的购买信息，了解客户是从哪一个使用场景接入进来的，尽可能预判客户可能遇到的问题，以便快速地解决客户的问题。

二是客户服务全流程提效。企业围绕客户体验过程中涉及的购买、送货、安装、使用、维修、售后等各个环节，打通设计、生产、会员、物流、服务等所有节点，问题点日清日结。对于需要跨平台解决的问题，企业在流程环节自动进行责任人判别。在内部发起的"亲听"号召，则号召各节点负责人到客服中心接线，"零"距离倾听客户声音。同时，联络各节点工程师作为二线专家，成立"百人服务专家团"，帮助客服提升解决力，以保障所有客户问题都能得到即时、全面的回答。

李边芳认为："数字化转型的关键就是通过技术赋能全流程提效，提高响应速度和服务质量，从而带给客户极致体验。这一系列智能识别和智能预判都部署在我们海尔客服体验云平台中，后台涉及的流程和数据非常庞大，但是客户端的体验是简洁流畅的。"

除此之外，海尔通过创新客户数字化运营平台，从买到用，实现为客户全程保驾护航。

首先，海尔通过"内容数字化"能力精准识别客户需求，挑选并推荐最适合的好物选项，并通过"触点数字化"高效传达给客户。

其次，客户下单后，海尔通过"供应链数字化"及时分析全链路库存体系，然后匹配客户地域情况，做到第一时间送达。

再次，客户在使用产品期间，也能通过各个海尔数字化平台提出反馈意见、申请售后。

最后，海尔利用"效果数字化"将散落在各电商平台的各类数据进行整合，搭建了一个统一的数据可视化大屏——"数智驾驶舱"，实现了对销量规模、客户画像、运营效率进行统一的监测管理，用数据结果进一步为企业或渠道商赋能，为识别潜在客户和挖掘老客户提供数据支持，以便在服务客户的过程中能精准满足客户需求。

现在购物的渠道非常广泛，如淘宝、京东、抖音、小红书、微信……真正实现了时时处处都可满足客户购物需求。在这种情况下，客户体验逐渐演变成了产品的终极竞争力。

在数字化时代，各企业能力越来越趋同，在激烈的竞争格局下，企业想单纯依靠产品和技术突出重围已经越来越难。客户的需求也发生了较大改变，在过去，客户重视功能需求，如今，客户越发重视场景化需求和服务体验。这种需求的转变要求企业以客户体验为中心，综合考虑各种场景元素进行差异化的创新设计，简化交易，打造极致的客户体验以提升产品差异性，增强客户黏性。

数字技术的出现，为企业提供了进一步了解和分析客户需求的方法，能够帮助企业关注客户交易前的行为习惯和交易后的使用感知，并围绕场景来设计、优化业务流程及业务运作模式，重构友好简单的客户侧体验。

重构客户侧体验，就是围绕客户旅程，瞄准客户触点，通过数字技术做深与客户的连接，帮助客户完成价值实现。客户旅程是客户了解、考虑和评估并决定购买新产品或服务的过程。从客户旅程出发，才能帮助企业全面建立客户视角，拓宽数字化场景的"宽度"。

15.1.3 运营模式重构，实现智能化运营

通过业务数字化重构的运营模式是通过智能算法在业务过程中进行实时预测、分析、干预和事后的回溯，来提升运营和决策的质量与效率的。

直播、电商、O2O、外卖、社区团购等新商业模式的出现带来了日益激烈的竞争环境，传统零售企业要想快速挤进新赛道，离不开数据的支持，如分析目标消费群体的活跃平台、竞争对手的销售情况、不同平台的目标群体特性等。发挥数据的价值，实现数据驱动的智能决策是传统零售企业向新零售企业转型的关键。

【案例】阿里巴巴"瓴羊"，以数据智能助力企业高质量增长

在中国领先的数字化市场研究与咨询机构爱分析发布的《2022爱分析·智能决策厂商全景报告》中，由阿里巴巴成立的专注企业数智服务的品牌"瓴羊"基于在智能决策市场中成熟的解决方案和专业的落地能力，成功入选智能决策厂商。

杭州瓴羊智能服务有限公司于2021年12月1日正式注册成立，其CEO朋新宇表示，瓴羊团队是由阿里巴巴数据中台、业务中台、服务体系等多个部门融合升级而来的，无论是技术还是商业运营经验，都有着丰富的实践做支撑。时任阿里巴巴集团董事局主席、首席执行官张勇介绍道："面向产业互联网和下一代互联网的未来，瓴羊将承担起将阿里巴巴集团在消费领域的数字化能力，沉淀为智能化产品能力的重任，并通过领先的技术能力建设，形成对千行百业的DaaS（数据库即服务）化服务。"

看到DaaS，我们很容易联想到SaaS。朋新宇对此作出了相应解释："SaaS是数字化工具的改革，DaaS是数字化改革的工具。传统的SaaS主要是对工作流程的改造，而DaaS的本质是以数据驱动为增长引擎，全面重构企业的商业流、数据流和工作流，让企业有数据可应用、靠数据来思考、用数据来决策，用数据的确定性帮助企业应对不确定性，从而发挥最大经营价值。"

自成立以来，瓴羊基于五大产品矩阵——开发云、分析云、营销云、产销云、客服云，服务了100余家企业。在2022年12月28日淘宝天猫举行的2022商家产品创新与生态伙伴大会上，瓴羊表示其提供的数智一体解决方案涵盖了从问题发现、趋势洞察到业务增长的会员、货品、客服等多领域服务。瓴

羊分析云，助力商家多渠道经营提效；瓴羊营销云，让每次会员互动都产生价值；瓴羊产销云，让货品履约更便捷、更高效、更智能；瓴羊客服云，让服务成为业务的增长引擎。

以金融企业为例，瓴羊通过数据治理手段帮助金融服务平台型企业推进了数据标准化和资产化的进程。使用数据资产构建的新的智能风控模式后，基于数据中台的统一模型、统一数据服务，接入数据种类越丰富，就越能最大化降低后期坏账率、中介欺诈率等风险指标，如中介模型可以对申请客户进行疑似金融中介监测，其判断的准确率超过 80%，从而有效提升企业处理订单的效率，让有需要的客户享受到更优质的普惠金融服务。

除了阿里巴巴，京东、苏宁等行业巨头企业也都在智能决策方面发力，将数据工具升级为数据决策中心，以满足企业自身或客户的发展需要。

可见，企业在运营过程中将数据决策接入业务执行系统，有利于业务执行系统逐步实现从"人+系统"到"机器人+系统"的自动化、智能化流程升级，逐步降低对人工决策的依赖。而且数据指导的智能决策也更加高效精准，从而有力地支撑业务快速增长。

15.2 业务数字化的对象：业务对象、业务过程和业务规则

业务数字化是指用数据体现业务过程中产生的各种痕迹或原始信息记录的过程。业务数字化的主要内容是业务对象的数字化、业务过程的数字化和业务规则的数字化。实现这三个数字化，可为企业数字化搭建一个稳固的数据底座。

15.2.1 业务对象数字化，建立运作要素在数字世界的映射

业务对象数字化是指参考物理世界中存在的业务对象的全量全要素并在数字世界中建立其数字孪生，即在数字世界中建立物理对象的数字映射。比如，对于奥迪、丰田等传统车企，汽车是业务对象；但是对于比亚迪等新能源车企，人的行为、车的行驶轨迹、周边的环境，以及相关的数据记录，也是业务对象。企业需要把它们的业务对象（人、事、物等）数字化。

那么，如何实现业务对象数字化？首先，我们需要明确业务对象。对于业务对象，通常是指业务领域重要的人、事、物，它们承载了业务运作和管理涉

及的重要信息，是可以独立存在的数据实体。同时，业务对象是业务人员之间及业务人员与系统人员之间沟通的桥梁，是识别变革项目涉及的信息范围和关键信息的依据，是明确数据定义和关联关系的基础。

在大部分企业早期推进信息化建设的过程中，由于不同部门职责的侧重点不一致，对于各自业务对象的理解也不一致，每个部门都会按照自己对业务对象的理解进行记录。这样一来，存储的数据就像一个个孤岛一样独立存在着，缺乏关联性。这种现象通常被称为数据孤岛。

为什么不同的部门对于业务对象的理解不一致呢？比如，企业要推出一个新产品，研发部门负责新产品的研发，他们便认为该产品是他们的业务对象，他们记录的数据是产品的创意概念文件、市场调研文件、产品使用技术等；营销部门负责产品的销售活动，他们会认为自己的业务对象是客户，他们记录的数据一般是客户的信息、竞争对手的信息、报价的文件及签约的合同；采购部门负责产品原材料的采购，他们一般认为自己的业务对象是供应商，记录的数据一般是供应商的信息、询价的过程和文件及签约的采购合同。确定业务对象的意思就是要为企业内部各部门确定统一的业务对象。

在识别并明确业务对象时，需要遵循以下原则：
（1）业务对象有唯一身份标识。
（2）业务对象重要性原则。
（3）业务对象相互独立，并有属性描述。
（4）业务对象可实例化。

明确业务对象之后，需要做的就是实现业务对象的全量全要素数据采集和连接。全量全要素是一种有效打破数据孤岛的方法，它要求对各类数据进行完备、全量的收集，且要将收集的数据归纳和整合到统一的环境之中，做到业务对象相关数据收集与归纳的不留余量、应有尽有。比如，如果业务对象是一个产品，则对该业务对象的描述除了文字描述，还可以包含图片、视频等。在具体实施过程中，想要实现业务对象的全量全要素数据采集和连接，需要做到以下三个方面的内容。

（1）去类别化，实例管理

类别管理是企业常用的管理方法，业务对象数字化要求企业做更细致的管理，不仅要有类别管理，还需要对每一个业务对象进行单独管理。

（2）全生命周期管理

从生命周期的角度全程记录业务对象。以产品为例，该产品的市场调研、研发设计、生产制造、营销宣传、售后服务、迭代升级等所有在创造价值的活动中产生的数据都需要记录。

（3）深入挖掘业务对象之间的关联性并建立连接

记录与业务对象相关联的对象，为业务对象提供更丰富的描述。如在对某一种产品进行数字化处理时，关联使用产品的人群、生产产品的企业、研发产品的技术、产品的原材料、替代产品、对标产品……将一系列与该产品有关的人、事、物建立连接，一旦该产品出现问题需要解决，将有丰富的数据支撑解决方案的制定。

业务对象数字化是需要通过数据建模来实现的。数据越充分，数据模型的真实性就越强。

15.2.2 业务过程数字化，对业务对象的行为过程进行观测

业务过程数字化是指实现业务过程由线下转为线上。在完成业务流程的重构后，企业需要利用 IT 系统将线下流程"搬"到线上，通过线上记录业务活动的执行或操作轨迹，并且能够通过数据去观察整个业务活动的情况。

以新产品的研发为例，产品创意提出的时间和过程、产品市场调研的时间和过程、产品研发的时间和过程、产品原材料采购的时间和过程、产品宣传的时间和过程等，全都要在线上进行记录。华为认为，业务过程数字化要重点关注以下四个方面。

（1）作业过程线上化

业务作业过程线上化是业务过程数字化的最基本要求。以投标业务场景为例，华为将越来越多的线下作业（如文档比对、概算等）搬到了线上，极大提高了处理速度和准确率。并且，生成的信息不是存放在个人的电脑中，而是存

放于线上并在线供不同角色按需调用，解决了线下各种信息沟通不畅的问题。如此丰富的信息连接，使得作业系统可以基于确定的业务规则进行智能决策，进一步提高流程的执行效率。

（2）作业过程透明，实现全程可追溯

华为不仅要将业务过程和输出结果搬到线上，还要记录业务活动的执行轨迹，一般可以通过观测数据来实现过程的透明化记录。比如，上述投标业务场景的文档自动比对，不仅要记录最后的结果，还要记录每次比对的结果，经过几次反复后，这样的过程才是可追溯的。通过对过程的还原分析，华为能够精确发现流程设计或业务规则的优化点。

（3）作业过程中信息流、资金流和实物流同步

信息流、资金流、实物流的协同是企业管理的基础，业务过程数字化必须保证信息流与资金流、实物流一致，做到"账实一致"，这对业务流程设计和信息化程度提出了更高的挑战。企业经常出现"信息流跑不过物流"的情况，因为信息流与实物流的作业活动是分离的，业务过程数字化要实现信息的实时同步传递，才能避免信息流带来的各类延误、遗漏或丢失。

（4）从"过程的数字化"到"数字化的过程"

业务过程的数字化首先实现的是作业过程的数字化记录，但随着对象数字化的深入，在虚拟世界中实现的作业过程的仿真，可以反向作用到物理世界中，大幅度缩短业务的响应时间，从而降低作业成本，提升作业质量。这种用数字化手段模拟作业过程的方式越来越成为趋势，如产品设计的模拟仿真，产品制造的产线模拟、装箱模拟、流程仿真，等等。[①]

华为根据自身的实践，针对客户体验，总结出了一个核心词——ROADS，强调在实现业务过程数字化时，要对准 ROADS 体验优化业务过程的各个节点，以实现端到端效率和客户体验的提升。笔者也认为 ROADS 适用于各个企业以指导业务过程数字化。

传统企业仅仅通过信息化手段管理好业务结果或关键性业务活动是远远不够的，将业务全过程记录下来，才能在出现问题时快速找到原因。企业应做好

---

① 华为企业架构与变革管理部. 华为数字化转型之道 [M]. 北京：机械工业出版社，2022.

复盘，通过过程识别促进业务结果的改善。

15.2.3 业务规则数字化，为业务对象的业务行为提供指引

俗话说："无规矩不成方圆。"企业的正常经营乃至人类社会的常态化运转都依赖于规则。对于企业而言，制定的业务流程本身便是规则的一种类型。想要实现业务数字化，不仅需要将业务对象、业务过程数字化，更要将业务规则数字化。

实现业务规则数字化的关键点是：业务规则管理的方向是显性化、结构化和自动化。要实现上述目标，以下三个环节缺一不可。

（1）结构化描述显性与隐性的规则，让客户能快速且准确地了解规则。换言之，就是拆解相关制度文件，获得一条条业务规则。比如，将《华为公司考勤管理实施细则》进行拆解，可以得到"工作时间管理规则""加班管理规则""假期管理规则"等不同条目的业务规则。与此同时，还必须对规则进行分层分类管理、版本控制，以避免这些业务规则的散乱。总之，构建一个统一的结构化业务规则管理平台是很有必要的。

（2）将业务规则的"语文题"转换为可执行的"数学题"。企业可以通过规则引擎等技术手段来完成该转换。该转换的关键点是识别出业务规则所涉及的业务对象，再按照业务逻辑"翻译"成计算机能识别的表达方式。

（3）通过运营不断调优规则。在业务规则数字化前，企业只能通过统计业务规则执行结果，来分析业务规则的执行状况，这往往是亡羊补牢。相对比，在业务规则数字化后，企业可以对业务执行过程及时提出告警，同时通过对告警实例进行组合分析，为业务规则的及时优化与调整提供指导。

业务规则数字化的终极目标是实现业务规则的自动化。自动化的概念是指自动判别。以产品研发生产周期为例，如果某一个产品的研发周期为30天，生产周期为60天，那么在研发周期或生产周期的截止日期到达前10天、5天或3天，系统可以自动弹跳时间预警，对任务的过程进行监控。某些产品是有交付周期的，一旦产品研发或生产时间超过警戒线，企业可能面临高额赔偿的风险。所以，业务规则数字化可以将许多工作都交由机器自动识别完成，从而在最大幅度上降低失误、提高效率。

业务规则数字化的另外一个显著的优势是，一旦企业出现人员流动，将极大提高工作交接的顺畅度。员工的行为基于规则指导，会更加标准化，不容易在内部造成理解偏差。当然，不是所有的业务规则都能实现数字化，企业需要将重心放在对业务有重要影响的规则之上。

15.3　用 Y 模型指导业务，即流程架构的重组

企业各类业务，其实就是为客户创造价值的过程，而流程是业务的反馈，或者说是业务最佳实践的总结。因此，对业务进行重构，基本上就是要持续对企业业务场景和价值流进行分析，不断优化企业的作业流程。Y 模型是一种国际通用的流程梳理和优化的办法，华为系统性地引进了这个模型，并在内部以此进行业务运作模式重构。

如图 15-1 所示，Y 模型是连接"主战"和"主建"、重构业务的系统办法，它主要有以下三个特征。

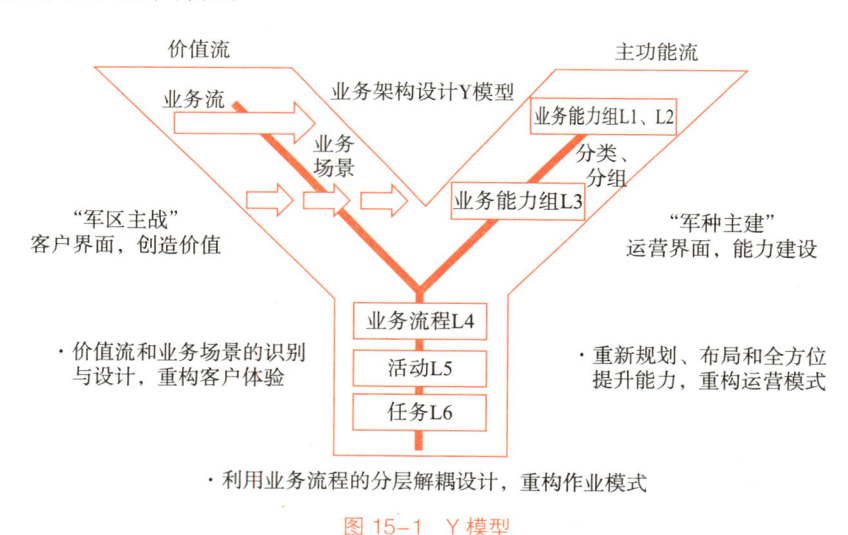

图 15-1　Y 模型

（1）从价值流到主功能流。价值流位于模型的左侧，是企业为客户创造价值的端到端的过程，模型的右侧是主功能流，指企业为实现某一特定目的，从内外部获取的特定业务能力，两者之间通过业务流程的分解、业务场景的设计及业务动作的提取等完成价值实现和能力要求的匹配。

（2）"主战"与"主建"的连接。业务流程对应"军区主战"，主要面向客户界面，其作用是为企业创造价值；功能流程则对应"军种主建"，面向运营界面，其作用在于帮助企业提升业务能力，完成组织能力建设。

（3）客户体验、运营模式和作业模式。企业可以利用 Y 模型中价值流和业务场景的识别与设计，重构客户体验；也可以利用 Y 模型来重新规划、布局和全方位提升能力，重构运营模式；还可以利用 Y 模型中的业务流程的分层解耦设计，重构作业模式。

15.3.1 识别与设计价值流和业务场景，重构客户体验

价值流是指从原材料转变为成品并给它赋予价值的全部活动（包括增值和非增值活动）。它描述了企业要为它的客户创造什么价值，以及怎么去创造。这表明，价值流是企业所有工作的原点，企业的工作只有紧密地围绕价值流开展，才不会走偏方向。

业务数字化的关键是业务架构设计。华为在实践中总结出了 Y 模型方法，用于指导业务架构设计。有别于传统的业务架构的思路，华为在业务架构设计上更看重价值流，也就是企业为客户创造价值的端到端的过程。

业务场景来自价值流。华为在设计价值流的过程中，通常会将客户旅程和价值流进行映射，以此来识别与设计价值流和业务场景，具体操作步骤如下。

（1）客户旅程分析：定义客户侧业务关键动作或活动。

（2）定义价值流：定义企业侧动作，匹配客户旅程的关键动作或活动。

（3）识别客户旅程的关键接触点：识别企业与客户的关键连接点。

（4）识别和定义业务场景：一方面，沿着客户旅程，识别端到端的业务场景。另一方面，沿着价值流识别业务场景，分析业务活动开展的动机、角色、对象、时间、地点、方式。

（5）业务场景设计：业务场景包含组织/岗位、角色、活动、规则、数据、技术等要素，企业可用图片和文字描述上述要素之间的顺序和关系，通过综合考虑，实现信息汇聚、角色整合、极简管控、流程并行、作业自动化和业务服务化。

【案例】华为运营商业务的价值流设计和典型场景

华为运营商业务是指华为通过建立通信网络中的交换网络、传输网络、无线及有线固定接入网络和数据通信网络，为全球各地运营商和企业提供硬件设备、软件服务和解决方案。合作对象为中国移动、中国联通等全球运营商。

华为运营商业务的价值流设计和典型场景如图 15-2 所示。

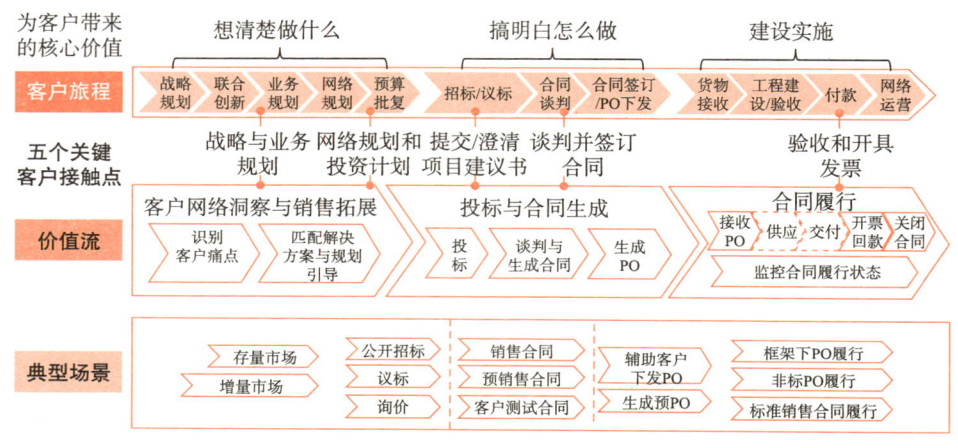

图 15-2 华为运营商业务的价值流设计和典型场景[1]

（1）分析客户旅程

分析客户旅程中的"客户旅程"是指客户初次接触直至下单并享受产品或服务期间与企业互动的全过程。通俗的解释是，客户旅程是指客户从企业获取价值的全过程，是客户的体验之旅。客户旅程一般由多个接触点组成，这些接触点是客户在旅程中对产品或服务产生印象的点。现在，以客户为中心，打造极致的客户体验，是企业可持续发展的时代命题。客户旅程的梳理和优化已经成为企业打造最佳客户体验的重要工具。

就运营商业务而言，基于对客户业务过程的分析和梳理，华为将客户旅程分为三个阶段。第一个阶段是回答做什么的问题，即客户在这个阶段需要想清楚和确定自己要做什么。在这个过程中，客户的主要活动为战略规划、联合创新、业务规划、网络规划、预算批复；第二个阶段是回答怎么做的问题，即要得到解决方案来实现怎么做。这个过程主要是围绕寻找供应商展开，包含招标／

---

[1] 华为企业架构与变革管理部. 华为数字化转型之道 [M]. 北京：机械工业出版社，2022.

议标、合同谈判、合同签订/PO下发；第三个阶段是建设实施和运行阶段，主要活动为货物接收、工程建设/验收、付款、网络运营。

（2）定义价值流

在厘清客户旅程之后，接下来是根据客户旅程定义企业的价值流。华为运营商业务将其价值流对齐客户旅程，同样分为三个部分：客户网络洞察与销售拓展、投标与合同生成、合同履行，确保企业内部的各项活动始终是围绕为客户创造价值展开的。

（3）定义客户旅程的关键接触点

在客户旅程和价值流之间，华为运营商认为有五个关键的客户接触点：战略与业务规划、网络规划和投资计划、提交/澄清项目建议书、谈判并签订合同、验收和开具发票。这五个关键接触点决定了合作能否顺利达成。从第一个接触点"战略与业务规划"来看，华为运营商业务与客户在战略层面的规划便有着强相关性。

（4）识别和定义业务场景

沿着客户旅程，华为运营商端到端地识别了 13 个典型的业务场景。在识别业务场景的过程中可以运用"5W1H 法"，即分析业务活动执行的动机（Why）、角色（Who）、对象（What）、时间（When）、地点（Where）、业务执行方式（How）。

（5）业务场景设计

对已经识别和定义的业务场景进行设计，这一步是与客户实际体验最为贴近的一步。业务场景通过定义业务在当前或未来的形态，帮助员工更好地理解各要素之间的关系，并提前演练可能遇到的情况，为提升客户体验累积经验。

企业要想做好数字化转型，离不开对业务场景的重新梳理。聚焦客户体验，从识别价值流出发到业务场景设计的流程，为企业梳理业务场景提供了一套可以借鉴的操作指引方法论。

15.3.2 重新规划、布局与全方位提升能力，重构运营模式

Y 模型右侧的业务能力是指企业本身或从外部获取的能力，主要包括需要的流程、数据、IT 系统、技能、资源等。对企业来说，能力的规划、布局和建设是构筑竞争力的基础，其会深刻影响组织和运营模式，尤其是一线和总部的

关系。华为基于多年的数字化转型实践，总结出了一套业务能力规划与布局的步骤和方法，如图15-3所示。

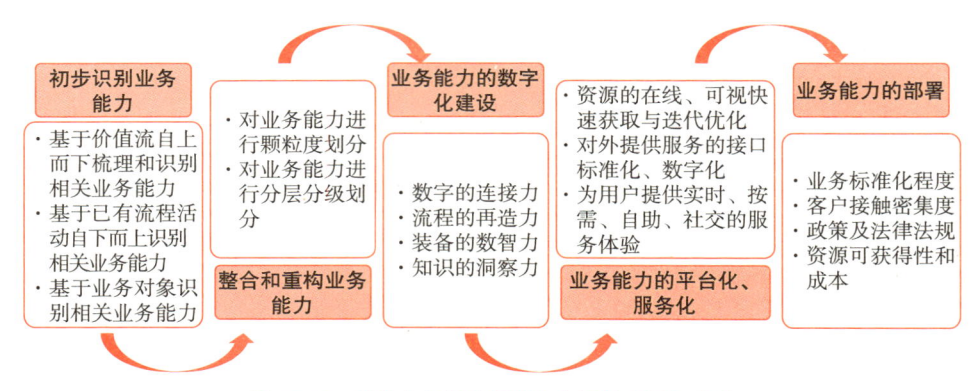

图 15-3 华为业务能力规划与布局的步骤和方法

流程图内容：
- 初步识别业务能力
  - 基于价值流自上而下梳理和识别相关业务能力
  - 基于已有流程活动自下而上识别相关业务能力
  - 基于业务对象识别相关业务能力
- 整合和重构业务能力
  - 对业务能力进行颗粒度划分
  - 对业务能力进行分层分级划分
- 业务能力的数字化建设
  - 数字的连接力
  - 流程的再造力
  - 装备的数智力
  - 知识的洞察力
- 业务能力的平台化、服务化
  - 资源的在线、可视快速获取与迭代优化
  - 对外提供服务的接口标准化、数字化
  - 为用户提供实时、按需、自助、社交的服务体验
- 业务能力的部署
  - 业务标准化程度
  - 客户接触密集度
  - 政策及法律法规
  - 资源可获得性和成本

（1）初步识别业务能力

基于价值流自上而下：基于价值流梳理和识别相关业务能力。参考15.3.1节，可以基于价值流识别出"客户网络洞察能力""销售拓展能力""投标能力""合同管理能力"等。

基于已有流程活动自下而上：对于流程基础比较成熟的企业，可以对应流程识别相关业务能力。比如，围绕产品开发流程，可识别出"市场洞察能力""选品开发能力""研发设计能力"等。

基于业务对象：从业务对象的操作动作中识别相关业务能力。比如，围绕"客户""合作伙伴""工程"等，识别出"客户管理""合作伙伴管理""工程管理"等业务能力。

除此之外，还有一些其他的方法，如参考业界最佳实践或成熟模型〔如产品领域的产品及周期优化法（PACE）模型、供应链领域的供应链运作参考（SCOR）模型等〕，利用成熟软件包的相关分类进行识别（业内成熟的软件包往往包含了特定领域较成熟的业务管理逻辑及相关业务能力）。

（2）整合和重构业务能力

关于业务能力的构成要素，目前已经有相应的知识体系对其进行分析。比如，The Open Group 在《TOGAF系列指南——业务能力（2018）》中提到业务能力由四个要素构成：角色、流程、信息、资源。Amit Tiwary 和 Bhuvan

Unhelkar 在 *Outcome-Driven Business Architecture* 一书中指出业务能力由五个要素构成：人员、流程、技术、资源、信息管理、知识管理。

从上述两种划分来看，"资源"都是业务能力的构成要素之一。在实际工作中，人员、技术、流程、信息等都可以被看作资源。这样一来，业务能力分解在实操过程中的边界很容易混淆。

那么，在实践中可采用对业务能力进行颗粒度划分和对业务能力进行分层分级划分两种方法。这一步的关键是要有清晰的能力颗粒度，而分层分级则需要有相应的原则和标准，以确保能力划分后不重复、不遗漏。

根据企业的责任层级，业务能力可以分为战略、控制和执行三层。每项能力的构成要素主要体现在两个维度，一是描述业务能力做什么，可以从能力名称、能力用途和治理方式三个方面进行划分；二是描述业务能力如何实现，可以从能力实现的方式、提供的服务及能力成熟度三个方面进行划分，如图15-4 所示。

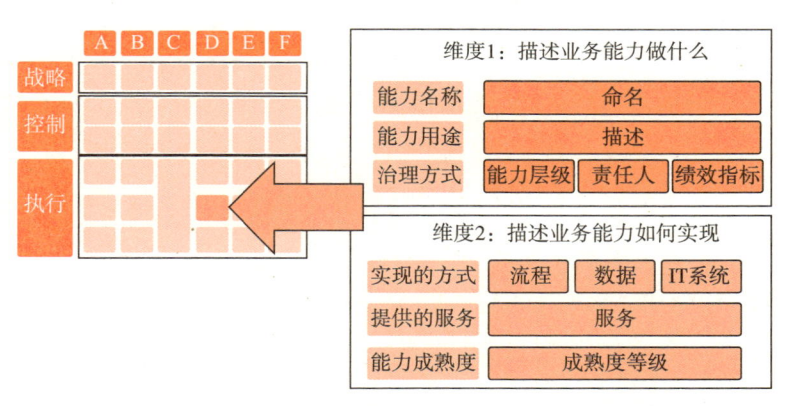

图 15-4　业务能力的"战略、控制、执行"分层结构及关键构成要素拆解

（3）业务能力的数字化建设

一般是围绕"四力"——数字的连接力、流程的再造力、装备的数智力、知识的洞察力，来进行业务能力的数字化建设。

数字的连接力是指业务能力所涉及的业务对象、业务过程及业务规则这三类是否实现数字化；流程的再造力是指随着上述三类数字化程度的提升，企业各流程的运行效率是否得到提升；装备的数智力是指数字化的各项装备是否可以变得更加自动化、智能化；知识的洞察力是指业务能力所需的知识和技能能否快速被识别，或者实现由"人找知识"向"知识找人"的转变。

（4）业务能力平台化、服务化

在业务规划的过程中，利用数字技术建设能力开放平台，通过组织能力开放平台建设来沉淀组织能力，把能力建在组织平台上，然后再对能力进行服务化的改造。通常可以对外提供的服务方式有"资源"服务、"业务"服务、"数字"服务三种类型。

资源的在线、可视使得资源能够快速获取、迭代优化，而对外提供服务的接口标准化、数字化，则能够为用户提供实时、按需、自助、社交的服务体验。

（5）业务能力的部署

数字化使能力能够突破时间和地域限制，跨地域、跨时空协同处理事情，为企业在进行业务能力布局之时提供了更多的选择。企业在对业务能力进行布局时，主要需要考虑四个因素：业务标准化程度、客户接触密集度、政策及法律法规、资源可获得性和成本。

业务标准化程度决定了能力的通用性，标准化程度越高，能力的规模优势越明显；客户接触密集度决定了能力的侧重点，客户接触密集度越高，与客户直接接触的业务能力布局越重要；政策及法律法规决定了能力的特殊性，面对一些有着较强特色的国家或地区政策，企业可能需要在当地构建新的业务能力；资源可获得性和成本决定了业务能力建设的可行性。

业务能力对上承接企业战略，对下负责将战略拆解为不同单元的业务活动。业务能力的规划和布局，既可以为业务运营提供结构化视图，也可以为企业IT应用架构的分类提供指导作用。

15.3.3 分级、分层和分类设计流程架构，重构作业模式

企业的流程本身并不是一个简单的树形或者层次结构，而是一个多维度的网络结构，因此企业在进行流程设计时，要注重流程的分级、分层和分类。

流程分级是指将一个大流程按不同层级逐渐切开，直至被细分成可以由岗位操作的活动与任务的过程，其目的在于将流程从高阶的概念、规划层，细分到可操作、可管控层，搭建一个从战略到执行的流程分级实现的路径。

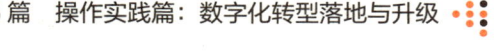

流程分类是指根据不同的业务场景将同一个流程进行差异化设计，分成不同的流转线路的过程。流程分类的目的如下：

（1）与不同业务特点相匹配，增强流程运行的效果。

（2）根据不同业务类别匹配不同的流程，提高资源的利用率。

流程分层是指为满足不同层级管理者的管理需求，分项分步反映流程运行、控制级次、顺序关系的过程，其关键不在于第几级或者第几类这样的"绝对值"，而是强调流程的层次性和相对性。

业务流程是为了实现客户价值和企业业务目标而形成的一套规范业务运作的规则和机制，是管理体系的核心，是改善客户体验、提升客户满意度、"多打粮食"的关键，也是企业长治久安的基础与保障。在华为提出的Y模型中，上半部分左右两侧的能力偏向宏观和抽象，而下半部分则是业务流程及其分解，偏向落地性。

业务流程的数字化升级给业务换上了一台高性能引擎，不仅能有效提高作业的效率，还为流程的执行增加了灵活性。在业务流程数字化的实践过程中，对业务流程的分层解耦至关重要。尤其是对于一些复杂程度高的业务流程，其执行周期长，只有通过分段分步和异步推进才能完整执行整个过程。为此，华为将流程划分为了六层：L1、L2、L3、L4、L5、L6，从流程大类到流程组、流程、子流程、活动，一直到最后的具体任务都一一细化，如图15-5所示。

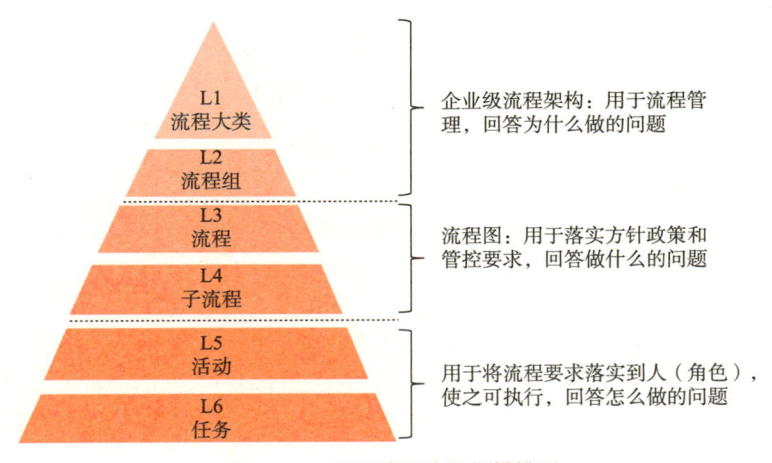

图 15-5　华为流程分层解耦模型

在华为的六层业务流程中，L1 和 L2 用于流程管理，回答为什么做（Why to do）的问题，支撑企业战略和业务目标实现，体现企业业务模式并覆盖企业全部的业务。

L3 和 L4 则是用于落实方针政策和管控要求，回答做什么（What to do）的问题，其聚焦战略执行，体现创造客户价值的主业务流及为实现主业务流高效和低成本运作所需的支撑业务。

L5 和 L6 用于将流程要求落实到人（角色），使之可执行，回答怎么做（How to do）的问题，完成流程目标所需要的具体活动及任务，体现业务的多样化和灵活性。

【案例】德石羿团队为某行业头部企业 M 公司设计流程分层解耦模型

M 公司作为所在行业的头部企业已经全面开展数字化转型工作，但转型效果甚微。德石羿团队在入驻 M 公司后，对其业务流程进行了分层解耦，主干流程由 M 公司统一制定，末端流程由部门制定，保证主干清晰，末端灵活，如图 15-6 所示。德石羿团队将 M 公司的 ITR 流程分解为管理消费者问题、管理经销商问题、管理服务与运营、管理客户满意度四个维度，每个维度再进行详细拆分，最后输出形成 ITR 流程的业务规则和模板单据。

层级	定义
L1 流程大类	用以承载公司业务，体现公司业务模型并覆盖全部的业务活动
L2 流程组	按照一定的业务关系对相关流程进行分组
L3 流程	可执行的流程。通过一系列可重复、有逻辑顺序的服务为特定价值目标的活动，将一个或多个输入转化成明确的、增加价值的、可衡量的输出
L4 子流程	一组有逻辑关系的连续活动，产生特定的输出
L5 活动	一组相互联系、有一致成果的任务或动作
L6 任务	一组连续的为获得确定结果的操作步骤

L1 流程大类	Why 为什么做	
L2 流程组		
L3 流程	What 做什么	
L4 子流程		
L5 活动	How 怎么做	
L6 任务		

ITR 从问题到解决			
管理消费者问题	管理经销商问题	管理服务与运营	管理客户满意度
管理消费者问题受理	管理消费者问题处理与升级	……	……
业务规则，模板单据			

图 15-6　M 公司流程分层解耦模型

"活动"是流程分层解耦的关键，将活动从流程中解耦，需要将活动的输入、输出、角色、业务规则、KCP、操作指导这六个基本要素做结构化处理。流程的分层解耦的过程也是分级、分层和分类设计流程的过程，以此为基础，业务对象、业务过程、业务规则的数字化会更容易开展。

15.4 "三高法"定位主要矛盾，有序实施数字化

笔者曾被邀请参观一家企业的数字化项目，据说是取得了很大的成果。笔者到了现场一看，原来是这家企业老板的办公室里装上了好几块大的共享屏幕，上面显示了各种业务的情况，看起来挺震撼。但是，当笔者问老板企业的营收是否有明显的变化时，这个老板却无法说出具体的变化情况。

这家企业的问题实际上也是很多企业都存在的问题。有时候，企业的数字化转型做着做着，就变成了向老板做数字化，而不是围绕业务做数字化。企业必须时刻警醒自己的是，业务才是数字化的目标。

本章前面的内容对业务数字化是什么、怎么实现业务数字化进行了介绍。那么如何从企业众多的业务场景中选择典型的业务场景作为数字化的"突破口"，来助力企业数字化转型流程的搭建呢？要知道，企业的业务场景是多样的，而且每一种场景的落地方法，包括业务流程、业务架构设计、技术的支持等是不同的。

寻找业务数字化"突破口"的关键点是定位业务中的主要矛盾。笔者及德石羿团队结合多年的咨询经验，总结提炼了"三高法"，如图 15-7 所示，其对准业务价值，定位于业务主要矛盾和矛盾的主要方面。

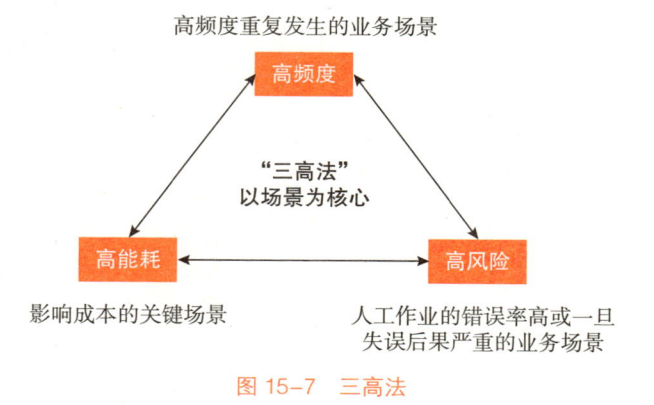

图 15-7 三高法

从图 15-7 中可以看到，三高是指高频度、高风险、高能耗。

高频度是指高频度重复发生的业务场景，这些业务场景每次发生的步骤、逻辑和结果是相同或类似的，一旦改进，整个业务运作的收益会提高很多。

高风险是指人工作业的错误率高或一旦失误后果严重的业务场景，若加以

改进，可以极大地降低企业可能面临的风险。

高能耗是指影响成本的关键场景，一般来说，海量重复的业务的资源投入大且呈线性增长趋势，但效率较低，改进后则能够提高企业的整体经营效率。

【案例】华为财经大屏——财务管理的作战中心

数据大屏在企业中使用得越来越多。华为财务的办公室中有很多数据大屏，也称为财经大屏。不同财经大屏的功能是不同的：财务结账用的是结账大屏，上面显示着各个业务条线登记入账流程的一个个节点，每个流程的进度用不同颜色做区分，看起来一清二楚；管控财务风险的是风控大屏，在业务的进行过程中可以智能识别风险点，并及时弹出风险提示。

这些财经大屏是华为数字化实践的结果。过去，华为财务经常遇到的一个问题是账实不相符。账实相符涉及很多个环节，只有从买进来，到中间生产，再到销售，每个环节都做到账实相符，最后在整体的账面上它才能是相符的。

对于企业而言，做到账实相符，是一件很不容易的事，它要求每个环节的数据都能及时准确地反馈。

为什么及时准确的反馈会成为一个难题呢？在互联网技术还未达到现在的先进程度时，信息的交流传递主要依靠打电话、发邮件，或者面对面交流及开会同步信息。华为的跨国业务比较多，信息同步难度更大。有时候会出现以下情况：甲员工今天提个问题，乙员工要在第二天才能回个邮件，到第三天，甲员工才能看到问题的回复，这还不包括各层级逐级汇报的情况。一层层的汇报流程走下来，整个周期就变得很长了。

于是，华为在财经数字化转型过程中，瞄准财实不相符、反馈不及时这两个问题，将财经大屏定义为财经人员发现问题、讨论问题，以及解决问题的作战中心，而不是仅仅起到数据、流程的集成展示作用。

一方面，华为财经大屏能自动发现风险及帮助业务人员和管理者发现业务进度的问题，很好地解决了"发现问题"滞后的问题。比如，客户签收之后的款项不知什么原因没有打到账上来，这个情况能迅速被系统发现。一经发现，系统会在屏幕上弹出一个风险提示并自动推送给相关的人员。这样，很多问题就能被及时解决，不至于把普通问题拖成紧急重大问题。

再以会计调账为例。会计之前做分录、做调账都是通过手工完成的。如果有会计粗心，调账查起来会非常复杂。而通过将财务手工的工作流程数字化，调账这个节点可以在大屏上显示，没完成就是黄色的，完成了就变成绿色，一目了然。

另一方面，当员工发现了财经大屏弹出的风险提示后，如果该问题不是员工能单独解决的，员工便可以直接在这个风险界面发起群聊或会议。华为的财经大屏对于解决问题的相应人员都会有相应的配置。比如，针对什么样的问题，专家是谁，对应的保障人员是谁。员工发起会议和群聊的时候，就可以直接看到这些人，把他们拉在一起讨论解决方案。

"发现问题"可管控，"讨论问题"能及时，大大提高了华为财经部门的运作效率。在数字化转型之前，华为账实相符率只有70%多一点，但现在，已经提高到了99%以上。

主要矛盾的主要方面，是问题聚集的地方，也是容易出效果的地方。用"三高法"抓住业务的主要矛盾下的业务场景并实施数字化，能有序解决企业所面临的问题，极大提高作业效率，进而为企业数字化转型提供助力。

15.5 根据工作复杂性和数据复杂性，重构作业的四大思路

"如何在业务保持不断增长的情况下，实现人员不随之线性增长？"这是很多企业所面临的一个关键战略问题，其背后的核心其实是企业创造价值的效率问题。在企业真实的作业场景中，由于物权交接、责任权力划分的问题，在实物流动过程中需要签署各种单据、订单、验收单，而这些单据的信息录入，还需要经过复杂的、冗长的审核和审批流程，如此一来，就导致了信息流与实物流的脱节，影响了企业创造价值的效率。

效率往往是企业最关注的问题，因此实现实物流、信息流和资金流的匹配，消除高耗能点，提高作业效率，也是企业数字化转型的重要目标之一。如何利用数字技术对业务流程进行自动化和智能化改造，让作业更高效，也是企业数字化转型亟须探索的问题之一。

出于解决"作业效率问题"这一目的，德石羿团队在华为数字化转型实践的基础上，根据企业业务的不同特点，按照工作复杂性和数据复杂性两个维度，将数字化使能作业模式重构为四种，其思路如图15-8所示。

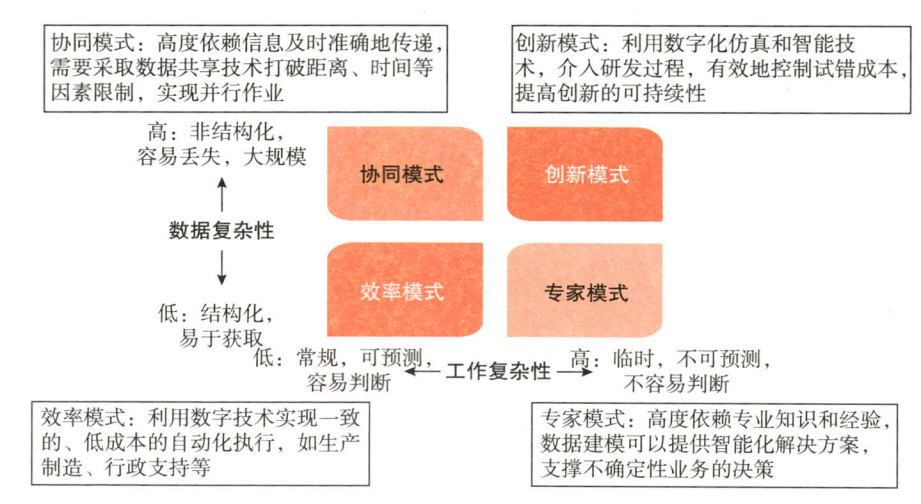

图 15-8 重构作业模式的四大思路

协同模式：高度依赖信息及时准确地传递，需要采取数据共享技术打破距离、时间等因素限制，实现并行作业

创新模式：利用数字化仿真和智能技术，介入研发过程，有效地控制试错成本，提高创新的可持续性

数据复杂性
- 高：非结构化，容易丢失，大规模
- 低：结构化，易于获取

工作复杂性
- 低：常规，可预测，容易判断
- 高：临时，不可预测，不容易判断

四象限：协同模式 | 创新模式 | 效率模式 | 专家模式

效率模式：利用数字技术实现一致的、低成本的自动化执行，如生产制造、行政支持等

专家模式：高度依赖专业知识和经验，数据建模可以提供智能化解决方案，支撑不确定性业务的决策

（1）协同模式

当数据复杂性偏高，工作复杂性偏低时，企业可以选择协同模式。协同模式高度依赖信息及时准确地传递，适用于需要多个角色协同作业的业务，在这种模式下需要采取数据共享技术打破距离、时间等因素限制，使得很多原本两两协作的串行作业变为可多方协同的并行作业。

医疗数据共享的场景与价值

①**临床诊疗**：调阅患者各类信息，如门诊记录、出入院记录、检验报告、医学影像资料等，为医生的临床诊断、治疗及安全用药提供有力参考。

②**远程医疗**：不同医院、科室的专家和医生（在征得患者同意的情况下）可以调阅患者的共享病例，快速了解患者的既往病史，通过视频、电话诊疗的方式为患者提供远程诊疗和专家会诊，并将会诊或诊疗结果反馈给患者。

③**科研支持**：在新冠疫情期间，数据已被用于促进临床试验，也切实发现了一些可以挽救生命的诊疗方式。可以根据数据构建精准的诊疗模型，为一些重大疾病临床治疗提供指导；还可以进行疾病早筛早查，如早期癌症的预测与诊断。

④**健康档案**：建立集中性的开放健康数据平台，个人所有的诊疗数据、体检数据、过敏信息等都可以随时查看。

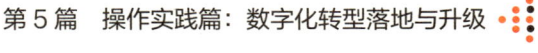

（2）创新模式

当数据复杂性和工作复杂性均偏高时，企业可以选择创新模式，该模式适用于创新类的业务。由于很多潜在的好创意往往需要消耗巨大的投入成本来支撑，为有效控制企业的试错成本，创新模式提出了利用数字化仿真和智能技术介入产品的研发过程的作业方式，帮助企业提高创新的可持续性。

南水北调中线工程数字孪生项目：南水北调中线工程数字孪生项目旨在通过数字孪生技术实现对南水北调中线工程的运营与维护的全生命周期管理，提高工程的效率和安全性，同时优化资源利用和管理。项目实施过程中使用了多种技术，包括 IoT、云计算、大数据和 AI 等，并结合实地调查和数字仿真建模，实现了对南水北调中线工程的数字化管理。通过数字孪生技术，该项目有效地提高了南水北调中线工程的运营效率，降低了维护成本，为我国水资源的保障和可持续利用作出了贡献。

（3）效率模式

当数据复杂性和工作复杂性均偏低时，企业可以选择效率模式，该模式是指对于作业步骤确定且预期明显的业务，其作业标准、规则、程序及流程通常都比较固定，只需依照固定要求一步一步执行就可以完成作业流程，因此这种业务可以利用数字技术实现一致的、低成本的自动化执行，提高效率，如生产制造、行政支持等。

上汽宁德工厂：华为提供的网络帮助上汽宁德工厂连接了 500 多台在制车辆、2000 多台智能终端设备、10 000 多个传感器，并且运用大数据技术和回归算法对 1000 多台设备进行主动式预警，使非计划停机时间降低了 20%，交付周期缩短了 10%，生产效率提高了 48%。

比亚迪常州工厂：华为 F5G 全光工业网帮助比亚迪建成的网络具备高可靠、低时延、漫游切换小于 100 ms、实时通信时延小于 20 ms 的能力，兼顾了按需快速建网、灵活扩容、可靠性高、布线简单等需求，保障了生产不停线的目标达成。

（4）专家模式

当数据复杂性偏低，工作复杂性偏高时，企业可以选择专家模式，该模式高度依赖专业知识和经验，适用于判断导向型的业务。在这类业务的作业过程中，数字化的作用更多地体现在数据的拉通及基于数据建模技术提供智能化的解决方案上，以支撑对不确定业务的决策，并提高决策质量。

> 医院收集不同疾病的病理知识、最新药品说明等并放入知识库，专家之间可以通过互相观摩、研讨、线上线下交流等形式促进隐性知识的交流。医生在系统中给患者开药时，系统会自动提醒该药的用量是否超量等信息，医生则会根据系统提醒，结合患者的实际情况决定是否更改处方。

企业对数字化的追求，不仅在于业务的自动化和智能化，更在于能够以一种创新的方式重新设计作业模式，通过重构作业模式来提高作业效率，进而帮助企业获取新的竞争优势。

15.6 四类典型作业场景的数字化实践及总结

所有作业，特别是价值创造，都应有目标客户及价值流承载的具体场景，因此场景是数字化转型的重要抓手。

笔者和德石羿团队根据华为海量的实践，识别出四类典型场景，并推荐企业在数字化转型中重点关注数字化作业、数字化交易、数字化运营、数字化办公。开展数字化应用实践，能够助力企业完成数字化转型流程的搭建，提高业务运营效率和组织效率，从而推动企业战略目标的落地实现。

15.6.1 数字化作业，让确定性业务自动化、不确定性业务智能化

数字化作业指的是作业流程的数字化，而作业流程是整个业务的完整处理过程。 对于企业而言，数字化作业是难度非常大的一个环节。

数字化作业的核心目的就是实现确定性业务自动化、不确定性业务智能化，即针对一些确定的、简单的、重复的作业利用规则，让机器自动决策和作业，不需要人工干预；针对一些复杂的、难以规则化衡量的、需要人为干预的业务，可以数据为支撑，构建算法模型，通过智能分析、模拟仿真等为员工或

企业提供决策建议，以提高决策效率。

在华为云社区上，一位伙伴分享了华为 ISC 变革情况及供应链管理从数字化、数智化到数治化的演进过程。

【案例】华为灵蜂自动物流中心：面向业务场景集成设计，算法与业务融合定义极简供应

华为一直以来是做 To B 业务的，但是随着企业业务的市场拓展，整个华为供应链面临着从过去的大项目走向碎片化、零散化的类电商式的境况。

2015 年，华为正式启动了供应链数字化转型的 ISC 变革，聚焦于提升客户体验和创造价值。在变革过程中，华为供应链进行了业务重构，建立了两层智能业务体系，一是基于"灵鲲"数智云脑的供应链智能决策，二是基于"灵蜂"智能引擎的敏捷作业。

"灵鲲"数智云脑是供应链的业务型大脑，在两层智能业务体系中负责全局性的数据分析、模拟仿真、预案生成和决策指挥。"灵蜂"智能引擎则是面向作业现场和业务履行的智能作业单元，可以实现敏捷高效、即插即用和蜂群式的现场作业。

"灵蜂"智能物流中心是"灵蜂"智能引擎的典型应用场景。"灵蜂"智能物流中心位于华为物流园区，占地 24 000 平方米，是华为全球供应网络的订单履行节点之一。

在这个自动化物流中心，主要有以下四种关键的场景需要处理。

一是客户化。在不到 20 000 平方米的仓库里，承接的客户订单有 80% 都有差异化的配置和需求，而且它们的相似性几乎是没有的，每个订单都有不同的需求，都需要去做流通的履行和差异化的配置设计。

二是管理产品的零散化。在整个仓库里有 3000 多种编码的设备，而常用的其实只有 11 种。

三是到货时间的差异化。客户的需求有 60% 要求一周以内供货，有 30% 要求两周供货，还有 10% 要求两周或四周以上按需供货，送早了也是不行的，因为客户的仓库可能还没准备好。

四是需求的波动性。有了零散的客户需求后，华为的员工就发现整个市场的波动效应非常明显。通常在交付的时候，按季度来看的话，每年第四季度会承载全年40%的交付；按月度来看的话，每个月的最后一周则大概占到了当月交付的40%。

如果是传统的运作方式，要想解决上述的客户化、零散化、差异化、波动性的问题，只能靠加人、加场地。但是华为通过数字化，重构了一个自动化和智能化的体系。

具体来讲，在节点内，"灵蜂"智能物流中心构建了库存分布、波次组建、AGV调度等12个算法模型，应用了AGV、密集存储、自动测量、射频识别等九种自动化装备，实现了来料自动分流入库、存拣分离智能移库、智能调度、波次均衡排产、成品下线自动测量、自动扫描出库的高效作业，将现场作业模式从"人找料"转变为"料找人"。

在节点之间，当订单生成后，司机可以通过数字化平台预约提货时间，系统会自动完成提货路径规划和时间预估。同时，作业现场应用货量预估和装箱模拟等工具，自动确定拣料顺序和装车方案，根据司机到达的时间倒排理货时间，在车辆到达垛口的同时完成理货，实现下线即发。

应用数字化引擎建设的"灵蜂"智能物流中心使人、车、货、场、单等资源达到最优配置，使收、存、拣、理、发的作业实现集成调度。可以说是节点内高效作业，节点间无缝衔接。在业务量翻倍的情况下，不仅能保持人员和场地面积不变，还能持续提升客户体验，提高服务水平。

"灵蜂"业务运作体系让业务作业就像有了手脚一样，做到敏捷、高效、快速响应、即插即用，而且每个"灵蜂"之间还能够实现灵活的蜂群作战。

在数字化时代，作业方式已经可以依靠数据进行重新设计，传统的人拉肩扛形式的作业现场已经向人机协作的模式转变，线上云管理的方式更加科学高效。

【案例】德石羿团队为M公司打造"客户+场景"的IPD数字化作业平台，实现IPD全价值链活动在线

德石羿团队在深入了解M公司研发管理体系后发现如下痛点。

（1）系统并未对业务起到足够的支撑作用：针对不同的研发板块，M公司使用了较多的软件系统，但仍存在投入了大量人力进行数据录入与处理的情况，业务衔接和业务管控并未有效实现。

（2）较多的软件系统，导致各系统之间互不连通，数据无法流动，需员工手动导转数据，耗时耗力。

（3）数据呈现不实时、不透明，管理者难以及时掌握研发进度、发现异常和问题，无法赋能业务。

基于以上痛点，德石羿团队围绕 IPD 全价值链活动，打造了"客户＋场景"的 IPD 数字化作业平台，如图 15-9 所示，帮助 M 公司梳理研发体系的业务流、数据流和系统流，使企业所有执行、管理、决策的研发业务都通过这个平台实施，避免了数据流通不畅、信息不对等的问题，解放了人的时间和精力，实现了组织和人的共同成长。

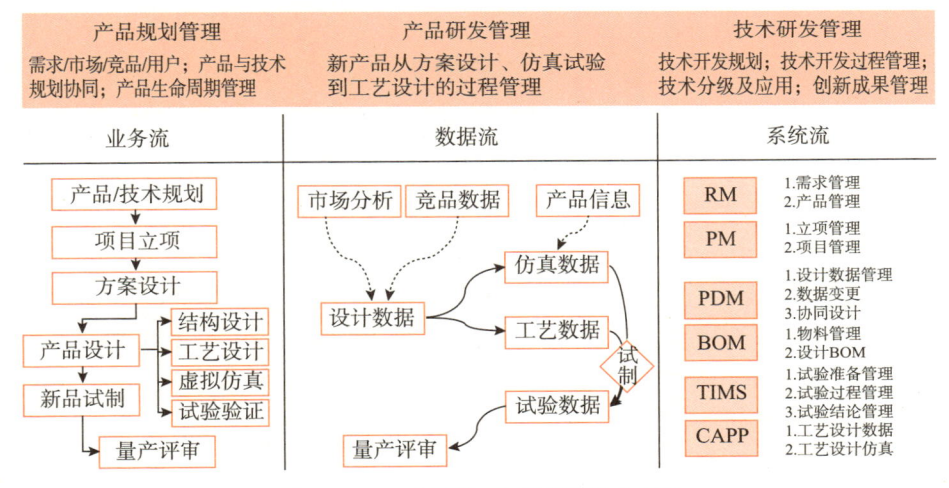

产品规划管理	产品研发管理	技术研发管理
需求/市场/竞品/用户；产品与技术规划协同；产品生命周期管理	新产品从方案设计、仿真试验到工艺设计的过程管理	技术开发规划；技术开发过程管理；技术分级及应用；创新成果管理
业务流	数据流	系统流

图 15-9　M 公司的 IPD 数字化作业平台

企业对数字化的追求，不仅在于业务的自动化和智能化，还在于通过业务模式的重构与优化，获取新的竞争优势。这就要求企业基于日常作业场景，面向客户汇聚与拉通各个系统的数据，构建一站式、全场景的数字化作业平台，实现业务的可视化。

15.6.2　数字化交易，让客户做生意更加简单、高效

交易是指企业与外部主体之间的价值交换行为，它是双向的行为。一般情况下，我们将企业与客户产生交易的全过程称为交易流。从交易的内容来看，交易流包含实物流、信息流、资金流。而数字化交易指的是交易流的数字化。

数字化交易适配的也是一套流程。比如，开发客户时，需要参加招标，中标后需要与客户签署合同，签署完合同，客户需要确认采购订单，然后我方交付订单。在这个过程中，要梳理出从标书、合同签署、销售订单到交付订单的整套业务流程，其细化到每一个操作、每一个规则，以指导整个交易结构的设计，同时确定客户和销售、供应链、财务等各个部门的接洽人员及需要提供的对应服务。该流程要求可以共享，从而让各个相关人员明确自己的角色并提供服务。

数字化交易具备以下三大优势。

（1）**实时按需**：数字化交易流可以实时响应查询、交易变更、验收开票等指令。客户可以按照自身的交易习惯定制所需的交易流程和环节。

（2）**全在线自助服务**：交易信息和交易服务全在线，无论是个人端还是企业端，客户可以随时自主完成交易、获取服务。

（3）**社交服务**：围绕交易流的各个环节，可以快速实现社交协同。

华为在数字化能力形成的初期，就给自己提了个小目标，叫作"要给To B的客户带来To C的体验"，这实际上也是数字化交易的关键目标。

【案例】华为智能零售实践：Wepick超级便利店

华为云以计算机视觉、机器学习和多传感融合技术为核心，通过有自主知识产权的行为识别和商品学习算法引擎Cloud pick++，精准识别商品信息和客户购物行为，为全球客户提供"拿了就走、无感支付"的新型智慧商店购物体验，帮助实体零售企业将传统商店改造为高度数字化、智能化、无须人工收银的智慧商店。

Wepick超级便利店（简称Wepick）选址于晶耀前滩。晶耀前滩是美国著名开发商铁狮门与上海陆家嘴集团联手打造的城市综合体，周边有超甲级办公楼、高端住宅区及其他丰富配套资源。晶耀前滩CBD的人群主要以在此工作的白领为主，他们追求生活品质，具有一定的消费能力，如何贴合他们的需求是Wepick面临的一大挑战。

Wepick面临如下四点客户需求：

（1）办公楼区早、午高峰期客流量大，应避免拥挤、排队现象出现。

（2）通过数据化手段优化店铺选品，售卖的商品应更加贴合周边CBD人群的需求。

（3）要提升客户购物体验，满足 CBD 年轻人群追求品质与效率的消费习惯。

（4）应满足深夜加班族的购物需求。

基于上述客户需求，华为提出了系统化的解决方案：

（1）提供基于计算机视觉、机器学习和多传感融合技术的无感支付系统。

（2）通过 SaaS 门店管理平台和数据中台，追踪客户购物轨迹，分析其购物偏好，构建精准客户画像。

（3）基于海量消费信息沉淀及大数据分析，把握白领群体的消费习惯，为选品优化提供参考。

（4）打通线上商城渠道，支持小程序提前线上下单，到店自提。

（5）在商店门口处、休息区桌面上、店内货架上配置数字化互动屏幕，实时推送个性化产品及营销活动信息，丰富无人超市的体验。

在实现"人、货、场"等要素全面数字化后，华为使客户拥有类似电商的经营能力，使其可以根据不同场景、不同需求定制数字化解决方案，决策更智能，从而满足线下实体零售门店降本提效的发展要求，使店铺的经营变得更加简单、高效。Wepick 具体营业效果如下：

（1）无须人工收银、人工值守，7×24 小时营业，满足各时段消费需求。

（2）即拿即走，无须排队，收银速度是传统人工收银速度的 3～5 倍，人均购物时间节省 45 秒，早、午餐高峰期也能做到"零卡顿"。

（3）无感支付系统支持错拿错放、货物入包，支持多人组团购物，支持咖啡机、豆浆机等多种自助型设备，识别准确率高达 99.9%，有效解决了盗损问题。

（4）创新运营模式，实现订单、商品、库存、营销内容等维度的数字化管理，其中实时且精准的营销玩法使得优惠券核销率高达 80%。

（5）以"线上下单、到店自提"的方式将线上流量引导至线下，通过线上售卖热餐增强客户黏性，复购率高达 80%，而购买热餐也会产生饮料等需求，带来更多交叉销售，客单价由此提升了 20%～25%。

（6）凭借差异化、个性化、科技感的体验吸引新老客户到店消费，每日新客户占比约为 20%，老客户占比约为 80%。稳定的老客户群体给门店带来了大量的订单，而通过口碑推荐、活动促销等形成的新客户群体也在逐步增长。

市场上很多企业的数字化交易系统其实建设得很全面，但就是效果不佳或无法良性运转。数字化交易的成效主要由三个主体的数字化水平决定：交易对象、客户、企业。所以哪怕是同一种数字化交易的解决方案，应用在不同数字化水平的交易或客户身上，实际效果也无法保持一致。为此，企业可遵循以下七大步骤来设计数字化交易方案，确保交易系统的高效运转。

（1）分析和定义价值流，识别能力地图

基于对愿景与架构蓝图的分解，充分考虑关键利益人的诉求来设计价值流。通过能力地图支撑价值流的实现，价值流与能力地图是服务化架构设计的起点。

（2）设计和定义业务场景

沿着业务流的关键节点识别出每个节点的关键场景因子，不同的因子对应不同的交易通道，根据场景因子排列组合出业务场景。

（3）梳理和设计业务流程

每类业务场景对应一个端到端的流程视图，不同的业务场景应分别设计相应的业务流程。

（4）定义和描述业务活动

沿着流程视图，从客户视角梳理各个流程的业务活动，每个业务活动都要有明确的角色、输入和输出。

（5）识别业务要素与对象

梳理所有业务流设计的业务要素，并提取关键部分为业务对象。业务对象是企业重要的人、事、物，是业务和IT管理的核心对象，其承载了业务运作和管理涉及的重要信息。

（6）划分聚合对象集

基于流程视图，按照业务对象有向图的形式展现各个业务对象之间的关系，将关系紧密、具有相同或类似职责的业务对象划分为聚合对象集。

（7）识别和定义业务服务

设计颗粒度合适的服务是非常关键的成功要素。服务可分三层：作业前台层、交易服务层和客户适配层。作业前台层对准客户体验，涉及的流程可编排、可定制；交易服务层要实现数据同源，做到能力服务化；客户适配层根据不同客户交易流中的差异点进行灵活定制，实现不同客户的差异化交易体验。

【案例】德石羿团队为 M 公司设计面向客户主业务流的数字化交易平台

围绕主业务的客户交易流：内容咨询—社区口碑—样机体验—下单预订—金融支持—产品交付—互联服务—服务预约—上门保养，德石羿团队为 M 公司设计了客户一站式体验、渠道零门槛接入的数字化交易平台，如图 15-10 所示，助力客户与 M 公司简单、高效、安全地做生意。

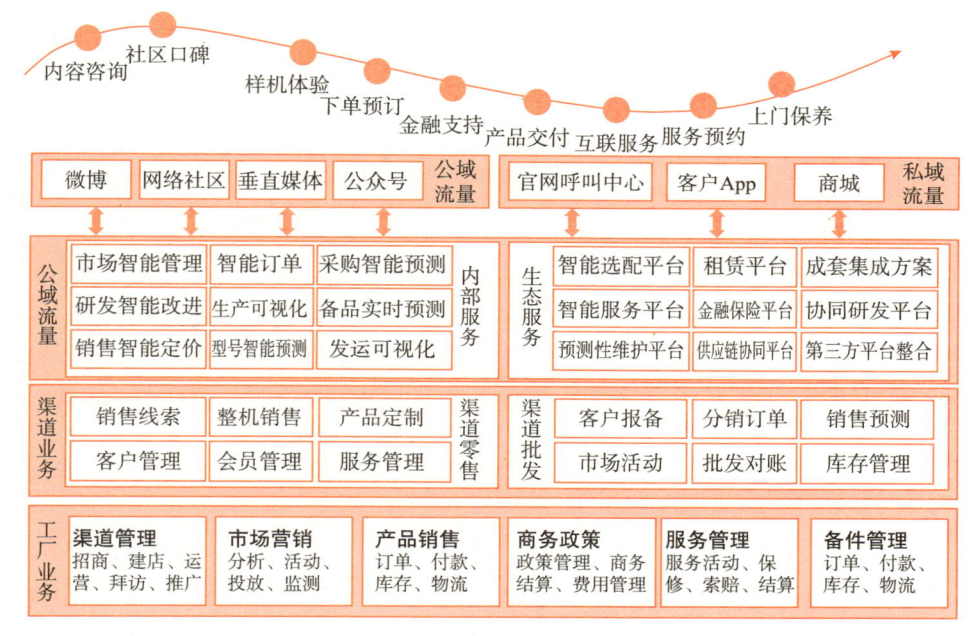

图 15-10　M 公司数字化交易平台

数字化交易方案的设计非常注重客户交易体验的重构。对客户的交易旅程需求进行分解，可以形成满足需求需要的交易能力地图，进而设计服务化架构。这种始终以客户旅程为出发点的设计思维是数字化交易成功实践的基石。

15.6.3　数字化运营，让业务运营模式持续升级

数字化运营即通过运用数字技术来获取、处理与分析数据，为企业的战略决策和业务运营提供科学依据，进而有效提高业务效率与业务能力，助力企业实现战略目标。可见，数字化运营的核心是数据。业务运营过程中的每个决策

都需要数据作为支撑。换句话说，数字化运营就是以数据驱动的运营。

传统运营模式有三大痛点：运营仪表盘不真实、指挥链条过长、决策过于依赖个人经验，而数字化运营有效地解决了以上问题，实现了真实、全在线的"可视化运营"，事前、事中干预的"实时运营"，为业务提供主动服务的"自动化运营"，如表15-1所示。

表15-1 数字化运营的三大改进项

序	改进项	改进点	详细阐述
1	可视化运营	数据来源统一	建立满足及时性、完整性、准确性要求的数据底座架构，所有数据来源于数据底座
		加工过程可控	制定统一的报告加工规范，明确指标规则和口径；固定和灵活相结合的分类报告
		在线结果展现	实时更新的数据和灵活易用的报告展示方式提高了管理者和员工的使用率，推动迭代改进
2	实时运营	提前预警风险	在不同流程环节增加相应的风险探针，超过阈值自动预警，在流程结束前识别风险
		量化风险管理	基于引发风险的内在原因，对风险本身进行更加准确的量化评估，并制定相应的应对措施
		快速关闭风险	运营和业务结合，业务执行过程中对风险进行规避，推进风险到改进的闭环
3	自动化运营	无须填报，自动感知业务情况	通过数字化手段进行自动感知、自动采集，获取业务数据，并根据预设逻辑加工整理，形成在线运营报告
		随叫随到的在线运营服务	各类运营报告不再是事后体检报告，可以根据业务需要随时发挥在线辅助作用

现今，企业不仅面临着全球经济放缓、行业竞争持续加剧的环境，还要面对客户需求越来越个性化、经营成本不断上涨的直接挑战，数字技术的发展为企业应对这些严苛挑战创造了有利条件。

数字化运营是数字化转型的基础，可以帮助企业在纵向上打破组织层级，实现透明高效的决策指挥。即借助预测和模拟等技术手段，随时监察经营过程中的不确定性，帮助企业解决在经营过程中高频出现的库存失控、成本上涨、交付期延长和效率低等问题。在横向上，数字化运营可以借助数字技术撬动组织与流程，打破业务边界和部门墙，实现跨部门的横向协同。

众多企业的实践经验表明，数字化运营的难点在于如何建立一个统一的运行机制使完成业务过程中需要协作的不同部门联动起来。

【案例】华为财经：业财融合，穿越作业全流程的"正 + 反"协同运营

华为面向客户的每一个合同履行都要跨越销售、供应、采购、交付、财务这个长链条，整个过程持续时间很长，短则几个月，长则 1～2 年，而且整个业务过程规模也很大，通常涵盖数百个乃至上千个站点设备。

在此背景下，华为进行了构建跨组织协同运营模式的实践，建立了跨业务+财务的协同运营团队。这个运营团队就是各个代表处催化出的交付运营中心（Delivery Operation Center，DOC），它是涵盖供应、交付、采购、财务等各个角色的一体化运营组织，承担跨越横向组织边界的协同运营责任。团队中的每一个角色都来自各个业务部门，因此他们对所属业务领域的结果负责。同时，因为每个角色也是 DOC 成员，因此他们也要对最终的经营结果、客户满意度负责，并且确保整个业务执行过程符合企业要求、风险可控。

通过建立 DOC，华为实现了管理语言的统一。销、产、供、服业务通常以"量"为语言，而财务通常以"价"为语言，通过建立"量与价"之间的清晰关系，华为就把业务语言和财务语言拉通了，为 DOC 的协同运营奠定了基础。

通过业务看财务的正向协同：当华为业务团队需要进行销售预测调整、关键合同条款更改、交付计划变更时，DOC 可以快速形成未来一段时间的收入、回款、销售毛利润等经营结果的预测。如果对未来的影响在可控范围内，比如不会影响最终经营目标的达成，就可以执行这种业务调整；反之，DOC 则可以综合各种因素重新制定方案，把对经营结果的影响降到可接受的范围内。

通过财务看业务的反向协同：华为认为 DOC 可以进一步实现基于经营结果的业务动因分析。比如，基于经营目标差距识别交付计划或执行过程中的异常，从而快速制定解决措施，快速在事中进行干预，确保改进措施的效益最大、成本最低。

DOC 在全过程业务管理中有效降低了经营风险，加速了经营目标的实现。

数字化运营本身的复杂性决定了它必须经过长期的实践和探索才能真正打造出经得起业务场景考验的可共享的运营平台。华为数字化运营的成功也走了很长一段路，其内部将整个过程分为了三个阶段：从 0 到 3，从 3 到 1，从 1 到 N。

"从 0 到 3"是指在华为启动数字化运营之时，不强调运营方案的通用性，所以各个区域、各个组织都根据自身业务痛点和管理诉求制定出适合自己的业务运营管理方案，这个阶段是"百花齐放"的时期。

"从 3 到 1"是一个收敛的过程，之前不强调的统一性现在要开始强调了，通过对各个成功实践进行集成、归纳、提炼，华为能形成一个最有效、适用性最强的解决方案，让数字化运营成为企业的一种内生能力。

"从 1 到 N"是指价值繁衍，华为作为行业领先的科技企业，致力于通过市场化的手段将自己的成功经验复制分享给更多伙伴，创造更多价值。

最后，笔者想要强调的是，数字化运营的意义不仅仅在于提高运营效率，更重要的是通过数据支撑不断优化运营模式，实现科学决策，从而更快、更准确地回应客户需求并为其解决问题。

15.6.4　数字化办公，实现全方位的连接与协同

企业办公发展至今经历了纸质化、信息化、数字化三个时期。

在纸质化时期，办公受时空限制，员工的信息交互以实时、面对面沟通为主，办公信息的载体多为纸质材料。

进入信息化时期后，电脑等信息化工具的出现改变了办公的方式，以电脑为媒介，人们可以利用互联网即时交流沟通，完成信息的发送与接收。电子邮箱、语音会议、电子文档等形式逐渐发展为主流，无纸化、信息化、电算化等办公词汇逐渐被大众熟知。

随着大数据、云计算、AI 等新技术的出现，信息化办公得到了进一步发展，数字化办公已然成为新的发展趋势。尤其是自新冠疫情爆发以来，数字化办公在内外部需求的驱动之下得以快速发展，越来越多的企业向数字化办公转型升级，以跨越"时空"限制，实现远程多终端、多屏共享，逐步打破内部"数据孤岛"，提高企业整体办公效率。

华为针对办公系统不共享、数据不拉通、协同性差、数据管理不安全、重复登录、费时费力等传统的办公痛点，构建了办公支撑平台转型蓝图，如图 15-11 所示，全面优化并打造了更灵活、更安全、运维成本更低的数字化办公系统，让员工真切地体会到数字技术的方便、快捷、高效，从意识层面改变员工对数字化的认知。

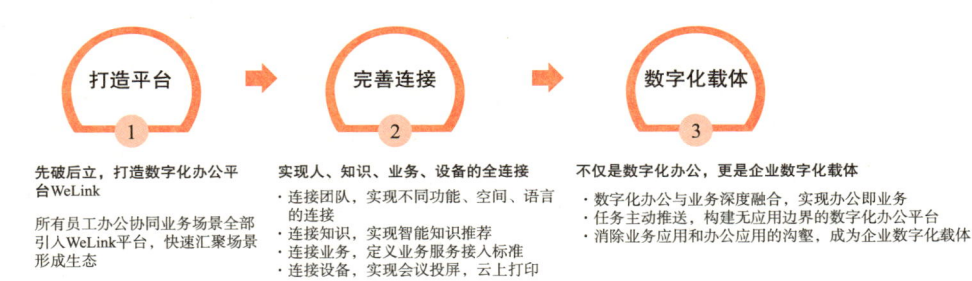

打造平台 ① → 完善连接 ② → 数字化载体 ③

打造平台①
先破后立，打造数字化办公平台WeLink
所有员工办公协同业务场景全部引入WeLink平台，快速汇聚场形成生态

完善连接②
实现人、知识、业务、设备的全连接
· 连接团队，实现不同功能、空间、语言的连接
· 连接知识，实现智能知识推荐
· 连接业务，定义业务服务接入标准
· 连接设备，实现会议投屏、云上打印

数字化载体③
不仅是数字化办公，更是企业数字化载体
· 数字化办公与业务深度融合，实现办公即业务
· 任务主动推送，构建无应用边界的数字化办公平台
· 消除业务应用和办公应用的沟壑，成为企业数字化载体

图15-11　华为办公支撑平台转型蓝图

【案例】华为云WeLink，企业数字化的连接器

华为云WeLink是基于华为全球员工数字化办公实践所打造出来的一款全场景远程智能数字化协同办公平台，支持视频会议、考勤打卡、直播、企业网盘、云笔记等数字化办公场景。

据华为云WeLink官方平台介绍，华为云WeLink是华为数字化转型的抓手和实践平台。2017年1月1日，华为正式发布产品WeLink 1.0，定位为企业数字化连接器，聚焦四个连接：团队、知识、业务和IoT，如图15-12所示，至今未变。

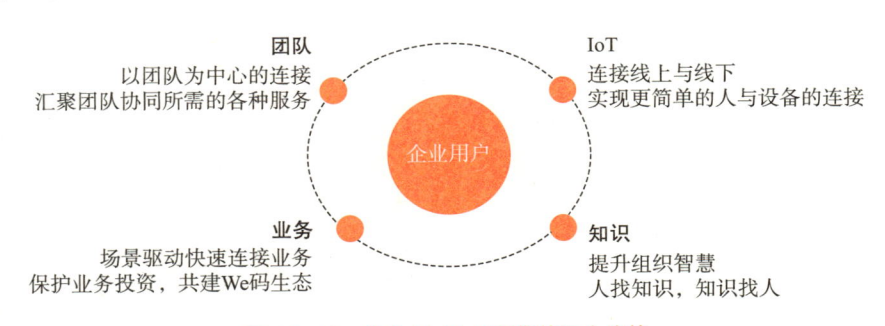

团队
以团队为中心的连接
汇聚团队协同所需的各种服务

IoT
连接线上与线下
实现更简单的人与设备的连接

业务
场景驱动快速连接业务
保护业务投资，共建We码生态

知识
提升组织智慧
人找知识，知识找人

（企业用户）

图15-12　华为WeLink聚焦的四个连接

现在，在华为内部，WeLink已经连接了全球170多个国家和地区的近20万名华为员工，并接入了1000多个业务服务，覆盖了员工工作的方方面面。以前员工手机上要装几十个应用程序，现在只装一个WeLink就能全部搞定。WeLink助力华为员工实现了"4A"办公，即Any time（任何时间）、Any where（任何地点）、Any device（任何设备）、do Anything（高效、安全地在授权范围内做任何工作）。

2019年年底，WeLink 正式面向外部客户发布。华为云 WeLink 产品总裁王俊表示："从一个内部产品外溢成为商业产品，我们的预期基本达到了。"WeLink 通过八大核心功能使能企业创造更高效的协同办公环境。

（1）端云协同会议

"WeLink 会议"拥有高清稳定的音视频效果及清晰流畅的数据共享协作功能。支持手机、电脑、平板、华为视讯终端、智慧大屏、第三方会议终端等各类终端接入，为客户提供全场景覆盖、简单易用、快速部署、软硬一体的会议解决方案，满足跨地区、跨企业、跨终端的智能沟通协作需求。更与 WeLink 深度融合，无论是部门群、临时群，还是跨企业协作群，都能便捷召开会议。

（2）移动化业务

"WeLink 业务应用"提供丰富的自建应用，如考勤、健康打卡、审批、待办、工作报告、日历、签到、投票、报销等基础办公应用，企业开箱即用。同时"WeLink 业务应用"还引入了众多的合作伙伴，为客户提供丰富、优质、多元的业务应用能力和服务，助力企业业务能力的提升。另外，WeLink 开发者在开放平台可以开发"We 码应用"和"H5 轻应用"两种类型的应用。"We 码应用"提供了丰富的 API，开发者可以利用前端技术写出接近原生体验的应用；"H5 轻应用"可以将全新开发或已有的 Web 页面进行 H5 改造，以便接入 WeLink。

（3）直播培训

"WeLink 直播"一键即可开播，提供更加直观的线上沟通体验，提高内部协作的效率。"WeLink 直播"支持预约直播、录播、屏幕共享、红包、评论互动等，广泛适用于在线培训、知识分享、活动直播、文化宣讲等场景。

（4）即时沟通

"WeLink 即时通讯"广泛适用于内外部工作沟通场景，有文本消息、音视频通话、文档共享、群公告、群@消息等多种方式可供选择，通过搜索栏找人即可发起沟通，跨部门找人更简单，从而让企业成员打破组织、地域限制，畅享沟通，高效协同。

（5）安全策略

"WeLink 安全服务"软硬结合、灵活配置、安全协同，为企业提供了端管云安全防护与差异化管理能力，其提供的安全水印、加密算法、保密通信、安全隧道、敏感词管理、隐私设置等服务可满足不同组织、不同场景的安全诉求。

（6）知识学习

"WeLink 知识"是内置于华为云 WeLink 的一款知识管理和学习服务应用，其信息发布支持图文、链接、文档、音视频、专题等多种内容形态，可一键分享给全员。"WeLink 知识"助力企业快速搭建线上知识管理平台，高效发布政策公告，构建知识分享圈子，助力企业为员工创建知识经验分享和学习平台，方便员工学习企业知识，鼓励员工进行知识分享，促进企业智力资产的沉淀及知识经验的快速共享、传递。

（7）AI 智能助手

"小微"是内置于华为云 WeLink 的智能助手，是基于 AI 能力的一款智能应用。"小微"具有强大的 AI 知识大脑和语音识别能力，从而让客户能够与 WeLink 自然对话，开口即得，一句话直达所需业务和信息。同时，"小微"开放了 AI 对话机器人的自训练能力，企业可以进行自主定义，深度连接企业业务，打造企业专属的助手服务。

（8）智能考勤

"WeLink 智能考勤"针对考勤业务复杂、多变等痛点，为企业提供灵活的考勤规则定制，方便企业自主排班并给不同类型员工配置差异化的考勤规则，同时提供自动数据统计、考勤异常提醒等多种功能，为企业提供全数字化的考勤管理体验。

目前，WeLink 与生态合作伙伴已经一起服务了超过 90 万家组织，其中包括中国企业 500 强榜单中的 200 多家企业，涵盖政府、制造、高校、医疗等各行各业，为千行百业提供了日常沟通、企业管理、智慧工作、知识学习等方面的服务和产品能力。

【案例】德石羿团队为 M 公司构建数字化办公平台架构蓝图，连接客户，统一入口，实现智慧办公

为了提高内部运营效率，德石羿团队为 M 公司构建了统一、简洁、好用的数字化办公平台架构蓝图，如图 15-13 所示，实现了 M 公司内部客户的秒级访问、及时协同、随时随地接入，为 M 公司实现了降本增效。

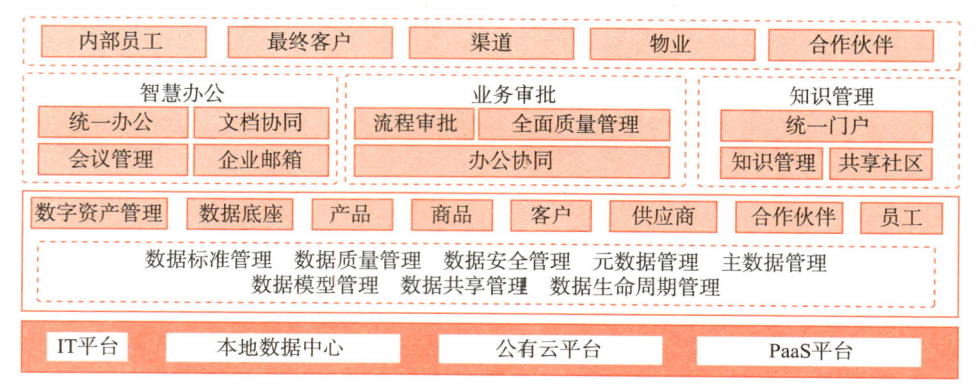

数字化战略落地：迈向卓越企业的必经之路

```
┌─────────────────────────────────────────────────────────────────┐
│  内部员工    最终客户    渠道    物业    合作伙伴                │
│                                                                 │
│     智慧办公              业务审批            知识管理          │
│  统一办公  文档协同    流程审批  全面质量管理    统一门户        │
│  会议管理  企业邮箱       办公协同          知识管理  共享社区   │
│                                                                 │
│  数字资产管理  数据底座  产品  商品  客户  供应商  合作伙伴 员工 │
│    数据标准管理  数据质量管理  数据安全管理  元数据管理  主数据管理│
│         数据模型管理  数据共享管理  数据生命周期管理             │
│                                                                 │
│  IT平台   本地数据中心    公有云平台      PaaS平台              │
└─────────────────────────────────────────────────────────────────┘
```

图 15-13 M 公司数字化办公平台架构蓝图

在统一 IT 平台的基础上，德石羿团队帮助 M 公司主要建设如下三方面的内容。

（1）智慧办公系统，为的是提高办公效率，其子模块主要包括统一办公、文档协同、会议管理、企业邮箱。

（2）业务审批模块，为的是提高审批流程的效率。该模块可以通过引入业务流程管理平台（BPM）打通各后台业务，并在 BPM 上进行业务流程建设和管理，实现流程审批、全面质量管理和办公协同。

（3）知识管理模块，为的是实现知识积累和经验复制。该模块通过共享社区，实现全员参与知识和内容的管理；通过统一门户，方便内部客户的简单接入。

数字化办公的目的不仅是帮助企业实现办公远程化、在线化、系统化、结构化，更是通过数字化办公构建全方位的连接和高效的团队协同能力，实现精兵作战、团队协同和跨地域合作，提高整体效率；同时，在数字化思维的加持下帮助企业提高人均效能，提升企业整体管理水平，进而推动企业经营效益的提升。

第 16 章　数字化转型落地效果评估与持续改进

企业要定义数字化转型的指标体系，并对数字化转型落地实践及时评估，以确保数字化转型价值的实现；同时，企业的数字化转型应持续迭代升级，以确保数字化转型始终与时代同频。

16.1　数字化转型落地效果评估

企业应引入变革的价值评估体系，对数字化变革的价值进行衡量，并培养数字化运营和演进的能力，才能确保数字化转型取得好的效果。

16.1.1　企业变革的价值评估体系

数字化转型的最终目标是取得良好的业务成果，为企业创造价值，因此企业在变革后需要评估变革项目的效果。判断变革有效的唯一标准是企业通过变革能否帮助一线"多打粮食"，如果变革不能促进一线"多打粮食"，企业就应对变革的方向和目标进行审视。对于数字化转型也是如此。

为了保证数字化转型的有效性，企业需要建立变革价值评估体系，对数字化转型的实施过程和实施结果进行全方位、多角度的评估。一般可以从三个维度来开展企业数字化转型的价值评估：过程评估、结果评估和满意度评估。

（1）过程评估：数字化转型是一项长期的、复杂的系统性工程，涉及企业业务流程、管理模式、组织及人员等诸多方面，因此对数字化转型实施过程进行评估，及时发现问题并针对性地解决，对确保变革稳步推进是非常重要的。数字化转型的过程评估主要以实现数字化变革的最初目标为导向，从数字化转型的总体规划和实施方案出发，围绕企业数字化转型的推进步骤、方案落实、推进成本、风险管控等维度对数字化转型进行评估。

（2）结果评估：变革的效果是企业最关心的，结果评估指的是从数字化转型的实施效果出发，建立评估指标体系，以评估企业数字化转型的最终效果。考虑到企业经营的重点不同，结果评估指标体系可以分为不同的维度，一般来说针对数字化转型的结果评估应重点关注的是经营业绩、变革成本、财务指标、内部运营效率、生产方式、产品和服务质量等不同方面。

（3）满意度评估：即利益相关方对变革成效及对自身影响的评估，主要是对数字化转型中不可量化的因素进行评估，通常会采用问卷调查、一对一访谈、专家评议等方法。评估的内容主要包括员工对数字化转型的态度与满意度，以及客户、供应商等企业价值链条上的利益相关方对企业数字化转型的满意度。

企业进行数字化转型，本质上主要是为了实现增效、降本、提质，对于很多企业而言，数字化转型的初衷也是如此。其中，增效是指应用新一代信息技术，搭建或引入数字化平台、App，以减少信息不对称和打破时间、空间的限制，提高规模化效率、客户需求响应效率等；降本是指通过数字化转型降低创新试错和研发成本、生产成本、管理成本、交易成本；提质是指提高设计质量、生产质量、服务质量、采购及供应商协作质量、全要素全过程质量。

这样一来，企业可以围绕增效、降本、提质三个方面来制定数字化转型实施成效评估框架，具体还需要结合企业自身情况来收集数字化转型的数据和信息，以对比验证数字化转型带来的增效、降本、提质效果。

16.1.2 设计数字化转型指标体系，衡量变革的价值

建立企业变革价值评估体系之后，企业需要针对数字化转型的特性，设计数字化转型的指标体系，全面衡量变革的价值。

据中国信通院发布的"企业数字化转型发展双曲线"，按照企业数字原生程度可以将企业数字化发展路径分为两种类型：转型者曲线路径和赋能者曲线路径。数字原生程度较低的企业往往遵循转型者曲线路径；数字原生程度较高的企业，更多的时候担任赋能者角色，因此其往往遵循赋能者曲线路径。比如，华为就属于赋能者角色，传统的制造企业主要是转型者角色。

由于不同企业的数字原生程度、IT能力成熟度不同，数字化实施路径也不相同。不过从根本上来看，企业任何变革的终极目标无非是围绕增效、降本、

提质三个方面来制定的。现阶段，数字化转型对大部分企业而言是以实现业务转型、创新和增长为目的，以数字技术为基础，以数据为核心，以组织架构和企业文化为保障，来驱动组织商业模式创新和商业生态系统重构。

因此，在衡量数字化变革的价值时，需要考量的指标是具有一致性的。需要注意的是，在设计数字化指标体系时，需要在传统的指标基础上增加与数字化转型直接相关的数字化指标。

再者，数字化转型通常是分阶段进行的。在不同阶段，对数字化转型成效的衡量指标也应该是不同的，以便针对性地指导变革操盘手看清楚方向、问题和差距，指导下一阶段的变革。也就是说，数字化转型与评估指标体系是相伴相生的，每一阶段的变革都有对应的评估指标体系。

【案例】华为供应链数字化转型变革的评估指标设计

从 1993 年到 1999 年，华为的销售收入从 4 亿元飙升至 120 亿元，每年的增速惊人。然而在业务快速增长的同时，企业的供应链却逐渐满足不了业务发展的需要了，开始出现订单交付不及时、生产的产能和采购也难以匹配等现象。而且华为与当时世界上领先的电信设备制造商相比，在供应链管理水平上的差距比较大，如表 16-1 所示。

表 16-1 华为供应链管理水平与国际领先水平的对比（1999 年）

维度	华为	国际领先平均水平
订单及时交货率	50%	94%
库存周转率	3.6 次/年	9.4 次/年
订单履行周期	20～25 天	10 天左右

1999 年，华为与 IBM 合作，开启供应链变革，建立起计划、订单、采购和制造等基础的组织和流程管理体系，以及以 ERP 和 APS 为核心的 IT 平台，为华为供应链后续 20 多年的发展构建了坚实的基础。在此过程中，华为采用变革成熟度指标（Transformation Progress Metrics，TPM）模型，衡量在组织、流程、IT 等方面的建设程度和效果。

从 2005 年起，华为海外销售收入超过国内，标志着华为从一家中国企业变成了全球化企业。在该阶段，华为供应链变革的重点是面向海外供应中心和覆盖 170 多个国家和地区的供应链的管理能力建设，及全球供应网络建设。在此过程中，华为采用全球业务流程成熟度模型（Global Process Maturity Model，GPMM），对包含 ISC 流程在内的所有流程进行评估，以定位能力差距和发展方向。

2014 年前后，德国和美国分别提出了工业 4.0 和工业互联网。受此启发，华为在 2015 年确定了供应链数字化转型的愿景，开启了 ISC+ 数字化转型变革。华为的数字化转型聚焦价值，并采用技术接受模型（TAM）进行评估，强调对 ISC+ 变革成果和价值的评估，评估内容也扩展至流程、数据、IT 等更多的管理要素。

简言之，在具体实践中，企业还需要结合自身的实施方案，确保数据可收集，能够形成前后对比，以论证企业数字化转型的价值。

16.2　数字化转型的迭代与演进

"路漫漫其修远兮，吾将上下而求索。"已深入数字化转型的企业都表示："数字化转型道路道阻且长，是一个持续探索、不断迭代的过程，需要企业领导层对未来保持坚定的信念与百折不挠的韧性。"由此表明，企业数字化转型需要不断迭代升级，以确保企业在变化与挑战中保持可持续发展。

16.2.1　数字化转型只有起点，没有终点

变革专家里克·莫瑞尔说："变革是从一个平衡被打破，然后不断地去寻找下一个平衡的过程。它是一个生生不息的过程。"在数字化变革项目完成，相关工作纳入正常流程管理后，各领域负责人还要进行相关工作的持续推进与优化。

从 1998 年 IBM 顾问进驻华为启动 IPD 变革开始，到 2003 年 IBM 顾问完成 IPD 变革撤出企业为止，华为成功实现了 IPD 变革。

随着 IPD 流程的成功实施，华为研发在产品开发周期、产品质量、成本、响应客户需求、产品综合竞争力上都有了根本性的改变。同时，以 IPD 为代表的业务流程和管理体系先后让华为顺利通过了国际知名运营商（BT、O2、沃达丰等）的严格认证，极大促进了华为进军发达国家（地区）和运营商市场的步伐，与当时的思科、爱立信、西门子、阿尔卡特、朗讯等国际一流厂家同台展

开竞争。

然而，这些成绩并没有让华为停止对IPD的持续优化。任正非表示："很庆幸的是，IPD、ISC在IBM顾问的帮助下，到现在我们终于可以说（它们）没有失败。注意，我们为什么还不能说（它们）成功呢？因为IPD、ISC成不成功还依赖于未来数千年而不是数十年的努力和检验。"

自2011年开始，随着华为的业务逐渐从运营商业务扩展到专业服务、客户业务、企业业务、云等领域，华为每年都会讨论如何对IPD进行优化和改进。在核心思想和框架不变的前提下，华为会根据业务发展需要对角色、活动、模板、支撑流程、工具等坚持不懈地进行优化。比如，针对服务产品，华为摸索出了IPD-S流程（S代表Service）。通过IPD-S设计的服务产品收入约占运营商总收入的1/3。

2016年年底，华为开始进行数字化转型，IPD开始了其数字化转型升级的探索之路。截至2021年，华为的IPD已经优化超过了八个版本，跟20年前相比，已经发生了巨大的变化。华为IPD流程已经成为一个能够自我优化和迭代的有生命的机制，推动着华为从偶然的成功不断走向持续的成功。

可见，变革项目结束并不意味着变革已经完成。企业在随后应该根据企业的发展情况和变革项目的实际运行情况，持续不断优化相关工作，以不断巩固变革的成果，助力企业实现健康且可持续的发展。

数字化转型也是如此。企业的数字化转型，是企业基于当前乃至未来的新技术，从原来流程驱动的管理模式到数据驱动的管理模式的升级，是一场长期的实践。

【案例】华为网络架构：从全面IP化、全面云化到全面智能化

华为的网络架构创新经历了全面IP化（All IP）、全面云化（All Cloud）、全面智能化（All Intelligence）的几次大飞跃。

在All IP时代，华为制定了"接口IP化、内核IP化、架构IP化、业务IP化"的四步走战略，把多种交换技术共存的多个网络，变成了基于IP交换的单一网络，有效支撑了运营商客户的发展。

后来，面对全行业数字化转型的趋势，华为倡导全面云化，制定了软件定义电信（Software-defined + TeleCOM，SoftCOM）网络发展战略，即用云计算

的理念和技术来改造电信网络，构建开放和敏捷的网络，提高业务部署和业务发放等的效率。

随着时代的发展，AI作为一种通用技术被运用得越来越广泛，华为再一次提出了全面智能化的概念，在SoftCOM的基础上，将AI引入电信网络，提出"自动驾驶网络"的发展目标，彻底改变电信网络的运行和维护方式，逐步实现"无人值守"的网络。

罗马并非一日建成，运营商网络的智能化也不可能一蹴而就，它是一个长期实践的过程。全面IP化变革持续了多年；全面云化始于数年前，如今还在继续；全面智能化注定也将持续演进。

人类社会一直在不断向前发展。而随着企业业务的不断深化、管理范围的不断扩大，再加上整体行业持续的投入与关注，企业在迈出数字化转型这一步之后，就必须不断往前走，越做越深，进而对业务不断地产生影响。换言之，数字化转型也是一场只有起点，没有终点的旅程。

16.2.2　数字化转型需要不断迭代升级

往往有企业愿意花几千万元甚至上亿元引进一个数字化平台系统，但是在这个系统运行后，如果要企业再花大价钱养一批既懂数字化平台系统的运营，又懂业务，还懂流程的IT团队，以便后续能根据业务需求不断地优化迭代这个系统，企业就会不愿意了。

但在数字化时代，技术更新快，客户需求变化快，各行各业都需要不断去优化升级自己的能力以匹配外部环境的变化。华为沃土数字化平台是华为构建的数字世界的底座，是华为在数字世界驰骋的"粮草"。随着华为数字化业务的不断发展，面对客户多样化的需求，华为沃土数字化平台也在加速开发迭代，以实现能力提升，全力为客户赋能。

企业数字化迭代不代表全盘的颠覆。数字化转型的能力需要不断积累和传承，数字化建设要支撑物理世界业务的可持续发展。因此，数字化建设的迭代应该是分层级的，不同的层级以不同的周期进行迭代和演进，如图16-1所示。

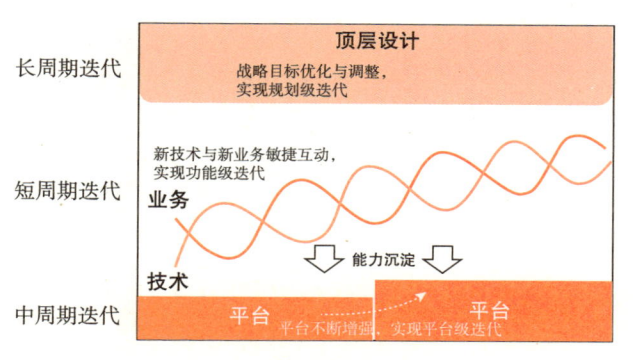

图 16-1 持续迭代参考模型

通过短周期迭代、中周期迭代及长周期迭代，企业数字化转型不断完善，数字化能力不断提升。

德石珏团队在为一家上市企业做数字化转型的咨询服务时，该企业处于同行竞争日趋激烈、需要抢占市场机会的关键时刻。德石珏团队基于企业中长期战略目标，对该企业的数字化转型变革项目进行了重新梳理和优化迭代，从一期项目的七大能力领域升级为二期项目的五大项目群，旨在解决企业在战略落地、组织人才、业务流程、营运模式等各方面面临的问题和挑战。

变革之路从来都不是一帆风顺的，从一期到二期的过程，不但是学习的过程，也是不断打破天窗、增加认知、对管理变革深入理解和深化的过程。在迭代升级后的五大项目群中，"战略到执行项目群"是总的思想牵引，是方向和路径的正确保障；"集成供应链项目群"和"流程与IPD项目群"是能力打造和业务能力构建的一种呈现；"人力资源体系项目群"和"项目管理项目群"是支撑和保障体系。

五大项目群的融合，紧紧围绕"业财人组织"治理框架和"端到端业务核心能力"，形成了完整的数字化转型和管理变革的体系，未来将会形成以"整体行政＋变革项目"双驱动的发展框架，把企业建设成为"以项目制为核心的流程型组织"，逐步实现企业的中长期战略目标。

数字化转型从根源上讲不是一个技术问题，而是IT开发和运营问题，其过程更复杂和漫长，并需要持续迭代，多数企业的数字化转型需要3～5年才能取得显著成果。可见，**企业需要从思维上改变对数字化转型的认知：数字化转**

型项目结束并不意味着变革已经完成，企业在随后应该根据企业的发展情况和变革项目的实际运行情况，持续不断地优化数字化转型相关工作，以不断巩固变革的成果，助力企业实现健康且可持续的发展。

思考与感悟

第 17 章 华为研发数字化转型实践

企业研发体系的作业场景，是一种变化快、复杂度高的作业场景，它的数字化转型难度比较大。本章试图对华为研发体系的数字化转型进行归纳和总结，以让读者了解研发型企业如何进行数字化转型。

身处快速变化、高度竞争的 ICT 行业中，华为的研发创新实现了从模仿、跟随，到最终引领和超越、迈入无人区的目标。

未来，要想持续保持领先，华为需要继续坚持以研发创新管理体系为基础，推进研发数字化转型，加大基础理论和前沿技术研究，强化自己的核心竞争优势，从而在市场中立于不败之地。

17.1 华为研发创新：从追赶到领先

从追赶到领先，华为的研发创新经历了创新 1.0、创新 2.0 及创新 3.0 三个阶段。其中，创新 1.0 是模仿、跟随，该阶段以技术导向为核心，主要是特性、功能点的创新；创新 2.0 是围绕客户需求进行创新，该阶段主要是技术、产品、解决方案的创新；创新 3.0 是愿景驱动，该阶段以引领行业为核心，主要是理论、基础技术的创新。

17.1.1 创新 1.0：以模仿起步，积累竞争优势

20 世纪 90 年代初，当时国内有 300 家以上的电话交换机代理商，华为便是其中一家。虽然市场竞争激烈，但是利润还是比较丰厚的，华为以此完成了初步的资本积累。

当时，国内的电信虽然市场需求旺盛，但是由于国内企业研发能力弱，难以抗衡国外厂商，使得中国通信设备市场长期被国外厂商产品占据主导位置。其中，最具代表性的国外厂商是日本的电气股份有限公司（NEC）和富士通、

美国的朗讯、加拿大的北电、瑞典的爱立信、德国的西门子、比利时的贝尔和法国的阿尔卡特。当时业内称这种情况为"七国八制"。

虽然华为最开始做代理时利润还不错，但是随着时间的推移，越来越多的企业进入这个市场，代理利润也开始出现大幅度下滑。于是，活下去成为华为要首要考虑的问题。

华为意识到："想要继续生存，必须研制自有产品，有自主研发能力。"于是，华为便开始投入研发。通过对国外入门级交换机产品的研究，华为发现这些产品与国内其他同类厂商的产品的技术水平相差并不大，其市场竞争力也不是很强，于是华为便将目标转向了当时在国际市场中属于主流的万门级交换机，最终在1994年成功研制出了C&C08程控交换机。

【案例】华为研发C&C08程控交换机

1993年，任正非的美国之行让他更加确定了先进技术对于企业的重要性。因此，华为集中所有的资源进行程控交换机技术的研发。为了表明对于这次研发的态度，任正非甚至许下了研发不成功就跳楼的誓言。

在任正非的激励下，全体员工众志成城地在研发战场中拼搏。最终，华为成功地研发出了C&C08程控交换机。这款产品的问世，使得华为成功地超越了国内的竞争对手，拉近了与国外竞争对手的距离，也让华为人意识到只有先进的技术才能让企业走得更远。

随后，华为开始研发光传输设备，将程控交换机赚取的利润全部投入了光传输的研发。当光传输设备推向市场并获得认可后，华为又将光传输设备赚取的利润投入了数字通信和无线产品的研发。

华为通过坚持不懈地投入大量资源进行某项技术的研发，逐渐积累了自己的竞争优势。

在这个阶段，由于企业资源匮乏，为了活下来，华为只能快速学习、模仿领先企业的技术标准和产品特性，先从低端产品入手，进行研发创新。这种模仿式创新是指模仿与创新两者相辅相成、有机结合的创新形式。

模仿式创新，不仅可以帮助企业更好地理解和学习已有的思想、方法或产品，还可以在此基础上进行改进和创新，而且这种创新方式成本较低，风险较小。世界一流企业大多数都是靠模仿式创新实现快速发展的，如腾讯、苹果。

【案例】腾讯和苹果的模仿与创新

1996 年，三个以色列人聚在一起，开发了一种让人与人在互联网上能够快速直接交流的软件，轰动一时。当时他们为这个软件取名 ICQ（"I seek you"的意思，汉语译为"我找你"）。这是世界上最早的聊天软件，它很快取代了手机短信等业务。

1999 年 2 月，受即时通信软件 ICQ 的启发，腾讯模仿 ICQ，自主开发了一套中文版本的即时通信网络工具：OICQ。腾讯在 ICQ 前加了一个字母 O，意为 Opening ICQ，即"开放的 ICQ"。

谁知，在几个月之后，ICQ 的母公司美国在线起诉腾讯侵权，要求 OICQ 改名。OICQ 由此改名为中国家喻户晓的 QQ，"小企鹅"正式诞生。而戴着红色围巾的小企鹅标志，也迅速火遍网络。

苹果的创始人乔布斯曾说："好的艺术家复制，伟大的艺术家窃取灵魂。"这句话表达了他对模仿和创新的看法。苹果的成功也证明了这一方法的有效性。苹果在 iPhone 的研发过程中，对已有的智能手机进行了深入的研究和模仿，发掘了其中的不足，然后进行了改进和创新。在集成了"iPod、手机和网络通信器"的功能后，苹果于 2007 年推出了一款颠覆性的产品：初代 iPhone。

同样，任正非也认为："创新不是推翻前任的管理，另搞一套，而是在全面继承的基础上不断优化。从事新产品开发不一定是创新，在老产品上不断改进不一定不是创新，这是一个辩证的认识关系。一切以有利于企业目标的实现为依据，避免进入形而上学的误区。"

模仿也是一种学习方式，对于企业而言，模仿是避免企业多走路、走弯路的捷径。而且很多时候，创新就是在模仿中实现的。

17.1.2 创新 2.0：围绕客户需求创新，领先市场半步

2000 年至 2016 年，是华为研发创新 2.0 阶段。在该阶段，华为的创新是围绕客户需求，进行技术、产品、解决方案的创新。

【案例】华为无线：从分布式基站到 SingleRan 解决方案

1999 年，华为无线拿下了亿元大单，这是一个里程碑式的大事件。但命运无常，本以为 GSM 设备产品已经迎来了发展的春天，没想到刚刚起步就遭遇了成长之痛。批量更换单板等情况让华为无线陷入了低谷。

华为研发体系组织了"呆死料·机票"活动暨反思交流大会，无线网络产品线的主要领导与技术骨干开展了质量改进大反思。当时，大量研发工程师被派到一线，服务工程师与研发工程师甚至将"睡垫文化"搬到了运营商的机房内，毫不夸张地说，他们比运营商员工还了解机房的一切。

GSM 错过了最好的发展时期，无法在国内占有市场。与此同时，华为的另一大重点业务 WCDMA（宽带码分多址）在国内的 CDMA（码分多址）招标中失利，国内 WCDMA 建设遥遥无期。为了更好地生存，华为无线将战场转移到了海外。

2003 年，华为无线成为华为第一个按照 IPD 框架构建的产品线，走上了以客户为中心、持续创新、高质量高效率交付的道路。同年，凭借对需求的快速响应和把客户目标放在第一位的态度，华为赢得了独家承建阿联酋电信在中东的第一个 3G 网络的商用合同。这是当时华为海外市场的第一大订单，成为华为赢得各国运营商信任的起点。

2004 年，创新的分布式基站解决方案诞生，帮助华为 3G 设备攻破了欧洲市场，当年华为无线销售额更是突破百亿元人民币，首次实现当期盈利。2005 年，华为无线正式进入全球第一大运营商沃达丰的全球供应链，华为抓住了与沃达丰合作分布式基站的机会，使分布式基站成为华为攻破全球市场的利器。之后华为无线推出第四代基站平台，发布了 SingleRan 解决方案，在国内的 CDMA 市场打了一个漂亮的翻身仗，向运营商客户交付了全球第一个 LTE 网络。

2009 年，华为无线销售额破百亿美元，成为华为首个百亿美元产品线。华为无线的领先，是长期持续进行技术和工程创新的必然结果。

先进的技术、产品只有转化为客户的商业成功，才能为企业产生价值，因此华为在该阶段提出了"领先半步"的研发创新理念：在产品技术创新上，华为要保持技术领先，但只能领先竞争对手半步，领先三步就会成为"先烈"，明确将技术导向战略转化为客户需求导向战略。即通过对客户需求的分析，提出解决方案，再以这些解决方案引导开发出低成本、高增值的产品。盲目地在技术上引导创新世界新潮流，是要成为"先烈"的。而且华为还作出硬性规定：每年必须有几百个研发人员转做市场，同时有一定比例的市场人员转做研发。

同时，华为也主张在积累一定资源的基础上聚焦主航道，推进理性的、有控制的创新及渐进式创新。企业作为一个营利性组织，经营活动都应该导向商业成功，实现成本和质量的均衡。基于此理念，华为提倡做工程商人，多一些商人的味道，将创新和研发产品与市场需求紧密对接。正如任正非所说："客户要什么，我们就赶快做什么。"即不再追求纯粹的技术，而是在谋求产品利润最大化的基础上做产品。

除此之外，华为认为产品的开发要紧紧地跟随客户需求、市场需要，为客户创造价值。2003年，华为将研发部门从之前的成本费用中心调整为利润中心，使研发与业务充分结合，使研发部门对利润、成本和收益负责。

为了实现在研发创新上领先对手半步的目标，任正非2011年在企业内部创立了一个神秘的组织机构——2012实验室。

【案例】华为的"2012实验室"

"2012实验室"的前身是成立于1996年的华为中央研究院，该名字来源于2009年上映的美国灾难电影《2012》。任正非看完这部电影后畅想："未来信息爆炸会像数字洪水一样，华为要想在未来生存发展，就得构造属于自己的'诺亚方舟'。"

"2012实验室"以基础科学研究为主，专注于ICT领域前沿技术，围绕未来5～10年的发展方向展开研究，主要包括云计算、数据挖掘、AI等研究方向。它的组织架构下共设有六个二级部门，分别为中央研究院、中央软件院、中央硬件工程院、中央媒体技术院、研发能力中心、可信理论技术与工程实验室。此外，它旗下还有很多以世界知名科学家或数学家命名的神秘实验室，如香农实验室、高斯实验室、谢尔德实验室、瓦特实验室、欧拉实验室、图灵实验室，以及诺亚方舟实验室、热技术实验室、结构材料实验室等，如图17-1所示。华为还在世界各地（包括中国、美国、日本、俄罗斯、法国、德国、瑞典、印度等国家）分别建立了16个研究所。

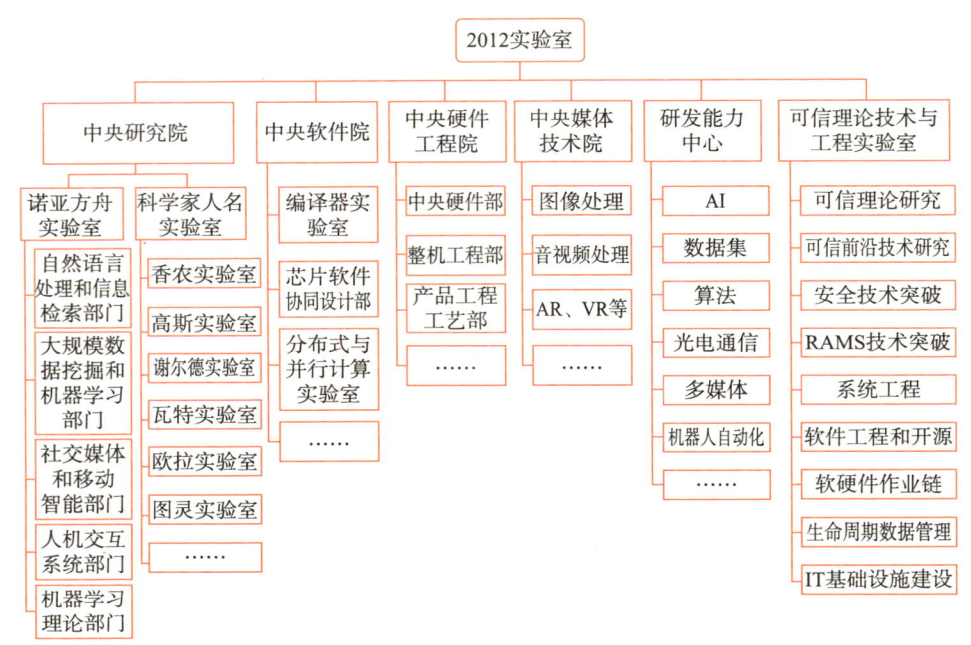

数字化战略落地：迈向卓越企业的必经之路

```
                              2012实验室
   ┌──────────┬──────────┬──────────┬──────────┬──────────┐
中央研究院  中央软件院  中央硬件   中央媒介  研发能力   可信理论技术与
                       工程院     技术院    中心       工程实验室
```

- 中央研究院
  - 诺亚方舟实验室
  - 科学家人名实验室
  - 自然语言处理和信息检索部门
  - 大规模数据挖掘和机器学习部门
  - 社交媒体和移动智能部门
  - 人机交互系统部门
  - 机器学习理论部门

- 中央软件院
  - 香农实验室
  - 高斯实验室
  - 谢尔德实验室
  - 瓦特实验室
  - 欧拉实验室
  - 图灵实验室
  - ……
  - 编译器实验室
  - 芯片软件协同设计部
  - 分布式与并行计算实验室
  - ……

- 中央硬件工程院
  - 中央硬件部
  - 整机工程部
  - 产品工程工艺部
  - ……

- 中央媒介技术院
  - 图像处理
  - 音视频处理
  - AR、VR等
  - ……

- 研发能力中心
  - AI
  - 数据集
  - 算法
  - 光电通信
  - 多媒体
  - 机器人自动化
  - ……

- 可信理论技术与工程实验室
  - 可信理论研究
  - 可信前沿技术研究
  - 安全技术突破
  - RAMS技术突破
  - 系统工程
  - 软件工程和开源
  - 软硬件作业链
  - 生命周期数据管理
  - IT基础设施建设

注：按地域划分，在世界范围内还有16个研究所。

图17-1 华为"2012实验室"的组织架构

毫不夸张地说，"2012实验室"是华为的"创新特区"，是华为的创新、研究、平台开发的责任主体，是华为探索未来方向的主战部队，也是企业整体研发能力提升的责任者。它既代表华为未来的核心竞争力，也代表华为自身的基础研究水平。

随着华为在国际市场上的竞争力日渐增强，竞争对手也越来越少，华为开始进入"无人区"，成为行业领导者。

在2016年5月30日举办的全国科技创新大会上，任正非发表了《以创新为核心竞争力为祖国百年科技振兴而奋斗》的讲话。他在讲话中指出：

"华为现在的水平尚停留在工程数学、物理算法……工程科学的创新层面，尚未真正进入基础理论研究。随着逐步逼近香农定理、摩尔定律的极限，世界面对大信息流量、低时延的理论还未创造出来，华为已感到前途茫茫，找不到方向。重大创新是无人区的生存法则，没有理论突破，没有技术突破，没有大量的技术积累，是不可能产生爆发性创新的。

华为正在本行业逐步攻入无人区，处于无人领航、无既定规则、无人跟随的困境，华为跟着人跑的'机会主义'高速度，会逐步慢下来，创立引导理论的责任已经到来。

华为过去是一个封闭的人才金字塔结构，我们已炸开金字塔尖，开放地吸取'宇宙'能量，加强与全世界科学家的对话与合作，支持同方向科学家的研究，积极地参加各种国际产业与标准组织和各种学术讨论，多与能人喝喝咖啡，从思想的火花中，感知发展的方向。有了巨大势能的积累、释放，才能厚积薄发。"

未来二三十年，人类社会将演变成一个智能社会，其深度和广度还想象不到，华为正努力深入进行基础理论研究，并以此为突破口，用基础理论创新打破"无人区"的困惑。

17.1.3　创新 3.0：基于愿景驱动的理论突破和基础技术创新

追赶模式下的渐进式改革无法适应发展的需要，加大对更前沿的基础性、颠覆性技术的研发投入在华为内部早有部署。2015 年，任正非在企业内部讲话时提出："华为的创新仍然聚焦主航道，以延续性创新（渐进式创新）为主，允许小部分力量从事颠覆式创新，探索性地'胡说八道'，想怎么颠覆都可以，但是要有边界。延续性创新可以不断地从颠覆式创新中吸收能量，等到将来颠覆式创新长成大树苗，也可以反向吸收延续性创新的能量。"

随着华为进入了"领先半步"的无人区，华为已处在无人领航、无既定规则、无人跟随的环境下。在这样的背景下，华为需要迎难而上，以战略耐性和巨大投入追求重大技术创新，来保持领先者的地位。于是，华为在 2017 年刷新了自己的使命和愿景。针对新的愿景，华为提出了新的研发创新理念：基于对未来智能社会的假设和愿景，打破制约 ICT 发展的理论和基础技术瓶颈，实现理论突破和基础技术发明的创新，实现从 0 到 1 的创新。

理论突破和基础技术发明的不确定性非常高，这种不确定性的性质决定了其创新不能是封闭的创新，而需要一起分享成果、共享能力。因此，华为便以"开放式创新、包容式发展"的合作理念，与大学和研究机构、学术界、工业界联合共同推动理论突破和基础技术的发明。

【案例】华为战略研究院：探索光计算、原子制造"无人区"

2019年，华为成立了华为战略研究院（简称战略研究院），统筹研发创新的落地。华为战略研究院院长徐文伟表示："'冰山之下'的技术才是真正的竞争力。数学、芯片设计、材料、散热等，这些是背后的基础能力，而战略研究院主要负责的就是五年以上的前沿技术的研究，成为华为在未来5～10年技术领域的清晰路标，面向未来，确保华为不迷失方向，不错失机会。同时，开创颠覆主航道的技术和商业模式，确保华为主航道的可持续竞争力。"

早前，任正非在接受媒体采访时明确表示，支持大学教授做基础研究。他说："他们就像灯塔一样，既可以照亮我们，也可以照亮别人。"战略研究院每年投资三亿美元给大学，支持学术界开展基础科学、基础技术等的创新研究，其中有一亿美元专门用于前沿技术的探索，采取"支持大学研究、自建实验室、多路径技术投资"等多种方式实现创新的落地。

在研究方向方面，华为也有自己的地图，覆盖"从信息的产生、存储、计算、传送、呈现，一直到信息的消费"的全链条。如显示领域的光场显示，计算领域的类脑计算、DNA存储、光计算，传送领域的可见光，基础材料和基础工艺领域的超材料、原子制造等。

以光计算为例，徐文伟说："我们知道现在数据的种类越来越多，并且受摩尔定律限制，一种计算架构实现所有数据的处理成本非常高，因此，异构计算是突破摩尔定律的路径之一。"

华为投入光计算的研究，利用光的模拟特性，实现数据处理中的复杂逻辑运算。

比如，在AI领域，计算量的80%是矩阵变换、最优求解等，这些运算用CPU做，效率非常低，如果用光计算技术，速度会提升百倍，因为光本身的衍射、散射、干涉等天然特性，就具备这样的数学特性，光计算省去大规模的数模转换的过程，在这些特定的领域有着天然优势。

试想一下，随着计算量向AI等转移，80%的计算量可能更加合适用新的计算架构，效率会得到百倍的提高，这样，摩尔定律的困境就会很大程度上被克服。

除此之外，华为投资DNA存储是为了突破数据存储容量极限，投资原子制造是为了突破摩尔定律极限。华为不断去探索理论的突破、新基础技术的发明，勇敢地驶向前人所未至的领域。

2021年9月，华为又推出了"欧拉计划"，定位于瞄准国家数字基础设施的操作系统和生态底座，覆盖了服务器、通信和操作系统多个领域的软硬件融合。随着该计划的实施，华为将为行业提供全面的软硬件服务，并立足于打造数字基础设施（如基站、通信设备、服务器等），建立庞大的数字化生态体系。

持续的创新使华为从一个弱小的、没有任何背景支持的民营企业快速地成长、扩张成为全球通信行业的领导者。

17.2　华为的研发创新管理体系

研发创新不是靠简单的技术积累就能实现的，还需要完善的研发创新管理体系来支撑。而华为能拥有强大的自主创新能力，关键之一在于它拥有领先的研发创新管理体系。

17.2.1　领先的研发创新管理框架

创新是企业发展的不竭动力，但创新充满了不确定性。华为监事会主席郭平曾经在"蓝血十杰"颁奖大会上说过："记得我刚进公司做研发的时候，华为既没有严格的产品工程概念，也没有科学的流程和制度，一个项目能否取得成功，主要靠项目经理和运气。我负责的第一个项目是HJD 48，运气不错，为公司挣了些钱。但随后的局用机就没那么幸运了，亏了。"现在的华为研发早已不是当初还需要靠点运气获得成功的状态，而是走在了时代前端，一步步将偶然性成功变为必然性成功。

其中，华为注重研发能力和管理体系的推陈出新起了关键性作用。与IBM合作引进IPD后，华为通过不断实践，最终形成了自己的研发创新管理框架。华为研发创新管理框架及十大策略全景图如图17-2所示。

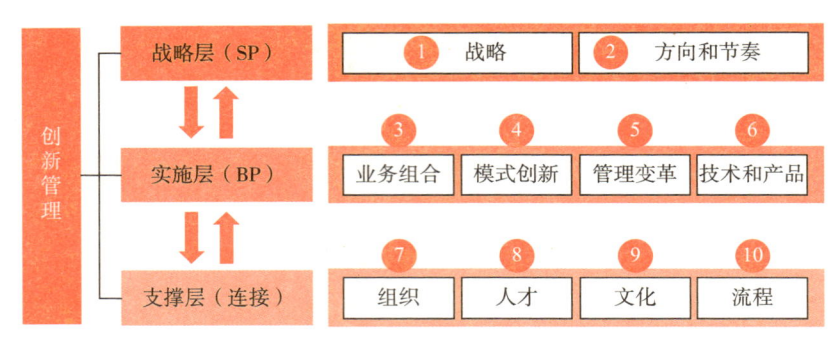

图 17-2　华为研发创新管理框架及十大策略全景图

【管理实践】华为的研发创新管理框架

战略层（SP）在战略、方向和节奏上引领；实施层（BP）是业务组合、模式创新、管理变革、技术和产品等策略的实现；支撑层（连接）是支撑研发创新的组织、人才、文化、流程等策略的实现。

（1）战略层（SP）

在战略层面，既要立足现在，解决对企业未来发展有深远影响的问题，还要面向长远的未来，看清方向、风险和挑战。战略层一般立足未来3～5年，强调聚焦主航道进行创新，在确定性领域进行压强投入、饱和攻击，不在非战略机会点上消耗战略资源，以提前应对、布局未来。

比如，华为运营商BG、企业BG、客户BG这三大主营业务部门各有侧重点。运营商BG聚焦的是端到端大管道架构，解决方案设计的目标为"高带宽、多业务、零等待的客户体验"；企业BG聚焦的是企业和行业所需要的ICT基础设施，只做ICT基础设施产品提供商，而细分领域的应用软件由合作伙伴做应用开发与系统集成；客户BG只聚焦在能够产生流量和消费流量的网络终端上，不做跟流量无关的终端。

（2）实施层（BP）

在实施层面，研发创新的目标是建立更强大的"护城河"，构筑核心竞争优势。华为要求在创新方面要对准客户需求，反对盲目创新，遵循"小改进，大奖励；大建议，只鼓励"的原则，并且创新要依托现有优势，让"鲜花长在牛粪上"。

以华为进军智能汽车领域为例。智能汽车考验的是数据支撑算法和硬件双向优化的能力，而华为过去在芯片设计、算法提升，以及在系统建设和软件适配等方面的技术积累，使其在进入智能汽车领域时具有得天独厚的优势。

（3）支撑层（连接）

在支撑层面，华为认为研发创新要以客户和技术双轮驱动。不确定性的事情交由精兵组织来应对；确定性的事情，由平台或共享组织来支持与服务。对不确定性的考核是对风险的把握；对确定性的考核是效率与效益。华为注重基础技术和前沿技术创新，兼顾研发广度和厚度，加强核心竞争力以驾驭不确定性。

从 2011 年开始，华为进行了一个比较大的组织变革，把研究和开发从组织上进行了划分，使它们遵循不同的考核导向。开发带来的创新是确定的、可预见的，要实现客户价值；研究带来的创新是不确定的、无法预见的，更注重开拓。这样的分离，使得华为一方面在继承的基础上创新，实现客户价值；另一方面又能不断发明专利，积累科技企业的竞争力。

领先的研发创新管理框架为华为在新技术、新领域实现持续突破，建立自身的核心技术竞争力提供了最有力的支撑。30 多年来，华为产品已经成功打入了全球 100 多个国家和地区的市场，服务的运营商客户已经超过了 300 多家。而华为逐步成为继思科、爱立信、阿尔卡特-朗讯和诺基亚西门子之后的全球顶级电信设备商。

17.2.2 研发是根本，要"向下扎到根，向上捅破天"

在中国信息化百人会 2020 年峰会上，华为客户业务 CEO 余承东表示："我国完全有构筑产业生态的核心能力，并且在 AI 领域很多方面处于领先，这是一个很好的机遇。要想突破技术创新、赢取下一个时代，一定要全方位扎根基础研究，突破物理学、材料学和精密制造等方面的基础技术研究。要有'向下扎到根，向上捅破天'的决心和投入，将产业做深，让生态共生。"（如图 17-3 所示）。

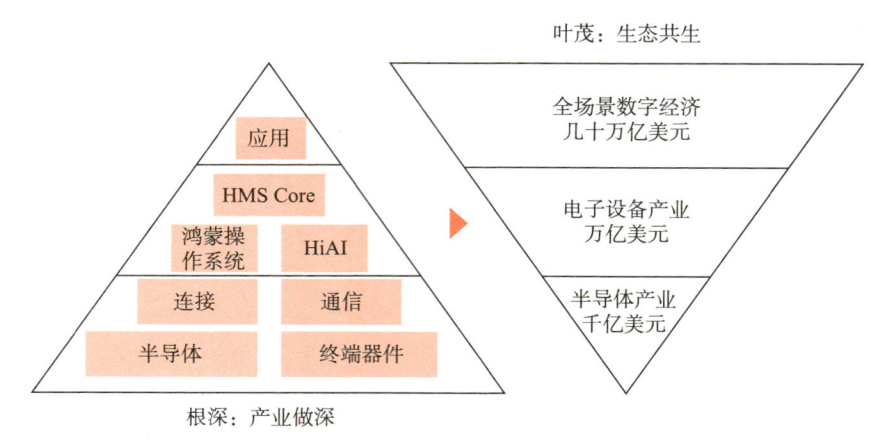

图 17-3　向下扎到根，向上捅破天

对于如何做才能实现"向下扎到根，向上捅破天"，余承东在峰会上也进行了阐述：

在智慧全场景时代，在操作系统、芯片、数据库、云服务、IoT 的标准生态方面，华为都要构筑能力，做到根深叶茂，使生态不断发展。其中，针对半导体，华为要在电子设计自动化（Electronic Design Automation，EDA）设计、材料、生产制造、工艺、设计能力、封装封测等多个方面实现突破。

在智能半导体从第二代半导体升级为第三代半导体的时代，华为希望不管是弯道超车还是半道超车，都力争在这个新的时代实现领先。

我们看到很多的技术，像相机多摄的技术等，是华为率先在这个领域实现突破，进而帮助行业产业链走向成熟的。在 5G 时代，想要提高工业效率、提高性能等，很多方面都需要企业掌握核心技术，做到前沿。华为过去带动了一批国内企业掌握了一些非常核心的技术，让我国从低端制造业向中高端核心技术、核心制造能力进行转移，实现了大的飞跃和跨越。未来，中国企业有能力做得更好。

在操作系统领域，华为打造了鸿蒙操作系统，其可以跨越所有设备。将来各个 IoT 领域都可以使用鸿蒙操作系统，所以华为要打造鸿蒙操作系统的北向接口和南向接口，北向接大量的应用，南向接所有分布式设备，构筑未来的生态。

在 AI 方面，中国厂家是走在行业前列的，获得了领先的优势。华为将 On-Device AI（端侧 AI）和分布式 AI 的能力结合起来，然后给外部开放平台。

2024年，华为手机的AI能力月调用量已超过6000亿次。

关于华为移动服务（Huawei Mobile Service，HMS），在遭到美国制裁后，华为加快打造开放的HMS的进程。华为P40手机在全球销售时就全面搭载了HMS。华为的应用市场是全球三大应用市场之一，其目标是承载中国的应用、承载全球的应用、承载全球的生态。

同时，华为还打造了几十个工具包（Kit），为应用开发者提供集成开发环境，以加速生态建设的能力，最终使其变成一个全球的生态。在生态方面，华为已经有数万个应用，而且月活也超过了5.2亿人，增长速度非常快。

对于HMS来说，每月、每周和每天的生态的体验都在改进，因为大量的应用在上架，在支持华为的HMS Core（华为移动核心服务）的同时，华为也提供了鸿蒙操作系统，方便大家开发、集成、上架，让过去只能支持GMS的应用，几个小时就能完成对HMS的集成和替代……

"向下扎到根"之"根"，就是能够影响上层应用的架构体系。只有掌握根技术，发展上层应用才能更稳固，即根深才能叶茂。华为希望通过做实根的技术，丰富和完善生态体系，为全球企业提供一个可以在上面发展的数字智能化平台，为其带来数字经济新体验，在不断促进这些企业发展的同时，使生态更加繁荣。

此外，任正非曾经多次强调："我们的研发标准是在距离我们目标20亿光年的地方，投一颗'芝麻'；在距离目标两万千米的地方，投一个'苹果'；在距离目标几千千米的地方，投一个'西瓜'；在距离目标五千米的地方，我们投'范弗里特弹药量'。扑上去，撕开这个口子，纵向发展，横向扩张，产品就领先世界了。"这句话体现的是华为要把钱更多地投放到前端，同时必须加大基础理论和前沿技术研究，才能实现领先。

"范弗里特弹药量"是指不计成本地投入庞大的弹药量（通常是五倍于敌方的弹药量）进行密集轰炸和炮击，对敌方实施强力压制和毁灭性的打击，意在迅速、高效地歼灭敌方有生力量，使其难以组织有效的防御，最大限度地减少己方人员的伤亡。

从近两年的成果来看，华为向上不断攻克高尖端技术，向下不停打牢基础技术，设计研发能力不断增强。

① 在"向下扎到根"方面，华为鸿蒙操作系统已经拥有超 3.2 亿个客户、超 200 万名开发者，鸿蒙智联伙伴已达 2200 多个，鸿蒙操作系统原子化服务已达 50 000 多个，HMS Core 开放了 25 030 个 API，海外 Top 3000 应用的集成率达 80%。另外，已有近 4 万款应用跟随华为的步伐走向全球市场，鸿蒙生态步入了快车道。而且华为还在研发自己的编程语言，这也将有助于华为在底层的系统等领域快速地扎根和发展。

② 在"向上捅破天"方面，华为 2022 年发布的 Mate 50 手机搭载了卫星通信技术，智能手机在卫星通信市场或将迎来新的发展机遇。

"打铁还需自身硬"。研发实力是科技领域发展的根本，要想未来不再面临"卡脖子"的问题，就必须增强自身的创新能力，加强应用基础研究、关键核心技术攻关和高水平创新平台建设，使其转化为发展的强大动力。

17.3　华为研发数字化转型历程

华为研发在数字化转型上积累了丰富的经验，而且这些经验被成功应用到了各行各业，使能千百行业的数字化转型，释放数字生产力，为经济复苏和社会发展提供原动力。

17.3.1　研发数字化转型的愿景

以 IPD 为标志的管理变革和数字化转型，是华为迈出国门、成为国际化企业的铺路石。

华为有三大业务，分别是运营商、企业、客户。每个业务板块的战略目标各不相同，如图 17-4 所示。运营商业务的战略目标是成为客户的战略合作伙伴、首要集成商，做谦虚的领导者，助力客户商业成功；企业业务的战略目标是抓住数字化转型机遇，成为企业数字化转型优选合作伙伴；客户业务的战略目标是使能行业数字化，构建全连接智能社会。基于三大业务板块的战略目标的实现，华为对准"内外合规、多产粮食、增加土地肥力"的考核目标实施变革。

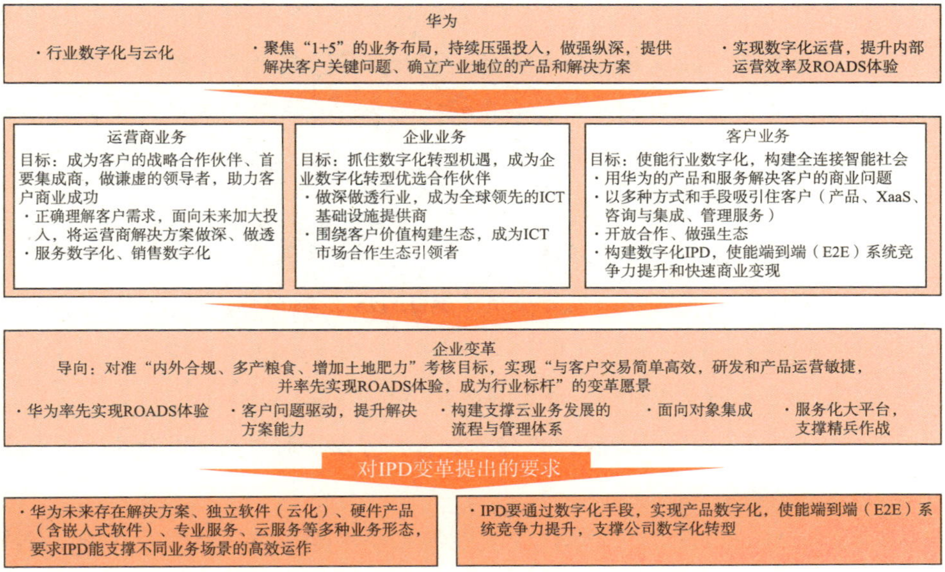

第 5 篇　操作实践篇：数字化转型落地与升级

```
                              华为
· 行业数字化与云化    · 聚焦"1+5"的业务布局，持续压强投入，做强纵深，提供    · 实现数字化运营，提升内部
                     解决客户关键问题、确立产业地位的产品和解决方案        运营效率及ROADS体验
```

运营商业务	企业业务	客户业务
目标：成为客户的战略合作伙伴、首要集成商，做谦虚的领导者，助力客户商业成功 · 正确理解客户需求，面向未来加大投入，将运营商解决方案做深、做透 · 服务数字化、销售数字化	目标：抓住数字化转型机遇，成为企业数字化转型优选合作伙伴 · 做深做透行业，成为全球领先的ICT基础设施提供商 · 围绕客户价值构建生态，成为ICT市场合作生态引领者	目标：使能行业数字化，构建全连接智能社会 · 用华为的产品和服务解决客户的商业问题 · 以多种方式和手段吸住客户（产品、XaaS、咨询与集成、管理服务） · 开放合作，做透生态 · 构建数字化IPD，使能端到端（E2E）系统竞争力提升和快速商业变现

企业变革

导向：对准"内外合规、多产粮食、增加土地肥力"考核目标，实现"与客户交易简单高效，研发和产品运营敏捷，并率先实现ROADS体验，成为行业标杆"的变革愿景

· 华为率先实现ROADS体验　· 客户问题驱动，提升解决方案能力　· 构建支撑云业务发展的流程与管理体系　· 面向对象集成　· 服务化大平台，支撑精兵作战

对IPD变革提出的要求

· 华为未来存在解决方案、独立软件（云化）、硬件产品（含嵌入式软件）、专业服务、云服务等多种业务形态，要求IPD能支撑不同业务场景的高效运作

· IPD要通过数字化手段，实现产品数字化，使能端到端（E2E）系统竞争力提升，支撑公司数字化转型

图 17-4　华为业务战略目标

其中，IPD 变革是面向运营商、企业和客户业务不断优化完善 IPD 流程。华为对 IPD 变革提出了两点要求，一是华为未来存在解决方案、独立软件（云化）、硬件产品（含嵌入式软件）、专业服务、云服务等多种业务形态，要求 IPD 能支撑不同业务场景的高效运作；二是 IPD 要通过数字化手段，实现产品数字化，使能端到端（E2E）系统竞争力提升，支撑企业数字化转型。

由此，华为确定了 IPD+ 数字化变革的愿景："与客户做生意简单高效，研发和产品运营敏捷，并率先实现 ROADS 体验，成为行业标杆"，目标是给华为研发创新全面赋能和加持。可见，华为研发数字化转型愿景有两个重点，一是通过大平台来支撑一线精兵作战，二是率先实现 ROADS 体验。

（1）通过大平台来支撑一线精兵作战

华为认为，未来企业之间的竞争，将不再只是一线精兵团队的竞争，更是精兵＋管理体系/平台能力的竞争。2016 年，华为明确把实现"大平台支撑精兵作战"作为数字化转型的要点之一，体现"去中心化、减少决策层级、一线自主作战"等运作理念，在提升平台能力和服务水平的同时，构建一线数字化作战能力。

具体表现是：一线精兵能从大量日常的事务性工作中解放出来，并能通过数字化作业平台实时按需获取所需要的知识和服务，提升服务客户的能力。与此同时，总部将管控规则也融入数字化作业平台，减少对一线的打扰，更多聚焦在自身能力的平台化、服务化和数字化上，供一线按需调用。

（2）率先实现 ROADS 体验

为改变传统 IT 团队中数据获取不及时、数据权限混乱、数据不互联、客户体验差、毫无参与感的痛点，华为提出了 ROADS 体验模式。

实时（Real-time）：实时获取信息，使业务快速响应客户需求，让客户零等待；加快企业内部流程运转，使业务快速运作。

按需（On-demand）：即按需定制，让客户可以按照自己的实际需要定制和自由选择各项服务。

全在线（All-online）：让客户在线进行业务操作，实现资源全在线、服务全在线、协同全在线。

自助（DIY）：即客户可自助服务，让客户拥有更多的自主权，提升客户的参与感。

社交（Social）：即社交分享，让客户可以协同交流、分享经验和使用心得，增加客户归属感，增加客户黏性。

华为 CIO 陶景文表示："如何释放华为近 20 万名员工、100 多家"小华为"，让它们能够充分发挥战斗力，能够'多打粮食'，能到'敌人'管不住的地方去'挖土豆'，为企业创造更多的商业价值，这些也对我们数字化提出了很多新的要求。华为任何一个新业务出来之后，如何有效地继承华为过去 30 多年所积累下来的财务、人力资源、质量流程方面相应的管理经验，如何快速成长起来，又成了我们新时代面临的问题。"正是基于这些新的业务和新的要求，华为逐步构建了业务分层和业务分类的场景化流程，开启了 IPD 的敏捷转型之旅。

17.3.2　研发数字化转型架构蓝图

基于 IPD+ 数字化转型愿景，华为确定了 IPD+ 数字化转型架构蓝图，如图 17-5 所示：以客户需求为导向，以解决方案为牵引，以产品数字化为手段，构建敏捷、开放的市场导向创新体系，持续提高质量、效率和客户满意度，提升效益和全流程系统竞争力，使能华为的商业成功。

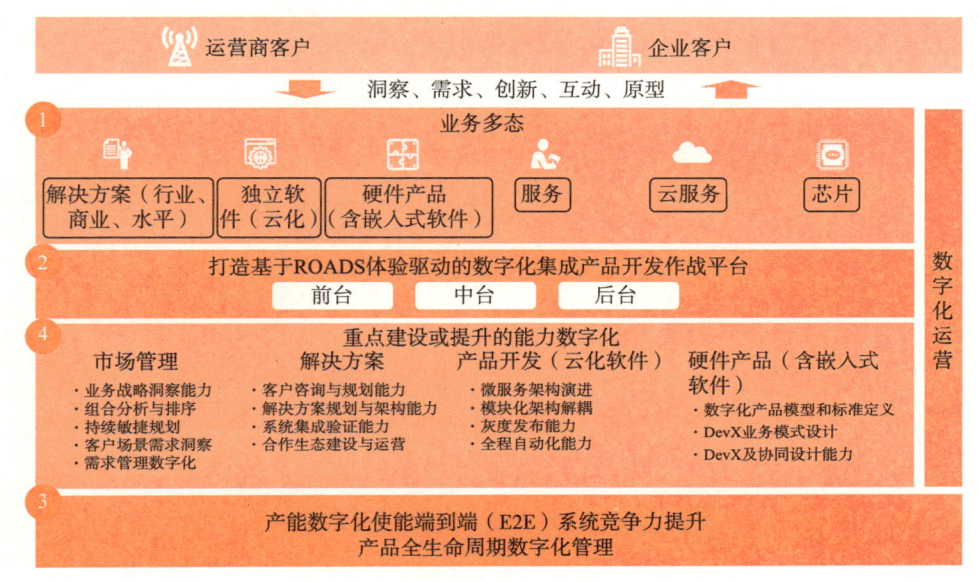

图 17-5　IPD+ 数字化转型架构蓝图

从图 17-5 可以看出，华为的 IPD+ 数字化转型架构蓝图共分为四层，具体如下。

第一层，业务多态

完善解决方案（行业、商业、水平）、独立软件（云化）、硬件产品（含嵌入式软件）、服务、云服务、芯片的管理体系，实现市场需求驱动的解决方案敏捷化。

第二层，打造基于 ROADS 体验驱动的数字化集成产品开发作战平台

结合基于 ROADS 体验识别的多态业务，提供数字化装备，赋能业务数字化作战。为此，构建以客户为中心的集成产品一站式平台，整合产品开发过程中的大部分操作，并将办公协同的功能融入产品开发过程中，重塑员工的作业模式和数字化体验。

为打造 ROADS 体验驱动的数字化集成产品开发作战平台，华为对研发架构进行分层解耦，以驱动研发应用架构从传统烟囱式架构向服务化架构的转变。

华为研发应用架构整体策略

（1）坚持软件包驱动，确定性业务采用软件包、云服务标准功能牵引业务。

（2）坚持业务价值驱动的服务化构建，软件包和服务逐步云化部署。

（3）专业作业工具和管理平台解耦，前台和中台服务化解耦，驱动软件包内部功能解耦。

（4）基于角色的 ROADS 体验设计，办公和作业融合。

华为研发应用架构主要分为前台、中台和后台三个端口。其中，前台是面向不同客户构建的作战平台与角色桌面，主要作用是驱动服务层（中台）提供服务，从而实现客户的 ROADS 体验。

中台包括洞察与创新管理、产品管理与项目管理、产品开发管理、产品数据管理、产品运营、软件订阅管理及需求社区七个模块，它是研发应用架构中的服务层，主要作用是一方面通过构建松耦合服务来帮助和支撑前台对产品和服务的灵活编排和组合，进而支撑客户需求的快速敏捷交付，另一方面是能够驱动后台的软件包解耦和封装服务。

最后是通过软件包和云服务为整个平台提供服务的后台，主要包括数据服务、传统软件包和云服务三大部分。

通过数字化集成产品开发作战平台实现信息及时获取、作业实时感知、线下到线上的协同作战和在线指挥、平台资源调用等功能，从而提升产品开发效率和客户体验。

第三层，产品数字化使能端到端（E2E）系统竞争力提升

对产品进行全生命周期的数字化管理，包括客户需求、概念形成、产品研究开发、产品发布等全过程，实现数据同源和实时可视，支撑在授权下方便、安全地按需获取数据，提升基于数据进行业务运营的能力。

另外，通过 AI 等技术，实现海量、重复确定性业务的自动化，对异常状态实现及时告警，使信息获取更迅速、决策更智能。

第四层，重点建设或提升的能力数字化

识别出产品开发所需能力并主动进行能力的数字化建设，为数字化集成产品开发作战平台提供核心支撑，做到快速响应需求。

以市场管理流程为例，如图 17-6 所示，其包括了解市场、进行市场细分、进行组合分析、制定业务战略和计划、结合并优化业务部门业务计划、管理业务计划及评估绩效。

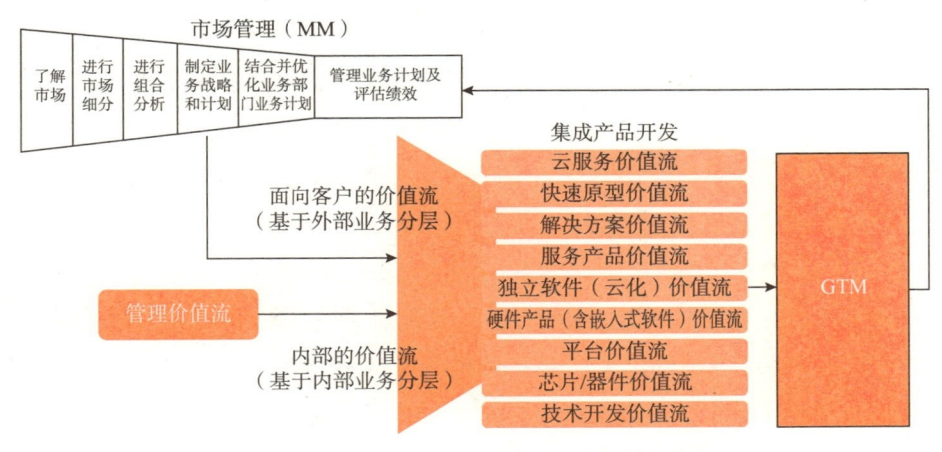

图 17-6　IPD+ 数字化转型架构：市场管理流程

走向市场（Go To Market，GTM）是一种产品导向的业务视野，即如何将一个成熟的产品通过合理的定位定价、MKT 策略、销售策略等方法让产品出现在合适的场所，触达目标人群，并尽可能促成交易，实现产品经营效益的最大化。

17.3.3　研发数字化转型的实施路径

为了实现 IPD+ 数字化转型的愿景，确保 IPD+ 数字化转型架构蓝图的落地，华为进一步规划了 IPD+ 数字化转型的实施路径：2018—2019 年完成产品开发基础能力数字化构建，2020 年起产品数字化延伸到客户。如图 17-7 所示。

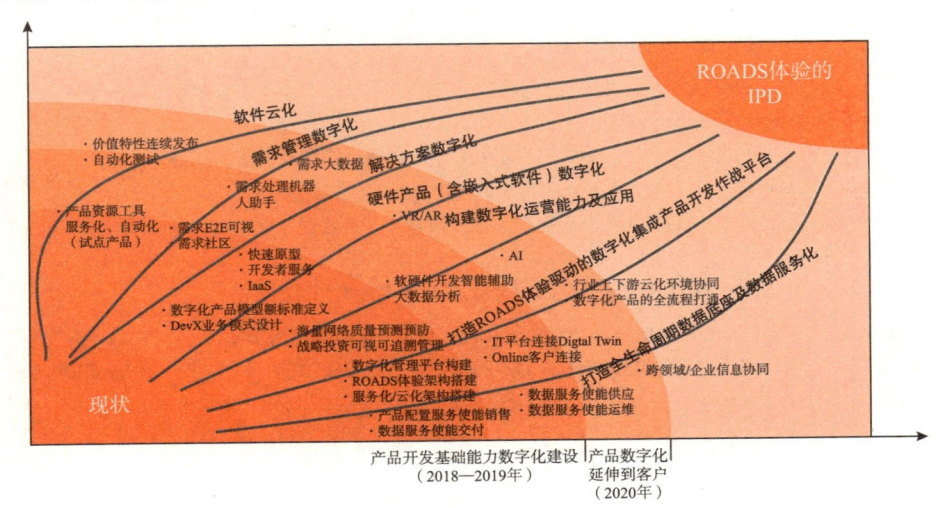

图 17-7　IPD+ 数字化转型的实施路径

从图 17-7 中可以看到，围绕 IPD+ 数字化转型的愿景和架构蓝图，结合企业各领域的现状，华为通过软件云化、需求管理数字化、解决方案数字化、硬件产品（含嵌入式软件）数字化、构建数字化运营能力及应用、打造 ROADS 体验驱动的数字化集成产品开发作战平台、打造全生命周期数据底座及数据服务化，统筹指引 IPD+ 数字化转型。

华为 IPD+ 数字化转型前期最重要的是完成基础能力的数字化构建，基于此，华为明确了 IPD+ 数字化转型的关键任务，并规划了每一个关键任务由一个或多个变革项目来支撑，最终导出了一系列的 IPD+ 数字化转型关键任务及变革项目清单，如表 17-1 所示。

表 17-1　IPD+ 数字化转型关键任务及变革项目

关键能力	关键任务	变革项目
产品及组合管理	1. 需求洞察；需求管理；产品规划 2. 支持客户、一线和华为各种业务活动相关话题的讨论；产品线与区域竞争力问题闭环管理 3. 从 Idea 到解决方案，直至产品规划落地的具体实施 4. 支持云服务的需求模型和敏捷团队作业与流程的建设	商业级敏捷解决方案能力提升
管理研发	1. 云独立软件 Cloud First 商业模式作业平台的持续建设，产品工程能力落地夯实与持续优化 2. 支持商业级敏捷项目，封装并开放 IPD 能力；持续优化嵌入式软件协同作业的 IT 系统和工具；支撑研发运维作业流的 IT 系统和工具；支撑业务解决方案协同作业的 IT 系统和工具；支撑软硬件协同敏捷工作流的 IT 系统和工具	ALM 软件协同平台建设
	3. 硬件开发过程管理；前后端和 ALM 解决方案；产品级的需求管理能力和集成验证管理能力的对接	硬件协同平台建设
项目管理	1. 对齐战略规划、技术规划、产业规划投资策略与交付要求，实现项目层级的投资交付闭环 2. 通过 IPD 的 E2E 项目管理，拉通 IPD 与 LTC 项目信息流，落实项目经理责权利 3. 通过项目 / 项目群执行状态可视、偏差预警等，有效支撑投资决策及高效管理 4.IPD 项目管理 IT 工具服务化及组合管理 IT 支撑能力构建	IPD 项目及组合管理
产品数据管理	1. 依托数字化变革 Digital IPD 平台，打造 IPD Link 基础平台功能 2. 依托数字化变革 Digital IPD 平台，持续增强 IPD Link 功能	数字化变革 Digital IPD 平台

续表

关键能力	关键任务	变革项目
质量管理	1. 实现对质量数据分析，质量目标生成，跨领域目标分解、发布及变更的管理 2. 版本流程服务化编排，直接关联生成作业流 3. 质量目标、质量控制要求直接分发到作业流各环节 4. 版本开发过程中质量数据与质量目标自动化闭环	产品质量策划与闭环服务化
数字化运营	1. 应用套件重点建设：战略和投资100%可视、可追溯，海量产品质量可视、可拦截、可追溯、可预测 2. 以服务化嵌入桌面的方式支撑智慧研发、智能交付与运维、体验式营销等 3. 建立快速数据搜索平台及快速大数据分析建模平台，提升各自助分析团队的自助分析能力 4. 按业务域进行分析数据服务的梳理，并提供对外服务卡片和服务市场	数字化运营
	5. 提供大数据分析与AI服务。通过单板返还预测、日志挖掘、智能缺陷辅助定位、产品客满声音分析等应用的牵引，全面具备IPD领域的大数据分析及机器学习能力。通过API或者App服务的方式，对外提供如文本、语义、语音、图像、翻译等方面的AI分析服务	数字化运营、数据湖
成本管理	1. 实现成本需求分析和洞察的信息可通过IT系统自动获取，并通过判断逻辑，给出建议的成本目标和措施 2. 所有支撑目标的措施通过IT系统进行记录和管理，并持续改进	目标成本管理流程IT化

通过明确数字化转型愿景，构建数字化转型架构蓝图及规划数字化转型的路径，确保了华为IPD+数字化转型的有序推进，实现了有条不紊地推动项目朝着期望的方向发展。

17.3.4 华为研发的数字化转型成果与持续改进

自创立之日至1997年，华为的销售额虽然连年增长，但产品的毛利率却逐年下降，人均效益只有思科、IBM等企业的1/6～1/3；同时，华为的研发费用浪费比例和产品开发周期是业界最佳水平的两倍以上。基于这样严峻的研发管理问题，华为拜师IBM，开启了研发体系的数字化转型。

IPD是根据大量成功的产品开发管理实践总结出来的，被大量实践证明的、一种领先的、成熟的产品开发管理思想和管理模式。在IBM成功经验的影响下，美国众多著名企业纷纷实施IPD以提升自身企业的创新能力。

而在中国，华为作为典型代表率先于1998年引进了IPD，并于1999年正式开启了研发体系的 IPD 变革，举起管理变革和数字化转型的大旗。华为在此后长达 20 余年的不断改良和版本迭代中持续 IPD 变革，使产品创新能力和企业竞争力获得大幅度提升。

IPD 变革的最终目标是取得良好的业务效果。但实际上，IPD 在华为开始推行的前三年，业务效果并不明显。对于 IPD 推行的进展和效果，华为采用了 IPD 变革进展指标 TPM 来评估，评估要素包括业务分层、结构化流程、基于团队的管理、产品开发、有效的衡量标准、项目管理、异步开发、共用基础模块、以客户为中心的设计等。

IPD 变革涵盖了产品全生命周期的三个阶段，即前端的需求管理、产品规划，中端的研发设计及后端的生命周期管理过程，如图 17-8 所示。从图 17-8 可以看出，华为针对业务场景，将 IPD 产品全生命周期的信息进行全面的数字化、服务化，向上连接企业战略、客户及解决方案和产品，向下连接产品的营、销、制、供、服。

IPD 是一个长期的系统工程，需要企业投入必要的资源，扎实推进。IPD 体系全面实施落地后，仍需不断优化和完善，以确保业务持续成功和发展。华为每年都会针对性地对 IPD 进行优化和改进，同时也会审视和优化 TPM 的评估问卷，构建了一套持续推行 IPD 改进的机制，为 IPD+ 数字化转型的持续优化提供指导。

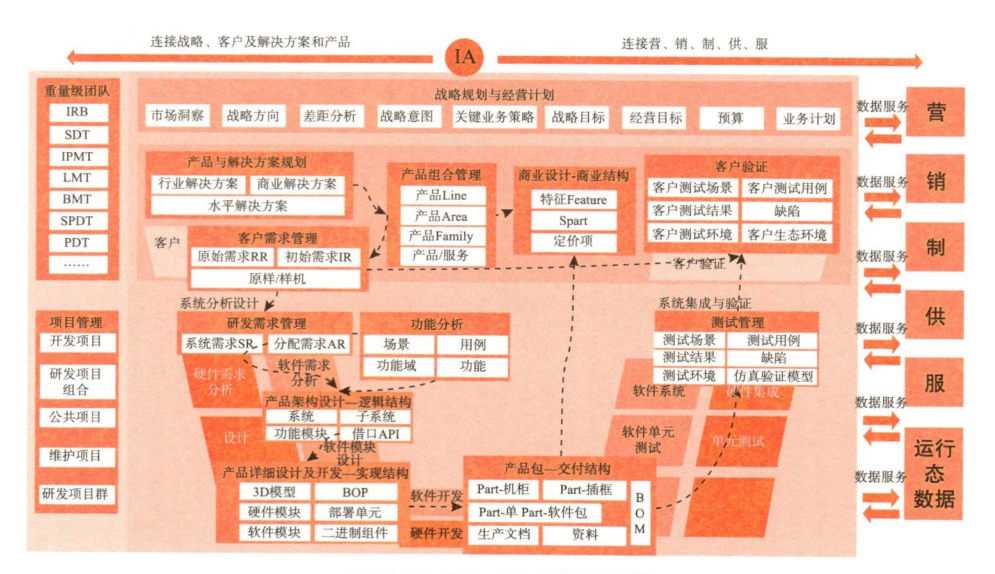

图 17-9　IPD 产品全生命周期

思考与感悟

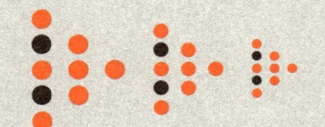

第 6 篇

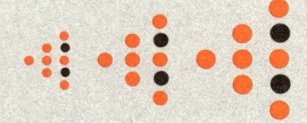

支撑平台篇：
数字化支撑及平台体系

企业框架的摩天大厦，企业所有的转型蓝图，需要的是科学、强大、能力均衡的支撑平台和治理体系。

根据笔者对华为及其他企业客户实践的总结，这个支撑平台主要包含三块内容：数据底座、能力平台和治理体系。忽视了这三块内容，我们将无法建造支撑企业愿景和使命实现的数字化大厦。

只有在企业中建设统一的数据底座，打造高效的数字化平台，搭建变革治理体系，才能为企业数字化转型提供有效的保障和支撑，确保各业务领域在企业的统一协调和牵引下，实现企业的数字化转型。

第18章 建设安全统一的数据底座

数字化转型要坚持业务和技术的双轮驱动，而连接双轮的"轴"就是数据。

只有建设统一、清洁、智能的数据底座，才能支撑企业不断发展。企业在数字化转型中应建设安全统一的数据底座，以帮助企业应对业务数字化转型过程中的各种数据难题，护航数据深度流动。

18.1 数据平台的建设和治理是数字化的前提

笔者经常讲，在数字化时代，数据既是强大的技术，其本身也是核心的生产资源。因此，数据治理本身就是企业数字化转型的基础。

数据治理的愿景是在确定数据的权利属性的基础上，构建起企业的数据生态和平台，让数据真正发挥出作为生产要素的强大作用，为企业创造新的价值，成为企业的战略资源、核心资产。

18.1.1 数据是数字化时代的新型生产要素

2017年12月，习近平总书记在十九届中央政治局第二次集体学习时，强调要"构建以数据为关键要素的数字经济"。党的十九届四中全会进一步明确提出"健全劳动、资本、土地、知识、技术、管理、数据等生产要素由市场评价贡献、按贡献决定报酬的机制"。由此可见，数据正成为数字化时代的新型生产要素。

在数字化时代，数据已经成为继劳动、资本、土地、技术之外的第五种生产要素，其快速融入生产、分配、流通、消费管理等各个环节，改变着生产、生活方式及社会治理方式，成为创造价值的新源泉。正如马云在2015年的第一届云栖大会上所说："数据将替代石油，成为下一个世代的核心资源。未来的数据就是生产资料，未来的生产力就是计算能力和创业者的创新能力、企业家精神，有了计算能力、数据，人类的生活会发生天翻地覆的变化。"

【案例】TikTok 事件揭示：大数据时代，得数据者得天下

抖音海外版 TikTok 作为一家视频分享平台，在美国有活跃客户约 1.5 亿名，约占美国人口的一半，且大多为年轻人，另外还有近 500 万名中小企业客户。

美国政府认为，TikTok 的开发者字节跳动是一家中国企业，存在着可能将客户数据交给中国政府的风险，进而对美国国家安全构成潜在威胁。2020 年 8 月，美国政府就以 TikTok 给国家安全造成了"重大且直接的威胁"为借口，一度禁止任何美国人与 TikTok 母企业字节跳动进行交易，并在应用商店下架或停止更新这个 App。

那么美国为什么要这样做？跳出 TikTok 的单一事件，可以看到数据治理正在成为世界各国政府关注的焦点。为了维护数据主权与安全，世界各国政府都在制定、完善数据安全管理的相关法律法规。其中，美国于 2022 年出台了第一部数据隐私和保护的联邦隐私法案：《美国数据隐私和保护法案》。该法案旨在：其一，建立强有力的国家框架，保护客户数据隐私和安全；其二，为公民提供广泛的保护，防止其数据被歧视性地使用；其三，要求数据处理者在前端尽量减少需要收集、处理和传输的个人数据，以便将客户数据的使用限制在特定产品和服务的合理、必要、相称的限制范围内。

对于该法规，前谷歌欧洲法律团队负责人奈杰尔·琼斯表示："最主要的好处之一是，它将为美国从未拥有过隐私保护的个人提供隐私保护。"

同样，欧盟制定并颁布了《通用数据保护条例》，目的在于提高个人数据保护水平并增加机构对数据泄露所应承担的责任。无论你的机构位于何处，如果它在处理或控制欧盟居民的个人数据，那么必须遵守《通用数据保护条例》；如果出现数据泄露，相关机构将面临巨额罚款，最高罚款高达机构全球收入的 4% 或 2000 万欧元（以较高者为准）。

中国也颁布了《数据安全法》与《数据出境安全评估办法》，用以确保数据在安全的基础上实现境内和跨境的高效流通与合理使用。

同样，华为的核心领导层多次在内部会议中指出，**数据是企业的战略资源，是企业的核心资产**。任正非表示："数据是企业流程和管理体系建设中最为关键的管理要素之一，流程集成打通和管理体系运营高效的核心是实现数据的贯通。数据是企业的战略资产，数据准确是内控有效的基础，要通过持续有效的数据管理，确保全流程数据的一致、完整及准确，支撑作业效率的提高、决策质量的提高、财报内控等管理目标的实现。"

另外，华为副董事长、轮值董事长郭平在2013年集团财经工作会议上表示："数据是我们独一无二的资源。IT系统可以被复制，流程和组织可以被模仿，员工也可以跳槽，唯有数据既不会被复制也不会被模仿。如果能充分利用数据资源创新产品，为客户提供差异化的服务，我们就能创造出区别于竞争对手的核心竞争力。"

【案例】亚马逊：通过数据提供精细化服务和作出高效决策

亚马逊是网络上最早开始经营电子商务的企业之一，成立于1994年。经营范围从最初的图书销售扩大为图书、日用品、服饰、食品、母婴用品、汽车用品等上亿种优质超值商品销售，现在是全球商品品种最多的网上零售商和全球最大的云服务提供商。

一直以来，亚马逊都坚持将客户的海量行为数据进行沉淀，如客户登录的时间、客户的页面停留时间长度、客户是否查看评论、客户搜索的关键词、客户浏览的商品等。亚马逊还推出了推荐引擎、个性化推荐等功能，结合客户的浏览数据为客户提供精细化的服务，大大缩短了客户做决策的时间，也提高了客户购买的转化率。比如，亚马逊的交易中有35%是通过推荐引擎、个性化推荐功能促成的。现在很多互联网企业都非常重视数据沉淀和推荐引擎，而且随着数字技术的发展，智能推荐的准确度也越来越高。

同时，数据也是亚马逊作出正确高效决策的秘诀。亚马逊CTO沃纳·威格尔表示，长期以来，亚马逊一直通过大数据分析，尝试定位客户和获取客户反馈。"在此过程中，你会发现数据量越大，结果越好。为什么有的企业在商业上不断犯错？那是因为它们没有足够的数据对运营和决策提供支持……一旦进入大数据的世界，企业的手中将握有无限可能。"

在强大的数据挖掘能力的支撑下，亚马逊的版图从电商拓展到新兴技术企业的基础设施、消费内容的移动设备等。自身原有业务在这个过程中不仅得到了快速增长，还创造出规模巨大的全新市场。对于亚马逊来说，数据意味着业务，沉淀的数据越多，业务越大。

在数字化时代，企业要改变传统经验驱动的思维模式，强化基于数据决策的思维，一切用数据思考、用数据说话、用数据管理、用数据决策，用数据挖掘和分析的手段，提升业务能力，打造基于数据解决业务问题的文化氛围。并且，企业要搭建数据治理、数据资产管理、数据使用的流程体系，让更多员工能自主地、自由地进行数据分析，培养其使用数据解决业务问题的意识，提升数据敏感性，从而帮助企业真正做到数据驱动、数据决策。

从数据资源的角度来看，当感知无所不在、连接无所不在时，数据也将无所不在。所有的生产装备、感知设备、联网终端，包括生产者本身都在源源不断地产生数据资源，这些资源会渗透到产品的设计、建模、工艺和维护中，成为企业生产运营的基石。

18.1.2 数据分类治理，确保数据共享安全

数据量随着信息技术的发展呈爆炸式增长，但是数据量的增长不代表数据价值的增长。艾森哲的一项研究显示，68% 的企业无法从数据中获得价值。同样，华为全球产业展望（GIV）报告显示，虽然全球数据量将从 2018 年的 32.5 ZB 快速增长到 2025 年的 180 ZB，但企业生产活动产生的数据中只有不到 2% 被保存，而其中得到分析利用的不足 10%，数据价值没有得到充分释放，并且企业普遍存在烟囱式业务系统，导致数据管理、应用效率低。

数据天然具备海量、多元等一系列复杂的属性，加上其受制于"使用权限""安全"等多重因素，数据在企业数字化转型过程中发挥价值、创造效益是比较艰难的。

那到底什么是数据治理呢？具体来说，**数据治理是指企业采用统一的数据管理规则，确保数据质量，让企业的数据清洁、完整、一致**。数据治理的主要内容包含数据战略制定、数据架构搭建、主数据管理、元数据管理、指标数据管理、时序数据管理、数据质量管理、数据安全管理、数据交换与服务、数据交换与共享等一系列数据管理活动。

国际数据管理协会认为，数据治理是对数据资产管理行使权力和控制的活动集合。数据治理的职能是指导其他数据管理职能如何执行，最终保证数据的可用性、数据质量和数据安全。

通过数据治理，企业能高效打通内部不同部门、不同层级之间的数据壁垒，提升数据支撑内部业务管理和服务外部的能力。早在2000年，亚马逊便实施了一项名为"数据安全项目"的计划，旨在防止数据被滥用、盗窃、丢失或删除。为了实现此目标，亚马逊采取了"分而治之"的方法，选择了一家外部企业作为合作伙伴，在其负责数据处理和数据安全的数据中心之间建立防火墙的同时，实施了一些外部连接控制，保证数据中心和外部连接的安全性。

国内的企业，如华为、美的等，在数字化转型的过程中，也形成了体系化的数据治理管理办法。

【案例】美的数据分类治理

美的公开信息显示，通过持续十年的"一个美的、一个体系、一个标准"的数字化转型，美的已经成功实现了以软件、数据驱动的全价值链运营，完整覆盖了企划研发、订单预订、智能排程、柔性制造、协同供应、品质跟踪、物流能力、客服安装等全价值链的各个环节，实现了端到端的协同拉通。

在数字化转型过程中，美的同步开展了体系化数据治理。通过打造全新的数据中台，沉淀企业数据资产，融合线上与线下业务数据，融合产品与服务数据，完善"客户One ID"，美的为各业务体系提供完善的数据服务支持。

在美的内部，数据被分为内外两个部分。一是互联网下的大数据，如通过对市场大数据的分析，美的发现对于小型豆浆机、3L以下的小容量电饭煲、小型的电吹风等小家电，20～25岁的年轻群体使用、购买的占比最多，这就是基于互联网大数据捕捉到的新商机。二是企业内部产生的大数据，它是美的员工具备多层级、多维度的数据分析能力的支撑。目前，美的90%以上的经营分析指标已线上化，70%的决策通过系统来产生。

美的集团管理层每天早上8点钟使用手机就可以清清楚楚地看到昨天企业的所有经营状态，如销售额、库存、利润、费用及每个国家和每个地区的销售情况等。

华为对数据的分类比美的更多，除了内部数据和外部数据两大类，还有结构化数据和非结构化数据、元数据。其中，结构化数据又包含基础数据、主数据、事务数据、报告数据、观测数据和规则数据六类。对不同类别的数据进行分类治理，可以提升数据的及时性、准确性、完整性、一致性、有效性和唯一性。

比如，针对结构化数据下的主数据治理。主数据是参与业务事件的主体或资源，是具有高业务价值的、跨流程和跨系统重复使用的数据。主数据记录的增加和减少一般不会影响流程和 IT 系统的变化，但主数据一旦出现错误，就可能导致成百上千个事务数据的错误。因此，华为对于每个重要的主数据，都会发布相应的管理规范，数据管家依据数据质量标准定期进行数据质量的度量与改进，数据质量的标准一般可以参考 ISO 8000 数据质量系列国际标准。

对于非结构化数据，华为的治理方式则是嵌入更多智能化的技术。华为的非结构化数据指包含邮件、Excel、Word、PPT 在内的各种文档，以及图片、音频、视频等，难以标准化，因此在存储、检索及使用时需要智能化的 IT 与之匹配。华为不仅对标题、格式、责任人等基本特征和定义进行管理，还对数据内容的客观理解进行管理，并通过添加标签、相似性检索、相似性连接等，方便客户搜索和消费使用。

华为轮值董事长孟晚舟表示："万物正走向可感知，尤其是我们日常所接触的生产型作业，从符号到模拟信号，再到全流程的数字化，更全面、更详细的数字孪生世界正在构建。万物也正走向互联，通过对数据的科学治理，数据像水流一样在企业内部流动，不同维度的数据正在通过汇聚、分享来创造新的价值。同时，万物正走向智能，结合行业数据和经验，依托智能化的技术，人类的生产力和创造力正在实现跨越式发展。"

然而，数据治理却是一项耗时巨大的工程，再加上外部对数据安全合规的要求也日趋严格，为此数据治理需要借助科学的管理体系和先进工具的力量。正如亚马逊云科技 CEO 亚当·塞利普斯基（Adam Selipsky）所说："数据的庞大和复杂也需要新的工具，将不断扩展的信息世界转化为洞察。这些工具需要有好的性价比，需要大量的功能以支持所有用例，需要可扩展的工具以便处理如此庞大且不断增长的数据量。"

18.1.3　华为数据治理的历程

华为认为，数据治理和数字化运营是数字化转型的关键。数据治理承接了打破数据孤岛、确保源头数据准确、促进数据共享、保障数据隐私与安全等任务，其愿景是"实现业务感知、互联、智能和 ROADS 体验，支撑华为数字化转型"，其目标是"用清洁、透明、智慧的数据，使能卓越运营和有效增长"。

华为数据治理的历史可追溯到 2007 年，截至 2022 年共 15 年时间。在历经了三个阶段的持续变革后，华为建成了一个系统的数据管理体系，如图 18-1 所示。

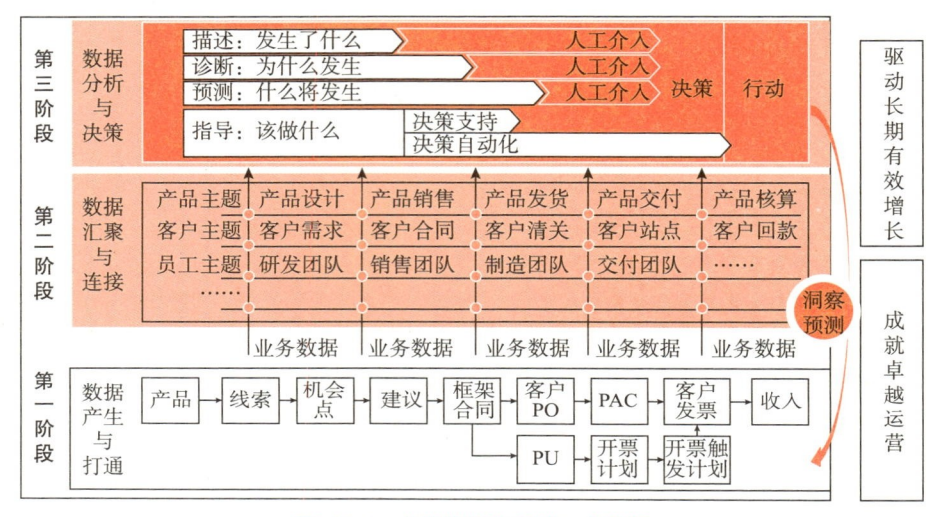

图 18-1　华为数据治理的三个阶段

第一阶段：2007—2016 年，实现数据清洁，支撑主业务流打通与财报准确

20 世纪 90 年代末，华为的业务已经基本覆盖了全国各个城市，但企业规模的扩大并没有带来管理水平的提升。此时，华为也面临一个很严重的问题：经常做不到正确发货、召回退货。

华为发现，出现这个问题的根本原因在于当时整个产品的物料清单（BOM）不准确。据华为的统计数据，整个产品的 BOM 质量准确率只有约 70%，这表示 10 个不同部件的产品 BOM 可能有三个是错误的。

基于此，华为开始了第一次以数据为目标的变革，即 BOM 质量整改。华为用了一年时间把数据工作显性化、专业化后，BOM 质量准确率提高到了 99%。

BOM 质量整改只是一个引子，华为正式开始完善数据治理体系还是在 2007 年。当时，华为的海外业务蓬勃发展，需要对接的客户有成百上千个，加上海外客户因国籍、地域不同需求各异，导致大量的数据问题出现，以致华为发现自己难以拿出一个准确的财报。

为此，华为开始推行全面数据质量提升项目，借助 IFS 项目引入 IBM 框架，开始系统地进行数据治理。数据治理持续几年后，华为发现数据不通、数据异常等问题还是比较普遍，数据孤岛的治理成为难题，数据价值远远未达到当初的期望。于是在 2014 年，华为成立了数据工作组，目标是三年建成数据体系，五年实现数据清洁。华为最终实现了关键数据在业务流的打通，确保了数据在产生环节的清洁。

总而言之，在这一阶段，华为通过设立数据管理部、建立数据管理框架、发布数据管理政策、任命数据责任人，并通过统一信息架构与标准、唯一可信的数据源、有效的数据质量度量等改进机制，实现了以下目标。

（1）持续提升数据质量，减少纠错成本：通过数据质量度量与持续改进，确保数据真实反映业务，降低运营风险。

（2）数据全流程贯通，提升业务运作效率：通过业务数字化、标准化，借助 IT，实现业务上下游信息快速传递、共享。

第二阶段和第三阶段：2017 年至今，实现数据可视、共享，发挥数据价值

2017 年，华为结合企业数字化转型的大方向，启动了新一轮的数据治理工作。华为希望基于过去 10 多年的数据治理经验，让数据真正发挥价值，支撑起企业数字化转型的需求。

华为通过建设数据底座，汇聚了企业全域数据并对数据进行了连接，通过数据服务、数据地图、数据安全防护与隐私保护，实现了数据随需共享、敏捷自助、安全透明的目标。数据底座支撑着华为的数字化转型，实现了如下数据价值。

（1）业务可视，能够快速、准确决策：通过数据汇聚，实现业务状态透明可视，提供基于"事实"的决策依据。

（2）人工智能，实现业务自动化：通过业务规则数字化、算法化，使其嵌入业务流，逐步替代人工判断。

（3）数据创新，获得差异化竞争优势：基于数据的客户洞察，发现新的市场机会点。

随着数据在企业内部的地位不断提升，数据治理早已不只是 IT 部门的事情，而是涉及组织里的每一个人、每一个流程。从某种程度上看，数据治理也是在对组织内的权力进行再分配。构建数据治理体系时，解决谁来管理数据治理、怎么开展数据治理的问题尤为重要，需要企业仔细推敲。

18.2 数据底座建设的总体构架和管理逻辑

数据是数字化转型的引擎，而数据湖是支撑企业数字化转型的数据底座，是提供数据驱动、精准决策的技术支撑。为此，企业应建设数据底座，以释放数据价值，重塑业务流程，构筑新的核心竞争力。

18.2.1 数据底座的内涵与总体架构

随着数字经济的高速蓬勃发展，数据底座也成为时代热词。由于数据底座是一个大数据时代兴起的概念，业界对数据底座的定义也没有完全统一。如阿里巴巴在2016年提出的数据中台的概念，其实就是数据底座的概念。

笔者认为，数据底座是物理世界和数字世界的"连接层"，为数字化变革提供源源不断的驱动力。数据底座主要在两大方面发挥作用：一是实现数据的充分采集和充分连接；二是利用不断升级的科学信息技术，如大数据、AI、5G、区块链等，建立物理世界在数字世界的映射，以实现数据的"无限延展"。

建设数据底座的核心目的就是帮助企业将数据变为数据资产，从而可持续服务于企业业务，例如，解决找不到数据、看不懂数据、数据记录混乱、数据统计误差大、数据运维效率低下、数据共享困难和不安全等问题。

千行百业都在推行数字化转型，数据底座的形态随着数字经济的发展及各行各业的特性也不断发生着改变。

比如，金融行业早期的数据底座为了保证核心业务稳定，采用的是集中式架构，但是为了应对互联网金融新业态的发展，同时实现面向互联网的关键信息基础设施的稳定运行，金融机构逐步推动核心系统由集中式架构转向"分布式技术+微服务化"架构。另外，随着云与AI等技术开始成为新的关键动力，金融系统架构开始向云化与互联网化转型，对应的数据底座也朝着分布式云原生架构演进。

目前在市场上比较常见的数据底座是以华为、百度、阿里巴巴等互联网企业为代表的数据底座。这些企业一方面在软硬件上具有天然技术优势，另一方面在数字化转型上走在前端。

【案例】华为数据底座总体架构[①]

华为数据底座由数据湖、数据主题连接两层组成，如图 18-2 所示。其中，数据湖包括结构化、非结构化数据。入湖方式有物理入湖（数据集成）和虚拟入湖；数据主题连接包括多维模型、图模型、标签、指标、算法模型。对数据湖和数据主题连接的具体解读，将在本节后陆续展开。

华为数据底座将企业内外部的数据汇聚到一起，并对数据进行重新的组织和连接，为业务可视化、分析、决策等提供数据服务。

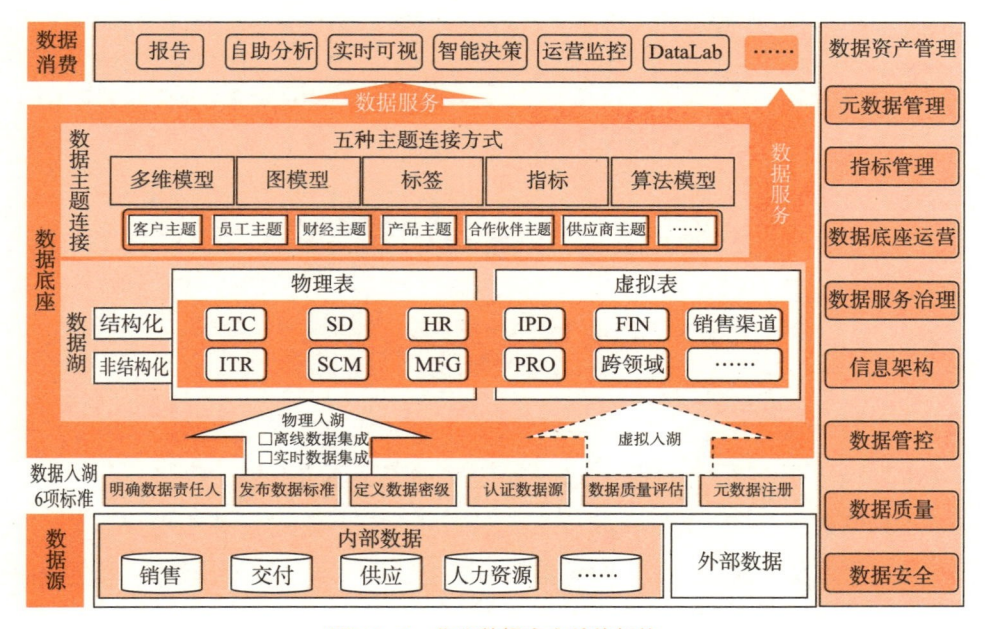

图 18-2　华为数据底座总体架构

数据底座在数字化转型中起着关键作用。企业通过数据底座构建完善的数据能力，能够做到对所有数据进行管理，并且实现数据和开发的一体化融合，为整体数据工作提供持续的支撑。

---

① 华为企业架构与变革管理部. 华为数字化转型之道 [M]. 北京：机械工业出版社，2022.

18.2.2 数据湖是逻辑上各种原始数据的集合

在大数据时代，对任何企业来说，数据存储都尤为重要。数据从数据仓库到数据集市，再到如今的数据湖，都被企业广泛应用于大数据存储，如表18-1所示。

表18-1 数据仓库、数据集市和数据湖之间的区别

对比项目	数据仓库	数据集市	数据湖
应用范围	企业级	部门级或业务领域	企业级
存储规模	大量	小型数据仓库	海量
存储内容	清洗后的数据、整合提炼后的模型数据	整合提炼后的模型数据	原始数据、处理后的数据
数据类型	结构化数据处理	结构化数据处理	任意格式数据处理
数据应用	企业通用的批量加工	领域范围的批量加工	海量任意格式的批量加工、流式处理、分析探查
数据有效周期	永久或长期	中短期	永久
主要关注点	数据有效性 数据精确性	数据可用性 数据相关性	数据全面性
应用场景	报表、指标等的稳态加工	报表、指标等的稳态加工	快速灵活的分析探查

数据仓库之父比尔·恩门给出了**数据仓库的定义：数据仓库是一个面向主题的、集成的、相对稳定的、反映历史变化的数据集合，用于支持管理中的决策制定**。对于这个概念，我们可以从两个层面来理解，一是数据仓库用于支持决策，面向分析型数据处理；二是数据仓库涵盖了历史数据，数据一旦入库，一般不再修改。

数据集市是面向部门级、面向某个特定主题的"小型数据仓库"，其更偏向于应对业务数据快速高效应用的需求。

数据湖最早是由BI公司Pentaho的创始人兼CTO詹姆斯·迪克逊提出来的，他表示："如果你认为一个数据集市可以被当成一家桶装水店——提供了清洗、包装和组织等服务以方便客户消费，那'数据湖'就是一个拥有更自然状态的大的水体。来自源头的内容流补充到湖中，各类客户可以来湖中检测、探索及获取样本。"当时的数据湖指的是一种数据存储理念，即在系统或存储库中以自然格式存储数据的方法。数据湖概念被提出来之后，引起了很多人的关注，数据湖的内涵也在不断拓展。

维基百科对数据湖的定义是：数据湖是一个以原始格式存储数据的存储库或系统。它按原样存储数据，而无须事先对数据进行结构化处理。一个数据湖可以存储结构化数据（如关系型数据库中的表），半结构化数据（如CSV、日志、XML、JSON），非结构化数据（如电子邮件、文档、PDF）和二进制数据（如图形、音频、视频）。

IBM对数据湖的定义是：数据湖是数据存储库的一种演变，它支持获取，支持以开放的表格和格式进行优化、交付和存储。相比于传统的数据仓库，数据湖能处理视频、音频、日志、文本、传感器数据及文档等，为应用程序、分析和AI提供动力。

AWS对数据湖的定义是：数据湖是一个集中式存储库，允许企业以任意规模存储所有结构化和非结构化数据。可以按原样存储数据，并进行不同类型的分析。

作为数据底座的关键构成部分，数据湖能存储任一类型的数据信息，因此它可以汇集来自各个系统的数据，很好地消除数据孤岛问题。在华为，数据湖是面向各领域的，实现了数据资产找得到、可理解、可信任，是数据主题连接和数据消费的基础。

【案例】华为数据湖总体视图[①]

华为认为，数据湖是逻辑上各种原始数据的集合，除了"原始"这一特征外，还具有"海量"和"多样"（包含结构化、非结构化数据）的特征。数据湖保留数据的原格式，原则上不对数据进行清洗、加工，但对于数据资产多源异构的场景需要整合处理，并进行数据资产注册。华为数据湖总体视图如图18-3所示。

从图18-3中可以看出，数据入湖的方式包括物理入湖和虚拟入湖。在采用物理入湖时，原始数据将被物理存储在数据湖的物理表中；采用虚拟入湖时，原始数据不在数据湖中进行物理存储，而是通过建立对应虚拟表的集成方式实现入湖。两种方式相互协同，面向不同的消费场景，共同满足数据连接和客户数据消费需求。

---

① 华为企业架构与变革管理部. 华为数字化转型之道 [M]. 北京：机械工业出版社，2022.

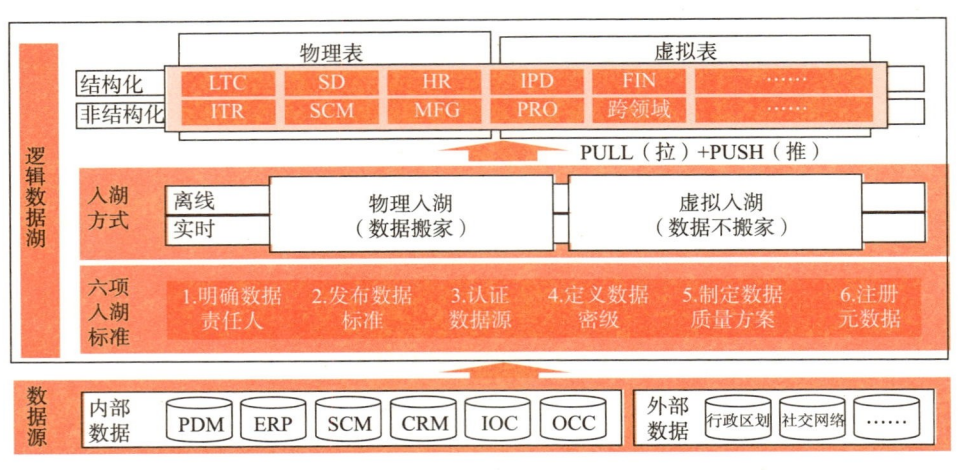

图 18-3 华为数据湖总体视图

另外，数据在入湖时需要遵从六项入湖标准，以保证入湖数据的质量。这六项入湖标准分别是：

第一，明确数据责任人。数据责任人是所辖数据端到端管理的责任人，负责定义入湖数据的数据标准与密级、承接数据消费中的数据质量问题，并制定数据管理工作路标。

第二，发布数据标准。业务数据标准描述企业层面共同遵守的"属性层"数据含义和业务规则。一旦确定并发布，就要作为标准在企业内共同遵守。

第三，认证数据源。一般数据源是指业务上首次正式发布某项数据的应用系统，并经过数据管理专业组织认证。认证过的数据源作为唯一数据源头被数据湖调用。通过认证数据源，华为能够确保数据从正确的数据源头入湖。

第四，定义数据密级。为了确保数据湖中的数据能充分地共享，同时又不发生信息安全问题，入湖的数据必须要确定密级。数据密级属于属性层级，应根据资产的重要程度来定义不同等级。

第五，制定数据质量方案。数据入湖不需要对数据进行清洗，但是需要对数据质量进行评估，让数据的消费人员了解数据的质量情况和质量风险。

第六，注册元数据。将入湖数据的业务元数据和技术元数据进行关联，包括逻辑实体与物理表的对应关系，以及业务属性和表字段的对应关系。

经过多年的数据湖建设，华为目前已经完成2.2万个逻辑数据实体、50多万个业务属性的数据入湖。同时，数据入湖在华为已经形成了标准的流程和规范，每个数据资产都要入湖成为数据工作的重要标准。华为总结其数据湖主要有以下三个特点：

（1）逻辑统一。数据湖不是一个单一的物理存储，而是由数据类型、业务区域等多个不同的属性构成，并通过统一的元数据语义层进行定义、拉通及管理。

（2）类型多样。数据湖存放所有不同类型的数据，包括企业内部 IT 系统产生的结构化数据、业务交易和内部管理的非结构化的文本数据、企业内部园区各种传感器检测到的设备运行数据及外部的媒体数据等。

（3）原始记录。华为数据湖是对原始数据的汇聚，不对数据做任何的转换、清洗、加工等处理，保留数据最原始的特征，为数据的加工和消费提供丰富的可能。

华为轮值董事长孟晚舟在 2023 华为分析师大会上表示："今天，华为的业务数据和财务数据大多已经入湖，业务和财务实时共享同一套数据源，并且基于同一套数据源，针对自身的需求进行应用延伸、开发和迭代，数据正在成为生产力。"这表明，当企业拥有自己的数据湖时，能让企业数据存得下、流得动、算得快、用得好，从而真正把数据资源转变为数据资产。

18.2.3 做好数据主题连接，支撑数据消费

数据主题连接是数据底座的另一个重要组成部分。它是对数据湖的数据按业务流/事件、对象/主体进行连接和规则计算等处理，形成面向数据消费的主题数据，具有多角度、多层次、多粒度等特征，支撑业务分析、决策与执行。

基于不同的数据消费诉求，数据连接方式主要分为多维模型、图模型、标签、指标、算法模型五种。

1. 多维模型设计

多维模型是依据明确的业务关系，建立基于维度、事实表及相互间连接关系的模型，可实现多角度、多层次的数据查询和分析。多维模型的目的是设计出稳定、易扩展、高可用的数据模型来支持客户消费。

多维模型设计包含四个关键步骤。

第一步，确定业务场景。分析业务需求，识别业务流及对应的逻辑数据实体和关联关系。

第二步，声明粒度。精确定义事实表数据单元的细节程度。

第三步，维度设计。观察和分析业务数据的视角维度需满足单一性、单向性和正交性。

第四步，事实表设计。事实表存储业务过程事件的性能度量结果，由粒度属性、维度属性、事实属性和其他描述属性组成。

2. 图模型设计

图模型由节点和边组成。节点表示实体或概念，边由属性或关系构成。图模型是非常流行的一种信息处理加工技术，在智能推荐和决策分析方面有着广泛的应用。

图模型设计包含六个关键步骤。

第一步，业务场景定义。定义信息涵盖范围和信息颗粒度。

第二步，信息收集。收集直接相关（如物料）、间接相关信息。

第三步，图建模。结合数据特点和业务场景建模。

第四步，实体、概念、属性及关系的标注。按公共类（如人名、地名、机构名、时间等）、企业类（如业务术语、企业部门等）、行业类（如制造业、金融业、服务业等）进行标注。

第五步，实体和概念的识别。运用命名实体识别方法，业务确认后列入实体库、概念库。

第六步，属性和关系的识别。根据业务知识，在模式层设计时定义属性和关系。

3. 标签设计

标签是根据业务场景的需求，通过对目标对象（含静态、动态特性）运用抽象、归纳、推理等算法得到的高度精练的特征标识，用于差异化管理与决策。标签由标签和标签值构成。

标签设计包含三个关键步骤。

第一步，标签分类。按事实标签、规则标签、模型标签进行分类。

第二步，标签体系建设。先选定目标对象，再根据标签复杂程度进行标签层级设计，最后设计标签定义、适用范围、标签的生成逻辑。

第三步，打标签。建立标签值与实例数据的关系，可以由系统根据标签值和属性允许值、标签逻辑关系和算法模型，对业务对象、逻辑数据实体、物理表或记录自动打标签。

4. 指标设计

指标是衡量目标总体特征的统计数值，是能表征企业某一业务活动中业务状况的数值指示器，是对业务结果、效率、质量的度量。

指标设计包含两个关键步骤。

第一步，指标分类。指标分类是指按原子指标、复合指标对指标分类，指标一般由指标名称和指标数值组成。

第二步，按需求做指标拆解。将指标对应到数据资产并进行结构化管理，支持指标服务化与自助需求，具体分四步完成：①解读指标定义。②识别指标。③明确计算逻辑、口径、统计维度、度量场景等；基于指标叠加公式拆解指标，明确原子指标中需要的口径和维度信息；基于指标拆解结果，识别指标数据。④数据落地匹配。

5. 算法模型设计

算法模型是指根据业务需求，运用数学方法对数据进行建模，以便得到业务最优解，其主要用于业务智能分析。

算法模型设计包含四个关键步骤。

第一步，需求评估。需求评估包含业务驱动的分析需求、数据驱动的分析需求、价值与可行性评估。

第二步，数据准备。针对现有数据资产，收集、识别、分析主题数据。

第三步，方案设计。执行"明确目标与假设、定义分析目标、设计变量和指标、规划分析的应用场景"等一系列动作。

第四步，建模与验证。指执行"明确是否需要分析建模、创建模型、试算分析、编写验证报告、决定是否需要IT开发、模型线上验证、启动业务正式运营"等一系列动作。

五类数据连接方式将数据从原材料加工成半成品和成品，让客户清晰地看清数据之间的关联关系，支持客户进行实时自助分析。

新梅特卡夫定律认为，网络价值与客户数的平方成正比。也就是说，一个网络的客户数目越多，整个网络和该网络内的每台计算机的价值也就越大。这句话向我们诠释了"连接力就是生产力"的含义。而做好数据主题连接，便是在不断为企业注入生命力。

18.3 建设统一底座，实现数据汇聚与连接

有数据的地方要用存储，有存储的地方，一定要用专业的存储和治理方法。

在企业向数字化转型的过程中，积累了海量的数据，而且还在爆发式增长。为将企业内外部的数据汇聚在一起，并进行重新组织和连接，让数据有清晰的定义和统一的结构，企业需要建设安全、可靠、高效的数据底座，促进物理世界与数字世界的深度融合。

18.3.1 数据底座的建设目标与关键管理导向

无论是身处哪个行业的企业，其数字化转型所带来的应用创新均来自多样化的大数据。如医院可以通过大数据分析，监测病人的生理状况，从而帮助医生对病人开展及时有效的治疗；电商平台通过大数据记录、分析客户的交易数据和信用指数，为其金融业务提供征信和风控的数据参考；制造型企业通过大数据分析，使其机器与设备变得更加智能化和自动化，让生产过程更高效、更安全。

除此之外，这些数据还在不断增长。然而，基于企业多业务、多区域、多系统的现实情况，其所产生的数据往往会出现标准不统一、管理不规范、数据壁垒严重等问题。而为解决这些问题，以便更好地管理与利用这些数据，建设统一的数据底座就成为企业的首要工作之一。数据底座不仅能为企业提供一个数据基础平台，还能打造各种服务平台，如地图服务、地图可视化、移动端地图等。通过建设统一的数据底座，能让企业更好地守住、守好"数据安全底线"。达尔文在《进化论》中提到："自然选择是进化的动力。"而数据底座是技术进化的自然选择，也是数字化趋势的展现。

笔者归纳了诸多企业在数据收集与管理过程中常见的几大问题。

（1）**数据分散**：数据分散于多个部门，各部门独立建数据库，缺乏统一的管理，容易出现数据壁垒。

（2）**标准不统一**：各部门都倾向于依照自己的标准采集、存储和处理数据，在定义不统一、存储不统一、格式不统一等情况下，数据集成、融合困难重重。

（3）**管理不规范**：由于缺少统一的数据管理手段，企业在运行过程中容易出现数据丢失、更新不及时和重复收集的情况。

由于以上问题的存在，导致大量数据资产"沉睡"，企业难以复用和深挖数据价值，使得数据对业务工作的支撑不足。于是，华为提出建设支撑数字化转型的数据底座，统一数据定义与结构，让数据更易收集、调取和共享，打破数据壁垒，让数据真正"流动"起来。企业建设数据底座，主要是为了实现以下目标[①]：

（1）统一管理结构化、非结构化的数据

将数据视为资产，它们能追溯数据的生产者、客户及业务源头等。

（2）打通数据服务供应通道

为数据消费提供丰富的数据原材料、半成品或者成品，满足企业的自助分析、数字化运营等不同场景的数据消费需求。

（3）确保企业数据完整、一致、共享

监控数据全链路下的各个环节的数据情况，从底层数据存储的角度，诊断数据冗余、重复及"僵尸"问题，降低数据维护和使用成本。

（4）保障数据安全可控

随着《中华人民共和国数据安全法》《中华人民共和国个人信息保护法》的颁布，数据安全成为数据管理与开发中最为核心的问题。数据底座应基于数据安全策略，利用数据权限控制，通过数据服务封装等技术手段，实现对涉密数据和隐私数据的合法、合规消费。

【案例】华为：打造坚实数据底座，为鞍钢数字化转型升级保驾护航

在传统行业中，钢铁行业是名副其实的国民经济支柱之一，被称为制造业的"脊梁"、工业的"粮食"。

鞍钢被誉为"新中国钢铁工业的摇篮""共和国钢铁工业的长子"，其一直以来十分重视数字化建设。随着产业升级对管理理念及配套要求的提高，数据价值的发挥对鞍钢来说变得更加至关重要。但要想释放数据的新红利，鞍钢必须解决所面临的数据孤岛现象严重、数据采集自动化程度低、"黑箱系统"无法可视化等问题。为了应对这些挑战，鞍钢选择了华为为其打造坚实的数据底座。

华为以鞍山、鲅鱼圈和朝阳为基地建设了高可靠的数字基础设施，采用了

---

① 华为企业架构与变革管理部. 华为数字化转型之道 [M]. 北京：机械工业出版社，2022.

OceanStor 高端全闪存存储，在以统一的存储架构解决客户不同场景的数据存储诉求的同时，通过本地双活，保证了本地业务和整个运营及生产系统的连续性和安全性，为鞍钢未来的数字化转型提供了重要的数字基础设施支撑。

由此可见，企业加快建设坚实、先进的数据底座，深度开发数据要素，让数据"流动"起来，实现数据的安全应用、融合共享，不仅是大势所趋，更是迫在眉睫。

18.3.2 数据底座建设要统筹推动、以用促建、急用先行

在各行各业都在开展大规模的数据赋能业务的今天，建设统一、坚实的数据底座至关重要。但是，数据底座的建设往往并不是一蹴而就的，需要以业务为起点，因势利导，持续进行。

为了有效推动企业统一数据底座建设，华为变革指导委员会在经过了多次的研讨后，明确了数据底座的建设策略与建设原则。其中，数据底座的建设策略是统筹推动、以用促建、急用先行。也就是说，根据企业数字化运营的实际需要，由企业数据管理部统一规划，各领域数据底座建设第一责任人（数据责任人）带领各领域数据部门分别建设，以满足本领域和跨领域的数据需求。

在开展数据底座建设工作时，各领域要遵循数据安全合规、需求与规划双轮驱动、数据供应多场景、信息架构遵从的原则。[①]

1. 数据安全合规

数据底座应遵循客户权限、数据密级、隐私级别等管理要求，以确保数据在存储、传输、消费等全过程中的数据安全。技术手段包括但不限于授权管理、权限控制、数据加密、数据脱敏。

2. 需求与规划双轮驱动

数据底座应基于业务规划和需求触发双驱动的原则进行建设，对核心数据资产优先建设。

---

① 华为企业架构与变革管理部. 华为数字化转型之道 [M]. 北京：机械工业出版社，2022.

3. 数据供应多场景

数据底座需根据业务需求提供离线／实时、物理／虚拟等不同的数据供应通道，以满足不同的数据消费场景。

4. 信息架构遵从

数据底座应遵从企业的信息架构，必须经信息架构专家组发布并完成注册。

为了确保数据底座建设的有序推进，华为启动了如下两个方面的工作。

第一，设立数据资产管理变革项目，制定统一的数据底座的建设规范和方法，构建数据底座建设所需的能力和平台。根据企业数字化运营的需要，由企业层面统一规划部署，各业务领域分别建设，以便针对性和差异化地满足不同业务领域的数据需求。

第二，在数据资产管理变革项目执行过程中，各业务领域遵从统一的方法和规范，负责本领域数据资产的梳理和底座内容建设。在开展数据底座建设活动时，各领域要遵循数据安全合规、需求与规划双轮驱动、数据供应多场景、信息架构遵从的原则。

华为在打造自身平台能力的同时，与伙伴携手前行，助力伙伴夯实数据底座，加速数字化征程。

【案例】华为助力中国生物加强数据底座建设，释放数据活力

为了响应国家印发的《"十四五"医药工业发展规划》中"推动医药工业数字化转型，推进健康医疗大数据的开发应用和整合共享，实现新ICT与生产运营深度融合，在生产制造、安全生产、经营管理等各个环节应用数字技术"的号召，中国生物技术股份有限公司（以下简称中国生物）携手拥有多年IT解决方案经验的华为，打造全闪存解决方案，贯彻落实数字化转型战略。

随着中国生物数字化建设需求的不断增加，其在数据存储方面，出现了设备老龄化严重，数据安全保障不足，现有设备难以满足未来业务增长需求，硬盘容量小导致硬盘数量多从而占用空间大、产生能耗大等问题。

基于明确的痛点需求，华为从设备着手，为中国生物提供了OceanStor Dorado闪存加速解决方案，通过闪存存储无缝替换原有的机械盘存储，帮助中国生物实现了业务、存储、性能的高效率运转。

此外，华为在不改变 ERP 系统架构的前提下，帮助中国生物升级存储设备，并安全无误地将数据从传统存储迁移到了华为全闪存 OceanStor Dorado 上，在满足中国生物容量需求的同时，还提高了存储的空间利用率与性价比。

在华为 OceanStor Dorado 闪存加速解决方案的支撑下，中国生物进一步建设了坚实可靠的数据底座，为今后的数字化转型与业务发展扫清了障碍。

当数据呈爆发式增长时，挖掘数据潜力，充分释放数据活力价值已经成为必然，企业应持续推动数字基础设施建设，筑牢数据底座，以实现业务的高质量跨越式发展。

【案例】德石羿团队助力 A 公司打造敏捷、稳定、安全、可靠的基础设施平台和数据底座

2022 年，为了保证 A 公司各应用系统的稳定运行，避免数据丢失，德石羿团队针对 A 公司的需求与痛点，为其建设了一套敏捷、稳定、安全、可靠的基础设施平台和数据底座，如图 18-4 所示。

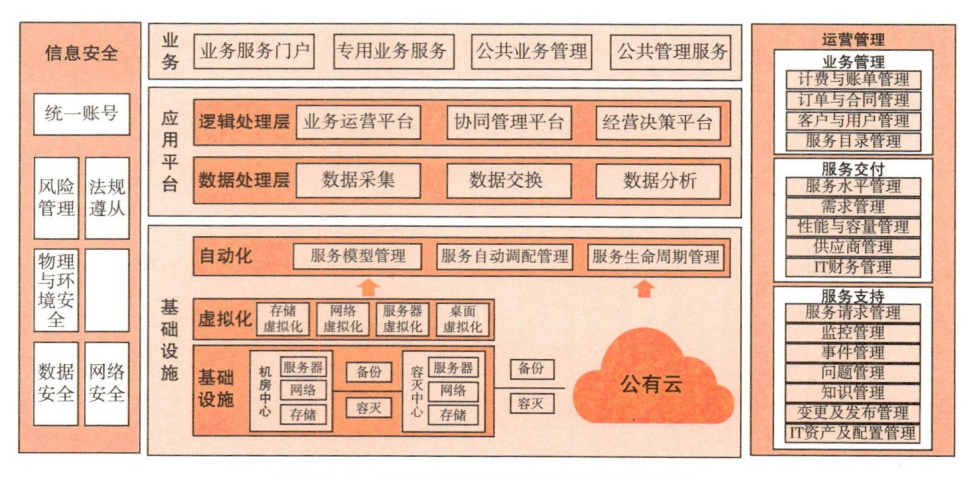

图 18-4　A 公司基础设施平台和数据底座

基础设施平台和数据底座建设主要包括四大部分。

（1）基础设施：这部分主要为各业务系统提供虚拟化的硬件设施，包括存储、网络、服务器、桌面等。实现方式目前为私有云方式，未来会采用混合云方式，充分发挥公有云和私有云的优势，规避相关问题。

（2）应用平台：在基础设施上，为了更好地支撑数字化转型，需要构建一套基于数据的应用平台，从而更好地采集和分析数据，挖掘数据价值。为企业数字化转型做好准备。

（3）信息安全：信息平台主要是通过认证、鉴权、审计等机制，实现信息的完整性（不丢失）、可靠性（不被篡改）、不泄露（有权限的人才能获取到相关的信息）、符合要求（包括政策要求、法律法规的要求等）。

（4）运营管理：为了更好地发挥整个IT系统的作用和价值，日常需要做的工作不仅仅是运维，更需要强大的运营能力，确保业务部门的需求得以实现、资源得到充分利用，因此，需要对IT资产、供应商、内部客户的需求进行统一的运营管理。

针对以上内容和具体举措，德石玒团队遵循"急用先行，分步实施，逐步迁移"的原则为A公司制定了IT项目建设的三年规划（具体详见图18-5），持续提升A公司信息安全能力。

构建下一代IT基础架构平台				
数字化项目建议	基础架构平台一期（2024年）→	·两地三中心 ·混合云 ·制造基地建设	基础架构平台二期（2025年）→	·统一的IT运维平台 ·生产与办公网络隔离

构建信息安全管理体系及技术支撑				
数字化项目建议	（2024年）网络安全→	·信息安全测试服务 ·安全运营平台建设 ·移动设备安全接入 ·产品安全体系建设	（2025年）数据安全→	·移动办公安全接入 ·数据防泄密技术推广
			（2026年）智慧园区	·深圳、上海园区5G覆盖 ·IoT平台

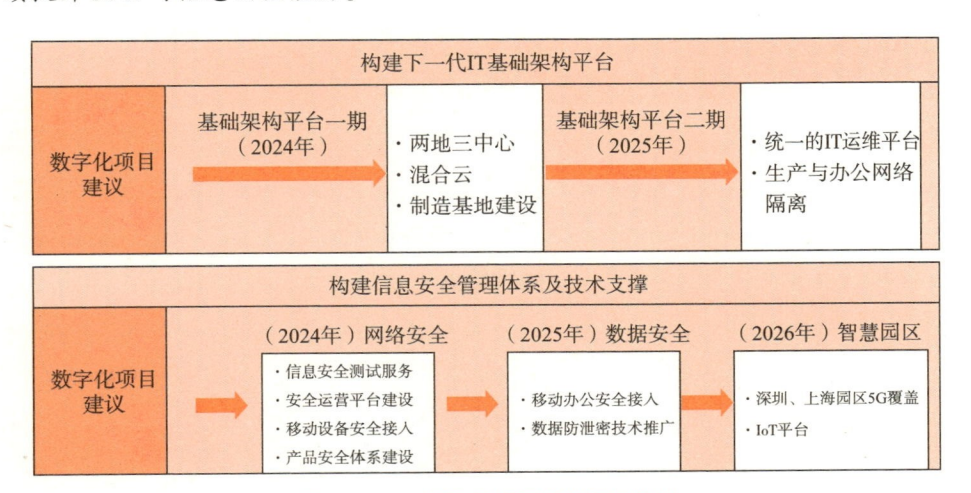

图18-5　A公司IT项目建设三年规划

具体来说，德石玒团队为A公司制定的IT项目建设规划将从两方面来考虑。

1. IT基础架构平台

2024年，建设完成基于混合云的两地三中心的平台，完成制造基地的建设。

2025年，建设统一的IT运维平台，后续逐渐升级成IT运营平台。

2. 信息安全

2024 年，主要关注基础的信息能力建设，实现网络安全，包括：信息安全测试服务、安全运营平台建设、移动设备安全接入、产品安全体系建设。

2025 年，实现数据安全，包括：移动办公安全接入、数据防泄密技术推广。

2026 年以后，建设基于 5G 的 IoT 平台，覆盖深圳和上海园区，提升业务的敏捷性，支持企业的数字化战略。

数据底座是一个体系化的建设过程，几套系统、几个产品难以解决数据生命周期中各个环节的问题。德石羿团队结合自身在客户侧多年的数据底座建设的服务经验及标杆企业的建设经验，充分调研了业务侧数据的流转场景，帮助众多行业头部客户企业夯实了数据底座，激活了数字动能。

18.3.3 建立实体化数据组织，作为数据底座建设的抓手

企业在建设统一的数据底座过程中，其中一个重环节是建立数据组织。数据组织是实体化的数据管理专业组织，负责构建并管理数据管理体系，通过对数据管理进行持续改进，达到强化数据底座建设的目的。

数据组织的核心职责是数据战略管理，其聚焦在三个方面：数据架构建设、变革管控机制、数据质量管理。数据架构建设是指完善数据架构，实现数据与流程、应用的融合，推动变革项目解决数据问题；变革管控机制是指建立有效的变革管控机制，确保变革项目对数据架构的遵从，使数据问题得到解决；数据质量管理是指将数据质量指标纳入数据责任人及其上下层级的考核指标之中，推动数据责任人承担数据责任，确保组织承接变革成果、数据质量持续改进。

数据组织应定位为体系建设者、能力中心、文化倡导者、业务的数据伙伴。为了确保数据工作充分融入业务，实现所有数据入湖，企业可以在各领域分别建立实体化的数据管理组织，向企业数据管理部汇报，同时成立跨领域数据联合作战团队。其中，企业数据管理部除了要对企业数据进行统一治理，还要对各业务领域数据管理部进行实绩考核，以确保企业数据管理部数据战略目标的实现。华为数据组织及定位如图 18-6 所示。

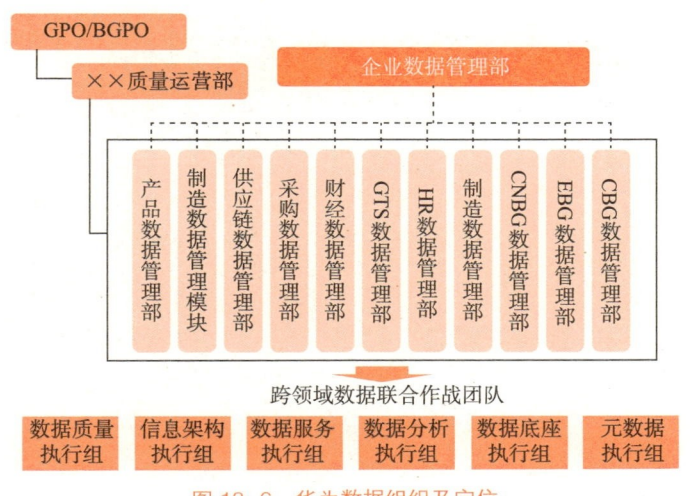

图 18-6　华为数据组织及定位

从图 18-6 中可以看到，华为数据组织体系由两层构成：企业数据管理部，以及各业务领域数据管理部。

华为的企业数据管理部职责：站在企业层面制定统一的数据管理相关的政策、流程、方法等，制定并监控落实企业数据管理的战略规划和年度计划，建立并维护有效的企业信息架构，监控数据质量，及时揭露数据问题，通过专业化的数据管理，深化企业数据建设与传播的文化。

华为各业务领域数据管理部职责：负责领域数据管理体系建设、信息架构建设与维护、数据质量管理、数据底座和数据服务建设、数据争议裁定与处理。

此外，华为针对数据组织建立了一个数据管控与运作模型，通过变革管理体系和流程运作体系落实数据建设和运营，如图 18-7 所示。其中，华为数据组织主要履行四大职责：拟制数据战略、路标和规划；设计数据管控模型；落实数据重点工作并监控；实施数据质量测评及问题披露。整个数据管控与运作模型从上至下通过战略管控、专业管控、执行管控发挥作用。

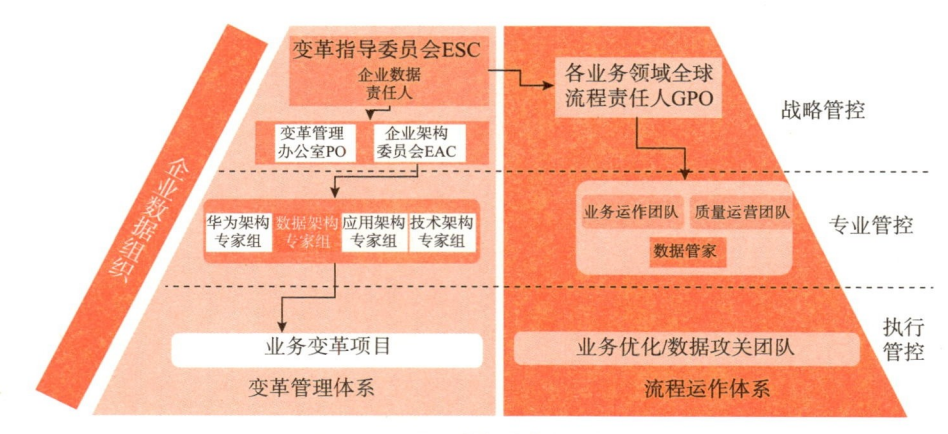

图 18-7 华为数据管控与运作模型

战略管控：批准数据战略、路标和规划；发布数据政策；批准信息架构；裁决重大数据问题和争议；划分数据责任，确定数据质量目标。

专业管控：实施端到端数据管理；实施架构管控和数据治理；管理、整合与优化业务需求。

执行管控：变革管理遵从数据管理；业务运作团队实施数据源治理管理；质量运营团队协助数据问题闭环；业务优化/数据攻关团队解决老大难问题。

数据组织的建设是数据底座建设的抓手，是企业进行数据治理必须做的一项基础工程。数据组织开展数据管理活动的最终目的不是管理数据，而是通过数据驱动业务流，管理业务价值。

第 19 章　打造云化演进的数字化平台

工欲善其事，必先利其器。要想塑造云时代的数字化竞争力，企业需要打造云化演进的技术和能力数字化的平台。

通过云化的技术支撑平台，帮助企业实现技术、业务、决策的深度融合，进而推动企业效率提高、业务效益提升。

19.1　数字化平台是转型的强大支撑

企业数字化转型是以数据驱动的转型，转型离不开业务数据。为实现企业业务数据的集中、有效管理，企业需要建立一个以业务为中心的数字化平台对数据进行集中管理。

19.1.1　数字化平台的内涵与价值

IDC 认为，数字化平台是融合技术、聚合数据、赋能应用的数字化服务中枢，其部件为数字技术，其生产资源为数据，其产出物为标准数字化服务。数字化平台能够促进企业业务创新和高效运营，助力企业的数据管理和价值挖掘，降低技术运营和技术管理复杂度；再者，数字化平台能对外提供可调用、松耦合、弹性的标准数字化服务，通过数字化服务横向链接产业链上下游，纵向链接企业各部门，为其提供快速、灵活的数字化能力。

对于数字化平台，它一方面需要能快速收集与企业相关的海量数据，并对数据进行高效整合、不断更新，进而深入分析数据、挖掘背后价值。另一方面需要能与先进的管理理念相融合，建立一个企业整体运营管理的指标体系，对数据进行实时监控并及时对异常预警，从而实现数字化的闭环管理。

《华为行业数字化转型方法论白皮书（2019）》指出，数字化平台的特征主要表现为如图 19-1 所示的五个方面。

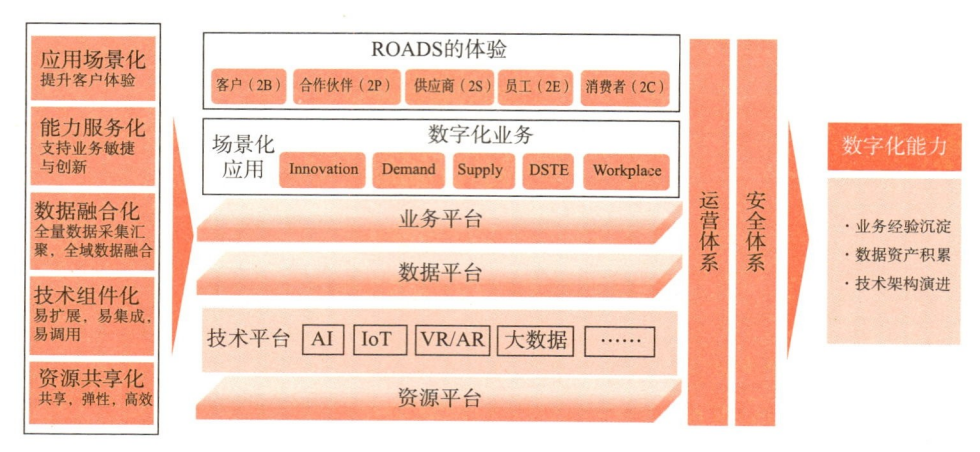

图 19-1 平台化系统参考架构

应用场景化 提升客户体验

能力服务化 支持业务敏捷与创新

数据融合化 全量数据采集汇聚、全域数据融合

技术组件化 易扩展、易集成、易调用

资源共享化 共享、弹性、高效

ROADS的体验：客户（2B）、合作伙伴（2P）、供应商（2S）、员工（2E）、消费者（2C）

数字化业务：场景化应用 — Innovation、Demand、Supply、DSTE、Workplace

业务平台 / 数据平台 / 技术平台（AI、IoT、VR/AR、大数据、……）/ 资源平台

运营体系 / 安全体系

数字化能力
- 业务经验沉淀
- 数据资产积累
- 技术架构演进

（1）应用场景化：根据不同的业务场景提供个性化的应用功能，满足不同角色对象在组织经营或运营活动中所需的随时随地接入数字化系统的需要，丰富业务场景，提升客户体验。

（2）能力服务化：业务能力共性提取，形成数字化服务接口；业务流程灵活编排，支持业务敏捷与创新。

（3）数据融合化：全量数据采集汇聚，全域数据融合，全维数据智能分析，洞察业务内在规律，提供决策支持。

（4）技术组件化：以组件化框架承载，按需引入大数据、IoT、视频智能分析、VR/AR等新技术，使技术架构易扩展、技术元素易集成、技术能力易调用。

（5）资源共享化：通过智能终端、网络连接、计算资源和存储资源的云化，共享复用，实现资源的弹性、高效管理。

在平台化的数字化系统上，业务经验能有效沉淀，数据资产能逐步积累，技术架构能平滑演进，进而使得企业数字化能力迅速得到提升。

数字化平台是一个既能融合传统技术架构，又能融合未来创新技术、外部数字化服务的开放共享平台，而且通过平台智能化还能对外提供智能化能力，在未来的"万变"中保持"不变"。

数字化平台几乎支撑了企业数字化转型的各项需求，是数字化转型的核心技术设施，也是企业进行数字化转型的重要抓手和起点。

那么，企业会从数字化平台的应用中，收获哪些价值呢？

一是集约化管理带来规模效益。数字化平台是一个集约化平台，利用率高，能够有效降低数字化转型产生的管理成本、运营成本等。

二是信息共享提升信息的价值。企业的不同业务之间存在一定关联性，通过数字化平台使信息在内部共享，可以最大化地发挥信息的价值，并创造新价值。

三是技术积累带来研发创新能力的提升。数字化平台积累了企业需要的信息、中间件软件与底层技术，夯实了企业技术研发能力的底座，可以为上层与业务相关的软件开发提供支持，降低研发成本，加快新产品的研发和老产品的迭代。

四是沉淀经验提供智能决策。数字化平台建设需要持续地投入，在这个过程中，企业会产生大量的业务数据，再结合大数据、AI 技术等，可以深入分析成功或失败的经验，准确洞察客户画像或需求，为企业提供智能决策，减少经营风险。

数字化平台是支撑数字化转型进入更高阶段不可或缺的基石，在数据汇聚、数据智能、数字化运营、赋能应用等方面都发挥着重要作用。不同行业属性的企业，需根据自身发展情况构建合适的数字化平台。

19.1.2　打造数字化转型的"物理能力平台"，支撑业务增长

数字化转型是通过打造数字化平台来承载数字化转型所需的云计算、大数据、IoT、区块链、数字孪生等数字技术，帮助企业解决经营问题，驱动业务增长的。

在构建数字化平台时，先要明确数字化平台的能力框架。也就是说，要先明确数字化平台需要装载哪些能力、提供哪些服务来满足来自企业内部的各个应用的各种需求，进而识别并确定构建数字化平台的重点，最终将企业内部各种需求整合进数字化平台能力框架中，如图 19-2 所示。

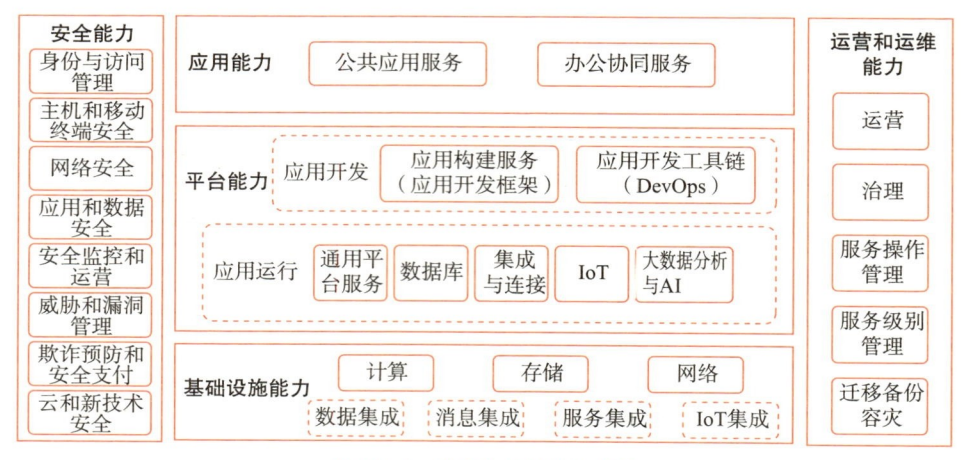

```
┌─────────────┐ ┌──────────────────────────────────────────────┐ ┌─────────────┐
│ 安全能力     │ │ 应用能力  [公共应用服务]  [办公协同服务]        │ │ 运营和运维   │
│ 身份与访问   │ │                                              │ │    能力     │
│    管理     │ │         ┌────────────────────────────────┐   │ │   运营      │
│ 主机和移动   │ │ 平台能力 │ 应用开发  应用构建服务  应用开发工具链│   │ │             │
│  终端安全    │ │         │         （应用开发框架）（DevOps）│   │ │   治理      │
│  网络安全    │ │         └────────────────────────────────┘   │ │             │
│ 应用和数据   │ │         ┌────────────────────────────────┐   │ │ 服务操作     │
│    安全     │ │         │ 应用运行 通用平台 数据库 集成 IoT 大数据分析│ │   管理      │
│ 安全监控和   │ │         │        服务        与连接    与AI │   │ │ 服务级别     │
│    运营     │ │         └────────────────────────────────┘   │ │   管理      │
│ 威胁和漏洞   │ │                                              │ │ 迁移备份     │
│    管理     │ │ 基础设施能力  [计算]  [存储]  [网络]            │ │   容灾      │
│ 欺诈预防和   │ │         [数据集成][消息集成][服务集成][IoT集成] │ │             │
│  安全支付    │ └──────────────────────────────────────────────┘ └─────────────┘
│ 云和新技术   │
│    安全     │
└─────────────┘
```

图 19-2　数字化平台能力框架

从纵向上看，数字化平台能力框架可以分为三个层级：应用能力、平台能力和基础设施能力；从横向上看，数字化平台拉通了安全能力、运营和运维能力。其中：

（1）应用能力是指沉淀公司各业务领域中可全局共享的通用业务能力。

（2）平台能力主要包括支撑应用开发的应用构建服务（含应用开发框架等）、应用开发工具链，以及支撑应用运行的通用平台服务、数据库、集成与连接、IoT、大数据分析与 AI 等。

（3）基础设施能力主要包括基本的计算、存储、网络等 IT 基础设施服务。

（4）安全能力是指支撑应用运行、保护数据资产所需的安全、合规等能力。

（5）运营和运维能力是与应用运营和运维相关的能力，主要包括运营、治理、服务操作管理、服务级别管理、迁移备份容灾等能力。

【案例】共建企业数字化平台，快速响应业务诉求

从 2016 年开始，华为打造了一个数字化服务平台——鸿源云道，其围绕企业的标准场景构建了业务数字化的使能平台。强大的平台化服务，可以提高企业运作效率，快速响应企业业务需求。该平台包含四组核心能力，分别是：①业务的使能能力，如业务的构建、CICD、运行环境的能力等；②资源和连接的服务能力，如如何形成一个企业的 IoT、产业互联网，如何利用外面的多种云服务资源的能力等；③构建企业安全可信的能力；④智能运营的能力。

平台采用开放、异构、可插拔的技术架构和 BBP 的建设策略，针对华为标准的 68 个业务场景形成了场景化的服务模板，包括连接了 600 多万种的生产办公装备，接入了全球七种不同的公有云的 200 多种云服务，调用、整合了 300 多种商业软件和 1800 多种开源组件，形成了 15 大产品，为企业的数字化转型，提供了有效的支撑。

该平台基于元数据多租的能力实现了 IT 即服务（IT as a Service，IaaS），让华为多样性的颗粒业务，包括行业公司、区域分公司的研究所，都形成这种租户的能力。目前，华为已经对八个不同的业务颗粒实现了开租服务，有三万多名开发者共同为华为提供相应的服务，让所有华为相关企业传承了华为过去 30 多年的经验和实践。

华为 CIO 陶景文认为："未来一个数字化的企业是一种平台加服务的模式，强大的数字化平台能力加上百花齐放的服务，共同形成面向未来的竞争力。"由此表明，在打造数字化平台时，既要着眼于眼前的需求，也要兼顾未来的可持续性发展。

19.2 灵活弹性、服务化、按需的数字化平台打造

云时代的数字化平台除了要沉淀通用业务能力，还要构建服务化、云化能力。通过打通多云 IT 基础设施，实现 IT 资源灵活调配，助力企业的业务成功。

19.2.1 业务的复杂性与多样性，决定企业需具备多云管理能力

随着云计算技术的持续发展，越来越多的企业选择采用云计算技术来完成企业的数字化转型，以便更好地构建核心优势，赢得更大的市场空间，为企业创造价值。

在云计算中，云是云客户通过 Internet 访问的服务器的集合。根据云部署的方式不同，可以分为公有云、私有云、混合云和多云。

公有云：指基础设施由某一组织所拥有，面向公众或某一行业提供云计算服务的部署模式，如华为云、阿里云、IBM 云、谷歌云等。

私有云：通常指的是仅专用于单个最终客户或组的云环境，跟公有云相比，私有云数据安全性更强，但成本也更高。

混合云：描述的是两种或多种不同类型基础设施的混合，侧重公有云和私有云之间的集成。

多云：由来自一个以上云供应商（公有或私有）的云服务组成，多云可以是混合云，混合云也可以是多云。

根据市场调研机构 Canalys 发布的数据，2022 年中国云计算市场总体规模达到 303 亿美元，同比增长 10%。在市场份额方面，阿里云、华为云、腾讯云和百度智能云这四朵云占据的市场份额达到 79%。Canalys 预计，2023 年中国云基础设施服务支出全年将增长 12%。

企业在对云的选择上，通常要遵循"安全可靠、自主创新、开放兼容"的原则。不过随着企业规模的不断扩大，企业经营日益多元化，为了能够适配业务的复杂性与多样性，快速响应业务诉求，多云服务将会成为大型企业的必然选择。

不同的云架构不一样，涉及的技术就不一样。多云服务成为大型企业的选择，意味着该企业必须具备多云管理能力。云计算开源产业联盟在《混合云白皮书》（2019）指出，多云管理能力一般体现在以下几方面。

（1）资源管理。将物理上分散的资源构建成逻辑上统一的云资源池，进行计算、存储及网络资源统一管理和监控。

（2）运维管理。对所有数据中心的资源进行统一运维，提供集中的告警、日志分析等故障定位手段，提供性能、报表、仪表盘等监控方式。

（3）服务运营管理。将云资源包装成服务，提供基于服务目录的端到端服务开通、服务监控、服务计量等一系列服务运营支撑能力。

（4）统一门户。管理员门户提供资源管理和运维管理的统一界面，对云资源进行统一管理和维护，包括虚拟资源和物理资源的统一管理；自服务门户提供客户订购云服务，并对已有的虚拟化资产进行管理，包括虚拟资源的使用和释放等。

【案例】华为 IT 多云协作与管理能力

华为的数字化转型的目的是要解决企业的发展问题和高效运作问题。为支撑企业的数字化转型，华为认为企业的 IT 必须具备多云管理能力，包括多云安全接入、多云服务管理与服务代理、多云应用开发与集成三个核心能力。

华为多云管理不仅要解决私有云与公有云之间的集成，还要解决公有云与公有云之间的衔接，尤其是在多个不同公有云与私有云同时存在的情况下所衍生的一系列问题，从而实现"整合多云资源与服务，发挥多云优势，降低云化成本，提供应用无缝的多云环境，保障信息资产安全"的目标。

华为IT云化的重要策略是通过多云整合管理，调用多家云服务支撑业务。在公司运营过程中，华为使用了大量的公有云服务，如办公使用了Office365，销售使用了Salesforce等。

"过去，大象会跳舞就不错了；在数字化时代，大象可能还要能跳街舞。"如今多云趋势已成为云计算领域最炙手可热的话题之一，企业需要具备多云的技术架构和管理能力，应对业务的复杂性和多样性的变化。

19.2.2 主动拥抱多云，打造更强大的基座

根据《中国产业信息》对中国云管理服务发展背景、行业格局及市场规模的预测：2024年，70%的中国500强企业将使用工具实现跨公有云和私有云的多云管理策略。

企业拥抱混合多云策略的重要工具是多云管理平台。通过多云管理平台实现对多家云服务商的统一管理，从而有效提高企业云资源管控能力，助力企业数字化转型。

云管理平台最早是国际知名的咨询公司高德纳提出的。高德纳对云管理平台的定义是：云管理平台（Cloud Management Platform，CMP）是提供对公有云、私有云和混合云统一集成管理的产品。云管理平台主要能力包含混合云、多云环境的统一管理和调度，提供系统映像，提供计量计费功能，以及通过既定策略优化工作负载。更先进的产品还可以与外部企业管理系统集成，提供服务目录、支持存储和网络资源的配置、高级监控等能力，以提高平台的性能和可用性。

《沃云·灵云混合多云管理平台白皮书》指出，多云管理平台指的是同时管理包含多个公有云、私有云、混合云及各种异构资源的统一管理平台，即客户同时使用多家云服务商的产品，可以实现在一个统一的平台上进行管理配置，并监控产品的生命周期全流程，无须多平台切换管理，节省客户操作和使用成

本，使客户可以更加快捷地管理不同云服务商的资源，以利于业务的开展。

云计算开源产业联盟在《多元管理平台白皮书》中指出，多云管理平台需要提供的核心能力包括以下五个方面。

1. 开放扩展支持能力及多云适配整合能力

由于异构基础设施的广泛存在，未来一段时间企业内部会同时存在公有云、私有云、虚拟化环境及传统物理机器。所以多云管理平台需要具备各类云平台及厂商的对接管理能力以支撑对接之后的服务管理和运维运营场景，同时能够随基础架构演进，开放扩展支持新的基础设施，满足"开放封闭"原则——支持新的云平台只需要扩展适配层，而不需要修改上面的功能层。多云适配整合能力范围主要包括：支持的云平台类型版本、支持的云服务的范围和深度，如计算、网络、存储、PaaS 中间件、数据库、负载均衡、安全组防火墙等。

2. 多云多基础设施编排能力

多云多基础设施的编排能力是多云管理平台的核心能力之一，这个能力决定了多云管理平台面向云客户及云管理员所提供的能力范围和深度。该编排能力包括：支持的云平台及云服务范围和操作类型、支持的任务类型（包括脚本、人工任务、应用部署、编排的定义能力等）。多云多基础设施的编排能力是多云管理平台构筑强大能力的核心引擎。

3. 提供以服务目录为最主要载体的服务管理能力

服务目录是在传统 ITSM 中就普遍存在的产品形态，但是多云管理平台对服务目录的定义有了新的内涵。一个多云管理平台中的服务目录必须具有"跨多资源池""集群级别自动创建""内置应用计量计费"等能力，而这些能力是传统 ITSM 的服务目录不具备的。

4. 提供多租户多层次的资源访问管理能力

目前的云平台管理界面普遍采用"扁平化"设计模式，即一个客户能够管理和查看当前账号下的所有类型与所有应用的资源，这和大型企业需要多层次、多应用资源隔离管理的需求不匹配。例如，很多企业的网段划分、防护墙端口设置都由专门的职能团队管理，普通业务团队需要遵循相应的规则。所以，多云管理平台需要在资源访问管理上能够适配企业内部的组织结构和管理方式。

5. 集成与被集成能力

多云管理平台落地需要与企业数据中心内部已有的各类运维支撑工具平台、应用部署平台进行对接集成，如 ITSM、CMDB、堡垒机、监控系统、备份系统、持续集成平台、持续部署平台、漏洞扫描系统等，以实现系统集成，并融入数据中心的工具体系，整合实现统一登录、流程接入及管理数据的自动同步，以及共享人工集成配置工作并减少人工集成配置工作量。

此外，多云管理平台还包括如费用管理、账单分析、操作审计等多个方面的能力要求。

【案例】甲骨文开放拥抱多云时代

在 OCW（Oracle Cloud World，甲骨文全球云大会）上，甲骨文（Oracle）高级副总裁及亚洲区董事总经理李翰璋指出："甲骨文会以更加开放的姿态提供多云的战略，让企业可以拥有更多的选择，更好地化解当前所面临的全新业务挑战。"

同时，甲骨文宣布与 AWS、微软 Azure、英伟达等多家科技企业达成合作。例如，客户现在可以将微软 Azure 所提供的服务与甲骨文所提供的服务或基础架构进行高速"互联"，获得类似"一个云服务商"的整体解决方案；同样，Oracle MySQL Heatwave 也可以运行在 AWS、Azure 和 Oracle 云基础设施（Oracle Cloud Infrastructure，OCI）远程服务上。

在数字化时代，企业对多云管理的需求变得越来越多且越来越急迫，各企业纷纷主动拥抱多云，在多云世界中加速创新。多云管理平台作为企业数字化、智能化运维运营的基础支撑平台，被巨大的市场潜力催促着不断进化。

19.2.3 打通多云 IT 基础设施，实现 IT 资源灵活调配

企业数字化开始呼唤混合多云的新一代 IT 基础设施。多云 IT 基础设施要具备灵活性，且在混合多云架构下，能让多种计算资源进行良好的协作。

根据中国信通院《云计算白皮书 2021》的数据，企业以云平台资源池化为代表的基础设施的模式已发展得较为成熟，甚至已在金融、政府等领域出现了领先的"赋能者"。

资源池化是指云平台通过将异构的计算、存储、网络资源虚拟化形成资源

池，企业在屏蔽不同架构的情况下，能统一调度和管理IT资源。基于这样的资源池，企业可根据客户需求进行动态调配及快速的部署和释放，及时响应业务需求，同时提高整体资源利用率，降低IT建设成本。

2017年，在华为举办的以"华为变革与IT实践"为主题的论坛上，华为CIO、质量与流程IT管理部总裁陶景文表示："构建一个多云的环境，有几件事情绕不开。一是全球统一的IT资源管理，对资源要有跨云、多云的调度能力。对于企业研发来说，全球多个研究所可实现共同开发一个产品，而不用担心虚拟机或服务由哪里提供。二是打造统一跨云的集成平台，在应用和数据层面打通跟多个公有云服务的对接，业务使用云服务，只需要跟IT对接一次。三是如何保障核心信息资产的安全，一个多云的安全管理环境对企业至关重要，在核心资产上宁愿降低响应速度，也要保证企业核心资产的安全。"

随着云概念的不断扩展，各类业务纷纷上云，云平台上汇集了越来越多的产业链信息和数据资源。企业希望通过云管理平台打通整个IT基础设施，实现IT资源的灵活配置，并通过全新的敏捷运营模式，为客户和员工带来更好、更新的体验，如图19-3所示。

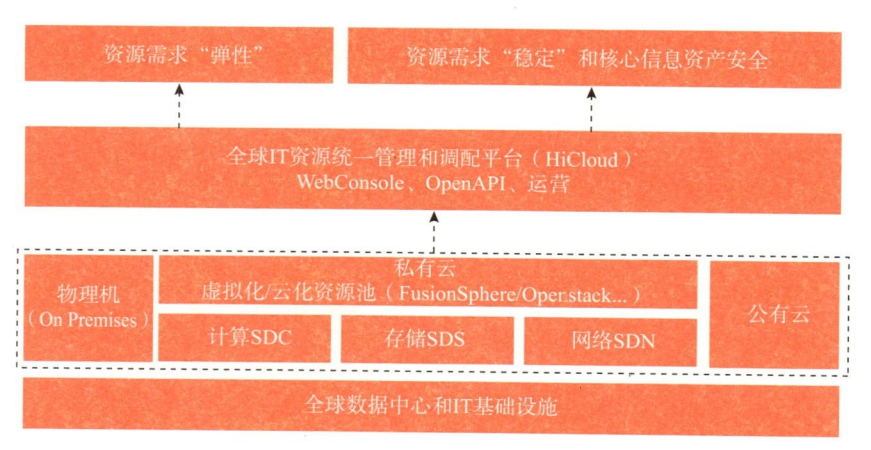

图19-3 打通多云IT基础设施，实现IT资源灵活调配

【案例】京东云舰——展现新一代数字基础设施的能力

混合多云操作系统"云舰"是将混合云的管理推向了操作系统级别，是京东云开放的产业级操作系统。云舰展现出了三个层面的融合之力：

第一个层面：开放兼容，融合多个基础设施

云舰 2.0 能全面兼容全世界排名前十的公有云及私有云平台，实现了和国内外主流云厂商和操作系统的兼容，真正实现了全世界范围内开放、融合的"一朵云"。而且云舰还能帮助企业充分释放混合云的优势，并避免架构复杂性的影响，实现了统一的管控、一致的体验及高效的协同。

第二个层面：一云多芯，融合异构计算和国产软硬件

云舰全面兼容 X86、ARM、Risc-V 架构，是目前全世界范围内能兼容各类云平台和架构最丰富的云厂商之一。

第三个层面：云原生技术，融合多种应用

云舰通过云原生技术，建立了统一的云原生管理能力，统一的、性能稳定的混合云安全运营中心帮助合作伙伴实现了一次接入、多云落地，大大减少了接入多云的工作量，同时还能保证 PaaS 的应用在多云之间的体验完全一致。

除此之外，京东云的云舰能落地到零售、物流、金融、工业等多种业务场景中。在 2022 年的京东"6·18"活动期间，京东云基于云舰，实现了全世界最大的容器集群。云舰在全世界范围内，实现了对主流云厂商、72 个大型数据中心、近百个边缘数据中心、数十万个智能物流终端的大规模异构基础设施进行统一调度和管理，做到了快速响应业务需求，成功确保了"6·18"活动期间各类复杂场景的需求。

《史记·货殖列传》有云："关中南则巴蜀，栈道千里，无所不通。"随着多云战略被越来越多的企业采用，企业需要打通多云 IT 基础设施，强化对多云 IT 基础设施的调配能力，进而实现多个品牌、多种部署方式的云协作及多云的高效、安全运行。

19.3　数字化平台，促进物理与数字世界深度融合

数字化平台，本质上是企业架构中的技术架构。一个卓越的技术和能力平台，才能支撑起企业数字化愿景的实现。

本节我们重点以华为的实践为例来分析数字化平台，供读者参考。华为认为，自身的数字化平台做到了以云为基础，通过整合各种新 ICT，打通各类数

据，向上支持应用的快速开发和灵活部署，使能业务的敏捷创新；向下通过无处不在的连接，进行"云管端"协同优化，从而实现物理世界与数字世界的深度融合。

19.3.1 华为数字化平台的演进

华为的数字化平台是一个动态而非静态的平台，始终处于迭代和进化的过程之中，它经历了三个阶段的演进，分别是烟囱式构建阶段、平台拉通阶段、平台上云阶段。

阶段1：烟囱式构建阶段

各业务领域的单体应用都各自引入平台和IT基础设施服务，应用间的集成可能会使用统一的ESB（Enterprise Service Bus，企业服务总线）。

阶段2：平台拉通阶段

IT平台部门逐渐引入一批优秀的平台和基础设施服务，各个领域的业务应用也沉淀了部分平台能力。在此基础上，IT平台部门对平台和基础设施服务进行整合，分别形成了PaaS服务和IaaS服务。同时，基于场景提供标准解决方案，重点支撑数字化转型过程中的业务应用服务化重构，以及大数据和智能分析所需的数据底座的管理。在这个过程中，平台团队与IT产品团队一起，共同搭建和孵化平台能力。

阶段3：平台上云阶段

IT平台和基础设施进行云化转型，转向以华为云为基座，重点围绕应用的微服务化重构、云资源的引入和管理、数据底座、IoT连接、安全防护等方面加强平台的技术能力和服务水平，初步实现云原生架构。

站在数字化时代的入口，华为的数字化平台既是数字化底座的核心，也是提供数据汇聚、数据智能、实现数据化运营的载体。《ICT新视界》中的文章《华为数字化平台：构建数字中国底座、成为数字世界内核》写道：华为打造的数字化平台具有如下三个重要的特征。

1. Cloud Only，实现线上线下的无缝对接与连通

数字化解决方案一定是生长在云上的，不仅是公有云，还包括私有云和混

合云。所有云都遵循"5同"原则，即同架构、同API、同体验、同服务和同生态，以实现客户和伙伴的应用软件上云时一次开发、一次对接、多云部署。同时，发挥华为的网络优势，实现云与网络的无缝协同，真正实现物理世界的数字化。

2. 全栈全场景普惠AI，让智慧触手可及

全栈意味着为广大AI应用开发者提供强大、经济的算力和低门槛的应用开发平台，实现AI数据建模、模型训练和应用开发更加简单、敏捷、高效；全场景则意味着实现智能无所不及，覆盖端、边、云任何商业场景。华为已经在多个场合谈到"普惠AI"的目标，致力于提供用得起、用得好、用得放心的AI，将AI拉下"神坛"，希望与客户、产业伙伴和学术界等一起，打造无处不在的AI。

3. 安全和可信，让转型无后顾之忧

安全是一个系统性的工程，华为愿与合作伙伴一起构筑安全方案，为客户的数字化转型保驾护航。为此，华为加大了安全领域的投入，通过四方面的举措来提升产品与解决方案的安全韧性。

首先，通过AI加持实现智能检测，并自动处理威胁；其次，通过云容灾保持业务的连续性，支持多云管理及公有云和私有云容灾备份；再次，通过数字化平台与终端协同防止设备劫持，例如，可通过检测摄像头的非法访问等多种行为防止其被劫持；最后，通过数字化平台与连接协同防止网络攻击，可在发现攻击源后，为网络设备制定防止攻击的策略并指挥实施，例如，不转发攻击数据包等。

在如今每一天都有可能发生创新、颠覆的时代，企业始终面临着巨大的冲击。面对变化，需要勇敢作出改变。华为一直致力于打造一个开放、合作、共享的数字化平台，希望与客户伙伴一起把握新的机遇，创造不一样的智能未来。

19.3.2 华为数字化平台的总体框架

华为的数字化平台架构HIS（Huawei IT Service），分为"东南西北"四大服务域，覆盖前文中提到的"数字化平台能力框架"中的大部分能力，如图19-4所示。[1]

---

[1] 华为企业架构与变革管理部. 华为数字化转型之道 [M]. 北京：机械工业出版社，2022.

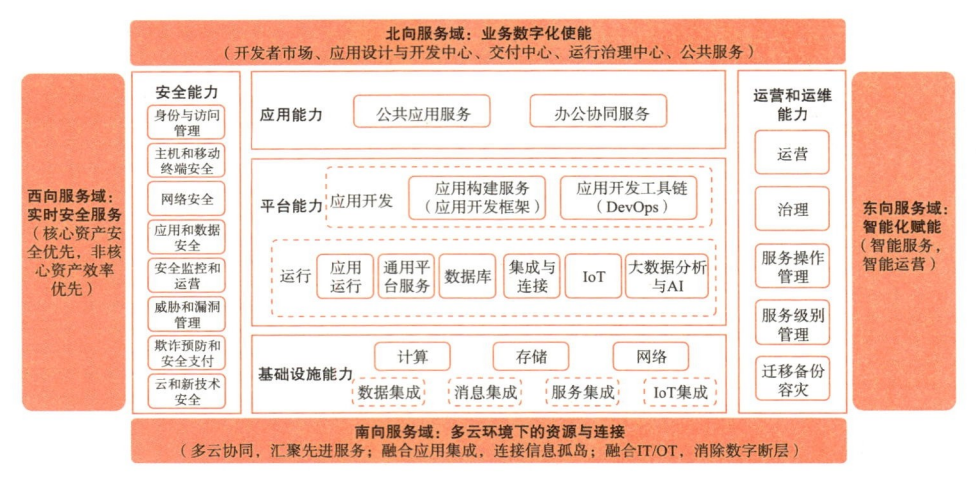

图 19-4 华为 HIS 数字化平台的四大服务域

1. 北向服务域：业务数字化使能

以 WeLink 为入口，构建平台能力，支撑应用"快"开发、"易"部署、"稳"运行，开放、丰富和沉淀各种数字化服务。

为构建"数字化使能"服务域，HIS 数字化平台提供开发者市场、应用设计与开发中心、交付中心、运行治理中心、公共服务五个平台服务。其中，"开发者市场"包含 API 市场和应用市场，主要负责管理 API 和应用的注册，是 API 和应用发布的唯一源头；"应用设计与开发中心""交付中心""运行治理中心"这三大中心覆盖应用开发各阶段的作业场景，提供开发服务和运行服务；"公共服务"提供各种应用在开发过程中需要调用的通用服务，如客户账号 ID 管理服务、企业文档管理服务等。

2. 南向服务域：多云环境下的资源与连接

打造传统企业高效上云的技术底座，使集成和连接更简单、云化更便捷。

在多云环境下，数字化转型对企业集成有更高的要求，因此，需要在 HIS 数字化平台中构建"资源与连接"服务域，并具备以下平台能力。

一是多云协同，汇聚先进服务。管理好企业边界，把外部已经很成熟的云服务快速引进来，比如，公有云的平台和 IT 基础设施服务中翻译服务已为公司各国员工提供了 60 多种语言的实时翻译等。

二是融合应用集成，连接信息孤岛。支持 1000 多个企业内外应用的集成，并支撑部分在全球区域数据中心部署的应用之间的集成，一个平台提供数据、消息、API、设备、B2B、多云等多种集成能力。

三是融合 IT/OT，消除数字断层。消除企业内的数字断层，将物接入业务，实现设备接入和管理，帮助企业快速建立安全可靠的设备连接与通信。

3. 东向服务域：智能化赋能

构建企业数据底座，通过 AI 算法和服务，让企业更智能，让运营和决策更准确、更及时、更有效。

目前华为在数字化平台中已经沉淀了八个解决方案智能服务，支持开箱即用。这八个解决方案智能服务分别是智能客服、智能风控、智能 RPA、智能搜索、智能助手、交易撮合、预测预判、模拟仿真。同时，从华为云、"2012 实验室"及流程 &IT 部门内部整合 AI 能力，并结合开源社区、高校等外部的资源和能力，补齐基础算法服务的拼图。

在智能运营方面，针对网络、计算、存储、数据、装备、应用、客户七类核心对象提供运维和运营服务，保障 HIS 数字化平台稳定、可靠、高效地运行。运维和运营服务主要包括以下几类关键服务：

一是账号与权限，为所有租户提供集中的租户管理，包括账号／角色／策略管理能力、统一的认证及访问控制能力、审计能力。

二是感知与监控，为所有租户提供全栈监控功能和全域监控数据可视服务。

三是自动化操作，提供脚本自定义、图形化模板编排、批量执行、定时任务及软件分发能力。

四是运维管理，为所有租户、服务提供集中的运维管理服务，包括统一事件管理、变更、数据保护等能力。

五是智能运维，打造跨云监控和告警平台，实现智能聚合、关键告警智能推送等，降低告警噪声，提高故障排查效率。

4. 西向服务域：实时安全服务

构筑端到端的安全能力以防范内外部安全威胁，确保核心信息资产不泄露、关键业务不中断。

华为在面对来自"云＋端"的广泛安全威胁时，提出"核心资产安全优先，非核心资产效率优先"的安全策略，将安全从管控走向服务，将安全规则包装为服务，融入应用 DevOps 的过程中，将复杂的安全要求转化成 API 或 SDK，在应用开发和维护过程中被 DevOps 工具链调用，支撑开发和维护过程中的安全检查、测试、监测等工作。

总的来看，华为 HIS 数字化平台的四大服务域北向和南向是真正支撑企业业务发展的部分，东向更多的是使用 AI 进行赋能，西向是非常重要的安全部分。四大服务域是每个企业都需要具备的，但不一定非要如华为这般全面，企业可以结合自身的实际发展情况参考借鉴。

19.3.3 华为数字化平台使能千百行业

华为基于数字化平台不断积累和沉淀行业知识、经验，推出了系列场景化行业数字化解决方案。2021 年 9 月，华为面向政府与公共事业、能源、金融、交通和制造五大行业，重磅发布了 11 个创新场景化的解决方案，如表 19-1 所示，以满足客户个性化的需求，创造更高的价值。

表 19-1　华为五大行业 11 个场景化解决方案

行业领域	解决方案	价值
政府与公共事业	一网统管 辅助运营 零信任安全	助力政府的业务和流程变革，共同建设宜居、创新、智慧、绿色、人文、韧性的新型智慧城市
能源	智慧电厂 智慧加油站	助力能源行业实现高质量发展，共同构建绿色、低碳、安全、高效的零碳智慧能源体系
金融	移动支付 & 小微金融 分布式新核心	助力金融机构成为更好的数字化生态型企业，共建全连接、全智能、全生态金融
交通	智慧航空 智慧空管 综合交通	助力交通行业客户实现"人悦其行，物优其流"的数字化愿景，全面改善交通运输行业的安全、环保及体验，全面提高效率
制造	智慧车企	助力制造行业提高效率、提升体验，驱动创新

【案例】华为智慧加油站解决方案

智慧加油站通过华为数字化平台，在已有设备的基础上，进行算力化改造，化繁为简，集成加油机、液位仪、支付平台、视频监控等业务子系统，实现加油、卸油、营销的智能化、无人化、精准化。同时，支持云化和 SaaS 化，实现各加油站之间的数据共享，减少重复操作。

智慧加油站主要有以下三大核心价值。

（1）系统预集成：客户现有发票系统、会员系统、管控系统、油机系统等预集成，无须定制，可快速完成部署。

（2）无感支付：基于华为 Atlas 500+ 无感支付 AI 算法，实现"车牌识别—锁定会员—枪车绑定—自动支付—加油完成"。无须等待，车辆即刻驶离，提高车辆通过率，增强客户体验。

（3）安全卸油：实现加油站视频存储、转发、AI 识别，对卸油作业中引车到位、工衣识别、外人入侵、消防器材、抽烟、动火、打电话等场景进行识别预警。

例如，在以前，加油结束后，车主还需要去服务站台结账开票，大大增加了每一台车辆的等位时间。而在智慧加油站中，已注册的会员车辆，智慧大屏中会显示该会员的基本信息和加油习惯，并自动分配可用油枪。在加油员忙碌的情况下，车主可自助加油，无须等待。加油结束后，系统将根据加油金额自动扣费、开票，极大缩短了每台车辆的加油和等待时间。

华为通过大数据+AI+视频+IoT 等新技术，帮助加油站建立了技术先进、安全可靠、实用便捷的数字化运营平台，从而在内部管理上提高了效率、降低了运营成本，在外部服务上提升了客户体验，最终实现了加油站降本、增效、拓宽业务领域的发展诉求。

【案例】鹏城智能体项目

2020 年 9 月，深圳携手华为打造"鹏城智能体"，即通过将 5G、云、AI、智能边缘等技术深度地融合和协同，打造数据驱动、具有深度学习能力的城市级一体化智能协同体系。

在构建智能体云基础设施方面，深圳政务云采用华为云 Stack 进行智能升级，建立了统一的计算、存储、网络及通用软件支撑平台。鹏城智能体通过统一的云管理平台，为全市各部门提供按需、弹性的云服务，形成了"1+11+N"的总体架构（1 个全市政务云平台+11 个区级政务云+N 个特色部门云），实现了市政务云与省、区对接，及市与区之间的资源共享和相互容灾。

在打造城市智能中枢方面，鹏城智能体升级了城市数字大脑。通过数据分析支撑城市重大决策，以数据驱动部门业务流程优化，建立了统一指挥、实时调度、智能监测、上下联动的运行体系，用应急"一张网"实现了全方位联动。

在推动智能化应用方面，鹏城智能体通过数据赋能和行业统筹，在政务、交通、医疗、工业、金融等领域广泛引入 AI 技术。在政务领域，深圳通过 AI 实现智能客服、智能预审及智能填报，将客户的等候时间缩短 50%，即办率提高 29%，提前办结率达到 22%。在交通领域，鹏城智能体实现了全市 AI 信号灯控"一张网"，使得高峰期路口的通行能力提升 10%，关键路口的平均等待时间缩短 17.7%。在医疗等领域，利用 AI 技术，让所有医院的医学检验和影像检查结果互联互通互认，为患者平均节省了 40 分钟的排队时间，并且每年减少了 4000 多万元的就医费用。

由此可见，华为不断以技术优势寻求与开发者、企业伙伴在各个领域跨界合作，共同创建智能化的平台与服务，使能千行百业，共创新价值。

思考与感悟

第 20 章 支撑数字化转型的变革治理体系

任何一种思想或理念，或者说一种制度或器物，都需要一套相应的治理体系来支撑，数字化时代的企业治理也是如此。

企业的管理体系，是逐步演进和迭代的，如何对企业进行良性的变革，避免引发组织和业务急剧动荡，产生不必要的熵增，就需要有变革治理体系。

为了打造数字化转型所需的平台能力，推进业务创新，在建设统一的数据底座、搭建云化数字化平台的基础上，企业还需要建立与之相匹配的变革治理体系，为数字化转型的优化升级提供支撑。

20.1 变革管理、项目管理与数字化变革

一个组织要能生存、发展与壮大，就要随着内外部环境的变化适时调整它的目标和结构，在数字化时代更是如此。

如果组织只在一个航道上发展，就容易形成惯性，一旦环境发生变化时，就很可能遭遇失败。因此组织需要不断革新调整，向外界汲取能量。

数字化转型本身就是一个复杂的变革工程。为此，企业在转型过程中必须做好变革管理，为数字化转型提供支撑。

管理大师彼得·德鲁克表示："我们无法左右变革，我们只能走在变革的前面。"在复杂多变的经营环境下，变革是企业发展的不竭动力，企业只有不断变革，才能获得持续的成功。

什么是变革呢？当企业的战略发生调整及所处发展阶段出现变化时，企业需要有不同的组织、流程、IT 等管理工具来与之相匹配，如图 20-1 所示，而这个匹配过程就叫变革。其中，数字化变革作为变革中的一种，是"使能流程、设备"+"使能人"的双打比赛，如图 20-2 所示。

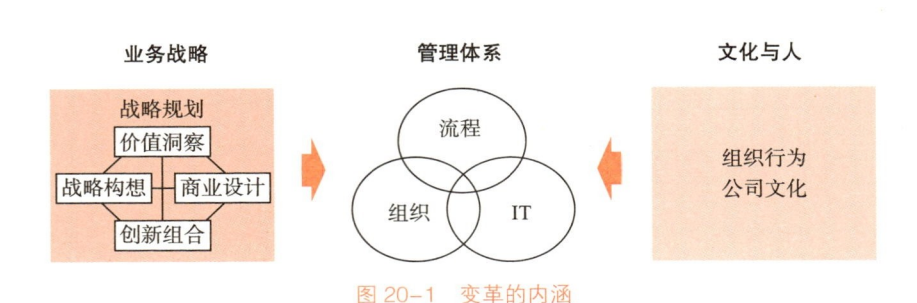

图 20-1 变革的内涵

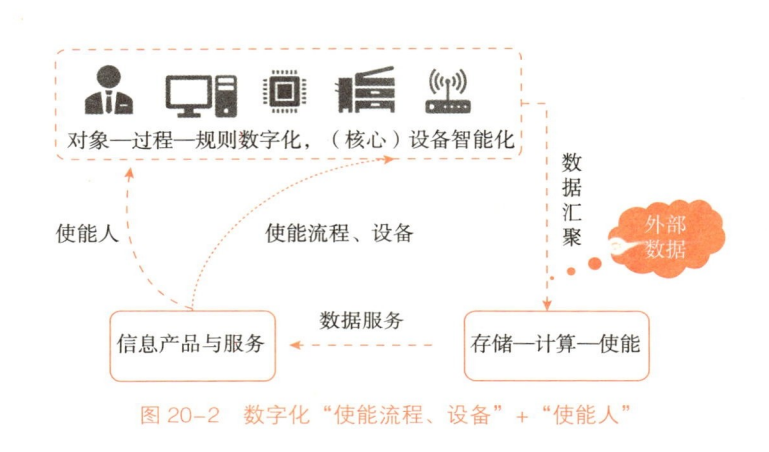

图 20-2 数字化"使能流程、设备"+"使能人"

企业变革的核心是变革管理，而变革管理是通过一系列有意识且结构化的干预活动，来预测并最小化组织在去往未来某个目标状态的过程中所受到的冲击与影响。

众所周知，变革是利益与风险共存的一项工作。当变革成为企业常态时，企业最需要的便是变革管理，以提高变革的成功率，如图 20-3 所示。

相对应地，变革管理是关注受变革影响的人员，并通过一系列管理手段使他们接受、参与变革，以实现变革目标。通常是由富有领导力、创造力的管理者或团队来充当变革的推动者来改变组织成员的行为，以获得变革所需的业务结果。简而言之，变革管理就是为组织的变革之路架起一座可靠的桥梁。

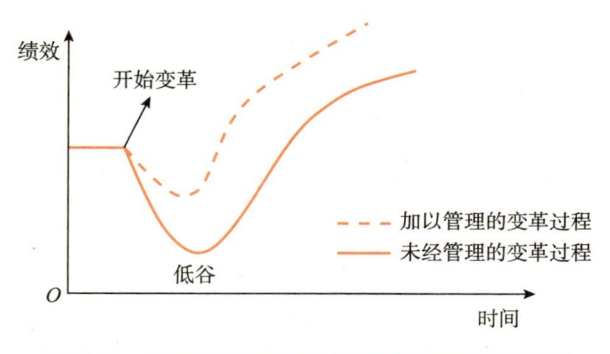

图 20-3　对变革进行管理和未对变革进行管理的区别

而当我们提及项目管理时，许多企业往往认为只有销售类、技术类、研发类等工作才能称为项目活动，实则变革管理同样可以应用项目管理方法去实施。

项目管理是以结构化的方式有效部署有限的资源，并根据客户需求来设计与实施解决方案的过程。变革管理则是根据解决方案的要求，帮助每个受到变革影响的人员成功转变。两者相辅相成，又有所区别，如表 20-1 所示。

表 20-1　项目管理与变革管理的区别

区别	项目管理	变革管理
侧重点	主要面向事务，侧重于实现项目需求的任务	面向人和组织，侧重于受变革影响的人员
概念异同	以结构化的方式有效部署资源，根据需求，对流程、系统、组织结构和工作角色所要做的事情来开发和实施解决方案	根据解决方案的要求帮助变革干系人成功转变。变革管理的参与程度取决于对个别员工日常工作所造成的影响程度
领导角色	项目经理	变革经理
领导技能	1. 确定必须完成的里程碑和活动 2. 描述所需资源及项目成员的工作方式 3. 定义项目范围	1. 确定必须传达的关键信息 2. 阐明为什么变革、变革的目标、变革的路径 3. 制订员工的培训、辅导计划
关键领域	五大过程组： 开始，计划，执行，监控，关闭	变革三部曲： 规划变革，管理变革，强化变革
规定动作	项目章程、项目计划、预算表等	变革模式选择、沟通、培训、辅导、岗位调整等

可见，项目管理与变革管理是相辅相成的。而数字化转型从本质上来说，就是项目活动与变革管理的有机整合。想要快速推进数字化转型项目，就必须按照项目管理的方式开展，具体可以从以下几个方面进行。

1. 战略目标与项目目标对齐

企业应通过组织管理工具（如 SDBE 领先模型）将数字化战略目标逐层分解为多个可执行的项目目标，确保战略目标与项目目标对齐。

2. 打造数字化项目团队

项目目标的达成依赖于组织的推动。一方面，企业应组建技术与业务融合的团队，内部协同合作，开展具体的实施与执行工作，及时满足客户需求。另一方面，企业还要成立项目指导委员会，负责项目工作的管理、指导及监控。

3. 明确项目范围

模糊的任务范围将影响项目工作完成的质量。项目经理应明确任务范畴，将项目目标逐步细化为可落地并相对短期的任务，然后根据任务的重要程度、紧急程度和难易程度对任务进行分类，最后再将任务分配给最适合的成员。

4. 关注项目时间节点

项目是一个连续且相互承接的过程，如果其中一个时间节点没有把控好，将导致下阶段的任务整体延期，最终造成不可挽回的损失。为此，项目经理应注重项目时间节点的管理，并确定关键里程碑节点，以控制整个项目的平稳运行。

5. 加强项目治理与管控

项目治理与管控的目标是制定一系列规范，使项目流转顺畅。规范的内容包括职责范围、汇报机制、决策机制、评估机制等。项目经理可利用这些规范对项目的实施情况进行跟踪检查、及时纠偏，确保项目按计划交付。

6. 及时反馈与沟通

在项目管理的过程中，沟通与反馈尤为重要，项目管理是一项团队性的工作，需要项目组通过高效的沟通，及时发现与处理项目成员和项目任务的异常状态，排除潜在的风险，提高工作效率。

总的来看，以项目形式开展的数字化转型能够分阶段地落实转型目标，确保数字化转型稳中有序地向前滚动。

20.2 变革三部曲：解冻、变革与再冻结

管理的目标是维持企业的稳定性，即通过比较确定的模式来协调组织成员

的活动方式及界限，降低外部和内部不确定性因素给企业带来的负面影响和风险。然而，管理并不是一成不变的，需要根据外界环境变化及企业内部的变化（如组织规模扩大、人员结构调整、业务模式的变化）进行有效变革，以确保企业健康且可持续地发展。

管理学家卢因将变革管理的过程分为三个阶段，分别是解冻—变革—再冻结，不同阶段所采取的管理措施也不同。

第一阶段：解冻——创造变革的动力

企业必须清醒地认识到变革前的工作方式已不被现阶段的企业所认可。在这一阶段，企业要创造变革的动力，告知员工必须进行变革以适应内外环境的变化。

第二阶段：变革——指明变革方向并实施变革

企业需勾画出组织理想的未来面貌，指引组织成员朝着这个方向实施变革，形成新的行为方式与认知。

第三阶段：再冻结——变革定型

在变革中所形成的新的工作方式与认知必须被冻结与固化，以确保当变革动力褪去时，新的工作方式不会被轻易改变。

变革的目的是帮助企业和员工更高效地完成从当前状态（现在）向目标状态（未来）的过渡，如图20-4所示。企业想要缩小两者之间的差距，就要通过变革管理改变人的行为习惯、重构流程、固化IT、优化数据。

图20-4 变革管理需要关注的内容

变革不仅仅要关注变革的内容，更要关注变革的方式及变革后产生的结果。变革管理的5W1H如表20-2所示。

表 20-2 变革管理的 5W1H

5W1H	释义	具体内容
What	变革的内容和目标	变革什么？（组织、人员、技术等）希望达成什么样的结果
Who	变革的主导力量	谁是变革的推动者和主导者
Whom	变革的对象	变革的利益干系人，变革后谁的利益会受损
When	变革的时机	什么时候推行变革，什么时候暂停变革
Where	变革的切入点	从哪里开始变革会降低变革的风险
How	变革的方式	变革的路径、策略、措施及保障机制等

从表 20-2 可以看出来，变革管理主要包括变革的内容和目标、变革的主导力量、变革的对象、变革的时机、变革的切入点及变革的方式。

简言之，变革管理是提升企业核心竞争力的主要途径，是一个深入且持久的过程，企业应采取适宜的变革方式和策略影响变革、推动变革，帮助组织成员适应变革。

20.3 变革治理体系是数字化的重要保障

数字化转型不是一个部门可以单独完成的，而是需要一个统筹协同横向职能与纵向多层级的专门组织机构来保障的。华为数字化转型之所以能持续成功，关键原因之一在于其拥有规范化的变革治理体系，以及科学合理的变革管理运作流程，如图 20-5 所示。

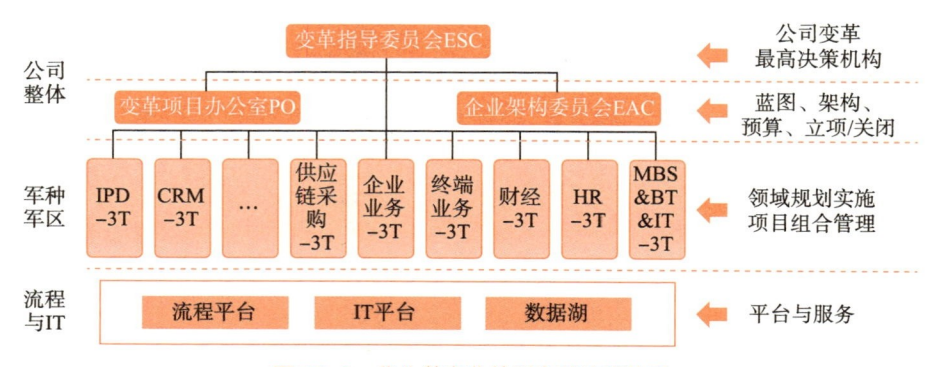

图 20-5 华为数字化转型变革治理体系

20.3.1　变革指导委员会：数字化转型的最高决策机构

变革往往涉及企业多个部门的分工、组织、协调等，涉及的面很宽，程度也很深。组建变革指导委员会，对领导数字化转型是十分重要的。

众所周知，变革项目是一把手工程，变革指导委员会的成员也应以企业各部门一把手为主。

我们以华为的实践来举例，变革指导委员会是数字化转型的最高决策机构，它的主席由华为轮值董事长担任。在变革指导委员会成员构成上，华为会选用各业务部门的一把手加入变革团队（具体成员详见表20-3），以锻炼他们对变革项目的系统性驾驭能力。

表 20-3　华为变革指导委员会成员

组织成员	维度	职责
各 BG 总裁	BG 全球业务视角	对如何通过变革转换业务运作模式、提高业务运作效率提供决策建议
各平台部门总裁	功能领域视角	对如何支撑业务运作提供决策意见
地区部总裁	一线业务视角	识别企业变革中存在的问题并提出建议，同时负责协同变革项目和方案在一线的落地

在华为的财经体系变革过程中，华为在组织架构层面成立了财经变革指导委员会，以监督财经服务变革项目的推行。该指导委员会成员包括华为的核心领导层，如当时的首席法务官郭平、首席销售和服务官胡厚崑及首席财务官梁华。其中，郭平任变革指导委员会的主席。他们三个人共同决定财经服务变革项目中的重要事项，直接向 EMT（Executive Management Team，经营管理团队）汇报。

变革指导委员会主要负责变革管理、流程、IT 系统和数据等关键性事项的重大决策，确保变革始终朝着正确的方向前进。在数字化转型中，华为变革指导委员会的主要职责如下。

（1）企业数字化转型愿景、蓝图、路径、节奏和资源。
（2）各领域的数字化转型愿景、蓝图、目标和里程碑的决策与评估。
（3）转型过程中需遵循的统一的治理规则、治理标准、架构原则和安全规则等。

（4）企业重大变革项目的立项与关闭，对跨领域问题进行裁决。

决策变革规划和变革投资是变革指导委员会把握企业变革方向的两大抓手。

在决策变革规划上，变革指导委员会讨论和批准企业变革规划，形成变革举措、目标及项目清单，以牵引变革方向。变革项目组通过项目运营促进目标的达成，再将目标的达成情况作为下一阶段变革规划制定的依据。

在决策变革投资上，变革指导委员会会站在企业的角度，根据项目产生的业务价值和所解决问题的紧迫程度，对投资进行优先级排序，把控变革节奏。同时，变革指导委员会秉承"谁受益，谁买单"的原则，将变革投资纳入各领域的经营预算中。对于企业长治久安的战略性投入，变革指导委员会将其纳入企业的空载预算（企业统一承担预算），不计入各领域的经营成本。

华为的成功实践证明，**变革是一项复杂的系统过程，企业需要设置专门的变革组织，以推动变革工作的稳步落地**。企业在数字化转型过程中，可以根据实际需要，借鉴和参考华为的实践经验。

20.3.2　变革项目办公室：变革指导委员会的办事机构

变革项目办公室是变革指导委员会的办事机构。变革的日常事务和总体协调都是由变革项目办公室来完成的。

华为的变革项目办公室主任通常由企业的 CIO 担任，办公室的成员为各个业务领域的操盘手和流程 IT 部门的负责人（详见表 20-4）。

表 20-4　华为变革项目办公室成员

组织成员	维度	职责
关键领域代表	领域视角	对变革方案和投资提供评审意见，分享领域优秀变革实践，向数字化平台沉淀公共服务
流程 IT 代表	平台视角	对变革方案和投资提供评审意见，从架构设计、IT 端到端解决方案、IT 系统、IT 平台服务等方面承接变革诉求
变革专家	变革专业视角	提供项目管理、变革管理相关的专业建议

作为变革指导委员会的常设机构，变革项目管理办公室的主要职责是：

第一，收集变革需求，组织变革项目的立项评审。

第二，提供变革项目管理的专业方法与工具。

第三，搭建能力共享平台，促进不同业务领域之间的知识、经验分享。

第四，统筹协调各项目组之间资源分配、沟通和组织冲突等问题。

第五，组织与推进变革项目的评估与激励。

【案例】华为对变革项目的评估验收机制

华为变革项目办公室主导项目的验收主要是以第三方验收为主、受益部门评估为辅的方式。对准价值承诺书，华为建立了三个层次的变革项目评估验收机制。

第一层，变革项目自我评估：对于所有的变革项目，根据设置的里程碑进行自我评估，发现问题时及时进行自主闭环管理。

第二层，第三方验收：即从第三方角度对变革项目进行评估。变革项目办公室会从企业所有变革项目中选择30%，基于对应的价值承诺书，由"第三只眼"——变革的受益部门来评估项目目标的价值达成情况，并对变革结果进行验收与确认。当发现问题时，可以督促相关方进行改进。我们知道数字化转型投入大，且牵扯各方利益，笔者建议企业选择独立的第三方，来对数字化转型项目的价值进行评估，并出具第三方评估报告。

第三层，变革评估：变革项目办公室会采用抽查（覆盖10%的项目）的方式选择变革项目并对其开展独立评估。

作为推动转型的主体部门，变革项目办公室的定位不仅限于变革过程的监督与评估，其价值主要体现在以下四个方面。

1. 战略目标落地的抓手

变革项目办公室是企业变革项目的重要抓手，其通过多层级的项目管理协同，拉通了战略到执行，保证了项目价值与战略目标的对齐，使各个项目组织明晰地理解企业下发的任务与目标，确保战略执行落地。

2. 能力沉淀共享

变革项目办公室可对已有的项目经验、数据进行归纳总结，建立常见的风险数据库、估算模板、项目知识库等，使项目管理的知识和能力沉淀固化，便于其他项目团队进行复制和学习，降低项目的风险，提高项目成功的概率。

3. 打造项目经理队伍

变革项目办公室作为项目管理方面的专家，能帮助企业建立项目经理职业发展规划。同时，其通过举办项目管理培训、经验交流会等助力组织不断地提升项目经理的能力，建立跨部门的项目管理人才储备库。

4. 建立组织级的项目管理流程

变革项目办公室打破了部门协作的高墙，化繁为简，建立了适合企业的制度与管理流程，帮助企业从上到下顺利开展项目管理。

一个成熟的变革项目办公室是推动企业变革的引擎，能够为企业的变革项目提供指导与赋能，解决变革中出现的重大问题。企业应结合自身情况及变革项目的大小来设置相关机构。必要时，还可邀请外部咨询公司、顾问团队提供变革项目的设计方案、变革项目管理的方法与工具等。

20.3.3　企业架构委员会：负责企业架构的治理

变革治理体系中的企业架构委员会（EAC）是对企业架构进行统一和全面管理的专职团队，专门处理与企业架构相关的重大事项，从企业架构的专业角度为变革指导委员会提供决策支撑。企业架构委员会主任通常由企业变革管理部部长担任，委员会成员为企业架构专家和代表（详见表20-5）。

表20-5　华为企业架构委员会成员

组织成员	维度	职责
企业架构专业代表	专业性	负责分别从BA、IA、AA和TA角度，对各领域架构及蓝图设计、变革项目架构和方案设计提供评审意见
领域企业架构代表	领域	负责从领域视角对架构与变革提供评审意见
企业架构专家	专业性	提供企业架构专业意见

企业架构委员会需要对企业的整个架构（包含变革项目的架构）进行审查与维护，主要职责如下：

（1）负责EA、BA、IA、AA和TA的管理。

（2）制定架构发展战略，评审企业架构工作方向及优先级事项。

（3）批准与发布企业架构愿景、管理指导原则、政策与组织流程。

（4）基于架构视角评审变革规划，给出决策意见。

（5）评审变革指导委员会管理的变革项目架构，确保各项目遵从统一架构。

企业架构委员会是一个需要对企业整个架构的审查及维护负责的高级领导层组织。为了确保项目组持续提高交付质量，规避解决方案中可能出现的风险点，企业架构委员需要制定一系列规则与要求，明确什么可以做，什么不可以做。同时，对这些规则与要求进行分层分级，最终形成一套架构原则分层体系，如图 20-6 所示。

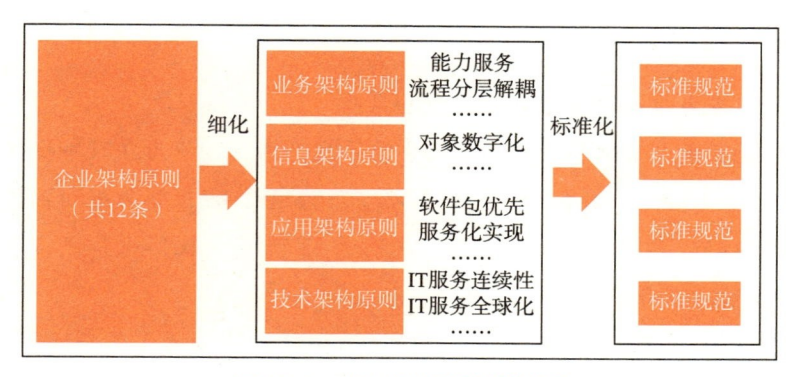

图 20-6 华为架构原则分层体系

华为架构原则第一层是企业架构原则，明确了服务化架构、统一体验、数据同源共享等 12 条原则；第二层从专业角度，为业务架构、信息架构、应用架构、技术架构制定了专项原则，以针对性地细化首层的企业架构原则；第三层是对第二层的每一条原则，给出具体的规范标准，以提高原则的可落地性。

企业架构是连接战略和执行落地的桥梁，而企业架构委员会是管理、控制和监督企业架构搭建过程中各项活动的平台与治理组织。通常来说，企业架构委员会的常驻人员应不超过 10 人，委员会成员可采取轮换制，以确保其在企业范围内的代表性。

20.3.4　业务主导的变革团队：兼顾"统一规划"和"业务差异化"

我们知道，数字化转型是一场以业务价值为牵引的变革，所以业务就必须是数字化转型的主导。为此，企业开展的数字化转型不能都由企业层面来组织与指挥，需要业务部门成立变革团队，根据自身的业务特性和实际情况来推动数字化转型在所在区域的落地。简言之，企业负责制定变革的方向与举措，各业务部门负责举措的落地实施。

数字化转型的成功，绝不是光靠 IT 团队来承载的，需要业务团队积极洞察市场，了解客户需求并将信息及时反馈给 IT 团队，而 IT 团队向业务团队反馈技术的可行性与实施成本。

因此，笔者认为，在数字化变革中，占据主导地位的并非IT团队，而是业务团队，为此企业应成立以业务为主导的业务与IT变革团队，以支撑数字化转型目标的落地实现。

【案例】华为业务领域变革与IT团队[①]

为了在IT集中控制和快速响应业务间寻找平衡点，华为在数字化转型过程中采取了"集中控制，分散资源"的策略。华为通过IT策略与规划、架构、标准，对IT基础设施进行集中的管理；同时将IT资源分散到业务部门，让其贴近业务，主动为业务服务。

为了匹配差异化业务，华为在ESC下面按照流程域设立了领域3T团队，对领域自身的"功能优秀负责"。领域3T团队主任默认是该领域的业务一把手，团队成员主要是领域各业务部门主管、领域架构师及变革代表。领域3T团队的主要职责为：

（1）对本领域的变革目标达成负责，对涉及本领域的变革项目、IT产品进行管理。

（2）负责被授权范围内的架构、流程、数据、IT系统等的建设和运营。

（3）确保公司数字化转型战略在领域范围内落地。

在运营商业务领域，华为遵循公司的数字化战略与信息架构，并结合业务的差异性，成立了运营商业务领域3T团队，并制定了该领域内的数字化转型蓝图以使能客户。其结果是，华为在运营商业务领域通过数字化转型实现了人均效益提升50%，引领了电信行业数字化变革。

此外，为保障团队成员能给项目带来有价值的思考与方案，领域3T团队主任会从业务部门抽调业务主管和核心骨干，作为项目成员全职参与或主导变革，这些人有的会在变革中成长为变革专家，有的会在变革项目完成后，重新回归业务岗位。

可见，为确保企业的数字化转型规划蓝图落地，企业需要在数字化转型过程中，组建以业务为主导的变革团队，配合变革项目办公室的工作。

[①] 华为企业架构与变革管理部. 华为数字化转型之道 [M]. 北京：机械工业出版社，2022.

思考与感悟

第 7 篇

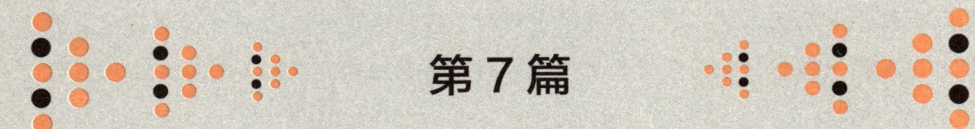

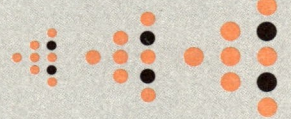

总结提炼篇：
数字化变革及关键经验

数字化变革，是所有卓越企业迈向数字经济时代并获得成功的必然路径。

笔者所在团队一直在积极帮助客户推进数字化变革，并取得了显著成效，受到了多方的认可与赞赏。同时也积累了一些关键经验，这些经验可以为其他准备或正在开展数字化变革的企业提供借鉴与参考。

第 21 章　数字化变革的思想引领

数字化变革的文化只有融入组织的血液才能持久。如果新的态度和行为并没有深入根植于企业文化中，那么只要压力消失，它就会退化。企业可以通过建设数字化文化来统一思想，并且以制度化的方式将变革融入企业文化，引导大家去认识变革，推动变革。

21.1　数字化变革的文化和思想引领

毛泽东主席曾说："宣传思想阵地，正确的思想不去占领，错误的思想就会去占领。"思想和文化的假设权和引导权，是企业最大的权力。

企业要不断倡导、宣传和强化新的数字化思想与理念，培育数字化文化，让数字化变革的文化融入组织血液，引导数字化转型的落地。

变革最大的挑战来自人，人的观念、意愿和能力是阻碍变革成功的核心因素。

企业流程再造之父麦克尔·哈默曾说："三分之二的企业变革是失败的，都是因为员工不愿意继续提供支持，以及管理层——尤其是高级管理层——自身的无能和恐惧造成的"。

CIO 调研结果显示，导致变革失败的原因排名前两位的是员工的抵制和领导层支持力度不足，如图 21-1 所示。由此表明，变革最大的挑战来自人，且变革成功的核心关键是要改变人的观念、意识（意愿）、习惯和行为。正如任正非所说："变革最大的阻力在于人，但变革最大的动力也在于人。"

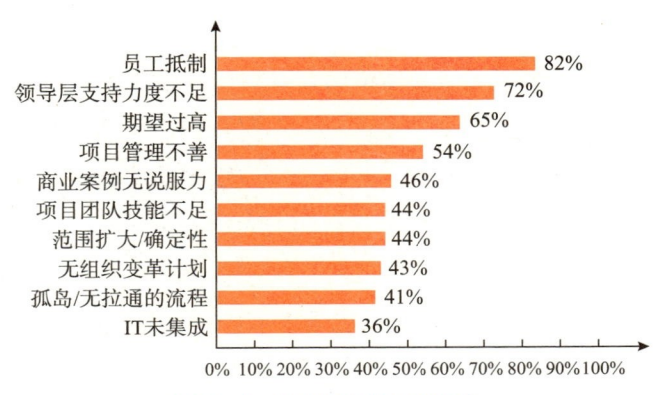

```
员工抵制                              82%
领导层支持力度不足                    72%
期望过高                              65%
项目管理不善                          54%
商业案例无说服力                      46%
项目团队技能不足                      44%
范围扩大/确定性                       44%
无组织变革计划                        43%
孤岛/无拉通的流程                     41%
IT未集成                              36%
       0% 10% 20% 30% 40% 50% 60% 70% 80% 90% 100%
```

图 21-1 变革失败的原因统计

员工在经历变革时，通常会经历如图 21-2 所示的阶段。

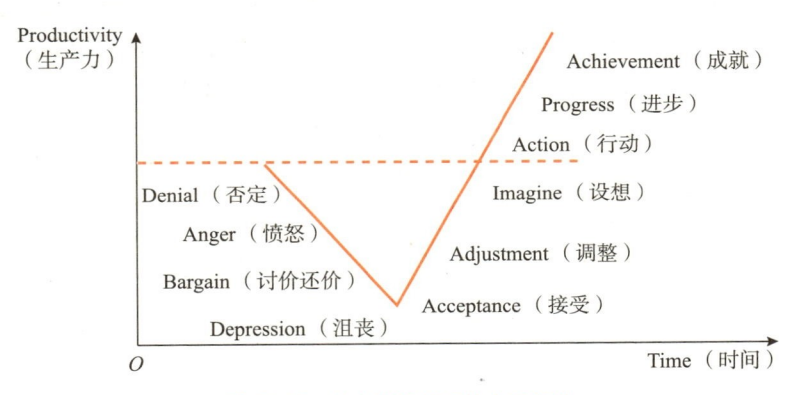

```
Productivity
（生产力）                                  Achievement（成就）
                                          Progress（进步）
                                        Action（行动）
- - - - - - - - - - - - - - - - - - - - 
       Denial（否定）              Imagine（设想）
          Anger（愤怒）          Adjustment（调整）
            Bargain（讨价还价）  Acceptance（接受）
              Depression（沮丧）
  O                                          Time（时间）
```

图 21-2 个人在变革中的心态变化

第一个阶段是否定期，员工在接收变革信息的第一反应是拒绝相信和承认已经发生的事实，在震惊和不明所以过后，便会步入下一个愤怒阶段——"为什么会这样？""为什么不早点儿告知？"等声音充斥在员工心中，员工情绪容易变得愤怒和激动。当心情平复下来后，员工为了争取一些利益来平衡已经改变的事实，便会和上级讨价还价。沮丧情绪是在变革中有损失的员工都会有的反应，这也是员工最难度过的一个阶段——对新的工作任务的畏惧感、挫败感会让自己不愿意去面对变革和发展自己新的能力，在这个期间，员工需要的是来自上级的关怀与支持。

经历沮丧阶段后，员工意识到工作仍然要继续。于是，员工开始接受变革、拥抱变革，为新目标努力作出调整并积极行动，最终实现变革目标，取得新的成就。

由此表明，员工在变革中的心路历程及对变革的态度，影响着变革的效率与成败。如果大部分员工都反对变革，并不愿意作出短期的牺牲，那么变革的进程必然会受到不良影响和制约。为此企业应重点关注数字化变革过程中组织成员的心理变化，深度分析变革对利益相关人员的影响，识别出组织成员抵制变革的根因。

结合笔者及团队在华为、阿里巴巴等大型企业工作20多年的切身体会与多年的企业咨询服务实践，笔者总结出了员工阻碍变革的三大根因。

1. 脱离原有的工作方式

数字化变革会对员工的工作方式、工作流程产生直接影响，这也意味着员工要放弃原来娴熟的工作模式，适应新的工作模式，如图21-3所示。显然，这个适应的过程无疑是痛苦，甚至是挫败的：当一个人已经熟练地掌握了一项技能，并在工作中重复使用这项技能时，他对这项技能的熟练度就会越来越高。但如果要去学习新的技能，不仅要付出巨大的努力，还有学不会的可能，这样的过程对员工来说自然是煎熬的。

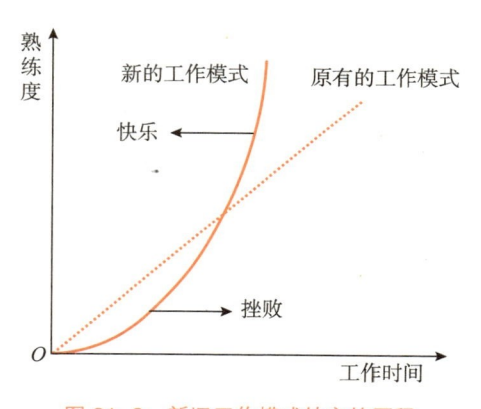

图 21-3 新旧工作模式转变的历程

因此，员工必然会有一段因为难以掌握新的技能而产生苦恼的心理状态，这个问题如果没有及时解决，苦恼必然演化成抗拒。

2. 未能理解变革的愿景

员工之所以反对变革，就是因为信息的缺失和不对称，使其对变革的前景不明晰，对未来的发展趋势缺乏清醒的认知。哪怕他们对目前的现状并不满意，也会更加担心变革所带来的隐而未见的威胁，这种担心来源于员工对变革认知的偏差，以及企业没有与员工达成共识。

此外，在员工看来，变革往往会导致组织结构、个人权力和岗位的调整，诸多的变化必然会威胁到个人的经济利益、组织地位和权力，打破企业原有的平衡，所以，即使变革对组织有益，员工仍然会产生抵制情绪。

3. 对领导缺乏信任

变革遭到抵制的原因也来源于员工对企业和领导团队的不信任。一方面员工不相信领导团队的能力与经验，他们认为领导团队无法成功变革，尤其是在短期内没有看到变革的成果和期望的利益的情况下。另一方面由于员工未参与变革决策的全过程，他们会对领导团队的决策产生质疑，甚至会认为领导者是在利用变革获取更多的权力与利益。产生不信任的根因在于领导团队与员工之间缺少大量、有效的沟通。

变革的本质是变革思想。如果企业在变革前能让内部上下达成思想共识，不仅能在一定程度上消除企业上下对变革的阻力，还能保障变革朝着正确的方向发展。

21.2 数字化变革项目的常见失败原因

在这个时代，唯一不变的就是变化。变则通，通则久，久则生。

数字化变革已经成为企业发展的必行之路。然而变革的康庄大道虽然美好，却也异常坎坷。能够真正意义上成功完成变革的企业并非多数。

麦肯锡发布的一份分析报告显示，中国企业数字化变革的失败率为80%。数字化变革为什么这么难？笔者团队在研究了众多企业的变革案例后，总结分析出了导致数字化变革失败的四大原因。

原因一：缺乏对变革的战略规划与部署

大部分企业看到了数字化变革的浪潮，纷纷加入其中，但面对复杂多变的市场环境，自身还没有找到未来的竞争高地。因此，在变革过程中，企业的战略规划不清晰、变革方向不明朗、变革理念模糊，在这种情况下，数字化与业务相脱离，出现了"两张皮"的问题，数字化对业务的赋能价值也难以真正展现。

原因二：缺乏对变革底层逻辑的认知

许多企业对数字化的认知仅仅停留在表象，认为数字化变革就是购买引入一套软件系统，或单独成立一个数字化部门。而在 IT 系统的改造或重建、与业务的融合、建设的周期等问题上，缺少深度的思考。

2011 年，通用电气开始谋求数字化转型，希望能够打造自己的工业互联网。但通用电气却认为数字化是 IT 部门要去推进的事情，这种认知就注定了其数字化转型的失败。

在 2012 年至 2013 年期间，通用电气将 IT 部更名为通用数字部，其需求和收入通常都来自企业内部其他业务部门。2014 年，通用数字部独立成为一个利润中心，背上了营业收入等任务目标。这时，企业内部的订单无法支撑通用数字部的生存，于是其开始向外部工业企业销售他们的服务。然而，外部市场并不买单，由此，通用数字部因生存问题被扼杀在数字化转型的摇篮中。

通用电气数字化转型之所以完败，原因在于它的业务目标集中在短期收入上，而非长期的战略目标。由此可见，真正的数字化转型需要结合内外市场环境重新思考业务模型，而非简单升级技术。

原因三：数字化变革资源的匮乏

数字化变革资源主要指的是资金、技术资源和数据资源。由于数字技术的引进，企业原有的系统、制度和流程都可能出现难以兼容的现象，企业如果打破重建，那么成本较高，损失难以预估，且数字化变革周期长、见效慢。由此导致企业不愿意投入足够的资源，为数字化变革提供支撑。

除此之外，企业的技术资源多掌握在 IT 部门，如果 IT 部门成员不愿变革或能力不足，就无法对技术进行升级更新，进而导致技术资源匮乏。

再有，数字化的着力点是数据。但随着企业数据的大量产生，却只有小部分数据被应用和熟知，而大部分数据未得到很好的保存，进而造成了数据浪费。

原因四：缺少数字化人才

数字化变革一定会涉及人员的调整，影响部分人员的工作利益。为此企业需要有兼具业务能力和数字化思维的"全才"来驱动变革。可是这类人才在市场上是稀缺的，且培养周期与难度大。很多企业就是因缺乏这类人才，才导致数字化变革无法落地。

清华大学全球产业研究院在《中国企业数字化转型研究报告（2021）》中指

出，企业对数字化人才的需求呈现爆发式增长，数字化人才缺口的挑战巨大。有61.8%的受调研企业认为，数字化专业人才的缺乏正在阻碍它们成功实现转型；同时，63.4%的企业认为，缺乏数字化人才也是未来三年内推动数字化转型的最大阻碍。

可见，无论哪一个环节出现问题，都会形成连锁反应，影响数字化变革的进程与效果，甚至会影响企业未来的可持续增长。企业在开展数字化变革前，需要充分考虑这些因子给变革带来的阻碍，制定行之有效的应对策略与措施，这样才能让企业的数字化转型更稳健、更顺畅。

21.3 把握节奏，严守风险底线，稳妥变革

在数字化转型过程中，企业应清晰认知自己的角色定位，把握好数字化变革的时机与节奏，以循序渐进的方式推动数字化变革的落地，以保障自身又快又好的发展。

21.3.1 数字化变革要遵循"七反对"原则

华为作为中国数字化变革的先行者，在数字化变革的过程中积累了丰富的实践经验，并将这些经验进行了总结与提炼，比如说，"七反对"原则。所谓"七反对"原则是：

（1）**坚决反对完美主义**。任正非曾说："我们搞流程的人不追求完美，流程哪来的完美？流程是发展的、改变的，外部世界都在变，你搞完美主义我时间等不起，你可能要搞一年，但是我希望你半年搞出成果！"

华为认为变革应该是温和推进的，华为在开展流程变革、管理变革和数字化转型过程中遵循的都是此原则。每年变革5%不规范的部分，另外95%是不动的，每年能进步5%，就很好了。华为创始人任正非曾以沉没的"瓦萨"号作为教训，其表示："变革的目的是作战。17世纪瑞典'瓦萨'号战舰，这里装饰，那里雕刻，为了好看还加盖一层，结果刚出海，风一吹就沉没了。我们要接受'瓦萨'号战舰沉没的教训。在变革中，要避免画蛇添足"。

（2）**坚决反对烦琐哲学**。不要烦琐，尽量简化，能够两步走的就两步走，不要去增加三步四步，对于客户来说越简单越好，管理内容也是越简单越好。

在流程体系的建设上，华为非常注重流程的简化。华为认为，流程是为了实现战略目标而服务，去繁求简，删除流程中的冗余环节，是优化工作程序、提高工作效率的关键。

（3）**坚决反对盲目的创新**。有很多创新是被允许的，但是不支持盲目创新，没有经过实践验证的创新是要反对的。只有经历数年充分验证，才能进行必要的革命。

（4）**坚决反对没有全局效益提升的局部优化**。华为强调，如果这项变革只能给你一个部门带来利益，对华为整体却毫无益处，那就保持稳定，不要去修改它！

（5）**坚决反对没有全局观的干部主导变革**。数字化变革是战略性、全局性的工作，主导变革的干部一定要有全局观，进行运作协同，而不是屁股决定脑袋。如果主导变革的干部都不理解变革的目的，那他还适合站在这个位置上吗？不适合！不适合就要让路。

（6）**坚决反对没有业务实践经验的人参加变革**。变革就是把以前的成功经验进行复制、建立体系，如果参与变革的人都不懂业务，他能有成功经验吗？所以参与变革的人是要有业务经验的。

据美的集团IT总监周晓玲介绍，在做流程统一的时候，由于自身缺乏实践经验，美的从全集团抽调了优秀的业务骨干，与麦肯锡咨询顾问一起组成流程梳理团队，确保全面理解流程搭建从整体方法论到具体业务的逻辑规则，将美的集团整体业务L1到L4的流程框架一点点搭建起来。

德石羿团队在帮助不同企业做数字化转型咨询服务时，同样是选择有业务实践经验的员工与德石羿团队顾问专家组成混编团队，共同为项目成功负责。

（7）**坚决反对实施没有充分论证的流程**。流程在大范围推出之前必须经过有效的充分论证，不仅要用真实案例进行沙盘演练，还要找一些典型的部门或者团队试点。试运行以后再适当推广，确保流程的质量与可执行性。

数字化变革应坚持从实用的目的出发，达到适用目的的原则。而"七反对"原则是华为对其多年的变革进行回顾并提炼出来的精华，从模式到目的乃至实施主体都对变革设置了边界，从而能在最大限度上确保数字化变革顺利实施，变革走向不发生偏离。

21.3.2 洞察"危机"，适时开展数字化变革

市场环境瞬息万变，对未来的环境保持洞察是企业的核心能力。企业要及时察觉潜在的市场危机，并调整企业发展战略，将危机作为变革契机，以紧跟时代变化实现跨越发展。如今，数字化已经成为企业转型的主旋律，抓住数字化变革的关键时机对企业存亡与发展有着至关重要的意义。

"什么时候开展变革？"成为当下各企业都在思考的重大问题。欧洲著名管理大师弗雷德蒙德·马利克提出的"马利克曲线：变革和业务增长模型"，为我们阐释了企业通过变革获得新发展空间的理念，如图 21-4 所示。

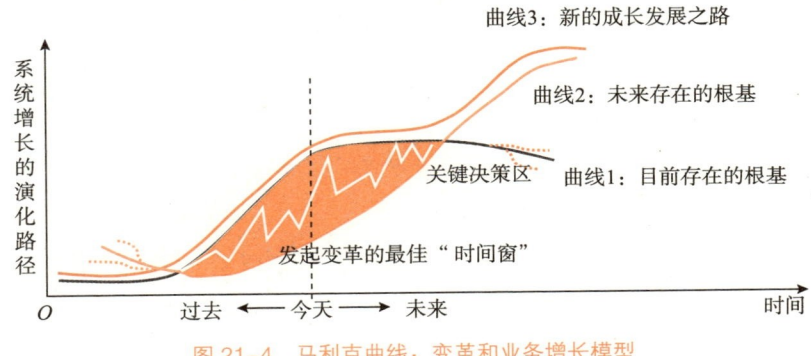

图 21-4　马利克曲线：变革和业务增长模型

曲线 1 是指企业当前正在开展的业务，每一个产业都会经过萌芽期、发展期和平稳期，直至走向衰退。

曲线 2 是指在企业发展的过程中，市场环境中会出现一些新的技术、新的产业，虽然此时它的增长并没有存量业务那么快、那么好，但未来会有更大、更长远的发展空间。

如果企业能够抓住新的机会，将曲线 1 和曲线 2 这两条线进行融合，就能得到一条持续上升的曲线 3。两线相交的中间区域（关键决策区）是企业作出这个决策的最好时间点，也是发起变革的最佳"时间窗"。

如果企业在曲线1上故步自封、不愿变革，没有抓住机会生成新的业务线，那这条线将会逐步走向平庸甚至消失。企业领路人要具备强烈的危机感和战略眼光，在"马利克曲线"的关键决策区作出关键战略决策，把战略资源转移到新的产业，引领企业变革，以寻求新的市场定位和竞争力，找到未来发展的"马利克曲线"。

【案例】京东洞察危机，通过变革突出重围

据京东2019年第一季度财报显示，京东GMV增速约为21%，相较上季度的27.5%处于大幅下跌的状态；活跃客户为3.105亿人，同比增长15%，但环比增长只有3%左右，这一数据与阿里巴巴的6.3亿人相去甚远。这家拥有18万名员工、超22万家合作商家、间接带动1000万人就业的电商巨头正在进入"慢增长"时代，不愿变革、机构臃肿低效、躺在功劳簿上吃老本等种种问题也正在凸显。

京东创始人刘强东敏锐地察觉到了企业正在面临的重重危机，他表示："所有成功到了该归零的时候。"同年，刘强东为京东的发展指明三大重点。

一是拓展三四线市场。从2018年开始，京东开始做拼购业务，并上线了拼购微信小程序，这一年，拼购业务的新增客户主要来自三四线城市，刘强东认为三四线城市是京东拼购业务的主力市场。

二是企业数字化升级。早在2018年4月，京东到家开发的门店数字化升级解决方案就已经在全国10多个城市的200多家实体零售门店上线；2018年11月，为了抓住数字化变革时机，京东大力发展产业数字化工作：京东金融更名为京东数字科技，将数字化转型上升至战略层面；2018年12月，京东到家数字化库存管理系统投入使用；2019年4月，京东"X仓储大脑"公开亮相。这些举措表明，京东将坚定不移地步入数字化转型赛道。

三是开发线下。京东将7FRESH生鲜超市对标盒马鲜生，在全国范围内大量铺设，保证客户随时随地都能购买到安全、优质的生鲜食材和食品。京东便利店则以近乎一天开一店的速度迅速铺开，代表京东向全国三四线城市输出自己的品牌、模式和管理。同时，京东3C专卖店、京东之家、京东无人超市等新型零售业态也确定为京东未来的发展方向。

此外，京东商城紧紧围绕零售核心，关停并转让无法消化的"僵尸板块"，在不断强化"自营平台化"优势的同时,将大数据、供应链、211标准物流等核心能力全面开放给合作伙伴,致力于将自身打造成为全球消费电子领域体验最佳、最受信赖的平台。

京东正是通过这一系列的变革,重塑了草莽创业时期的高度敏感和强大战斗力。自2019年第二季度起,京东客户恢复增长,到2019年第四季度,京东年活跃客户达到3.62亿人,环比增长8.3%,呈现出了快速增长态势。京东2019年第四季度的营业总收入为1706.84亿元,超出市场预期1667.2亿元,同比增长26.59%。在京东,这场变革被称为"重回创业时代"。

世界唯一不变的是变化,变已经成为常态。企业要未雨绸缪,晴天修屋顶,在企业最好的时候进行变革。企业想要长久地活下去,必须居安思危。正如任正非在《华为的冬天》一文中所说:"**十年来我天天思考的都是失败,对成功视而不见,也没有什么荣誉感、自豪感,只有危机感。也许是这样才存活了十年。**"这种危机感是推动企业变革的最大动力。

21.3.3　掌控数字化变革的强度与节奏

在谈到企业数字化变革时,华为轮值董事长胡厚崑曾坦言,哪里有什么洪荒之力,成功都是一步一步走出来的!数字化变革是一段艰难之路,需要一步步走向前。在这场漫长而又艰辛的变革旅途中,企业要掌握变革的强度与节奏,扎扎实实地、缓慢地、改良式地推进变革,不能急于求成、大起大落。

华为在变革推行过程中十分注重对变革节奏的把握:坚定不移地执行"先形式,后实质"的原则。耐住性子,一步步地改善,循序渐进,谋而后动。通过这种渐进式的变革进程,让企业与员工都有足够的时间去适应新的管理方式,有效地减少了很多可能对企业有害的激烈冲突。

首先,企业要把握好变革的节奏,先要把握好业务的发展节奏,考量现有业务所产生的现金流能否支撑新业务的资源消耗,平衡好新老业务之间的收支。既不能迟迟未动,错失变革时机,也不能过快地用收效甚微的新业务迭代收入稳定的老业务。

其次,企业要把握组织能力建设的节奏。在组织表现出熵增现象时,要及时发起组织变革，释放组织活力，以支撑数字化的建设与变革的实施。

最后，企业要做好数字化人才培育。根据企业的数字化战略规划，输出企业人才地图，配置相应的人才资源，并有节奏地进行培育。

【案例】阿里巴巴数字化变革历程

作为数字化变革的倡导者和先驱者，阿里巴巴在数字化转型的探索过程中，先后经历了组织架构调整、业务模式创新、人才配置转变等过程。

一、组织架构的六次调整

从图 21-5 中可以看出，阿里巴巴组织架构的六次调整分别如下。

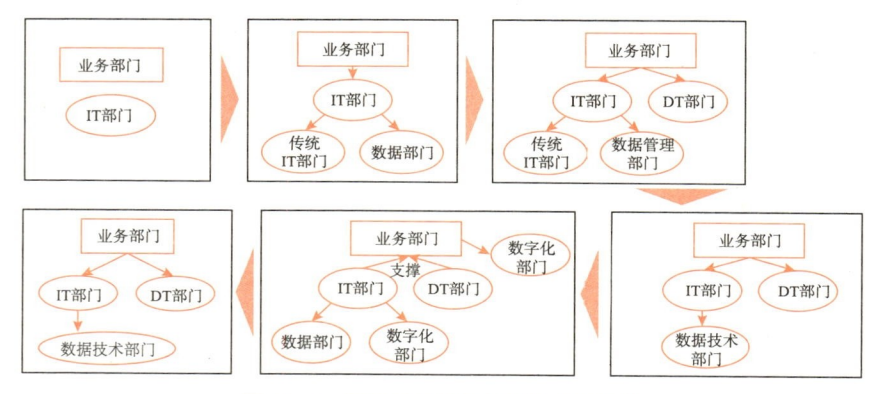

图 21-5　阿里巴巴组织架构的六次调整

第一次调整：业务部门负责提需求，IT 部门负责实现需求。两个部门相对独立，各司其职。

第二次调整：业务部门提需求，阿里巴巴在 IT 部门下设置了数据部门和传统 IT 部门，负责实现需求。

第三次调整：在业务部门下设置 IT 部门和 DT 部门（数字技术部门）。其中，IT 部门增设数据管理部门。

第四次调整：业务部门下设 DT 部门和 IT 部门，IT 部门下设数据技术部门。

第五次调整：IT 部门和 DT 部门共同支撑业务部门，IT 部门下设数据部门和数字化部门。原有的数字化部门被保留。

第六次调整：IT 部门负责传统 IT 支持，DT 部门提供数字技术和数字化能力。

在这期间，阿里巴巴对不同部门进行多次拆分，尝试了不同的组织模式，最后才发展成如今的组织架构。

部分企业在开展数字化转型时，想"一步到位"，照搬阿里巴巴的组织架构，但是这并不能真正解决自身面对的问题。企业应在参考阿里巴巴组织架构的基础上，通过分析自身现状，设计出符合自身实际的数字化组织架构。

二、业务模式创新

当阿里巴巴的运营人员想通过热点事件做营销活动时，需要做很多前期准备工作。比如，精准找到C端客户，分析哪些B端商家适合参与这次营销活动，以及进行SKU的筛选。这些工作的周期长，较容易错失营销的最佳时机。阿里巴巴通过部署数字技术，帮助运营人员做分析决策，确定不同阶段的可执行方案，进而优化业务部门的业务创新方式。

三、人才配置转变

大多数企业在数字化变革过程中的人才配置都是以业务人员和技术人员为主，技术人员根据业务人员提出的需求进行技术支持。阿里巴巴开始也是采用同样的人才配置方法。后来，阿里巴巴将数字化人才从技术人才中分离出来。其中，技术人才追求更高效地实现业务价值，数字化人才主要负责洞察业务发展，以数据应用的方式解决业务问题。两类人才逐步构成了不同的部门，独立开展工作。

由此表明，阿里巴巴的数字化变革并非一蹴而就，而是稳步推进的。同样地，华为在开展IPD变革时，也是先挑选了三个有一定战略地位且开发进度不是特别紧急的项目，并选择了配合度高、愿意分享和氛围开放的团队作为试点。

2000年5月17日，华为无线业务部大容量移动交换机VMSCa 6.0产品是IPD第一个试点项目，在IBM顾问的指导下，在长达10个月的产品研发周期里，完成了首次试运行IPD流程。经过三个产品历时一年的试点，IPD流程的实施在华为达到了比较好的效果，产品研发总周期缩短了50%左右。

简言之，变革的强度与节奏影响着变革的效果。企业应结合自身发展情况，遵循企业发展的客观规律，掌握好合适的变革节奏，渐次推进，步步为营。

第 22 章 华为数字化变革"船模型"

华为经过20多年的变革实践，沉淀出一个"转人磨芯"的结构化"船模型"。

笔者推荐其他企业在实施数字化变革时，可将其用于实践，改变或提升人的变革意愿和能力，进而提升员工对变革的支持度，助力企业自身实现熵减，让持续变革成为企业的基因。

22.1 "船模型"让持续变革成为企业的基因

美的集团董事长兼总裁方洪波说："真正决定数字化转型成败的并不是技术，而是人的思维意识的改变，以及组织方面的变革。"

华为通过结构化"船模型"来"转人磨芯"，提升员工参与变革的意愿和能力，进而让变革逐步成为企业"习以为常"的日常。

22.1.1 "转人磨芯"，提升变革意愿和技能，形成组织自觉

船大难掉头。当企业发展到一定程度时，改变是难度特别大的一件事，尤其是思想。只有组织中的成员愿意转型并具备转型的技能，企业的数字化转型才可能成功。

抗拒变化是人的自然反应，人一旦形成路径的依赖，改变就特别难。再加上，数字化转型本质上是一场变革，而变革就会触动一些员工的利益，尤其是很多管理者的利益。流程一重整，组织就需要随着流程进行调整，这样就有可能导致某些组织缩编甚至取消了，主管就会担心他的位置。此时，就要做人的变革，让人不断转变能力和行为，匹配新的岗位技能要求。华为将其形象地称为"转人磨芯"。

其中，"转人"是指让员工在知识技能上不断学习、充电，不断适应新形势、新岗位，转变他们的能力和行为；"磨芯"是指思想上的艰苦奋斗，坚持自

我批判和自我修正，进而让员工在思想、意识上进行转变，跟上企业不断发展的步伐。

华为在数字化转型过程中发生过这样一件事，华为海外某代表处每年要处理客户数万个订单，从接收订单到在系统中注册并将订单流向制造环节，需要耗费产品经理和订单注册专员大量的时间。从理论上看，在实现订单自动化后，对产品经理来说，他们可以摆脱以前在客户订单处理上的"低价值"工作，更好地聚焦产品解决方案设计，应是变革的支持方；而对订单注册专员来说，会因为自动化失去工作机会，应是变革的阻力方。但华为变革团队在深入了解后发现，情况恰恰相反，订单注册专员大部分是由当地名校毕业生担任的，原来简单、重复性的订单注册工作让他们毫无新鲜感，当参与到订单自动化变革后，他们获得了学习流程梳理与IT产品设计的机会，从而激发了他们对工作的积极性。

以前，产品经理还会将订单注册之外的一些事务性工作交由订单注册员承担，当这个岗位撤掉后，这些工作又回到了产品经理手上，其工作量也随之增加，因此产品经理反而成为变革的阻力方。

世道变迁，人性永恒。读懂人心，才能更好地去"转人磨芯"，消除变革的阻力。华为在数字化变革的过程中总结出了其识别产生变革阻力根因的方法论——主要是从观念与习惯、利益、权力、责任、工作量、效率、技能要求和体验八个维度进行深度分析。

（1）观念与习惯：谁的观念和习惯需要改变？
（2）利益：谁的利益受损了？
（3）权力：谁的权力变小了？
（4）责任：谁的责任变大了？
（5）工作量：谁的工作量增大了？
（6）效率：谁的效率降低了？
（7）技能要求：对谁的技能要求变高了？
（8）体验：谁的体验变差了？

通过这八问，企业可以准确找出变革阻力产生的根因，进而针对性地采取措施,"转人磨芯",以改变或提升员工的变革意愿和能力,同时提升他们对数字化变革的支持度,更加顺利变革推进地。

22.1.2 "船模型",助力企业实现熵减,让持续变革成为企业基因

通过前文介绍,我们知道:变革的最大阻力是人。要提升人的变革意愿和能力,就需要"转人磨芯"。而华为数字化变革"船模型"是其在数字化转型变革中广泛应用的一种模型,其通过改变或提升人的变革意愿和能力,系统提升了企业内部的变革支持度,增强了企业的内生动力,推动了企业积极地去拥抱变革、主动变革,如图22-1所示。

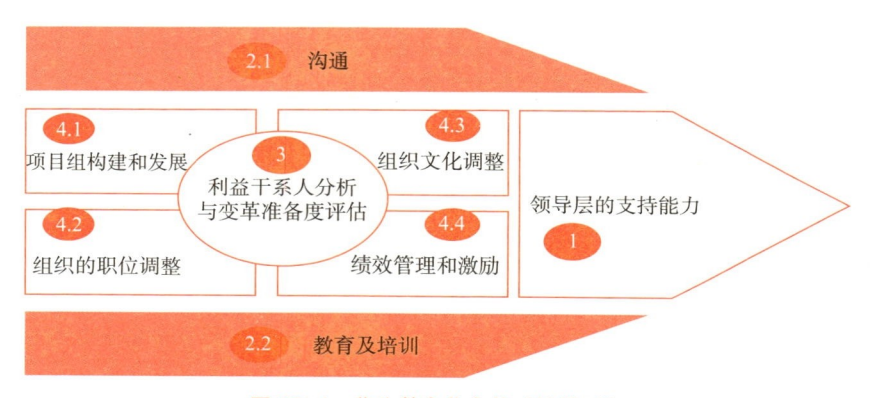

图 22-1 华为数字化变革"船模型"

【知识点】华为数字化变革"船模型"[①]

华为数字化变革"船模型"的基本逻辑如下。

(1)船头:"领导层的支持能力"。变革是一把手工程,需要变革领导力。

(2)船帮:"沟通""教育及培训"。它们是改变或提升意愿和能力的主要手段,贯穿变革始终。

(3)船芯:"利益干系人分析与变革准备度评估"。只有读懂人心,挖掘变革障碍或阻力根因,才能制定相应策略并有效开展变革工作。

(4)船舱:变革工作日常运作。变革实施离不开变革核心团队即变革项目组的构建和发展,而改变人的长效机制则需要对现有组织的职位、组织文化、

[①] 华为企业架构与变革管理部. 华为数字化转型之道 [M]. 北京:机械工业出版社,2022.

绩效管理等进行相应调整,并适时对改变进行牵引和激励。

"船模型"是一种将"主动+渐进变革"机制化的变革方法论,通过改变人的思想意识,赋予企业变革活力,让持续性的变革成为企业的基因,使变革走深、走实。

【案例】华为的变革史

华为自1987年创立至今已30多年,其间经历了多次变革。截至2021年,其销售收入从零增长到6368亿元,员工人数从六人发展至近20万人,如图22-2所示。

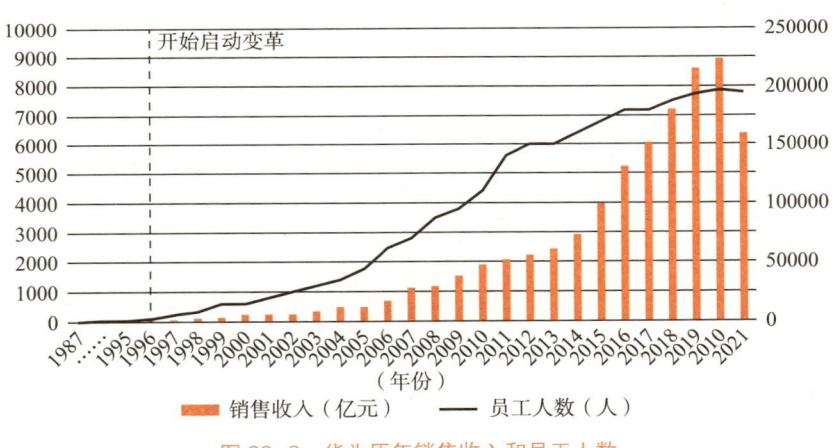

图22-2 华为历年销售收入和员工人数

华为的历史可以分为五个阶段。

1987—1995年,初次创业阶段,华为通过农村包围城市,顺利从电话机经销商转变为通信设备厂商。

1996—2004年,二次创业阶段,华为进入城市市场,开始实施管理变革,引入外部咨询顾问,步入国际化征程。

2005—2011年,华为不再局限于卖通信设备,而是提倡从厂商转为电信解决方案供应商,进入模式变革阶段。

2011—2021年,华为实施组织变革,将业务拆分为运营商业务、企业业务和客户业务,并针对这三大业务进行了重大的组织结构调整,打造"云管端"一体化。2016年,华为正式启动数字化变革。

2021年至今，华为又一次进行了重大的组织变革——成立了五大军团，分别为煤矿军团、智慧公路军团、海关和港口军团、智能光伏军团和数据中心能源军团，次年又先后成立了第二批、第三批军团。华为成立军团的核心目的就是要聚焦子行业，深入行业场景，围绕行业客户痛点，打造新的产品和解决方案，助力客户实现数字化转型。

在华为成长过程中，正是通过持续变革、耗散多余能量，提高了自身的核心竞争力，从而进入了良性发展状态中，实现了可持续发展。"船模型"是在这个过程中逐步沉淀下来的，对消除企业变革阻力发挥了不可磨灭的作用。

企业每历经一个发展阶段就会面对一些发展瓶颈和巨大困难，这些困难并不是相同的，而是随着企业的壮大，越来越难，越来越有挑战性。因而，企业想要突破发展瓶颈，就要主动发起变革，以对抗熵增，实现熵减，进而长久地活下去。

22.2　船头：领导层的支持能力

变革是"一把手工程"，企业的 CEO 和高管团队需要深度参与，并领导变革。他们是变革的发起者、领导者与捍卫者，要对整个变革作出承诺。为此，在数字化转型时企业需要领导层的支持，以确保数字化变革成功。

22.2.1　数字化变革是一把手工程

根据前文介绍可知，数字化转型会涉及重塑价值链和商业模式，贯穿企业的战略、计划、营销、采购、生产、物流、销售、财务、人事等环节，是一项全局性的系统变革；再加上，数字化转型需要大手笔投入，必须要有一把手资源上的支持，因此必须由企业的一把手亲自挂帅。

海德思哲联合科锐国际对消费品零售、科技、制造、金融等行业的头部企业的数字化转型成效进行了调研。调研结果显示，在数字化转型领先组企业中，50% 由 CEO 直接推动，而对照组企业仅有 33% 由 CEO 推动，二者间的差距达到了 17%。由此表明，一把手参与数字化转型的程度，极大地影响了企业的数字化转型成效。

国务院国资委印发的《关于加快推进国有企业数字化转型工作的通知》中

也明确表示，要实行数字化转型一把手负责制，企业主要负责同志应高度重视、亲自研究、统筹部署，领导班子中明确专人分管。一把手在变革中的关键性作用是决策支持、协调矛盾、平衡利益、强势推进、鼓舞士气等。

三一集团通过数字化驱动企业从做大到做强，全方位提升了产品、渠道、服务等方面的核心竞争力。据集团内部人员称，三一集团的数字化转型是名副其实的一把手工程，其转型成功离不开董事长梁稳根的亲力亲为。

三一集团的数字化转型战略概括为"1+5"，其中"1"指的就是一把手躬身入局，"5"代表转型的五个抓手——电动化智能化、流程四化、八大软件应用、数据采集应用、灯塔工厂。梁稳根曾表示，三一集团的主要任务是要实现数字化转型，成功了就会"翻身"，不成功就会"翻船"。

在数字化变革的实践中，三一集团经常遇到各种意想不到的挑战与问题。针对问题，梁稳根会在第一时间组织高管们召开研讨会，探讨对应的解决方案。同时，他每周还会亲自组织集团性的会议，会议的内容就是各部门汇报数字化工作的进展情况及遇到的难题，接着各高管共同讨论制定解决难题的具体措施。遇到紧急问题时，梁稳根和高管们每天还会在午餐会上就数字化相关的问题进行研讨与跟踪。

同样，华为也认为，数字化转型是一把手工程，因为在数字化转型的过程中，企业会面临一场深刻的、复杂的系统革命，没有愿景的牵引，没有文化的匹配，数字化转型所带来的解决方案是不可能产生价值的。那么，既然数字化转型必须是一把手工程，那么企业的一把手要具备怎样的能力与素质，才能引领变革呢？

光辉国际调研结果显示，前瞻性思维是一把手应具备的第一大特质。快速感知外界变化，敏锐洞察数字化转型趋势和先机，并制定长远而准确的战略是实现数字化变革的基础。企业一把手要结合企业特点，合理优化内部资源配置，推动数字化变革。

一把手的认知决定了企业发展的天花板。一把手要通过不断学习的方式，不断提升自己对数字化的认知。这种认知主要表现为数字化分析能力和归纳能力。数字经济时代下的商业环境日益复杂，信息的不确定性程度越来越高，一把手要在信息的海洋中快速获取关键信息，并进行深度思考，在短时间内制定出有效的解决方案。

另外，一把手也要掌握数字化管理方法、学习数字化转型的相关知识，对区块链、大数据、云计算、AI等数字技术有基本的了解，这样才能重新构想未来、创新企业模式、把控变革进度，成功领导企业实现数字化转型。

领导变革之父约翰·P.科特曾说过："如果变革涉及整个企业，CEO就是关键，如果只是一个部门需要变革，该部门的负责人就是关键。"数字化变革是涉及整个企业的变革与转型，是需要强有力的最高领导者来牵引与深度参与的。需要注意的是，"一把手工程"中的"一把手"不单单指企业的CEO与高管团队，还包括数字化变革项目的一把手、各级组织的一把手，他们也需要对数字化变革项目的成功负责。

22.2.2 赢取领导层的重视，让他们参与变革中

成功的变革往往不是一个人的单打独斗，而是一个领导层的团队作战。为此，企业要让领导层高度参与到变革之中，让其引导变革方向、一起商议制定变革规划、激发员工潜力，并共同担当变革重任，对变革成功负责。

【案例】各级领导在变革中的职责

（1）企业的核心领导团队：要有坚定变革的决心，引导变革的方向，同时为变革提供资源支持，在企业内部为变革营造必要的氛围。

（2）业务部门责任人：让业务部门责任人承担变革项目PM的角色，对变革项目的落地负责。

（3）业务和职能骨干：让最优秀的业务和职能骨干投入变革中，让最懂业务的明白人来实施变革，确保价值兑现。

（4）关键干系人：数字化转型是非常注重客户体验的。为此要让关键干系人更早地、更深度地参与到变革中。

企业的领导层是变革的主要推动者，没有他们的参与、支持和以身作则，变革就会陷入部门间的争吵与推脱。而获取领导层支持的变革项目，可以自上而下地向组织传递变革任务，及时了解企业数字化变革过程中的最新进展；干预变革中产生的冲突，大大减少内耗的产生；同时，领导层更有机会观察并发现有潜力的数字化人才，为企业打造高质量、复合型的数字化人才梯队，为数字化转型成功提供支撑。

【案例】郭士纳：领导层是变革的先锋

1993 年，郭士纳临危受命，出任了 IBM 的董事长兼 CEO，在此前三年里，IBM 连续亏损高达 168 亿美元，濒临破产。然而，郭士纳仅用了八个月的时间，就让 IBM 起死回生，扭亏为盈，业绩持续增长。这些都得益于郭士纳施展了一系列铁腕的变革手段并大获成功，如以客户为导向的企业文化变革、IPD 研发管理变革等。

郭士纳的这些变革项目为什么会取得巨大成功呢？主要原因之一是其让领导层直接参与，并得到了他们的大力支持。例如，在 IPD 变革项目中，郭士纳总是要求 IBM 的高层领导去亲自参与 IPD、供应链的重整，如果领导层没有做到，那么他们就会被解聘。

华为作为 IBM 最虔诚的学生深谙此道。在 1999 年的 IPD 变革领导小组会议上，任正非重点强调了高层干部应该以身作则、认真地向 IBM 学习。面对众多干部员工排斥和抵触的情绪，任正非斩钉截铁地表示："IPD 关系到企业未来的生存与发展，各级组织、各级部门都要充分认识到它的重要性。我们是要先买一双美国鞋，不合脚，就'削足适履'。……推行流程的态度要坚决：不适应的人下岗，抵触的人撤职。IPD 要一层层往下面落实，搞不起来我就要拿你们开刀，这是毫不含糊的！"于是，愿意且能够开展变革的领导干部留了下来，那些无法忍受"削足适履"的干部选择离开了华为。

可见，领导层对数字化的接受和参与程度，将直接影响数字化变革决策的贯彻执行效果。倘若没有领导层的承诺和支持，数字化变革将面临巨大的执行困难。为此，企业要根据实际需求，集结各部门有威信、有信誉、有数字技术专长的领导组建一支跨部门数字化团队；同时，也要动员这些领导积极开展数字化主题的学习，以强化数字化能力，为变革铺路搭桥。

三一集团董事长梁稳根非常重视高管在数字化能力方面的提升。他经常亲自筛选价值高、有内涵的文章、书籍和数字化转型经验进行分享，并要求高管们在学习了这些资料后提交心得、日记，开展数字化相关主题的演讲，同时还会通过考核、评比的方式进行鼓励与监督。

领导层的重视与参与之所以如此关键，是因为他们会影响组织员工对变革的看法与态度。当他们抵制变革时，员工也可能受其影响抗拒变革；如果他们大力倡导变革，员工也将对数字化变革感到兴奋，从而有动力去实施变革。因此，领导层的支持与参与是推动企业进行数字化转型的重要基础。

22.3　船芯：利益干系人分析与变革准备度评估

利益干系人对变革的不理解、不习惯和恐惧往往会给数字化变革带来重重阻力，使得数字化变革偏离预期方向，最后甚至可能导致变革的失败。可见，变革项目团队要重视并做好利益干系人的分析和管理，并将其贯穿数字化转型项目的始终。

22.3.1　利益干系人管理，贯穿数字化变革始终

数字化变革是组织层面的变革，必然会触动大多数人的利益。为确保变革的平稳推进，变革项目团队要做好利益干系人管理：识别利益相关者，并通过有效的管理手段与利益干系人在长远的价值上达成共识，让他们愿意且主动接受变革，进而在企业内部营造出"力出一孔"的变革氛围。

利益干系人管理流程包括识别利益干系人、分析利益干系人、制订利益干系人管理行动计划及实施利益干系人管理行动计划，如图 22-3 所示。

图 22-3　变革项目利益干系人管理流程

1. 识别利益干系人

利益干系人是指与数字化变革有一定利益关系的个人或组织群体，可能是企业内部的，也可能是企业外部的。企业要对利益干系人进行合理分类，根据变革意愿和对变革的影响力可以将利益干系人分为积极响应者、跟随者、消极反对者、积极反对者，具体内容将在 22.3.2 节进行详细阐述。

对利益干系人进行分类后，企业可罗列与确认利益干系人列表，为后续的

分析提供基础与数据来源。

2. 分析利益干系人

在这个环节，企业要确定利益干系人的问题或关注点，通过访谈、会议研讨和资料分析等方式，勾画出利益干系人间的关系，确定利益干系人的定位并了解其职责，评估利益干系人对变革的利害关系。下列问题可以帮助企业更好地了解利益干系人。

利益干系人之间的关系是怎样的？

利益干系人在组织当中的定位和职责是什么？

利益干系人对变革的影响是怎样的？对于变革而言，他们有多大力量？

利益干系人目前采取了什么行动？他们想得到什么？（通过什么途径向企业施加何种压力？通过什么途径支持变革？）

利益干系人对这场变革的想法是什么？是否基于已获得的充分且正确的信息？谁可以影响他们的想法？

利益干系人哪些利益受到了影响？他们的态度是怎样的？

哪些是最能激励他们的因素？

……

3. 制订利益干系人管理行动计划

对利益干系人分析完毕后，企业要决定对每类利益干关系人采取何种态度与管理策略，如不采取行动、回避、谈判、观察等。制定完策略，应当站在全局的视角思考采取这种策略后可能会给企业或变革带来什么样的结果。此外，根据管理策略制订出个人和群体的管理行动计划，如表22-1所示。

表22-1 利益干系人管理行动计划

序	类别	利益干系人	利益点及关注点	管理策略	行动计划	执行人

4. 实施利益干系人管理行动计划

利益干系人管理的最后一个环节是实施管理行动计划。在计划实施的过程中，企业要随时了解实施状态，并加强监控，以确保计划有步骤地敏捷执行。

变革中利益干系人的类型不是一成不变的，随着管理措施的实施，非关键不支持型利益相关者也有可能转为关键支持型利益相关者。此时，企业需要重新分析利益干系人，并制定相应的管理措施。

利益干系人管理是一个定期重复或事件触发型的流程，贯穿数字化变革始终。因而，企业必须持续对利益干系人进行管理，与他们建立富有成效的积极关系，使他们成为变革项目的合作伙伴，以减少变革阻力，提高变革效率。

22.3.2 发展变革同盟军，让变革的"朋友"越多越好

在变革过程中，利益干系人对变革的不理解、变革本身的不确定性、观念和习惯的改变、利益的调整等，都会给变革带来重重阻力。再加上人们的变革意图和能力是不同的，因此制订行动计划时也需要采取不同的策略。

根据变革意愿和影响变革的能力两个维度可以对变革的利益干系人进行分类，具体可分为：积极响应者、跟随者、消极反对者、积极反对者，如图22-4所示。

图22-4 利益干系人四象限分类

积极响应者：变革意愿强，对变革的影响力高，是变革的坚定拥护者。对于这类人群，企业要及时了解他们对变革的诉求和计划，授予他们一定的权力让他们参加与变革相关的决策制定，持续增强他们对变革的热情和信心。同时，可以通过放大他们在变革中取得的成果来影响其他人积极参与变革。

跟随者：变革意愿强，对变革的影响力低。企业要对这类人群进行赋能和培训，加强员工在数字化相关方面的培训，帮助员工掌握使用数字化装备的技

能，提升数字化的应用能力，帮助他们为变革创造出更大的价值。同时，在利益干系人面对难以解决的问题时，企业要给予学习时间和资源，提供心理疏导与指导，以减少员工的抗拒感。

消极反对者：变革意愿弱，对变革的影响力低。企业要加强和这类人群的沟通，让利益干系人知道抵触变革的观念给企业带来的危害。同时，通过宣传倡导的方式，让其转换旧有的心智，树立正确的变革观念，并明确指出这些观念能带来的积极作用，帮助他们深入了解变革所带来的益处。另外，企业也要广开言路，耐心倾听利益干系人对数字化变革的理解与心声，通过开放式的讨论、会议、单独交谈、企业内网等方式，让其有宣泄和交流的渠道，以了解变革的事实，消除误解，并且企业也要针对利益干系人对变革的质疑和不理解提供及时有效的响应与反馈。

前 IBM 总裁郭士纳在变革的过程中，非常注重与下属的沟通。他经常会在高层会议上强调和宣传自己心中的变革愿景，传递自己的管理理念和价值观。郭士纳始终认为变革不是他一个人的狂欢，而是要激发员工动力，推动他们共同参与。

于是，他打破了过去 IBM 等级森严的做法，直接用电子邮件与员工进行通信和交流，他会在邮件中不断强化企业的危机意识，并指出只有变革才能破除危机，给员工传递了实现未来愿景和变革的紧迫性。同时，也鼓励员工拥抱变革，积极改变原有的观念和行为模式。

积极反对者：变革意愿弱，对变革的影响力高。对于这类人群，企业要分析他们抵触变革的根因，看能否通过思想沟通或利益补偿等安抚手段，减少甚至消除其抵制行为。但无论如何，企业不可能在变革中做到利益的完全平衡，每个利益干系人的利益受损程度也是无法精准计算的，所以，企业对严重受损的岗位，可以采取如下利益保障措施。

（1）为因变革而失去岗位的利益干系人，提前安排其他可以胜任的工作。

（2）为因变革导致工作难度增加的岗位人员，安排培训和学习，提高其岗位胜任能力，减少他们对变革后的个人专业技能是否与新的工作要求脱节的焦虑与担忧。

（3）对于变革后责任增加的岗位人员，企业应适时重新衡量该岗位价值，并提高相应的福利待遇。

（4）对于权力和薪酬待遇在变革后会大幅下降的管理层，企业可以提前给他们提供二次选择岗位的机会。

但如果仍然不能改变这类群体的思想与行为，企业就要大刀阔斧，采取降职或辞退等强制的手段来消除阻力。

变革是"十年磨一剑"的过程，变革中众多不确定性的因素可能会导致阻力回溯的现象。因此，企业要针对不同类别的利益干系人有策略性地且持续性地采取阻力消除措施，保障变革工作的持续推进。

22.3.3　帮助利益干系人走过从认知到承诺的变革历程

在企业中，任何一个人对变革的支持度都会经过四个阶段，如图22-5所示。

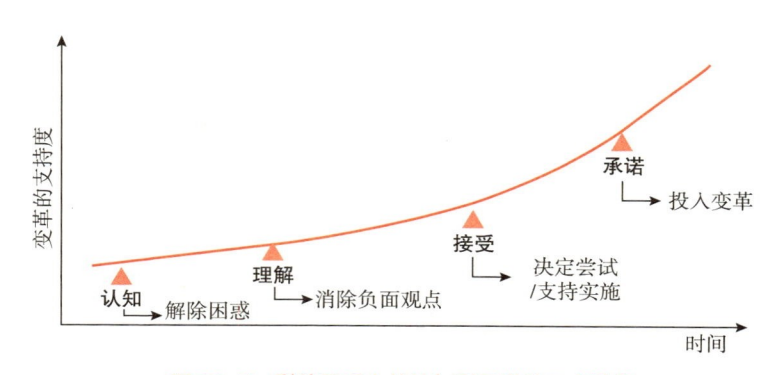

图22-5　利益干系人从认知到承诺的四个阶段

第一阶段：认知。了解变革背景，了解变革目标、愿景和收益。

第二阶段：理解。理解变革方向、变革关键点、关键里程碑项目计划。

第三阶段：接受。能清晰阐述变革和变革与自己的关系，愿意参与变革，能提出利于变革的建设性意见。

第四阶段：承诺。承诺投入资源和时间，承诺批准、评审、使用新流程和工具，并积极影响他人参与变革。

处在第一阶段的利益干系人是困惑的，他们对变革一无所知，甚至不清楚为什么要变革。所以企业要通过沟通、宣传的方式让利益干系人对变革有所了解，有所认知。

【案例】腾讯年度员工大会，共启使命愿景

2017年12月，腾讯召开年度员工大会，董事会主席兼首席执行官马化腾、总裁刘炽平、首席运营官任宇昕、集团高级执行副总裁张小龙等核心高管同台亮相，并发表演讲。

马化腾在演讲中提出，在过去一年里，各个生态的企业都和腾讯肩并肩站在一起，通过互联网给人类的世界和生活带来很多改变。在企业管理方面，腾讯面临最大的问题是内部的组织架构，现在的腾讯需要更多B2B的能力，要在组织架构上进行从内到外系统性的梳理。

刘炽平则表示，腾讯正在成为一家社会化企业，未来企业的使命不只是要创造更大的业务成功，还要为社会创造价值。

"B2B能力""社会化企业"是这场大会的核心内容，也让全体员工了解了腾讯高层对未来的深入思考。于是，当腾讯在2018年9月启动自成立以来的第三次战略升级和组织架构调整——"拥抱产业互联网"，将腾讯内部所有B2B相关业务与能力进行整合。在成立云与智慧产业事业群时，员工对此并不诧异，因为在此之前，腾讯的高层已经向员工们传递了这场变革的目的与愿景。

从第一阶段到第二阶段，企业要解决的是利益干系人的不喜欢状态，也就是其负面的观点与情绪。企业可以向利益干系人发送详细的变革计划，通过阐述变革的方向、重大节点和关键里程碑项目计划，并提供反馈平台，及时解决利益干系人对变革的疑问。

为帮助利益干系人从第二阶段跨越到第三阶段，企业可以通过激发他们的使命感、参与感，让他们相信变革、支持并推行变革。

【案例】华为全球仓库大会，激发责任担当

华为曾出现过大量的存货和账外物料管理混乱、实物账和财务账不一致等问题。当时，这些问题并没有引起各级主管的重视，他们认为，只要企业的收入在增长，客户满意度没有下降，这些物料管理的问题只是小问题，并不会对企业造成很大的影响。

然而，这些问题却引起了任正非的高度重视，为了激发各层级管理者对于仓管变革的主动性,他亲自策划并召开了全球仓库大会,并在大会前期,就派稽查部到全球各地偷偷调查仓库管理的实际情况,并拍摄了照片。于是,当来自全球十几个地区部、一百多个子公司的总裁、总经理和业务主管步入会场时,各种物料堆积如山、损耗数据触目惊心的视频与图片映入眼帘,每一位参会者都羞愧地低下了头。

此时,任正非问道:"你们说仓库管得好,这就是管得好?"在会上,任正非表示:"我理解的中心仓库未来应该是虚拟化的,从合同到站点,全流程一次把事情做对,这是我们追求的目标。要尽可能多地一次把站点搞清楚,尽可能逐步减少区域中心仓库的二次分拣式生产。……我们要正确做好合同、正确提供交付,包括供应链环节及合同获取的整个过程。供应链的责任是要按计划流程把货物送达,但是计划做得合不合理,应该由业务部门承担责任。"董事长梁华也提出:"供应链要承担整个全物流环节的ITO,如果供应链只管自己,不管各个国家,那看到的只是自己干得好。所以供应中心的一部分成本和费用要核算到代表处,同时供应中心覆盖的国家也要拉通。"

经过此次会议,各层管理者也认识到了仓库管理变革的必要性,以及作为管理者他们所担当的责任与使命。很多主管在回到工作岗位后就立马开展行动,亲自带着仓管团队,着手推动变革。

最后阶段的跨越重点在于利益干系人的投入程度,如果他们投入的资源和时间不足,将导致变革失败。为此,在关键节点,企业可以广泛宣传阶段性、标志性的变革成果,形成变革的正向效应,激励利益干系人继续投身于变革,并积极带动其他人参与变革。

由此可见,企业应关注利益干系人从认知—理解—接受—承诺的每一个阶段过程,帮助他们成功实现跨越,避免走向相反的方向,使组织更高效地完成从当前状态迁移到目标状态。

22.4　船帮:沟通、教育及培训

变革意味着企业员工要走出原来的"舒适区",将现有的工作方式转变为变革后期望的工作方式。此时,企业一方面要尽可能与员工保持充分沟通;另一方面要通过针对性的培训，让员工掌握新的技能和方法，从而确保变革的有效落地。

22.4.1 进行充分的沟通，让员工坚定变革信心

企业管理过去是沟通，现在是沟通，未来还是沟通。沟通已渗透于企业运营的各个方面，它是信息传递的重要方式，也是企业中普遍且常见的一种情境。但当企业处于变革时，简单的信息传递是无效的，企业必须用更加科学的和结构化的方式与员工进行充分的沟通，才能帮助员工适应变革、坚定变革信心，进而拥抱变革。

变革中的沟通应该是广泛而全面的，要触及每个部门及员工，因为这是控制变革舆论的有效手段。同时，沟通应该是频繁且持续的，企业必须要有一套科学的方法论确保企业在变革初期、中期、后期都能保持沟通。

在变革的初期，企业和员工沟通的主要内容为变革的愿景与策略。只有让员工理解和接受这些信息，他们才能行动起来，去实现这一变革愿景。在这个环节的沟通原则如下：

（1）准确地描述与传达关于变革的重要信息，避免信息差。
（2）回答员工关心的问题，为他们答疑解惑，取得信任。
（3）进行平等真诚的交流，让员工获得安全感。
（4）使用数字化工具开展沟通，让员工看到数字化所带来的便捷。

在变革的中期，为了及时解决和发现变革落地过程中的各类难点、卡点，企业应建立畅通的沟通机制，来提高问题解决的效率。

【案例】华为变革项目组沟通机制

华为通过开工会、例会、汇报会等机制让大家深入沟通与研讨变革所面临的问题，如表22-2所示。

表22-2 华为变革推行中的沟通机制

沟通方式	频次	沟通人群	发起人	沟通内容	输出
推行实施组内例会	推行中高峰期每日一次、推行实施前末期每周一次	推行实施组成员	推行负责人	计划执行情况、问题风险等	会议纪要

续表

沟通方式	频次	沟通人群	发起人	沟通内容	输出
推行实施组汇报进展	每周一次	推行管理组、机关领导组、利益干系人	推行负责人	推行实施进展、重大问题、风险	×××代表处推行实施进展周报
测试例会	系统测试期间每日一次	参与测试的最终使用者、参与测试的实施人员	测试管理人员	测试进展、问题	测试进展报告
测试总结报告及上线准备会议	上线前一次	推行实施组成员、代表处领导	推行负责人	测试情况、上线准备情况、应急计划、恢复计划、上线准备度评估	会议纪要（含上线许可结论）
推行实施总结会议	推行实施后一次	推行实施组成员、代表处领导、推行管理组、重点客户	推行负责人	推行回顾、后续优化责任部门、文档转移	承接部门承诺、工作移交结论

例如，在开工会会前，推行项目组会明确开工会的沟通策略：要澄清什么、争取什么等；准备开工会材料（包括推行范围、目标、计划及验收标准、资源投入及面临的困难等）；充分识别与会对象，并做好关键利益干系人的会前沟通；会务准备——预先准备好的宣传材料、手册等。

在开工会进行时，华为对推行项目组的要求是：做好会议纪要（必要时录音），详细记录关键利益干系人的需求；强调并澄清项目范围、目标、计划及验收标准；现场争取领导对代表处资源投入的承诺；对关键利益干系人的变革期望，要合理承诺。

在开工会会后，推行项目要做的工作是：及时整理出会议纪要；调整或刷新项目计划；在代表处及机关范围进行变革推行宣传（如发送开工会快讯等）。

在变革的后期，员工已经开始适应了新的工作方式，变革也有了一定的成果，为了确保变革的善终如始，企业应建立不同的宣传渠道，广泛宣传变革的成果，给员工提供稳定感，这种稳定感能够给予员工自信，以开展下一个阶段的变革。

在IPD变革的第一阶段结束后，华为分层分级成立了多个推广小组，并要求各部门的最高领导亲自抓 IPD 变革成果的推广培训。推广培训的范围为普通工程师和科以上干部，包括各个办事处人员、海外人员和新员工。

在各个系统开展宣传培训的同时，华为还采用了其他一些宣传方式，比如，将 IPD 知识纳入了新员工的培训、第一阶段的成果报告印刷成册并编号发放、编制 IPD 宣传小册子、在《华为人》报和《管理优化》报上宣传、制作 IPD 多媒体宣传光碟等。

沟通是一门艺术，在推进数字化变革时至关重要。只有充分全面地在企业内部进行沟通，并做好组织内外利益干系人的协调，才能将变革引向成功。

22.4.2　开展变革管理培训，提升变革能力

数字化变革是企业面临的全新课题，没有直接可用的经验，也没有成熟的知识体系。为此，企业应一边变革，一边有计划、有策略地开展教育与培训，帮助员工做到知行合一，不断提升自身的数字化变革能力。

【案例】广汽丰田在变革中学习，在学习中变革

2021 年 2 月，广汽丰田确定并发布了围绕客户体验的数字化转型中长期战略。对大部分汽车企业来说，数字化转型仍然是一个全新的方向，整个制造行业的数字化转型尚处于起步阶段，没有可供借鉴且成熟的实践经验。

因此，广汽丰田只能"摸着石头过河"，一边转型，一边培训。首先，广汽丰田确定了优先的培训对象——管理层和骨干员工，并为他们购买了数字化相关的专业书籍与课程，组织员工自学。员工自学后要回答一系列问题作为课后作业，例如：你所负责的业务是如何与数字化相融合的？哪些方面还可以改进？你准备如何去改进？大家自学完后，对这些问题的回答五花八门，但主要集中在企业在数字化转型中出现的问题、自己的解决思路及对数字化转型的理解等方面。然后，企业会组织大家对他们的课后作业进行评比与公开分享。最后，学员们在作业分享与交流中，可以碰撞出新的思想火花。于是，广汽丰田的数字化转型知识在其组织的培训学习中不断丰富与积累。

仅一个月的时间，广汽丰田就有 500 多人参与到了学习中。另外，在自学的基础上，广汽丰田还举办了 10 多场高质量的线下访谈，深度挖掘了学员在数

字化转型中的痛点,以作为后续开展数字化研讨的课题与方向。

在这场学习中,员工成为培训内容输出的主力。广汽丰田也很好地解决了员工在数字化转型学习中积极性不高、学习效果不明显的问题。

此外,企业在变革过程中还需要对变革推行人员进行全面且细致的培训。德石羿团队的顾问专家组在辅导企业开展数字化转型时,企业变革项目负责人会在项目启动前协同德石羿团队顾问,通过培训的形式将相关理念、理论知识、方法、工具等传授给项目组成员、各业务负责人及相关人员,以确保这些人员具有推进项目所需的能力,如图22-6所示。

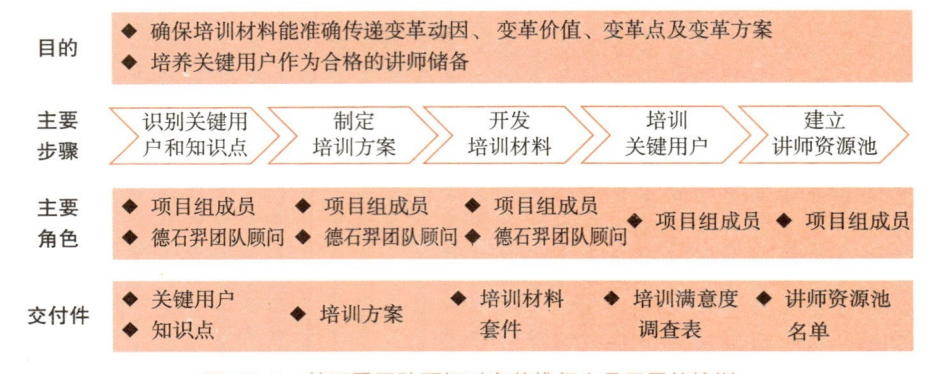

目的	◆ 确保培训材料能准确传递变革动因、变革价值、变革点及变革方案 ◆ 培养关键用户作为合格的讲师储备				
主要步骤	识别关键用户和知识点	制定培训方案	开发培训材料	培训关键用户	建立讲师资源池
主要角色	◆ 项目组成员 ◆ 德石羿团队顾问	◆ 项目组成员 ◆ 德石羿团队顾问	◆ 项目组成员 ◆ 德石羿团队顾问	◆ 项目组成员	◆ 项目组成员
交付件	◆ 关键用户知识点	◆ 培训方案	◆ 培训材料套件	◆ 培训满意度调查表	◆ 讲师资源池名单

图 22-6 德石羿团队顾问对变革推行人员开展的培训

可见,培训在变革管理中是非常重要的。截至目前,华为在数字化转型过程中,培训的人数已经累计过万,在制定培训策略、开发培训课程、完成培训的交付过程中,有着丰富的经验,具体如下。

第一,培训的深度。触及各个层级,不仅有对基层员工的培训,也有对管理层和领导层的培训。

第二,培训的广度。培训触及所有与变革相关的人员,从变革团队核心成员,到流程上下游成员,再到跨流程协作人员。

第三,训战结合,培养实战家。公司舍得付出时间成本,把大家拢到一起,通过培训考试掌握知识、了解技能要求,再通过实际场景下的作战实践,实现从"知"到"行",达到知行合一。

基于华为成功的实践经验,笔者及团队开发了包括数字化思维、数字化领导力等内容的培训项目，助力企业加快数字化人才的培养。在培训中，实操经验丰富的华为前高管导师会深度解密华为数字化转型的全过程，为学员提供科学系统的工具与方法论，引导学员结合企业实际业务开展研讨。

【案例】德石羿数字化转型训练营

1. 学习对象

企业创始人，总裁、总经理，CXO及企业高层管理团队，数字化转型相关部门管理者。

2. 培训收益

（1）理解数字化转型的方法思路，协助企业进行数字化转型战略制定。

（2）获取华为数字化转型的业务实践经验，为企业业务数字化转型提供参考，少走弯路。

（3）传递数字化转型的变革管理经验，支撑企业数字转型战略更好地落地。

3. 课程安排

模块1:《华为数字化转型的方法与实践》《华为供应链数字化转型实践》。

模块2:《华为数据之道》《数字化转型下的业务变革管理实践》。

在实施组织变革的进程中，加强企业员工之间的沟通，为他们提供数字化转型培训，不仅能拓宽他们的视野，转变他们的思维，还能让他们对企业数字化转型达成共识。

数字化变革不仅是一个长期、逐步深入的项目，同时还是一个实践性非常强的项目。企业要持续并有针对性地开展培训，让员工在实践中学习，在学习中实践，丰富与积累新的知识与技能，为变革贡献出自己的力量。

22.5　船舷：变革工作日常运作

笔者认为，变革是一个长期思考的过程。企业要将数字化思维、数字化策略落实为日常工作，让数字化变成一种习惯。否则，企业将逐渐驶离数字化变革的轨道，以失败而告终。

22.5.1　组建变革项目组，共同对数字化变革负责

众所周知，数字化变革是技术与业务的双轮驱动，数字技术是变革的支点，支撑和推动着业务增长，最终帮助企业实现更好的商业价值。因此，企业的数字化变革需要业务、技术等部门合力推进才能完成。

目前，很多企业在开展数字化变革时，容易陷入一个误区：数字化变革是数字化部门或 CIO 的职责，其他业务部门领导不承担变革的责任。笔者认为，数字化变革不仅仅是新兴技术的应用，还是一个企业的核心战略。而战略层面的变革如果靠单一部门来推动，就会导致数字化与经营管理出现"两张皮"现象，难以让数字技术真正地融合到企业经营之中。为此，企业要组建数字化变革项目组，共同对数字化变革负责。

在工业时代，企业信息化变革更多的是由 IT 部门牵头，但在数字化时代，企业的数字化由业务部门牵头更为合适，具体如表 22-3 所示。

表 22-3　工业时代与数字化时代的对比

/	1990—2000 年，工业时代	2010 年后，数字化时代
牵头部门	IT 部门	业务部门
责任部门	IT 部门	业务部门、IT 部门等
时代特征	供给规模经济	需求规模经济
企业关注重点	企业内部，降本增效	企业外部，提效增收
关注对象	资源、流程、管理	市场洞察、客户获取、个性需求满足
数字特征	可确定、需求可控、创新要求低	不确定、需求多元化不可控、创新要求高

在 2010 年以前，企业更多地会提及"信息化"的概念，重点关注的是降低成本、提高效率指标。信息化工作主要围绕企业资源管理、流程计划化、搭建 CRM/OA/ERP 等系统展开。信息化的变革对象相对可确定，变化周期长、幅度小，方案创新要求低。因此，信息化解决的是工具问题，信息化变革主要由 IT 部门牵头，通过对管理与流程的调整及 IT 实施来完成。

在数字化时代，由于企业外部环境的不确定性更强、业务导向更强、需求更为复杂、迭代周期快，这些都对解决方案提出了更高的要求。因此，数字化解决的是数据的问题，数字化变革必须由能敏锐捕捉市场变化、快速反应市场

变化的部门牵头,并对业务承担责任。

数字化变革是企业利用数字技术来驱动业务、管理、商业和服务模式的创新,业务是其真正的变革核心,也是其变革的原动力。因此,数字化变革应该由业务部门牵头主导完成。同时,数字化变革不是独角戏,需要各个部门通力合作,将业务活动数字化、数据活动业务化,这样才能给企业带来新的增长。华为的数字化变革之所以能够取得成功并促进业务的飞速发展,是因为其<u>让业务主管深刻认识到数字化变革的重要性和必然性,并将业务组织与技术组织紧密贴合在一起,协同推进变革</u>。

在华为,数字化变革是在任正非的驱动与领导下开展的,在变革过程中,华为建立了两个责任明晰的组织,一个是华为内部的 IT 云组织,另一个是和各个业务团队(即客户 BG、企业 BG、财经营销等各大业务体系)成立了业务、技术、运营的一体化团队,将业务团队、IT 团队、运营团队高效融合,联合推动数字化变革。这样就有效解决了原来业务部门经常说 IT 不好用,IT 部门将责任归结于业务部门需求没提清楚,运营人员不能及时发现问题等互相推诿的现象。

数字化变革是企业整体的事情,企业要从顶层来协调与打破部门之间的壁垒,对准业务目标,让业务部门牵引数字化变革,让 IT 部门使能业务变革。

22.5.2 组织和职责重设计,以适应数字化转型带来的转变

基于各类数字技术的充分应用,企业必须重视组织模式与数字化的适配性,将能力在组织中落地,以应对数字化变革所带来的新挑战和机遇。

为适应数字化转型带来的转变,企业的组织和职责分工应进行如下调整。

1. 组织扁平化

当前,很多企业仍然是金字塔式的科层制组织结构,信息在经过一层又一层的传递后,不仅效率低,还容易导致信息失真的现象。这一特点严重违背了组织快速响应的数字化变革要求。为此,企业的组织结构应从金字塔式的科层制调整为扁平化、敏捷化的组织形态。在这种组织形态下,企业的每个环节都能实现信息数据的实时传递,使业务流程之间能灵活有效地对接。同时,还能

为前端业务提供支撑与赋能，推动能力共享。

2. 职责要求和考核导向的改变

由于数字技术打通了组织中的信息断点，使得数据透明、流程可视、知识可随时获取，使得确定性工作自动化、不确定性工作智能化。为此，企业对岗位胜任力的要求、岗位应承担的责任及为客户创造价值的复杂程度应随之发生转变，即应重新设计原有的岗位职责和考核评价方式。

3. 从分工转向协同

组织中每一个部门都有严格明确的分工机制，有的部门按专业分工，有的部门按职能分工，也正是因为这种分工形式，使组织内部门众多、责任边界不清晰，各部门之间也产生了厚重的部门墙，甚至当部门之间存在内部竞争时，企业出现了资源重复建设与浪费的现象。为了打破这种隔阂，企业要构建公共能力服务化、共享化的平台，支撑企业实现"大平台支撑下的精兵作战"。与此同时，企业可通过高效的设计，建立调用资源和能力的内部结算机制，让资源和能力的提供组织在企业价值创造的链条上也能显性呈现价值，以平衡企业整体利益和部门之间的利益，加强部门之间的协同。

【案例】海尔"人单合一"组织模式的变革

当旧有的组织架构与数字化转型的要求不匹配时，企业必须及时响应，建立灵活、敏捷、高效的新型组织，以适应数字化转型。海尔就是在此种情景下开启了"人单合一"的组织革新。

2005年，在海尔全球化战略发展阶段，张瑞敏提出了"人单合一"的模式。"人"就是海尔的员工，"单"是指客户需求，"合一"就是将员工和客户的需求联系在一起，让每个员工直接面对客户，创造客户价值。"人单合一"的核心就是以自主经营贯穿始终的倒三角模式，这种模式重新定义了企业与人的关系，在企业内部引入了市场竞争机制，使每个人的价值最大化。

2013年，海尔更加注重客户创造价值，将"人单合一"的模式进阶到2.0阶段。"人"不再局限于海尔内部员工，还包括企业外部人员；"单"仍然是关注客户价值，但是在这个阶段客户开始以生产客户的身份参与全流程的价值创造，从单一角色向多重角色转变，通过"酬"将"人"与"单"合一。此阶段，海尔对企业、员工和客户进行了重新定义，实现了三化：企业平台化、员工创客化、客户个性化。

企业平台化：企业从传统的科层制组织颠覆为共创共赢平台。

员工创客化：员工从被动接受指令的执行者颠覆为主动为客户创造价值的创客和动态合伙人。

客户个性化：客户从购买者颠覆为全流程最佳体验的参与者，从客户转化为交互的客户资源。

海尔"人单合一"模式将传统的科层制转变为动态的网状组织，使组织更加扁平化。也正是这种转变，让海尔始终坚持"以需求为主导""以客户为中心"，率先在国内企业中实现了数字化转型。

数字化转型和组织变革是相辅相成的，在数字化转型的过程中必然会引发更加深刻、颠覆性的组织变革，有效的组织变革能够促进数字化转型的成果长期持续发挥作用。

22.5.3 做好变革中的绩效激励管理

金钱和荣誉是变革的助推剂。通过制定对变革项目组、变革利益干系人的激励策略，以及变革项目期间与持续运营阶段的激励策略，能有效激发变革项目团队的活力，从而确保变革最终成功落地，并产生价值。为此企业在数字化变革中，要做好变革中的绩效激励管理。

绩效激励管理是：

（1）确保员工个人目标与变革成功目标保持一致的管理过程。即让优秀员工脱颖而出，让员工得到激励、激发，承认并激励大多数员工，而不是所有员工；识别出需要改进的员工，给予指导或淘汰掉。

（2）员工在上级指导下不断达成更高目标和提升个人能力的过程。

（3）让员工主动挑战并超过期望的教练过程。

（4）包括绩效目标制定、绩效执行、绩效评价、绩效沟通的一个持续性的过程，而不仅仅是绩效评价。

绩效激励管理不是：

（1）主管要求员工做某事的任务监控。

（2）迫使员工更努力工作的棍棒。
（3）为了单纯将员工区分为几个等级的平衡和博弈。
（4）给员工安排一个不切实际的高目标。
（5）展现领导力的契机。

基于以上认知，企业可以从变革人员、变革的过程、变革的结果这三个维度开展变革管理中的绩效激励管理工作。

1. 变革人员的绩效管理与激励

变革人员包括变革项目组、变革后备队、业务部门等团体性组织，以及变革相关的个体人员。为更好地激发变革团队活力，保证项目目标的达成，企业应修正与完善绩效考核项，优化绩效考核权重，向变革倾斜。对于在变革中绩效表现优秀的员工，会优先给予职级提升、加薪等机会，让更多的人愿意融入变革，在变革中作出贡献。而对于抵制、拒绝变革的员工，则采取降职、降薪乃至末位淘汰等措施。

2014年，任正非在"变革在一线集成落地工作"的会议中谈到：华为员工做销售、交付等项目可以得到各种激励，但做变革缺乏这样的激励，要让大家感受并分享到参与变革的好处。

变革体系要有专项的奖金激励方案，机关变革项目组和一线参与变革人员的激励，要通过变革体系专项激励方案落实。对于变革中的优秀人员，在职级上要有所体现，以吸引大家来参与变革。对于在一线有成功实战经验，回来参加变革表现良好的，要给予提拔。例如，选拔一些绩效好的副代表，回来参加一段时间变革，做得好可以提拔去担任代表。

除此之外，华为还设置了管理体系建设的最高荣誉奖："蓝血十杰"奖，表彰那些为企业管理体系建设和完善作出突出贡献、创造重大价值的人才，该奖项设立于2013年11月。2014年6月18日，华为召开了首届"蓝血十杰"表彰大会，获奖者中既有在职的员工，也有离职员工，还有"外脑"咨询公司的顾问。至今已有超过1000人获得过"蓝血十杰"奖。

华为通过颁发"蓝血十杰"奖，让大家牢记历史，并在"蓝血十杰"精神的感召下，努力构建一个严格有序而又简洁的管理体系，支撑企业"多打粮食"。

2. 变革进展评估与激励

该维度是指对达成业务改进结果的变革过程进行评估与激励，评估的指标有工具的使用、变革点业务动作、运营过程指标等。在变革的推行过程中，企业可以基于这些指标开展"赛马"比拼，用好晾晒与"赛马"机制，定期通报变革的进展和完成情况。

华为采用变革进展指标 TPM 来评估变革的效果与业务改进结果。在评估时，不仅要考虑变革的推行程度与效果，还要与业界标杆对比。评估后，对照 TPM 评估标准，如表 22-4 所示，就能了解企业的变革项目目前处于哪个阶段。

表 22-4 TPM 评估标准

推行程度	级别	推行效果	级别
0.1～1.0	试点级：试点运作，市场与研发存在断点	0.1～1.0	试点级：有成效，流程存在较大的缺陷
1.1～2.0	推行级：在局部、个别产品线中开始推行	1.1～2.0	推行级：关键评估指标有部分改进，流程缺陷较小
2.1～3.0	功能级：在大部分产品线得到应用	2.1～3.0	功能级：大部分评估指标得到改进，实施有成效
3.1～4.0	集成级：推行完成度超过80%	3.1～4.0	集成级：大多数评估指标有很大改进，实施非常有成效
4.1～5.0	世界级：完成推行，及时与新的IPD理念保持一致	4.1～5.0	世界级：实施质量不断提升，竞争力领先

TPM 运用开放式提问来评估 IPD 的推行情况，通过完成问卷得出 TPM 得分，该分数说明了企业的 IPD 处于哪个阶段。经过二十年的努力，华为 IPD 的 TPM 得分从最初的 1.06 分提高到 2016 年的 3.6 分，已经达到了华为当初制定的 3.5 分目标。这表示 IPD 推行已经跳出研发内部，与周边相关流程实现了集成并有效运作，为企业实现持续性发展奠定了坚实的基础。

3. 业务改进结果评估与激励

一般来说，变革周期较长，企业可以在不同的节点设置一些"速赢"小目标，让大家尝到变革的甜头，感受到变革所带来的利益，以提高变革积极性。同时，企业可以通过对变革项目价值承诺书进行阶段性评估，瞄准业务改进结果设置激励，如表 22-5 所示。

表 22-5 变革项目价值承诺书

1. 项目目标							
2. 项目范围							
3. 项目价值							
变革点	SN	变革点	变革前	变革后	权重	受益部门	受益部门主管确认
定量指标	SN	定量指标	基线	价值目标	权重	受益部门	受益部门主管确认

价值承诺书包括项目目标、项目范围、项目价值三大部分，其中，目标和范围采用的是定性的描述，如变革后业务未来可达到的状态和程度。价值的评估采用的是定量的指标描述。

总的来说，作为评估变革项目落地的关键闭环，绩效激励管理不仅是评估变革人员表现与变革项目有效性的重要工具，还可以有效呈现变革效果，展现企业上下对变革项目落地执行的心声。

22.5.4 营造"人人为我，我为人人"的数字化文化

在数字化转型过程中，人的因素最为关键，而人的思维与观念最终体现为企业文化。如果组织中缺乏开放包容、勇于挑战的文化基因，数字化变革将难以实现。正如路易威登集团前 CDO（首席数字官）所说："决定企业数字化转型成败的关键，是企业组织在转型的过程中，是否已经接受了这不是技术问题而是企业文化变革的事实。企业文化变革是数字化转型的前提。"只有重塑企业文化，营造良好的数字化变革氛围，才能使组织从根本上完成转型。

红杉资本《2021 企业数字化年度指南》报告显示，数字化管理者在数字化实践滞后于预期效果的原因中，提到最多的关键词是组织与人。调研结果显示，在企业数字化实践面临的众多挑战中，有 44% 的受访者认为"未普及数字

化文化"是企业面临的第一大挑战,如图22-7所示。那么,到底什么是数字化文化?企业要如何去营造数字化文化氛围?

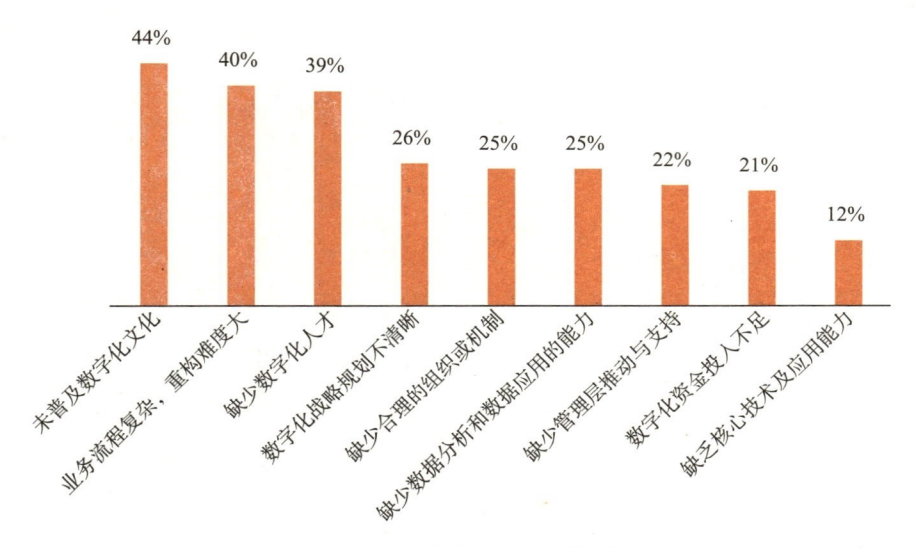

挑战	占比
未普及数字化文化	44%
业务流程复杂,重构难度大	40%
缺少数字化人才	39%
数字化战略规划不清晰	26%
缺少合理的组织或机制	25%
缺少数据分析和数据应用的能力	25%
缺少管理层推动与支持	22%
数字化资金投入不足	21%
缺乏核心技术及应用能力	12%

图 22-7　企业数字化实践面临的挑战

仁者见仁,智者见智。有的企业认为数字化文化是数据思维、客户共创,而有的企业认为是协同共赢、创新迭代。不同的企业对数字化文化的定义是无法统一的,标准也不尽相同。但其共性在于,<mark>数字化文化是企业为解决在数字化转型过程中面临的问题,所提出的驱使员工支持变革、快速适应并参与变革的企业文化</mark>。如美的在数字化转型之前,层级划分明显,董事长方洪波为了打破这种阶层感,将企业文化转变为去中心化、平等的互联网文化。再如被业界称为"黄埔军校"的宝洁,为了扎根于客户,关注其个性化需求,宝洁提出了"鼓励数字化创新"的文化,以提供针对性的服务,积极跟进新一代消费的步伐。

以前,美的管理层有专属的用餐空间。方洪波在提出了新的文化后,取消了几乎所有人的个人办公室,连同电梯、餐厅针对管理者的特殊待遇也被取消。以前,美的总部的执委会更多是个形式,现在方洪波要求参会的每个管理者在重要决策事项上必须讲自己的观点,并进行集体决策。他还在自己的办公室使用玻璃墙,表示"随时开放,任何人都可以进来"。

除此之外,还有其他标杆企业也在数字化转型过程中提出了适合自身的数字化文化，如表 22-6 所示。

表 22-6　标杆企业的数字化文化

企业	在数字化转型过程中提出的数字化文化
GE	敏捷、试错、迭代
微软	同理心、协同、以客户为导向、多元和包容、灵活动态
宝洁	鼓励数字化创新
伊利	创新、包容、开放、学习
美的	客户思维、去中心化、平等
海尔	人单合一、协同共生

华为的数字化文化就是"人人为我，我为人人"的团队文化。华为原来强调个人产出和贡献的 KPI 牵引，在确定数字化转型的战略后，这种导向显然不合时宜。于是，华为提出，在坚持责任结果的基础上，要从单一地强调"个人有效产出"到同时考虑"为客户创造价值""对他人产出的贡献""利用他人产出的贡献"，鼓励员工相互协作，不断挑战与创新，如图 22-8 所示。同时，这种导向也能激发员工的主人翁意识，引导他们走出个人利益的圈子，参与到以集体利益为重的变革之中。

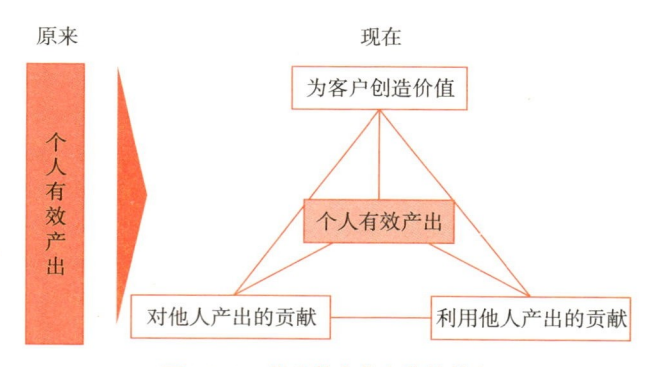

图 22-8　华为数字化文化的转变

笔者作为一名资深的华为人，想以自己的亲身体会与实践，谈谈企业要如何营造数字化文化氛围，以适应数字化转型的需求。

1. 明确数字化愿景，扩大宣传

企业要明确数字化转型的愿景，如华为的愿景是"把数字世界带入每个人、每个家庭、每个组织，构建万物互联的智能世界"，既指引了华为今后的发展方向，也被近 20 万名华为人所认同并践行。另外，企业在组织内部要自上而下大力宣传数字化愿景，强化数字化理念。比如，将数字化转型的金句、标语张贴至企业文化墙，建立数字化文化展厅等，让数字化文化融入员工眼中、口中和心中；在企业外部要本着开放、合作、共赢的宗旨，将自身的数字化转型经验在业内共享，与标杆企业探讨数字化转型之道，提升企业的社会影响力。

2. 与员工反复持续地沟通

一方面，通过沟通向员工灌输数字化转型的理念，向他们澄清数字化转型的原因和价值，让员工认识到数字化转型不仅是企业层面的事情，还关乎他们每个人的切身利益。另一方面，通过先进的数字技术赋能员工，让他们看到实实在在的数字化成果，从而改变他们的行为方式，提高他们的变革适应能力。

华为在数字化转型期间，在流程 IT 部成立了一个数字化文化宣传工作组，主要负责收集其他部门对数字化工作的建议和数字化给业务带来的成果，以提升员工在数字化转型中的体验感。

3. 构建学习型组织

变化是永无止境的，数字技术也不会停滞不前。因此，企业要不断地引入与吸收新的数字技术与数字化流程，以紧跟时代步伐。企业员工也要持续学习数字化理论与方法，培养数字化技能。通过学习改变认知，再产生行动，以落实数字化战略的具体举措。

在数字化转型时期，微软建立了自己的数字化学习平台，鼓励员工持续学习，投资自己。同时，为了创造出良好的学习环境，微软还要求全体员工做技术认证，无论是技术人员还是非技术人员都要参与进来。

数字化转型，文化先行。数字化文化的转变与塑造将引导企业员工快速融入数字化环境中，极大程度地助力员工自我价值的实现，让员工在数字化转型中有所成长，有所收获。

第 23 章 数字化转型成功的关键经验

成功的企业是相似的，失败的企业则各有不同。德石羿团队结合华为、美的、宝洁等标杆企业的数字化转型成功经验，以及多年的数字化咨询管理实践，总结与提炼出了一些关键经验与方法，致力于为中国企业的数字化转型之路提供有价值的指引和参考。

23.1 总原则：方向大致正确，组织充满活力

一个企业取得成功有两个关键：方向要大致正确，组织要充满活力。那现在的方向是什么？是数字化。

对于企业来说，在保证数字化方向的前提下，组织必须充满活力。为此企业必须坚持数字化转型持续的创新和优化，以快速的应变来应对当前变化的时代。

华为创始人任正非说过："什么是变革？就是利益的重新分配。利益重新分配是大事，不是小事，这时候必须有一个强有力的领导机构，才能进行利益的重新分配，改革才能进行。"众多企业实践表明，一个成功的变革需要设置一个专门的、独立的组织，它能始终站在企业全局视角，确保数字化转型不跑偏。

《中国数字企业白皮书 2018—2021 四年对标篇》显示，越来越多的企业开始成立专门的数字化转型组织。2018—2020 年，45%～50% 的企业的数字化转型主要由 IT 部门负责，到 2021 年，该比例降低为 35%，并有 30% 的企业开始采用成立专门的数字化转型部门、委员会的方式推动数字化转型。

数字化变革是一项极其重要的任务，不能也不应该只由一位或多位管理者来执行。同时，数字化转型不仅是技术问题，还涉及企业业务、组织甚至是企业文化的重构。企业应根据需要，在外部专家的支持下，集结企业各部门管理者，成立一支由数字化领导者、数字化专业人才、数字化应用人才构成的数字化变革团队，规划、指导、协调和落实转型工作。

数字化领导者：该角色通常由企业的 CEO、CIO 等岗位的人员担任，他们是强有力的数字化转型领头羊，具有较强的商业洞察和组织协同能力，在转型中的主要任务是通过数字技术引领组织成功转型。

数字化专业人才：该角色包含业务管理专家、技术管理专家及系统设计师。业务管理专家主要负责分析、诊断某一业务领域现状，针对业务痛点，提出解决方案的数字化设计需求。技术管理专家则负责项目管理和数字化解决方案的交付落地。系统设计师负责企业架构、顶层业务的蓝图设计。

数字化应用人才：该角色由不同业务部门的核心骨干组成，是数字化转型的实际应用人员，他们的关注点是数字技术与业务场景的融合。其责任是"以终为始"，通过数据的不断积累、采集、处理，指导业务开展和管理决策，实现业务场景与数字技术的融合。

23.1.1 保持战略定力是关键

数字化转型是一项需要持续投入的工程，从底层数据的搭建到各端之间信息流的高效流转，要扎实推进，没有捷径可走。为此，企业要制定为转型提供方向性、全局性的数字化战略，以指引和推进数字化转型。

数字化战略通常属于集团层面的战略，项目体量大，涉及范围广，并非一朝一夕之功。转型的道路也并非一帆风顺，如领导层与股东的不配合、核心人员的流失、数字化的投入与产出不成正比等问题，都有可能使转型戛然而止。此时，保持战略定力，权衡好短期收益和长远利益，对企业来说至关重要。

【案例】海尔智家保持数字化战略定力，专注地走好数字化转型的每一步

在数字化这条道路上，海尔智家已布局多年。2012 年到 2014 年，海尔智家实现了企业客户和个人用户的数字化管理，2018 年实现了员工的数字化。到 2020 年，海尔智家全面推行数字化平台，通过企业客户、个人用户、产品、服务、营销、物流的数字化，实现了从线下到线上经营模式的升级。

2021 年以来，受原材料价格普遍上涨、新冠疫情反复、海外需求回落等多重不确定因素影响，国内家电行业的多数企业负重前行。海尔智家同样承受着较大的经营压力与争议，但管理层始终保持着战略定力，力排众议，于 2021 年下半年，开启了全流程、全要素的数字化变革，并延伸到企业的上下游，形成数字化协同力。

多年以来，海尔智家一直在专注地走好数字化转型的每一步，无论遇到何种困难都未曾停歇。从财报上来看，海尔智家这些年在数字化转型上的努力也获得了回报。从2017年中报到2022年中报，海尔智家归母净利润5年复合增长率达12.46%，同期美的为8.16%，格力为4.02%。

海尔智家凭着这股韧劲，始终保持着数字化战略的定力，最终完成了数字化转型的蝶变。中国工业互联网研究院院长鲁春丛曾说过，推进数字化转型是一场"持久战"，只有保持战略定力，久久为功，才能在新一轮科技革命和产业变革中赢得先机、扩大优势、掌握主动。敦笃力行，方能致远。

同样，2022年，汽车行业在新冠疫情、缺芯、限电等前所未有的艰难困境之下，车企的数字化转型脚步明显放缓，而一汽-大众的数字化变革仍在持续深入与提速。

2022年是一汽-大众转型最为关键的一年。为了积极践行全体系数字化转型战略，一汽-大众专门成立了数字化转型办公室，立项并启动了涵盖营销、生产、产品、采购、质保、财务、人事等关键领域的数字化转型项目。

在技术研发方面，一汽-大众总投资几十亿元的"新技术开发中心""汽车试验场""新能源中心"陆续落成，进一步夯实了一汽-大众在新技术、新能源开发和测试方面的优势。

在智能制造方面，一汽-大众此前启动的Go Digital智慧工厂项目，已经应用了超过700个创新举措，每年节约的费用超过6000万元人民币。一汽-大众的智能制造能力也获得了国家认可——入选"2022年度国家智能制造示范工厂"揭榜单位，成为国家"十四五"首批入选的合资汽车企业之一。

在营销领域，一汽-大众开发出了可实现精准营销的五轮驱动全域运营模型——"iCode五精模型"。该模型的五大模块相互驱动，协同提高营销运营效率，实现了品牌建设和效果转化的双重目标。

在大机会时代，千万不要做机会主义者，企业要有战略耐性。在经济形势不利好、外部挑战诸多的势态下，一汽-大众的数字化转型做到了不为一时销量而退缩，也不为短期利益而放松。一汽-大众始终按照企业既定的节奏，一步一个脚印走好自己的数字化转型之路。

企业数字化转型不是"百米跑"，而是"马拉松"。企业要在数字化转型中保持战略定力，夯实数字化的根基。正如华为轮值董事长郭平所说："我们要保持战略定力，理性应对外部的不可抗力。我们不会因为外部环境变化，就改变自己的理想与追求。探索未来是科技企业最大的社会责任，我们要努力探索科学技术的无尽前沿，与世界开放合作，突破基础理论极限和工程瓶颈。我们也致力于把ICT应用到千行百业，通过数字化、智能化升级和绿色节能减排，为各行各业创造增量价值，让每个人都从技术进步中受益。"

23.1.2　拒绝刻板，拒绝僵化，拥抱变化

众所周知，数字化转型是为了适应市场和需求的变化所开展的变革，市场和需求瞬息万变，数字化转型也必然是一个持续、不断调整与改进的过程，没有明确的终点。

业界所定义的数字化转型成功并不是指数字化转型的结束，而是说这家企业的转型达到了预期的阶段性目标，取得了阶段性的胜利。华为也强调，当阶段性的变革项目完成后，相关领域的负责人仍要持续推进并不断优化变革。

【案例】华为管理进步三部曲：先僵化、后优化、再固化

《华为基本法》的第三条提出，华为要"广泛吸收世界电子信息领域的最新研究成果，虚心向国内外优秀企业学习，在独立自主的基础上，开放合作地发展领先的核心技术体系，用我们卓越的产品自立于世界通信列强之林"。为此，华为的变革方式是先僵化、后优化、再固化。

僵化：任正非曾明确提出"我们引入合益集团的薪酬和绩效管理，是因为我们已经看到，继续沿用过去的土办法尽管眼前还能活着，但不能保证我们今后继续活下去。现在我们需要脱下'草鞋'，换上一双'美国鞋'"。关于学习IBM也是同样的道理，华为提倡："要学会IBM是怎样做的，学习人家先进的经验，要多听取顾问的意见。首先高中级干部要接受培训，在不懂之前不要误导顾问，否则就会作茧自缚。而我们现在只明白IT这个名词概念，还不明白IT的真正内涵，在没有理解IT内涵前，千万不要有改进别人的思想。"

优化：仍以华为与合益集团的合作为例，任正非曾表示，当华为的人力资源管理系统规范了，企业成熟稳定之后，华为就会打破合益集团的体系，进行创新，从僵化阶段进入优化阶段。华为鼓励自我批判，只有认真地自我批判，才能在实践中不断优化，不断进步。

固化：优化之后是固化，固化就是例行化、规范化和标准化。规范化管理是企业长期努力的目标，是让所有员工遵循同样的工作方法、提高工作效率的制胜法宝。

僵化指的是将标杆的具体做法，全面系统地复制和模仿，这是一种前期性的学习方式，不是妄自菲薄，更不是僵死。经过僵化阶段后，标杆的一些做法必然会与企业中现有的业务、管理、文化系统不适应，这时企业必须全面理解最佳实践，根据自身实际情况进行优化与改进。最后，固化是将最佳实践成果内化为一种永恒的、持续自我更新的机制。

数字化变革也将经历僵化、优化和固化阶段。企业不能仅停留在僵化阶段，要根据社会和科技的发展情况，不断地去感知不确定性，与时俱进，持续变革，以保证企业不断地向前发展。作为数字化转型的典范，美的从未停止变革与创新，它在过去的十多年里探索出了一条由传统的家电制造企业向数据、创新驱动的科技企业转型的独特发展道路。

【案例】美的的数字化转型之路

美的是行业内率先进行数字化转型的科技企业，它的全链路数字化已经成为企业数字化转型的标杆。2021年数据显示，美的在转型期间的营业收入增长超过了150%，净利润增长了333%，资产总额从926亿元提升到3879亿元。

2012年，美的启动了数字化转型1.0阶段。当时，美的内部高度分权，每个事业部自成一体，以至于所有的IT系统高度离散。为了让美的能够集团化运营，集团董事长兼总裁方洪波和美的高层决定将运行多年的数字化系统推倒重建，于是，历时三年，美的重构了所有的流程、IT系统和统一数据的标准。

2015年，美的认为互联网+要颠覆传统行业，经过企业内部大讨论后提出了"智能产品""智能制造"双智战略。随后，美的建立了智能制造工厂、大数据平台等，将所有系统移动化，把"+互联网能力"以数字化的形式引进到美的内部。

2016年，美的又从数字化1.0进阶到数字化2.0。其在业务上实现了从以前

第 7 篇 总结提炼篇：数字化变革及关键经验

的层层分销模式、以产定销模式变成以销定产模式，将原来的大订单供应模式，变成了碎片化的订单模式，从而强化了企业面对不确定性的柔性供应能力和效率。

2018 年，随着 IoT 技术的成熟，美的开始让单机版的家电变成联网家电。通过美居 App，让冰箱、空调等产品可以被客户集中控制，同时美的可以通过 App 采集客户的行为数据，优化和升级产品服务。

2019 年至 2020 年，美的完成了工业互联网、全面智能化（包括产品智能化），实现了用数据来驱动业务运营。

2020 年年末，美的集团正式对外发布，将三大战略主轴升级为四大战略主轴（如图 23-1 所示），将四大业务板块重新更迭为五大业务板块，旨在通过数字化技术和工具提高企业运营效率、直达客户、增强客户体验。

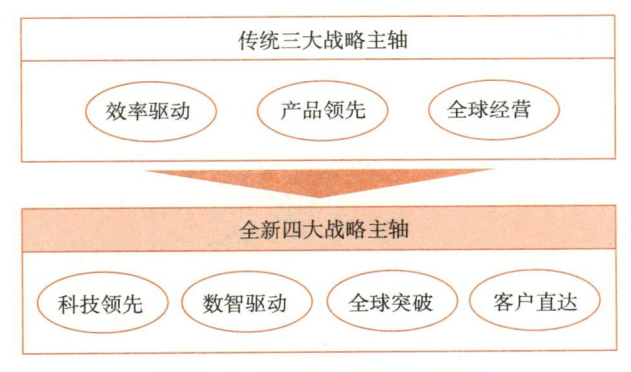

```
传统三大战略主轴
  效率驱动    产品领先    全球经营
         ▼
全新四大战略主轴
  科技领先  数智驱动  全球突破  客户直达
```

图 23-1 美的集团战略主轴升级

在数字化转型的十年间，美的前后投入了上百亿元，但方洪波认为，这条路是值得的，而且还没有到终点，他将引领美的继续在数字化转型的路上前进。

管理大师彼得·德鲁克曾表示："动荡时代，最大的危险不是动荡本身，而是仍然用过去的逻辑做事。"所以变革是一个永恒的话题，数字化转型也是一段没有终点的旅程，将随着企业业务的发展不断演变与推进。

23.2 变革的八大步骤，科学推进数字化变革

企业想要成功实现数字化转型就必须了解在这个复杂、快速变化时代的游戏规则，理解并掌握关键玩法，并在实践中有效实施。

首先企业要组建一支战斗力强的数字化变革团队。数字化转型是一个探索的过程，面对众多未知的因素，企业要把控好团队的入口，团队成员必须是经验丰富的老兵，才能在探索的过程中保持变革的韧性，抓住时机进行突破。同时，这些精兵强将必须从原属的部门中脱离出来，只为当前的团队服务。

其次，企业在运营数字化变革团队时，还需坚持"选、育、用、留"四大要素。

（1）选：企业在数字化转型初期必须有一个具有企业级视角的CIO，其具备足够的经验与视野，能够为企业数字化转型规划顶层设计，并带领团队将数字化美好蓝图落到实处。其他岗位的人员只要能匹配企业当前的发展阶段即可。

（2）育：无论多大的企业都会缺乏人才，尤其是人才市场上稀缺的数字化人才。当企业难以在市场上招募到合适的人才时，可以内部培养有发展潜力的人员，为他们创造数字化人才成长的环境和通道，帮助他们成长。

（3）用：团队领导要挖掘有主观能动性的成员，让他们承担更多的责任。同时，在不影响转型进度的前提下，给予团队成员信任，给予他们足够的试错机会。另外，企业也要给予团队支持，给数字化变革团队推动数字化转型的权力。

（4）留：企业要为数字化变革团队个性化定制一套全新的管理模式，以提高团队成员的适应度，减少团队的焦虑状态。

简言之，企业在数字化转型中须建立专职、专业的数字化变革团队，共同制定组织相关的数字化转型方案，以推动数字化变革工作的稳步落地，最终成功实现数字化转型。

管理大师赫尔曼·西蒙说："任何管理上的变革，都是有迹可循的，都能总结出一套方法，用于指导未来的实践。"数字化的变革步骤也不外乎如此，需要由点及面，循序渐进，不断内化和深化。笔者及团队基于自身多年的变革实践经验，归纳总结了具有华为特色的变革八步法。

第一步：营造足够的变革紧迫感

成功的变革，始于紧迫感。当人们面临共同的问题、迫在眉睫的危机时，才会产生改变的意愿。所以企业要建立起数字化转型的危机感，切断员工因沉溺于过去的成功而产生的自满情绪，打破他们的思维惯性。为营造紧迫的数字化转型氛围，可以采取以下具体措施。

（1）说服至少75%的管理者，让他们相信现状比想象得更危险。
（2）让员工了解更多的企业财务状况信息和客户满意度。
（3）让员工外出参观访问，了解外部企业的变化及数字化转型成果。
（4）利用顾问放大危机，让企业成员看到自己与其他同行企业的差距。
（5）在高层会议中，分析与讨论企业当前的危机、潜在的危机和重大机会。

第二步：组建强大的变革领导团队

数字化转型是一项团体性的任务，不能也不应该由一名管理者来推动，因此，企业应组建一支强大的变革领导团队来引领变革，并对其进行赋能培训。变革领导团队的成员应该由有业务经验和变革经验的业务专家组成。团队的规模由企业的整体规模决定，规模较小的企业一般为4～6人，大型企业一般为20人及以上。

华为在1998年与IBM合作推动流程变革之初，内部就遇到了众多阻力，为此，任正非在华为内部成立了变革指导委员会，时任华为董事长的孙亚芳任委员会主任，委员会成员由任正非、郭平、徐直军等各企业一级部门一把手和主要的业务负责人构成。委员会负责变革项目的重大决策及方向把握。

在供应链数字化转型项目中，华为选择了一名工作二十多年、有非常丰富的业务成功经验，并具备变革领导力的副总裁级别的领导全职担任变革项目负责人。

第三步：树立明晰的愿景战略

数字化愿景能够将企业的意图用言简意赅的语言快速地传递给所有员工，指引数字化的变革行动。如亚马逊的数字化变革愿景是"成为地球上最注重客户、以客户为中心的公司"，谷歌的数字化变革愿景是"管理全世界的信息使其具有普及性和可用性"。

第四步：沟通并传播变革愿景

变革的愿景如果只贴在墙上，印在纸上，其终将成为一种空想。变革愿景不应停留在高层领导的脑中，而应通过反复沟通、领导干部的以身作则和员工喜闻乐见的宣传方式，让愿景自上而下地传递下去，潜移默化，深深印在每位员工的心中，形成企业文化，实现上下同欲。

第五步：及时移除变革阻力

有变革就会有阻力，这是不可避免的现象。企业可采用强制性、教育性手段，多管齐下，果断消除变革阻力。常见的强制性手段有开除、降薪、不给予晋升机会等，教育性手段包括培训、沟通、授权等。

在 IPD 变革过程中，为了消除变革阻力和利益干系人对既得利益的固守，华为通过一系列的问卷调查来评估利益干系人对变革的准备度，并根据调研结果，针对不同的人群采取了不同的措施。

第六步：规划短期效益并进行阶段性复盘

变革项目想要获得持续性成功，必须要让人们看到效益。企业应按阶段制定多个短期的目标，并通过一步步的实践实现短期的变革成果，鼓舞人心。

在取得阶段性胜利后，企业要开展复盘工作，一方面能为后期的持续变革总结经验、提供指导，另一方面能将该阶段的经验内化为企业的组织能力。

数字化转型的复盘可以分为回顾目标、评估结果、分析原因、总结经验、制订计划这五大步骤。

回顾目标：数字化转型在该阶段的目标是什么？

评估结果：这次变革取得了什么样的成果？变革过程中哪些方面做得比较好？哪些方面做得不足？

分析原因：为什么会取得这样的成果？做得好的原因是什么？做得不足的原因是什么？

总结经验：参与变革的人员分享自己的经验和体会，并进行提炼总结。

制订计划：下一阶段的变革行动计划是什么？

第七步：促进变革的深入

所有的短期速赢项目都必须围绕变革的长期目标来设定，在变革获得短期效益时，变革项目组要谨防被眼前的成功所麻痹，而丧失对变革的紧迫感，最终导致变革的"无疾而终"。为此，项目组应乘胜追击，一鼓作气，形成源源不断的变革动力，促进变革的不断深入，以实现变革的长期目标。

第八步:固化变革成果,形成制度,融入文化

变革的成果只有融入组织的血液才能持久。如果新工作方式没有形成制度,没有融入企业文化,那么只要压力消失,它就会退化。所以企业要将变革成果融入流程制度,形成行为规范,持续指导员工的工作行为。同时,阐述变革取得的成果跟企业成功之间的关系,让大家体会变革带来的益处,如 2014 年华为曾邀请 IBM 第一任项目经理为在华为变革中作出贡献的员工颁发"蓝血十杰"奖励。

变革八步法的基因已经深刻地植入华为的企业程序当中,帮助华为实现了科学的组织变革。如表 23-1 所示,华为的 IPD 产品研发体系变革就是通过这个八步法开展的。

表 23-1 华为 IPD 产品研发体系变革八步法

华为变革八步法	IPD 产品研发体系变革
1. 营造足够的变革紧迫感 (1)要说服至少 75% 的管理者,让他们相信现状比想象更危险。 (2)认真考察市场和竞争情况。 (3)找出并讨论企业当前的危机、潜在的危机和重大机会。	发表《华为的冬天》,传播危机意识
2. 组建强大的变革领导团队 (1)建立一个强有力的变革领导团队。 (2)让变革领导团队协同作战。	任命变革指导委员会
3. 树立明晰的愿景战略 (1)用言简意赅的语言把变革愿景描述清晰,指导变革。 (2)制定实现愿景的战略。	印发 5000 本宣传手册
4. 沟通并传播变革愿景 (1)利用所有可能的传媒手段和渠道,持续沟通和传达新的愿景和战略。 (2)变革领导团队要作出表率,言出必行。	开展 48 期变革研讨会
5. 及时移除变革阻力 (1)改变阻碍变革愿景的制度系统和组织结构。 (2)鼓励冒险和非传统的观念、活动和行为。	授权行动,任命分层推行团队
6. 规划短期效益并进行阶段性复盘 (1)寻求不需要获得强烈反对者的支持即能实现的短期目标。 (2)全面分析制定的短期目标,确保能够顺利达成。 (3)公开表扬和奖励为变革短期胜利作出贡献的员工。	采用试点推行方式
7. 促进变革的深入 (1)总结当前阶段的变革成果,如在华为会采用 TPM 来评估变革进展情况。 (2)用新的项目、主题和新变革推动者,来激励促进变革深入。	流程持续优化升级

续表

华为变革八步法	IPD 产品研发体系变革
8.固化变革成果，形成制度，融入文化 （1）阐述变革取得的成果跟企业成功之间的关系，如 2014 年华为曾邀请 IBM 第一任项目经理为在华为变革中作出贡献的员工颁发"蓝血十杰"奖励。 （2）要以制度化的方式把变革融入企业文化。	客户需求导向 文化

无论企业处于哪一发展阶段，都应当遵循以上八个步骤，步步为营，推动变革层层叠进，从点到线、到面形成完整的变革成果，并固化下来，实现高效的数字化变革。

23.3　影响企业数字化转型成功的八大关键点

数字化转型涉及组织内部的结构、流程、业务模式及员工能力的创新，并非简单的技术创新与应用。

根据德石羿团队对华为和其他企业经验的总结，企业要抓住以下八大关键点，以凝聚团队共识，体系化地推进企业转型。

关键点 1：一把手负责制

数字化转型对企业来说，是一个风险型项目。只有一把手有能力且亲自下场去负责和承担，才能确保数字化项目的平稳推进。倘若一把手不亲自下场主抓项目进度，数字化转型很有可能没法有效实施推进，甚至有可能失败。

作为企业的掌舵人，一把手要跳出单一的业务模块，从更高、更全面的企业运作视角进行转型的通盘考虑。而且数字化转型是一场持久战，面对数字化转型带来的阵痛，也只有一把手能决策与担责。一把手要旗帜鲜明，用坚定不移的战略决心将数字化转型推行下去。

华为明确规定，所有变革都是一把手工程，包括人力资源变革等。所以公司的流程变革，不管是制定一个流程还是做一件事，都是一把手作为第一责任人。

关键点 2：数字化战略引领

华为 CIO 陶景文曾说："企业的数字化转型，就是企业构建面向未来高质量竞争力战略下的主导思考。"数字化战略是站在企业未来发展的高度，用数字化思维，定义企业数字化转型的愿景和目标，谋划数字技术融入企业全价值链流程的解决方案，确定企业数字化建设的路径和策略，推动企业数字化战略目标的实现，进而帮助企业在数字化时代构筑可持续发展的竞争优势，使企业在市场上立于不败之地。

2021年5月，华为轮值董事长徐直军在华为中国生态大会上对企业的数字化战略进行了阐述。根据清华大学的调研数据，有39%的企业数字化战略规划模糊，48%的企业未明确组织架构调整，75%的企业尚未运用AI等技术。中国企业的数字化虽然有了一定基础，但距离成熟还很远。徐直军提出华为将通过两方面来推动行业的数字化转型：一方面是华为将变革现有合作伙伴体系，打造真正的能力型伙伴体系，另一方面是升级数字技术生态。同时，华为坚持被集成，做少数项目的集成是为了支持长期的被集成。

关键点3：业务重构

数字化转型的本质是业务的转型，其优先任务就是重构业务。数字化转型是要解决信息孤岛、运营效率低下、企业成本高昂等问题，而解决这些问题的关键在于聚焦客户需求，重新梳理、优化流程，构建其端到端的业务流程，从而使业务运行效率更高、响应客户需求的速度更快。

关键点4：转人磨芯

领导力大师约翰·科特曾说过："在进行大规模变革的时候，企业所面临的最核心的问题绝对不是战略、结构、文化或系统。最核心的问题是如何改变人们的感受，从而改变人们的行为。"员工的变革意愿和能力是确保转型工作取得实效的关键。企业一方面要通过变革管理，培养和提升员工对转型的意愿，促使员工尽最大努力支持和认同转型。另一方面要通过训战结合的方式，提高全员数字化思维、素质和能力，加强数字化转型人才队伍建设，从而激活组织，为企业数字化转型提供支撑。

关键点5：外部对标和学习

数字化转型对任何一家企业来说都是一件新鲜的事物，在自身探索的过程中难免会因为认知不清、经验不足而走弯路。所以，企业要保持开放的心态，兼收并蓄，积极与行业标杆沟通交流，通过学习标杆的案例，了解前沿的技术应用情况和经验，避免不必要的成本浪费。同时，也可以尝试和一些具有代表性的企业开展技术合作，共同推进数字技术的升级。

再者，向标杆对象或者业界最佳实践去学习，是成本最低、风险最小的选择。正如任正非所说："瞄准业界最佳，以远大的目标规划产品的战略发展，立足现实，孜孜不倦地追求、一点一滴地实现……沿着这个方向我们就不会有大的错误，不会栽大的跟头。"企业在选择数字化转型的学习标杆时，可参考表 23-2 进行选择。

表 23-2 不同类型标杆的类型、内涵及优缺点对比

类型	内涵	优点	缺点
内部标杆	以企业内部操作作为基础，辨别内部绩效标杆的标准，确立内部标杆	·建立与外部标杆比较的基准 ·厘清企业内的差异之处 ·提出快速且易于导入的改善方案	·改善机会将受到内部最佳实践经验的限制
外部竞争标杆	与有着相同市场的企业在产品、服务和工作流程等方面的业绩与实践进行比较	·根据竞争状况排出优先改善之处 ·通常而言，以竞争者为标杆能引起兴趣 ·最适合用来作为研究竞争态势	·参与者通常极为有限 ·改善机会往往会受限于"已知的"竞争者做法
外部行业标杆	与行业内的最好或某个业务/流程最优的组织中的相应项目进行对比	·提供产业趋势资讯 ·给管理者提供一个量化、以流程为基础做比较的传统基准，同时可检视好几个产业	·改善机会可能会受限于该产业的旧有典范
外部跨行业标杆	与世界范围内的最好或某个业务/流程最优的组织中的相应项目进行对比	·提供最新创新实践及流程的最佳机会 ·提供全新的观点 ·比较容易获得免费交换资讯的机会	·通常难以界定业界最佳 ·通常难以取得相关标杆信息

关键点 6：数据平台建设

在数字经济时代，数据量呈爆发性增长，整个行业和企业对数据越来越重视，对数据的要求也越来越高。但诸多企业随着业务的扩张，正面临着业务系统过多、各系统彼此之间数据没有打通、数据分析工作烦琐、原始的数据平台无法承受更大的数据量处理等现实情况。为此，企业应搭建大数据平台，打破业务系统的数据壁垒，统一数据标准，实现数据共享，推动行业、企业内外的数据协作。

关键点 7：技术和创新驱动

企业要从传统的人海战术管理，向"云、大、物、智、移"等新一代 ICT

转型；要积极拥抱新一轮的科技革命，加强新兴技术在产品规划、业务开拓、流程管理、客户服务等各个环节的应用、融合与创新，以提升服务质量，提高企业运营管理效率。

伊利是乳制品行业数字化转型的先行者之一，其通过建立贯穿养殖、运输、生产、流通、消费等各业务环节的数字化系统，推动着数字技术与业务发展的深度融合，并通过提升产品和服务品质，为中国乳业的高质量发展起到了标杆示范作用。

在上游，伊利打造了"智慧牧场"，智能化、数字化设备和技术的应用，能全天候监控牧场的各个环节，实时掌握奶牛的产奶量、采食量、运动量及健康情况，并对牛舍的温度、湿度、光照等自动调节，让奶牛的生活更舒适。在中游，伊利在全国的所有工厂均实现了智能化布局，从生产线的质检、包装，到抽检、装箱、码垛一气呵成。在下游，伊利通过大数据洞察客户需求，根据不同地区、人群的喜好，优化口味、创新产品。

关键点 8：注重网络和数据资产安全

安全是数字化转型的前提，无法保护业务、信息、客户等核心数据资产的技术将毫无价值。因此，企业在数字化转型的规划上，要将安全放在首位，建立可靠的安全屏障，持续提升网络和数据资产安全体系的防护能力。

思考与感悟

后　　记

接到出版社关于《数字化战略落地：迈向卓越企业的必经之路》一书的约稿，内心比较惶恐。

虽然笔者曾经代表华为经常给政府的各级领导和大中型企业培训这个主题，包括离开华为之后，经常给各类企业围绕数字经济和数字化转型这个主题讲课，但内心一直诚惶诚恐，感觉自己无法胜任这个工作。

这个时代，真的是最好也是最坏的年代。时代变化得太快，快到一个人如果一年不持续学习，其知识体系就会无法适应时代的变迁。笔者曾问过华为老同事，华为官方发布的《数字化转型》蓝皮书，是集众多专家之智慧，才把华为的数字化转型理论和过程基本讲述清楚。笔者何德何能，能够把数字化战略落地这个课题阐述清楚？深怕耽误读者，贻笑大方。

所幸，有诸多客户的实践，加上团队的强力支持，笔者在短短半年之内，根据自己所积累的历次讲课大纲、咨询工作交付件和训战材料，在团队伙伴们的鼓励和协助下，终于完稿。内心虽然仍有缺憾，但出版社编辑告知笔者，书籍写作本身就是一个缺憾的艺术，何况日后还有迭代再版的机会。

数字经济在继续，数字化转型的理念和实践仍在路上，本书的不完善显而易见。期望各位读者能够知我谅我，给笔者和团队提供更多的学习和实践的机会，不断改进本书，为中国企业界的数字化转型贡献力量。

胡荣丰

参考文献

[1] 华为企业架构与变革管理部. 华为数字化转型之道 [M]. 北京：机械工业出版社，2022.

[2] 钟华. 数字化转型的道与术：以平台思维为核心支撑企业战略可持续发展 [M]. 北京：机械工业出版社，2020.

[3] 喻旭. 企业数字化转型指南：场景分析+IT实施+组织变革 [M]. 北京：清华大学出版社，2021.

[4] 华为公司数据管理部. 华为数据之道 [M]. 北京：机械工业出版社，2020.

[5] 丁伟，陈海燕. 熵减：华为活力之源 [M]. 北京：中信出版社，2019.

[6] 赵兴峰. 数字蝶变：企业数字化转型之道 [M]. 北京：电子工业出版社，2019.

[7] 杨国安. 数智革新：中国企业的转型升级 [M]. 北京：中信出版社，2021.

[8] 杨明川，等. 企业数智化转型之路 [M]. 北京：机械工业出版社，2022.

[9] 吴晓波，王坤祚，钱跃东. 云上的中国：激荡的数智化未来 [M]. 北京：中信出版社，2021.

[10] [德] 托比亚斯·科尔曼，[德] 霍尔格·施密特. 德国4.0：如何成功向数字化转型 [M]. 桂林：广西师范大学出版社，2021.

[11] 彭俊松. 工业4.0驱动下的制造业数字化转型 [M]. 北京：机械工业出版社，2021.

[12] [以] 拉兹·海飞门，[以] 习移山，张晓泉. 数字跃迁：数字化变革的战略与战术 [M]. 北京：机械工业出版社，2020.

[13] 黄卫伟，殷志峰，吕克，等. 以奋斗者为本：华为公司人力资源管理纲要 [M]. 北京：中信出版社，2014.

[14] 王思轩. 数字化转型架构：方法论与云原生实践 [M]. 北京：电子工业出版社，2021.

［15］陈雪频.一本书读懂数字化转型[M].北京：机械工业出版社，2020.

［16］[美]托马斯·西贝尔.认识数字化转型[M].北京：机械工业出版社，2021.

［17］王兴山.数字化转型中的企业进化[M].北京：电子工业出版社，2019.

［18］安筱鹏.重构：数字化转型的逻辑[M].北京：电子工业出版社，2019.

［19］韦玮，张恩铭，徐卫华.数字化魔方：数字化转型的创新思维模式[M].北京：机械工业出版社，2020.

［20］辛童.华为供应链管理[M].杭州：浙江大学出版社，2020.

［21］李文波.敏捷转型：智能商业时代的组织变革[M].北京：电子工业出版社，2019.

［22］顾建党，俞文勤，李祖滨.数商：工业数字化转型之道[M].北京：机械工业出版社，2020.

［23］刘涵宇.数字化思维：传统企业数字化转型指南[M].北京：机械工业出版社，2022.

［24］冯国华，尹靖，伍斌.数字化：引领人工智能时代的商业革命[M].北京：清华大学出版社，2019.

［25］[美]詹姆斯·M.库泽斯，巴里·Z.波斯纳.领导力：如何在组织中成就卓越（第6版）[M].北京：电子工业出版社，2018.